劳动合同法基础理论与大学生应用实务

李莉莉 彭开勤 刘珂 著

图书在版编目(CIP)数据

劳动合同法基础理论与大学生应用实务/李莉莉,彭开勤,刘珂著.
—武汉:武汉大学出版社,2018.8(2021.6重印)
ISBN 978-7-307-20396-9

Ⅰ.劳… Ⅱ.①李… ②彭… ③刘… Ⅲ.劳动合同—合同法—基本知识—中国 Ⅳ.D922.52

中国版本图书馆 CIP 数据核字(2018)第 169596 号

责任编辑:陈 帆 责任校对:汪欣怡 版式设计:汪冰滢

出版发行:**武汉大学出版社** (430072 武昌 珞珈山)
（电子邮箱:cbs22@whu.edu.cn 网址:www.wdp.com.cn）
印刷:广东虎彩云印刷有限公司
开本:720×1000 1/16 印张:26.25 字数:377 千字 插页:2
版次:2018 年 8 月第 1 版 2021 年 6 月第 3 次印刷
ISBN 978-7-307-20396-9 定价:69.00 元

版权所有,不得翻印;凡购买我社的图书,如有质量问题,请与当地图书销售部门联系调换。

李莉莉，女，1972年生，山东胶州人，副教授，环境工程博士，经济法硕士，企业法律顾问。主要从事法学、思想政治教育的教学科研以及环境影响评价、法律咨询工作。公开发表学术论文30余篇，主持和参与各级项目10余项，著有《当代大学生与劳动合同法》《教师礼仪与文化修养》等。

彭开勤，男，1971年生，湖北武汉人，行政管理专业管理学硕士，机械设计与制造专业工学学士，经济法学学士，副教授，高级工程师，国家二级人力资源管理师。常年从事人力资源管理、研究和教学工作。

刘珂，男，1977年生，贵州兴义人，法学博士，讲师，兼职律师。主要从事法学和思想政治教学和研究。在国内核心期刊和其他公开刊物发表论文近10篇，并参与多项省部级课题研究，主编高职高专"十二五"规划教材1部。

序

2008年1月1日起施行的《中华人民共和国劳动合同法》(以下简称《劳动合同法》)，至今已有十个年头。这部充满着人文关怀的《劳动合同法》是以中国化、当代化的马克思主义为指导，以中国化的马克思主义人文精神为价值取向，并将这种价值取向贯穿在立法的全部程序和全过程中，渗透在权利义务的规定中。它的实施，不仅对于完善劳动合同制度，完善社会主义法律体系，明确劳动合同双方当事人的权利和义务，保护劳动者的合法权益，构建和发展和谐稳定的劳动关系，构建和谐社会，起着重要作用，而且将贯穿于执法、守法和司法完整的法律运行过程中，将精神与文化层面的东西转化成物质和现实，将法律的规定变成现实的权利和义务，将充满人文精神的《劳动合同法》转化为《劳动合同法》的现实人文关怀。

《劳动合同法》的制定是民主立法、科学立法的典范，体现了全国人民总体利益，得到了最广大职工群众的拥护，经历了充分科学的调研论证。早在1996年，《劳动合同法》的立法就列入国务院的立法日程。

虽然1998年因某种原因暂时搁置，但2004年年底，《劳动合同法》的立法工作又重新启动。国务院法制办在专家论证基础上，广泛征求社会各界、中央各部委、全国总工会及各地政府意见，数易其稿。2005年全国人大开展《中华人民共和国劳动法》（以下简称《劳动法》）执法检查时，广大职工群众对普遍存在的劳动合同短期化、滥用试用期、劳务派遣不规范、集体合同推行难、工会开展活动有困难等问题提出了意见。2006年全国人大常委会向社会公开征求意见时，全国400多万职工和工会干部认真参与了《劳动合同法（草案）》的讨论研究，近65%的意见与建议来自职工群众。

《劳动合同法》颁布后，经历了两次执法检查，两次修改完善。2008年执法检查后，国务院制定并下发了《中华人民共和国劳动合同法实施条例》（以下简称《劳动合同法实施条例》）。2011年全国人大常委会专题执法检查后，2012年12月28日通过了《劳动合同法（修正案）》，补充完善了劳务派遣的有关规定。

《劳动合同法》颁布后，广大职工群众积极投入到学法用法之中，"五五"普法和"六五"普法期间，全国有超过2.3亿职工参与了《劳动合同法》的学习。据调查统计，《劳动合同法》成为职工知悉率最高的一部法律。

大学生是特殊的劳动者群体，是未来劳动力市场的生力军和主力军，其劳动法律意识的培养、人文精神的渗透对于《劳动合同法》人文关怀的实现和转化有着极其重要的作用和意义。在劳动实践中，大学生面对劳动权益受到侵害能表现出强烈的维权意识，表现出当代大学生追求公平、公正，维护自身合法权益，实现自我价值的人文精神的觉醒和人本主义的自觉。但涉及对企业的关怀、对他人的关怀、对自身的社会价值时，则较为淡漠，表现出当代大学生人文精神的缺陷、瑕疵和不完整性。笔者认为，一如公民的权利和义务，只有具备了公民意识的人才能享有，《劳动合同法》的人文关怀只有具备了劳动法律意识和人文精神的劳动者才能实现。同时，大学生的劳动法律知识较为贫乏，除了法律专业的学生外，极少有学生完整地阅读过一遍《劳动合同法》，较为深入地研究过《劳动合同法》的学生更是少之又少，虽然认为《劳动合同法》对劳动者的维权还是必要和有作用的，但运用法律维权技术匮乏，甚至认为打官司费钱、费力、费时且未必有好的效果而选择放弃权利。因此，本书以大学生为主要对象，详解《劳动合同法》的基本知识，并基于《劳动合同法》的立法、执法、司法特别是大学生守法的环节，讲解《劳动合同法》对大学生的价值和意义，解读大学生现在和将来在劳动过程中可能遇到的法律问题以及实习、见习、就业协议、大学生兼职与劳动合同的相关知识。本书以促进大学生的劳动法律意识发展为目标，切入大学生的劳动法律课题，启发大学生的劳动法律实践，触发大学生的劳动法律体验，激发大学生的问题探究兴趣，提高大学生发现问题、分析问题、解决问题的能力，培养大学生的劳动法律意识与人文精神，学习法律并运用法律，特别是运用《劳动法》《劳动合同法》的知识来维护自己的合法权益。这对于大学生这个特殊群体具有特殊的意义。

本书李莉莉著 150 余千字，彭开勤著 150 余千字，刘珂著 50 余千字。在写作过程中，参考借鉴并吸收了国内外专家、学者的相关研究专著、教材、学术研究成果以及网站上的相关内容，在此对各位专家、学者表示诚挚的谢意和衷心的感谢！由于作者水平及经验有限，本书仍然存在诸多不妥之处，也敬请各位专家、学者予以评判指正，不胜感谢！

作　者
2018 年 2 月

目　录

第一章　劳动合同法的基本原理 ………………………………… 1
　第一节　劳动合同法的概念 ………………………………………… 1
　　一、劳动合同法是一部调整劳动社会关系的法 ………………… 1
　　二、劳动合同法是一部保护劳动者合法权益的法 ……………… 10
　　三、劳动合同法完善了劳动合同制度 …………………………… 12
　第二节　劳动合同法立法原则 ……………………………………… 18
　　一、合法原则 ………………………………………………………… 18
　　二、公平原则 ………………………………………………………… 33
　　三、平等自愿原则 …………………………………………………… 34
　　四、协商一致原则 …………………………………………………… 36
　　五、诚实信用原则 …………………………………………………… 37

第二章　劳动合同概述 ……………………………………………… 40
　第一节　劳动合同的概念和特征 …………………………………… 40

一、劳动合同的概念 ………………………………………… 40
　　二、劳动合同的特征 ………………………………………… 41
　第二节　劳动合同的类型 ……………………………………… 51
　　一、有固定期限的劳动合同 ………………………………… 52
　　二、无固定期限的劳动合同 ………………………………… 54
　　三、以完成一定工作为期限的劳动合同 …………………… 65
　　四、集体合同 ………………………………………………… 67
　　五、劳务派遣 ………………………………………………… 89
　　六、非全日制用工 …………………………………………… 97

第三章　劳动合同当事人权利义务概论 ……………………… 109
　第一节　劳动权利能力和劳动行为能力 ……………………… 109
　　一、公民的劳动权利能力和劳动行为能力 ………………… 109
　　二、用人单位的权利能力和行为能力 ……………………… 111
　第二节　劳动法律事实和劳动法律关系 ……………………… 111
　　一、劳动法律事实中的行为 ………………………………… 112
　　二、劳动法律事实中的事件 ………………………………… 112
　　三、劳动法律关系的产生、变更和消灭 …………………… 113
　　四、劳动法律关系与劳动关系、事实劳动关系的区别 …… 114
　第三节　劳动合同当事人的基本权利与义务 ………………… 116
　　一、劳动者享有劳动权利与承担义务的直接法律依据 …… 116
　　二、劳动者的基本劳动权利和义务的具体内容 …………… 118
　　三、用人单位的基本权利和义务 …………………………… 123

第四章　劳动合同的条款 ……………………………………… 127
　第一节　劳动合同的必备条款 ………………………………… 127
　第二节　劳动合同的可备条款 ………………………………… 134
　　一、试用期的约定 …………………………………………… 135
　　二、服务期的约定 …………………………………………… 146

三、商业秘密及竞业禁止的约定 …………………………………… 162

第五章 劳动合同的成立和生效 …………………………………… 177
第一节 劳动合同的成立 …………………………………………… 177
一、劳动合同的成立条件 …………………………………………… 177
二、劳动合同的成立阶段 …………………………………………… 182
第二节 劳动合同的生效 …………………………………………… 183
一、劳动合同生效的概念 …………………………………………… 183
二、劳动合同的生效要件 …………………………………………… 183
三、劳动合同成立与生效的区别 …………………………………… 188
第三节 劳动合同的无效 …………………………………………… 189

第六章 劳动合同的履行和变更 …………………………………… 196
第一节 劳动合同的履行 …………………………………………… 196
一、劳动合同履行的概念 …………………………………………… 196
二、劳动合同履行的原则 …………………………………………… 197
第二节 劳动合同的变更 …………………………………………… 204
一、劳动合同变更的含义 …………………………………………… 204
二、劳动合同变更的原则 …………………………………………… 205
三、劳动合同变更的条件 …………………………………………… 209
四、劳动合同变更的特例 …………………………………………… 211
五、劳动合同变更的程序 …………………………………………… 214

第七章 劳动合同的解除和终止 …………………………………… 215
第一节 劳动合同的解除 …………………………………………… 215
一、劳动合同解除释义 ……………………………………………… 215
二、劳动合同解除的种类 …………………………………………… 226
第二节 劳动合同的终止 …………………………………………… 275
一、劳动合同终止的法定事由 ……………………………………… 275

二、劳动合同期限届满的续延情形 …………………………………… 279
　　三、劳动合同的终止与解除的区别 …………………………………… 282
　第三节　劳动合同解除或终止后的附随义务 ……………………………… 283
　　一、用人单位对劳动者的附随义务 …………………………………… 283
　　二、劳动者对用人单位的附随义务 …………………………………… 294

第八章　劳动争议 …………………………………………………………… 296
　第一节　劳动争议概述 ……………………………………………………… 296
　　一、劳动争议的概念和种类 …………………………………………… 296
　　二、劳动争议的处理原则 ……………………………………………… 297
　第二节　劳动争议处理的机构和程序 ……………………………………… 301
　　一、劳动争议处理机构 ………………………………………………… 301
　　二、劳动争议处理程序 ………………………………………………… 303

第九章　违反《劳动合同法》的责任 ……………………………………… 321
　第一节　《劳动合同法》的法律责任概述 ………………………………… 321
　　一、《劳动合同法》法律责任的内涵 ………………………………… 321
　　二、《劳动合同法》法律责任设置的特点 …………………………… 322
　第二节　用人单位的法律责任 ……………………………………………… 324
　　一、用人单位的法律责任概述 ………………………………………… 324
　　二、用人单位违反《劳动合同法》的民事责任 ……………………… 325
　　三、用人单位违反《劳动合同法》的行政责任 ……………………… 326
　　四、用人单位违反《劳动合同法》的刑事责任 ……………………… 329
　第三节　劳动者的法律责任 ………………………………………………… 330
　　一、劳动者的法律责任及其特征 ……………………………………… 330
　　二、劳动者的违约金责任 ……………………………………………… 333
　　三、劳动者的损害赔偿责任 …………………………………………… 334
　第四节　其他责任主体的法律责任 ………………………………………… 334
　　一、违法招用未解除劳动关系劳动者的用人单位的法律责任 ……… 334

二、不具备合法经营资格的用人单位的法律责任 …………… 335

　三、个人承包经营者的法律责任 …………………………… 335

　四、劳动行政部门和其他有关主管部门及其工作人员的法律责任 …… 336

第十章　实习 ………………………………………………… 338

第一节　实习的界定 ………………………………………… 338

　一、实习的定义 ……………………………………………… 338

　二、实习的目的 ……………………………………………… 339

　三、实习的性质 ……………………………………………… 339

　四、实习的种类和期限 ……………………………………… 340

　五、实习适用的范围 ………………………………………… 340

第二节　实习期与试用期的区别 …………………………… 340

　一、当事人的身份不同 ……………………………………… 340

　二、权利义务关系不同 ……………………………………… 340

　三、主体间的关系依据不同 ………………………………… 341

　四、当事人的目的不同 ……………………………………… 341

第三节　"订单式"人才培养模式 ………………………… 341

　一、"订单式"人才培养模式的内涵 ……………………… 341

　二、"订单式"人才培养模式的特点 ……………………… 342

　三、"订单式"人才培养协议书范本 ……………………… 343

第四节　实习期维权 ………………………………………… 352

　一、案例解析 ………………………………………………… 352

　二、实习建议 ………………………………………………… 361

第十一章　就业协议 ………………………………………… 364

第一节　就业协议概述 ……………………………………… 364

　一、就业协议的内涵 ………………………………………… 364

　二、就业协议书的主要内容 ………………………………… 365

　三、就业协议书范本 ………………………………………… 368

　四、就业协议书的签订程序 ………………………………… 372

五、签订协议时应注意的问题……………………………………………372
　　　六、就业协议的解除………………………………………………………374
　　　七、就业协议与劳动合同的关系…………………………………………376
　第二节　协议期维权……………………………………………………………378
　　　一、案例解析………………………………………………………………378
　　　二、总结提示………………………………………………………………382

第十二章　见习……………………………………………………………………383
　第一节　见习期…………………………………………………………………383
　　　一、见习期的基本概念……………………………………………………383
　　　二、见习期的规定…………………………………………………………384
　第二节　见习期的性质…………………………………………………………386
　第三节　见习期与试用期的区别………………………………………………387
　　　一、功能不同………………………………………………………………387
　　　二、适用对象不同…………………………………………………………387
　　　三、不利后果不同…………………………………………………………387
　第四节　就业见习制度与学徒期………………………………………………388
　　　一、就业见习制度…………………………………………………………388
　　　二、学徒期…………………………………………………………………389

第十三章　大学生兼职……………………………………………………………390
　第一节　大学生兼职的概念和特点……………………………………………390
　　　一、大学生兼职的概念……………………………………………………390
　　　二、大学生兼职的特点……………………………………………………391
　　　三、大学生兼职的意义……………………………………………………393
　第二节　大学生兼职的法律保护………………………………………………394
　　　一、西方国家关于大学生兼职的法律保护………………………………394
　　　二、我国关于大学生兼职的法律保护……………………………………395
　　　三、案例解析………………………………………………………………397

参考文献………………………………………………………………………………407

第一章
劳动合同法的基本原理

《劳动合同法》是一部完善劳动合同制度，明确劳动合同双方当事人权利和义务，保护劳动者的合法权益，构建和发展和谐稳定的劳动关系的法。"以人为本"是我国《劳动合同法》立法的基本理念，通过合法、公平、平等自愿、协商一致、诚实信用等五项立法原则的实现，保障社会主义劳动双方当事人的合法权益。

第一节 劳动合同法的概念

一、劳动合同法是一部调整劳动社会关系的法

(一) 法的一般意义

法是体现统治阶级的意志，由国家制定或认可并由国家强制力保证实施的行为规范的总和。

1. 法是社会规范之一

规范，即明文规定或约定俗成的规矩、准则，包括语言规范、技术规范和社会规范。社会规范又包括党纪、教规、厂规、校纪、道德、法律等。法属于社会规范。

2. 法体现统治阶级的意志，具有阶级性

掌握政权的阶级，为了更好地统治和稳固政权，将其阶级的意志用某种形式固定下来，这就是法。法具有鲜明的阶级性，法是取得胜利、掌握政权的阶级的意志的表现。

3. 法由国家制定或认可，体现国家意志性

法的制定，是指国家机关依照其职权范围通过一定程序创制、修改或废止规范性法律文件的活动。法的认可，是指国家承认某些社会上已有的行为规则具有法律效力。不论是制定还是认可的法律，都与国家权力有不可分割的联系，体现了法的国家意志的属性。这是其他社会规范所不具有的特征。

例如，《中华人民共和国婚姻法》（以下简称《婚姻法》）规定，要求结婚的男女双方必须亲自到婚姻登记机关进行结婚登记；取得结婚证，即确立夫妻关系；一夫一妻，禁止重婚。而在我国云南北部美丽的泸沽湖畔，住着被人们称为"没有父亲，没有丈夫，女人当家"的摩梭人。他们世世代代实行走婚，男女双方通过平时的接触了解，尤其是篝火晚会的跳舞对歌，建立了一定的感情基础之后，男女双方约好暗号，男方就在夜阑人静时带着一包松子与一顶帽子，打着手电筒，扛着云梯进入女方房中。松子是为了对付女子家的狗，帽子则是到了女子花楼后将其挂在门外，告诉后来的男子，此女名花有主。第二天天未亮，男子要在女方家人未起床时离开，所谓"日落而进，鸡鸣而出"。当然，摩梭人虽然实行走婚，但不乱婚。他们有自己的道德规范与行为准则。男子可以选择自己的阿夏（摩梭语，是男子称呼女情人的称谓），女子也可以自由选择自己的阿柱（女子对男情人的称呼），但是不可以同时与几个人相好，只能选择一个。一旦双方感情破裂，断了关系后才可以重新与其他异性走婚。另外，摩梭人还严禁与三代近亲走婚，如果发现有近亲走婚，男女双方将被乡亲视为牲口一类，被人耻笑。这种走婚制在"文

化大革命"时期遭到一定破坏，摩梭人被逼迫结婚。虽然领了结婚证，但有些人仍然走婚，结果不但影响摩梭人的家庭结构，也影响家庭和睦，令许多摩梭人难以接受。因此，改革开放后，国家根据少数民族的风俗，在法律上认可走婚制。

4. 法由国家强制力保证实施，体现国家强制性

强制力，即强行约束、制裁、管理、调整的力量。国家强制力是指国家通过监狱、法庭、军队、警察强行约束、制裁、管理、调整与其利益相冲突的行为服从的力量。

道德依靠两个方面发生作用。一是靠内在的道德体验压力。当一个人所受的教育带给他的道德影响部分内化成为他的道德情感，就会产生对违反道德准则行为的心理厌恶。例如，我们很多人走过花圃时，即使无人看守也不会摘花，因为一旦自己摘花就违反了道德准则，自己会感到羞耻、惭愧。二是靠外在的道德舆论压力。当社会对某种行为是否违反道德准则达成共识时，社会对违反道德的行为会产生鄙视、指责等心理，而生活在其中的违反道德者会时时受到别人的排斥、指责，感到被疏远和鄙视。比如，电影《搜索》中的都市白领叶蓝秋，因为在公交车上没有给一位老大爷让座，而遭到人肉搜索。当一个人的所作所为符合甚至超越了道德提倡的要求时，人们的表扬、鼓励、佩服也能增强他的自信心和自我价值感。比如，电影《极限救援》取材于 2005 年"感动哈尔滨人物"事件，讲述了 2005 年高考期间，因突降大雨影响交通，考生们在冰城出租车司机及广大市民的帮助下，最终安全、及时地到达考场这一事件，司机和市民无私的行为受到了公众的赞扬和钦佩。

党纪依靠党员的自觉遵守，坚持少数服从多数，党员必须绝对服从党代表大会和中央执行委员会的决议，下级机关必须完全执行上级机关的命令。凡党员有违纪现象，按照情节轻重依次接受党的纪律处分：警告、严重警告、撤销党内外职务、留党察看、开除党籍。

教规是宗教及教派的规范规则，是为了保证教义、教条的执行而规定的参加人员必须执行的纪律，依靠的是人们内心的信仰，最高处罚一般是剥夺参与权。

法是国家意志的体现。违法就是违背国家意志，犯法就是对抗国家意志。国家本身是由强制力维系的，由军队、警察、法庭、监狱等工具体现它的强制力。法由国家强制力保证实施，这是由法的阶级性和国家意志的至高无上所决定的。

(二) 劳动社会关系

法作为一种特殊的行为规范，其调整的范围极广。由此产生了不同的法律部门，如宪法及宪法相关法、民商法、刑法、行政法、经济法、社会法、诉讼与非诉讼程序法等。有关劳动关系、社会保障和社会福利关系的法律规范都隶属于社会法，劳动法、劳动合同法属于社会法中的劳动关系法律部门。

各个法律部门的区分主要取决于它们的调整对象，也就是它们调整的社会关系。例如：

民法调整的是民事社会关系。民事关系是平等主体之间的人身关系和财产关系，人身和财产关系经过法律的调整之后形成一种法律关系。比如，甲和乙买卖电脑，甲交钱乙交货，结果甲给了钱，乙却不给货，那么甲乙之间发生的纠纷是平等主体之间的财产关系，属于民事关系，由民法调整。

行政法调整的是行政社会关系。行政关系是指行政主体行使行政职能和接受行政法制监督而与行政相对人及行政法制监督主体发生的各种关系，以及行政主体内部发生的各种关系，行政关系构成了行政法的调整对象。比如工商、税务部门与经营者之间与行政活动有关的关系；信访机关、人民法院对于群众的申诉、控告、检举申请予以审查，作出向相对人提供或不提供救济的决定而发生的各种关系；上下级行政机关之间的关系，平行行政机关之间的关系，行政机关与其内设机构、派出机构之间的关系，行政机关与国家公务员之间的关系，行政机关与法律、法规授权组织之间的关系，行政机关与其委托行使某种行政职权的组织的关系，等等。

经济法调整的是国家在协调本国经济运行过程中发生的特定的经济关系，它调整的经济关系非常广泛。例如，市场管理关系指的是在市场管理过程中发生的经济关系。我们知道，垄断和不正当竞争会影响市场功能的实现，妨碍资源优化配置，扰乱市场经济秩序，而市场本身无力消除这些弊端，这就需要国家进行干预，加强市场管理。因此，经济法调整这些经济关系的目的是为了对国家经济活动进行宏观调控和加强市场经营管理，是一种国家干预。

刑法是规定犯罪、刑事责任和刑罚的法律，即规定哪些行为是犯罪并应当负何种刑事责任，给予犯罪人何种刑事处罚的法律。比如：什么是内幕交易，符合什么犯罪特征，是否构成扰乱市场罪，犯罪人的年龄、智力水平、精神状态达到什么程度才能构成犯罪主体，达到多少数额或什么情节构成犯罪，等等。

诉讼法调整的是诉讼社会关系，也就是打官司时当事人之间、法院、检察院、公安局之间构成的社会关系。相关法律主要有《中华人民共和国刑事诉讼法》(以下简称《刑事诉讼法》)、《中华人民共和国民事诉讼法》(以下简称《民事诉讼法》)和《中华人民共和国行政诉讼法》(以下简称《行政诉讼法》)。

劳动法调整的是劳动社会关系，通俗地说，就是有关劳动社会关系的法律问题寻找劳动部门法来救济。

劳动关系，是指用人单位招用劳动者为其成员，劳动者在用人单位的管理下提供有报酬的劳动而产生的权利义务关系。劳动关系主要包括以下三个法律特征：(1)劳动关系是劳动者运用劳动能力，在实现社会劳动过程中与用人单位之间产生的社会关系。(2)劳动关系的双方当事人，一方是劳动者，另一方是提供生产资料的用人单位。(3)劳动关系的一方劳动者，要成为另一方用人单位的成员，并参加用人单位的生产劳动，遵守用人单位内部的劳动规则以及有关制度；而用人单位作为生产经营活动的组织管理者，在要求劳动者完成生产工作任务的同时，必须按照劳动者的劳动数量或质量给付其报酬，提供工作条件(既包括生产场所、机器设备和劳动工具，也包括劳动保护装置和安全卫生防护用品)，并不断改进劳动者的物质文化生活。

《劳动合同法》作为劳动法体系之中的重要内容，主要调整的是劳动合同关系。

☞ **课堂练习**

请问下列哪些案例属于《劳动合同法》调整的劳动合同关系？

【案例1】

陈某承包了一个比较小的工程，由于和发包方负责人朱某很熟悉，双方未订立书面合同，只是口头约定了施工内容、工程价格等条款。然而工程完工结账时，朱某未按照原定价格给付工程款，致使陈某白白损失了三千多元。

请问：陈某与朱某之间发生的关系是不是劳动关系？是否由《劳动合同法》来调整？

【案例评析】

要判断陈某与朱某之间发生的关系是不是劳动关系，是否由《劳动合同法》来调整，首先要弄清楚什么是劳动关系。劳动关系，是指用人单位招用劳动者为其成员，劳动者在用人单位的管理下提供有报酬的劳动而产生的权利义务关系。劳动关系主要包括以下三个法律特征：(1)劳动关系是在现实劳动过程中所发生的关系，与劳动者有着直接的联系。(2)劳动关系的双方当事人，一方是劳动者，另一方是提供生产资料的用人单位。(3)劳动关系的一方劳动者，要成为另一方用人单位的成员，并参加用人单位的生产劳动，遵守用人单位内部的劳动规则以及有关制度；而用人单位则必须按照劳动者的劳动数量或质量给付其报酬，提供工作条件，并不断改进劳动者的物质文化生活。

案例中，陈某并未成为发包方的员工，未与发包方建立劳动关系，陈某与朱某之间不是劳动者与用人单位之间的权利义务关系。因此，陈某与朱某之间发生的关系不是劳动关系，不由《劳动合同法》来调整。案例中，陈某与朱某是承揽关系，承揽关系是民事关系，由民法、合同法调整，而非由劳动法调整。

【案例2】　某农民抽农闲时间到武汉一工地打工，没有与包工头签订相关的劳动合同。不幸的是，他从高架上摔下来，右手骨折，包工头不仅不管，还以他受伤了不能工作为由赶他回家。后来，该农民家人找包工头索赔，却因双方没有任何协议而无法索赔。

请问：此农民工与包工头之间发生的关系是不是劳动关系？是否由《劳动合同法》来调整？

【案例评析】

同样，判断此农民工与包工头之间发生的关系是不是劳动关系，是否由《劳动合同法》来调整，首先也要看它是否符合劳动关系。所谓劳动关系，是指用人单位招用劳动者为其成员，劳动者在用人单位的管理下提供有报酬的劳动而产生的权利义务关系。劳动关系主要包括以下三个法律特征：（1）劳动关系是在现实劳动过程中所发生的关系，与劳动者有着直接的联系。（2）劳动关系的双方当事人，一方是劳动者，另一方是提供生产资料的用人单位。（3）劳动关系的一方劳动者，要成为另一方用人单位的成员，并参加用人单位的生产劳动，遵守用人单位内部的劳动规则以及有关制度；而用人单位则必须按照劳动者的劳动数量或质量给付其报酬，提供工作条件，并不断改进劳动者的物质文化生活。

案例中，农民工与包工头之间是在现实劳动过程中所发生的关系，农民工提供自己的劳动，包工头提供生产资料，农民工到包工头的工地打工，受包工头的管理。因此，二者之间发生的关系是劳动关系，由《劳动合同法》来调整。

但是有人提出疑问，本案中第一个问题在于二者之间并没有协议，那么依据什么来认定农民工与包工头两者之间的劳动关系？关于这一点，我们已经看到它在形式要件上存在瑕疵，即二者之间没有书面合同。需要指出的是，农民工与包工头之间虽然没有签订协议，但这并不能否认事实上的劳动关系。

所谓事实劳动关系，是指劳动者与用人单位之间无劳动合同却又实际存在劳动关系的权利义务的一种状态。事实劳动关系的提出源于劳动关系的特殊性。从法理上讲，劳动者的劳动一经付出就不能收回。即使劳动关系无效，也不能像一般合同无效那样以双方相互返还、恢复到劳动合同订立前的状态来处理，否则有失公平。因此，只能适用事实劳动关系的理论来处理当前大量存在的事实劳动关系问题。事实劳动关系主要有三种情形：双方未签订劳动合同、劳动合同无效以及双重劳动关系而形成的事实劳动关系。(1)双方未签订劳动合同而形成的事实劳动关系。这在司法实践中又有两种情形，一是自始未订立书面合同；二是原劳动合同期满未以书面形式续订劳动合同，劳动者仍在原用人单位工作。对于自始未订立书面合同而形成的事实劳动关系，国家相关法律法规并未否定其效力，而是作为受法律保护的劳动关系对待。(2)劳动合同无效而形成事实劳动关系。无效劳动合同是指所订立的劳动合同不符合法定条件，不能发生当事人预期法律后果的合同。《劳动合同法》第二十六条对劳动合同无效或部分无效作出了明确规定，但劳动力具有特殊性，一经付出则无法恢复到劳动合同订立前的状态。所以，对因劳动合同无效而发生的劳动关系，应当视为一种事实劳动关系，《劳动合同法》第二十八条对此也进行了相应的保护。(3)双重劳动关系所形成的事实劳动关系，简而言之，双重劳动关系是劳动者与两个或两个以上用人单位形成的劳动关系，如下岗、待工或停薪留职等保持虚化劳动关系的同时，又到另一家单位工作。

鉴于事实劳动关系情况较为复杂，一般具备下列情形的，即使劳动者与用人单位没有签订劳动合同，仍可以认定为事实劳动关系：(1)用人单位向劳动者支付劳动报酬；(2)劳动者实际接受用人单位的管理、指挥与监督，对于被交付的工作，劳动者没有自由选择的权利；(3)劳动者所付出的劳动是用人单位业务的组成部分；(4)劳动者提供的劳动不能由他人替代；(5)由用人单位提供劳动工具；(6)用人单位向劳动者发放工作证、服务证等身份证件，或填写登记表、报名表，允许劳动者以用人单位员工名义工作或不持反对意见的。

本案例表现的是一起双方自始未签订劳动合同所引起的纠纷。其实，1995年1月1日起实施的《劳动法》就规定了劳动合同应当以书面形式订立，但在具体责任和可操作性方面规定不足，缺乏强制执行力。因此，在实践中用工不签订书面劳动合同的现象很普遍，导致劳动者在追索劳动报酬、主张合法劳动权益时经常陷入证据不足的被动境地，农民工讨薪难一度成为社会讨论和关注的热点。1998年1月1日起实施的《劳动合同法》针对这种情况，增加了用人单位的违法成本，加重了用人单位不订立劳动合同的法律责任。其中，第八十二条规定，用人单位超过一个月不满一年未与劳动者签订书面劳动合同的，应向劳动者每月支付两倍的工资。

第二个问题在于，包工头是不是用工单位？包工头是个人老板还是用工单位的法人代表？包工队如果没有资质那么具不具备用工单位的条件，算不算用工单位？关于这一点，我们会在以后的章节中具体介绍。

第三个问题在于农民工与包工头之间是否是雇佣关系。广义上的雇佣关系包含劳动关系。二者的区别主要体现在三个方面：（1）主体方面。①用工主体的要求不同：雇佣关系中的用工主体范围相当广泛，可以是自然人、法人或其他组织；劳动关系中的用工主体有一定的限制，主要指中华人民共和国境内的企业、个体经济组织、民办非企业单位、国家机关、事业单位、社会团体、居民委员会以及依法成立的会计师事务所、律师事务所等合伙组织和基金会。企业设立的分支机构，依法取得营业执照或者登记证书的，属于用人单位。非法用工单位和劳动者发生的劳动关系也按照劳动关系处理。②主体地位不同：雇佣关系中主体地位是平等的，它们之间是一种劳务与报酬之间的交换，受雇人可以不遵守雇佣方的内部规定（当然也不享受雇佣方的福利待遇），受雇人还可以同时选择给两家以上的雇佣方提供劳务；劳动关系主体双方具有行政上的隶属关系，劳动者是用人单位的内部成员，应当遵守其内部的规章制度，服从单位的领导与安排（当然也享受单位的社保、医保等福利待遇），在一般情况下，用人单位只允许劳动者在其一家单位上班。雇佣关系强调成果之给付，而劳动关系则强调劳动者与生产资料相结合的劳动过程。（2）干预程度不同。雇佣关系是一种私法上的关系，强调当事人双方的意思自治，只要当事人双方的约定不违反法律的强行性规定，不违反公序良俗，国家就不予干预，其权利义务的调整主要参照《中华人民共和国民法总则》（以下简称《民法总则》）等民事法律规范。而国家对于劳动关系则有大量的劳动法规予以规制，比如《劳动法》对工作时间、最低工资、休息制度、工伤保险等方面的规定。调整其权利义务的法律是介于公私法之间的混合法——社会法，主要参照《劳动法》《劳动合同法》。(3)处理机制不同。雇佣关系中发生的纠纷应当按照民事争议处理，而劳动争议的解决则应该按照劳动法的相关规定。

本案中，农民工与包工头之间具有隶属关系，符合劳动关系的特征，属于事实劳动关系。

二、劳动合同法是一部保护劳动者合法权益的法

《劳动合同法》调整的劳动关系主要是通过明确规定劳动合同双方当事人的权利和义务来保护劳动者的合法权益。

什么是劳动合同双方当事人？简言之就是用人单位和劳动者。为什么《劳动合同法》的立法目的是保护劳动者的合法权益而不是保护劳动合同双方当事人的合法权益？

立法目的也称为立法宗旨，是一部法律的基点，它为立法活动指明方向和提供依据。立法是立法主体有意识、有目的的活动。立法的目的主要是立法者根据统治阶级的利益与需要，事先设定立法所要实现的目标，自觉地按此目标设计立法方略，确定调整的对象与方法，作出有关政策的决策，选择最优的立法方略与技术。因此，每一部法律的制定都是根据事先设定的所要实现的立法目标，确定的调整对象与方法，选择最优的立法方略与技术设计法律条文。

比如，1999年3月15日公布、1999年10月1日起施行的《中华人民共和国合同法》（以下简称《合同法》）在其立法目的里规定"为了保护合同当事人双方的合法权益"，而《劳动合同法》则是保护劳动者一方的合法权益。这是为什么呢？原因就是，随着社会的发展和长期的实践，

学者们关于合同法的立法目的的争议平息，最终选择符合社会发展规律且能够很好地实现立法目标的立法目的。

有的学者提出，合同法应该保护债权人的合法权益。所谓债权人，是指已经履行了义务、期待享受权利的人。比如借债合同，债权人把钱已经借给了债务人，履行了义务，剩下的就是享受还本付息的权利。而债务人是享受了权利、需要履行义务的人。还以借债合同为例，债务人已经拿了别人的钱，剩下的就是依法履行还本付息的义务和承担相应的责任。从这个意义上讲，在合同关系里，似乎只有债权人才存在合法权利，债务人存在的只是义务。所以，合同法的必然逻辑是保护债权人的合法权益。

债务人除了必须承担一定的法律责任外，其合法权益也应得到保护。尤其是在旧社会，在剥削阶级占统治地位的社会，债务人作为穷人，作为弱势群体，有必要得到比债权人更多、更大的保护。所以，有些学者特别是社会主义的学者提出，绝不能让杨白劳、喜儿的悲剧在社会主义国家重演。因此，部分学者认为社会主义的合同法保护的不应是债权人的合法权益，而应是债务人的合法权益。

但是，当合同法从一个极端走向另一个极端的时候，又出现了另一种不合理、不平等的现象。比如，三角债，甲欠乙的，乙欠丙的，丙欠甲的，欠债的不还钱，拿了钱的不给货，拿了货的不给钱。这严重影响了市场经济的运行。于是，有些学者提出了合同法应该保护合同双方当事人合法权益的观点，此观点被《合同法》所采纳。

那么，我们再来思考：《劳动合同法》的立法目的为什么是保护劳动者的合法权益而不是保护劳动合同双方当事人的合法权益？

首先，在劳动关系中，劳动者与用人单位之间有一种天然的不平等。这就好像天平的两端，用人单位是胖子，而劳动者却是瘦子。劳动者是通过提供劳动来维持自身及其家庭的生存和发展的，而劳动力市场的供大于求加上劳动力市场中的信息不对称使得劳动者个体很难与用人单位在一个平等的基础上进行协商，劳动者的生存权相对于用人单位的用工自主权总是处于弱势地位。而在建立劳动关系之后，即劳动者进入单位之后，由于劳动给付的人身属性及劳动给付的连续性，使得劳动者在人格和经济上都从属于用人单位，必须接受用人单位的管理和安排，大部分劳动者相对于用人单位来说处于弱势地位。为了平衡劳资双方的利益，改变现实中劳动者与用人单位之间的不平等地位，《劳动合同法》对劳动者一方进行了适度的倾斜保护，犹如杠杆一样，增加劳动者的臂长，以达到二者的均衡。

其次，我国目前的劳动关系是"强资本、弱劳动"，这种现状决定法律必须突出强化对劳动者合法权益的保护，才能构建和谐稳定的劳动关系。

最后，《劳动合同法》属于劳动法的范畴，具有社会法的属性，当然应把解决劳动问题、保护劳动者的整体利益视为己任。

三、劳动合同法完善了劳动合同制度

我国劳动合同制度是在 20 世纪 80 年代中期开始改革试点，通过 1995 年 1 月 1 日起施行的《劳动法》正式确立。

自《劳动法》实施以来，适应社会主义市场经济体制要求的用人单位与劳动者双向选择的新型用人机制基本形成，劳动力这一最重要的生产要素按市场规律得以合理配置，为经济社会的平稳快速发展作出了重要贡献。但是，《劳动法》（目录见"知识链接"）第三章有关劳动合同和集体合同的规定只有 20 条（从第十六条到第三十五条），劳动合同仅仅靠这 20 条来规范显然是不够的。因此，在实施中也出现了不少问题，如一些用人单位不依法订立书面劳动合同，滥用试用期和劳务派遣，限制劳动者的择业自由和劳动力的合理流动等。这里面既有执法不到位的原因，也有立法不完善的原因，如用人单位不依法订立劳动合同时所应承担的法律责任过轻，对劳务派遣用工形式缺乏法律规范，等等。

【知识链接】

《劳动法》目录

第一章　总则

第二章　促进就业

第三章　劳动合同和集体合同

第四章　工作时间和休息休假

第五章　工资

第六章　劳动安全卫生

第七章　女职工和未成年工特殊保护

第八章　职业培训

第九章　社会保险和福利

第十章　劳动争议

第十一章　监督检查

第十二章　法律责任

第十三章　附则

为此，2008年1月1日起实施的《劳动合同法》既坚持了《劳动法》确立的劳动合同制度的基本框架，包括双向选择的用人机制，劳动关系双方有权依法约定各自的权利和义务，依法规范劳动合同的订立、履行、变更、解除和终止等；同时又对《劳动法》确立的劳动合同制度作出了较大修改，使之进一步完善。概括起来，这种完善主要体现在七个方面：

（一）强制订立书面劳动合同

《劳动法》虽然规定了劳动合同应当以书面形式订立，但在具体责任和可操作性方面规定不足，缺乏强制执行力。在《劳动法》施行十余年后，用工单位不签订书面劳动合同的现象仍然很普遍，这导致劳动者在追索劳动报酬、主张合法劳动权益时经常陷入证据不足的被动境地。

为了从源头上完善劳动用工制度，保护劳动者的合法权益，《劳动合同法》第十条规定，建立劳动关系，应当订立书面劳动合同。已建立劳动关系，未同时订立书面劳动合同的，应当自用工之日起一个月内订立书面劳动合同。《劳动合同法》第十四条第三款规定，用人单位自用工之日起满一年不与劳动者订立书面劳动合同的，视为已订立无固定期限劳动合同。第八十二条规定，用人单位超过一个月不满一年未与劳动者签订书面劳动合同的，应向劳动者每月支付二倍的工资。

《劳动合同法》通过这样的利益分配和驱动机制，不但增加了用人单位的违法成本，加重了用人单位不订立劳动合同的法律责任，而且也调动起了劳动者维权的积极性。这样一来，真正督促实施这部法律的不是劳动行政部门，而是劳动合同的直接当事人——广大劳动者。

(二)鼓励签订无固定期限劳动合同

《劳动法》没有对固定期限劳动合同的适用范围、期限以及签订次数予以规定，而且劳动合同终止也不需向劳动者支付经济补偿金。这样的立法漏洞使我国劳动合同呈现短期化的趋势，用人单位宁愿一年接一年地与劳动者订立短期劳动合同，也不愿意与劳动者订立一个较长时间的劳动合同。这种做法在很大程度上影响了劳动者的职业稳定感和对企业的归属感，影响了其为企业长期服务的工作热情和职业规划的制定，对企业的长期发展、社会的稳定也产生了不利影响。为了更好地维护劳动者的就业稳定权，《劳动合同法》在用人单位与劳动者订立无固定期限劳动合同方面提出了更高的要求。

无固定期限劳动合同是指没有约定明确的到期时间的合同，用人单位要想结束与劳动者的劳动关系，就只能采取依法解除合同的方式。根据《劳动合同法》第十四条的规定，有下列三种情形之一，劳动者提出或同意续订劳动合同的，除劳动者提出订立固定期限劳动合同外，应当签订无固定期限劳动合同：(一)劳动者在该用人单位连续工作满十年的；(二)用人单位初次实行劳动合同制度或者国有企业改制重新订立劳动合同时，劳动者在该用人单位连续工作满十年且距法定退休年龄不足十年的；(三)连续订立两次固定期限劳动合同，续订劳动合同的。
与《劳动法》第二十条的规定相比，《劳动合同法》的新规定不仅扩大了无固定期限劳动合同的适用范围，而且也降低了固定期限劳动合同转为无固定期限劳动合同的条件，在立法技术上增加了用人单位规避法律的难度。

另外，根据《劳动合同法》第四十四条、第四十六条的规定，固定期限劳动合同期满终止，用人单位不续订劳动合同的，也应当向劳动者支付经济补偿，而无固定期限合同自然终止后（包括劳动者死亡或开始依法享受基本养老保险待遇两种情形），用人单位无须支付经济补偿。根据第八十二条的规定，用人单位不依法签订无固定期限劳动合同的，应当向劳动者每月支付二倍的工资。这两项规定进一步鼓励用人单位选择无固定期限劳动合同。

(三)规范了试用期间的用工制度

针对有些用人单位滥用试用期、变相盘剥劳动者的现象，《劳动合同法》对试用期的最长期限和工资待遇作了详细的规定。该法第十九条根据劳动合同期限的长短将试用期的最长期限分为一个月、二个月和六个月三种，而且规定同一用人单位与同一劳动者只能约定一次试用期。第二十条规定，劳动者在试用期的工资不得低于本单位相同岗位最低档工资或者劳动合同约定工资的80%，并不得低于用人单位所在地的最低工资标准。

(四)严格限定由劳动者承担违约金的约定条款的适用

《劳动法》对于能否在劳动合同中约定违约金条款没有作出具体的规定。因此，一些用人单位为了留住人才，不是从提高待遇、改善用工环境等方面入手，而是在劳动合同中约定劳动者单方解除劳动合同的高额违约金。例如在劳动合同中约定，劳动者每提前一年解除劳动合同，就支付用人单位相当于一年工资标准的违约金，而不论这种行为是否对用人单位造成实际经济损失，造成多少经济损失，劳动者迫于生计不得不接受，其权利在很大程度上受到了限制。签订这样的合同实际上是剥夺了劳动者自由择业的权利，违背了现代劳动法上的"劳动者劳动自由"和"不得强迫劳动"的原则，因而许多国家的劳动立法明确规定不允许对劳动者设立违约金，例如《韩国劳动基准法》和1976年颁布的《日本劳动标准法》。我国《劳动合同法》也顺应了劳动立法的这一发展趋势，在第二十五条中规定，除用人单位为劳动者提供专项培训费用后劳动者违反服务期约定和劳动者违反竞业限制约定两种法定情形外，用人单位不得与劳动者约定由劳动者承担违约金。

（五）扩大了经济补偿的适用范围

《劳动法》规定的经济补偿金主要适用于用人单位依法行使单方解除或者与劳动者协商一致解除劳动合同的情形，而不适用于劳动者依法解除劳动合同的情形。这样的规定导致在实践中出现了大量"明为劳动者主动解约，实为用人单位变相解约"等通过规避法律来侵害劳动者权益的现象。为了弥补法律规定上的漏洞，《最高人民法院关于审理劳动争议案件适用法律若干问题的解释》（法释[2001]14号）第十五条规定了用人单位迫使劳动者主动解约，劳动者仍可依法获得经济补偿的五种情形。《劳动合同法》吸收了这一先进的司法解释。根据该法第三十八条、第四十六条的规定，用人单位有未及时足额支付劳动报酬的或未依法为劳动者缴纳社会保险费等六种情形之一，劳动者解除劳动合同的，用人单位应当支付经济补偿。另外，根据《劳动合同法》第四十六条，在劳动合同终止的某些情形下，用人单位也应当向劳动者支付经济补偿。

对经济补偿金的法律性质，尽管理论分歧较大，但法学界普遍认为它是用人单位在一定情况下应当履行的强制性义务，充分体现了劳动法追求劳动关系实质公平的执法理念和倾斜保护劳动者的立法理念。因而，用人单位不得以任何方式在解除劳动关系前事先约定劳动者对该经济补偿金有所放弃或者与劳动者应承担的违约金、赔偿金相抵消的条款。

（六）明确了用人单位违法解除劳动合同时的责任形式和赔偿标准

《劳动法》第九十八条规定，用人单位违法解除劳动合同的，由劳动行政部门责令改正；对劳动者造成损害的，应当承担赔偿责任。这一规定明显缺乏可操作性，因为在实际损害还难以确定的情况下，作为受害方的劳动者只能请求劳动行政部门给予保护，即使劳动行政部门作出了责令改正的决定，如果用人单位不配合，届时应该采取怎样的制裁措施，法律对此也没有进一步的明确规定。而"对劳动者造成损害的，应当承担赔偿责任"的规定则显然是受到传统民法"无损害即无赔偿"原则的影响，由于赔偿标准不明确，受害方劳动者对救济的结果难以预期，这就严重地影响其寻求救济的积极性。

为了给劳动者提供充分的救济手段，《劳动合同法》第四十八条对用人单位违法解除劳动合同时的责任形式进行了全新的制度设计：用人单位违法解除或终止劳动合同，劳动者要求继续履行劳动合同的，用人单位应当继续履行；劳动者不要求继续履行劳动合同或者劳动合同已经不能继续履行的，用人单位应当依照合法解除劳动合同时经济补偿标准的两倍向劳动者支付赔偿金。这样一来，用人单位违法解除劳动合同的，劳动合同是否继续履行的最终决定权在劳动者手中。《劳动合同法》以直接赋予劳动者继续履行选择权这一新的救济形式取代了《劳动法》中规定劳动行政部门"责令改正"职责的间接救济形式，再加上采用了"违法就要赔偿"的归责原则和有预期的、明确的赔偿标准，这就极大地激发了劳动者依据《劳动合同法》维护自身权益的积极性。

(七)根据实际需要增加维护用人单位合法权益的内容

比如，《劳动合同法》为了保护用人单位的商业秘密，促进创新，促进公平竞争，新规定了竞业限制制度；为了适应企业结构调整，参与市场竞争的需要，放宽了用人单位依法解除劳动合同的条件，新规定了在企业转产、重大技术革新、经营方式调整，经变更劳动合同后，仍需裁减人员的以及其他因劳动合同订立时所依据的客观经济情况发生重大变化致使劳动合同无法履行的，企业可以依法裁减人员。

此外，《劳动合同法》还在劳动规章制度的制定程序、特殊人员的解雇保护、集体劳动合同、劳务派遣、非全日制用工等方面对我国的劳动制度进行了完善。

第二节 劳动合同法立法原则

每一部法律都有它的基本原则，无论其是宪法、民法、经济法、行政法还是诉讼法。那么，什么是一部法律的基本原则呢？基本原则是指一部法律最基本的规范，是一部法律的指导思想和基本准则。任何一部法律，都是由一个个的规范所组成的，而基本原则就是一部法律中最基本的规范，它像一道红线，贯穿于全部法律之中，规制和决定着其他的规范，其他规范不得违反基本原则的规定和精神，否则无效。

劳动合同法的基本原则，是指贯穿劳动合同法的最基本的规范，其他的劳动合同法的规范受其规制，由其决定，不得与之相冲突、相矛盾，否则无效。

《劳动合同法》第三条规定：订立劳动合同，应当遵循合法、公平、平等自愿、协商一致、诚实信用的原则。由此我们可以把劳动合同法的基本原则解析为：合法原则、公平原则、平等自愿原则、协商一致原则、诚实信用原则。

一、合法原则

合法原则，是指订立劳动合同不得与法律、法规相抵触。这是劳动合同有效的前提和条件。违反法律、法规的劳动合同产生的后果是合同无效或可撤销。此原则要求：

(一)订立劳动合同必须主体合法

所谓主体合法，是指订立劳动合同的双方当事人必须具有建立劳动关系的主体资格，即用人单位和劳动者都应具备劳动权利能力和劳动行为能力，能依法承担履行劳动合同的责任和义务。

1. 一方主体——用人单位

用人单位是指中华人民共和国境内的企业、个体经济组织、民办非企业单位、国家机关、事业单位、社会团体、居民委员会以及依法成立的会计师事务所、律师事务所等合伙组织和基金会。企业设立的分支机构，依法取得营业执照或者登记证书的，属于本解释所称的用人单位；未依法取得营业执照或者登记证书的，不属于本解释所称的用人单位，但可以受用人单位委托与劳动者订立劳动合同，自然人、家庭和农村承包经营户不属于用人单位。(《最高人民法院关于审理劳动争议案件适用法律若干问题的解释(三)征求意见稿》第一条)

【知识链接】

用人单位

(1)企业

对于企业一方而言，主体资格是指必须具备法人或依法具有独立承担民事责任的资格，能够组织生产经营并实际履行合同。

企业是从事生产、流通、服务等经济活动，以生产或服务满足社会需要，实行自主经营、独立核算、依法设立的一种营利性的经济组织，包括法人企业和非法人企业，前者如公司企业(有限责任公司和股份有限公司)，后者如合伙制企业、个人独资企业等。那么，中国目前的18个铁路局(公司)，均属于法人企业，它们分别是：哈尔滨铁路局、沈阳铁路局、北京铁路局、太原铁路局、呼和浩特铁路局、郑州铁路局、武汉铁路局、西安铁路局、昆明铁路局、兰州铁路局、乌鲁木齐铁路局、青藏铁路公司、济南铁路局、上海铁路局、南昌铁路局、南宁铁路局、成都铁路局、广铁(集团)公司。

(2)个体经济组织

个体经济组织是指一般雇工在7人以下的个体工商户。需要注意的是，如果虽以个体工商户注册登记，但没有招用雇工，如同人们通常所称的"夫妻店"等，这样的个体户没有雇工，全靠自己家里人提供劳动，不属于《劳动合同法》的用工单位。家人相互之间也不构成劳动关系。

(3)民办非企业单位

民办非企业单位是指企业、事业单位、社会团体和其他社会力量以及公民个人利用非国有资产举办的，从事非营利性社会服务活动的组织。其特征在于它的民间性、非营利性、社会性、独立性和实体性，主要分布在以下行业中：①教育事业，如民办幼儿园，民办小学、中学、学院、大学，民办专修（进修）学院或学校，民办培训（补习）学校或中心等；②卫生事业，如民办门诊部（所）、医院，民办康复、保健、卫生、疗养院（所）等；③文化事业，如民办艺术表演团体、文化馆（活动中心）、图书馆（室）、博物馆（院）、美术馆、画院、名人纪念馆、收藏馆、艺术研究院（所）等；④科技事业，如民办科学研究院（所、中心），民办科技传播或普及中心、科技服务中心、技术评估所（中心）等；⑤体育事业，如民办体育俱乐部，民办体育场、馆、院、社、学校等；⑥劳动事业，如民办职业培训学校或中心，民办职业介绍所等；⑦民政事业，如民办福利院、敬老院、托老所、老年公寓，民办婚姻介绍所，民办社区服务中心（站）等；⑧社会中介服务业，如民办评估咨询服务中心（所）、民办信息咨询调查中心（所）、民办人才交流中心等；⑨法律服务业；⑩其他。

改革开放以来，随着经济和各项社会事业的发展，各种类型的民办非企业单位不断增多，在经济、科技、教育、文化、卫生以及其他社会事务方面发挥了积极的作用，是我国社会主义现代化建设事业中不可缺少的部分。然而《劳动法》在制定和实施的过程中，未将民办非企业单位纳入其中，使得民办非企业单位的劳动关系处于无法可依的状态。为了统一劳动力市场，促进劳动力市场的健康发展，在法律上减少劳动者的差别待遇，构建和谐的劳动关系，《劳动合同法》将民办非企业单位纳入调整范围，以完善劳动合同制度。

（4）依法成立的会计师事务所、律师事务所等组织和基金会

依法成立的会计师事务所、律师事务所等组织和基金会，招用助手、工勤人员等，适用《劳动合同法》。

会计师事务所，是指依法独立承担注册会计师业务的中介服务机构。

律师事务所，是指中华人民共和国律师执行职务进行业务活动的工作机构，在组织上受司法行政机关和律师协会的监督和管理。目前有合伙制律师事务所、合作制律师事务所，也有律师个人开办的事务所，它们从事的法律服务内容没有什么区别，都是在规定的专业活动范围内，接受中外当事人的委托，提供各种法律服务。

基金会，是指利用自然人、法人或者其他组织捐赠的财产，以从事公益事业为目的非营利性法人。

(5) 用人单位的分支机构

随着经济社会的发展，越来越多的用人单位规模化、集体化发展趋势明显，为了继续扩展其业务，扩大其产品销售范围，这些用人单位常常在不同的城市或同一城市的不同地区开设分支机构。分支机构是整体企业的一个组成部分，它在经营业务、经营方针等各方面都要受到公司总部不同程度的控制；分支机构不是独立的法律主体，但通常是一个独立的会计个体；分支机构与总部在地理位置上通常相隔一定的距离。

实践中，分支机构与劳动者直接签订劳动合同的现象十分普遍，大部分劳动者根本不知道与其签订劳动合同的只是用人单位的分支机构。因此，为避免纠纷的发生，《劳动合同法实施条例》第四条对用人单位的分支机构签订劳动合同作出了规定。

《劳动合同法实施条例》第四条规定："劳动合同法规定的用人单位设立的分支机构，依法取得营业执照或者登记证书的，可以作为用人单位与劳动者订立劳动合同；未取得营业执照或者登记证书的，受用人单位委托可以与劳动者订立劳动合同。"根据《劳动合同法实施条例》第四条的规定，用人单位设立的分支机构能否和劳动者签订劳动合同，可以从以下几种情况来确定：

①符合《劳动合同法》规定的用人单位设立的分支机构，依法取得营业执照或者登记证书的，可以作为适格的用人单位与劳动者

订立劳动合同。这类分支机构作为用工主体直接用工，以分支机构的名义依法订立、履行、变更、解除、终止劳动合同，在劳动保障监察、劳动争议处理中，可以作为行政相对人、当事人。在责任承担上，如果分支机构因财力有限无法独立承担全部法律责任的，由设立它的法人单位承担。

②符合《劳动合同法》规定的用人单位设立的分支机构未依法取得营业执照或者登记证书的，受用人单位委托可以与劳动者订立劳动合同。对未依法取得营业执照、登记证书的分支机构，则不准许以分支机构的名义与劳动者订立劳动合同。这类分支机构不能作为用工主体直接用工，只能受用人单位委托，以用人单位的名义依法订立、履行、变更、解除、终止劳动合同。在劳动保障监察、劳动争议处理中，应以委托单位作为行政相对人、当事人，由此产生的法律责任，由设立分支机构的企业承担。

③用人单位设立的分支机构未依法取得营业执照或者登记证书的，也没有受用人单位委托，或者其行为没有得到用人单位追认的，不可以与劳动者订立劳动合同，或者说其与劳动者订立劳动合同的行为是非法的。

④用人单位本身就没有和劳动者订立劳动合同的资质，其设立的分支机构就更没有资格和劳动者订立劳动合同了。比如说，一个外国法人在中国境内用人，必须经过劳务派遣机构才可以拥有用人资格。那么，即使这个外国法人在中国的办事处或者代表处已经依法获得营业执照或者登记证书，也不能和劳动者直接签订劳动合同，必须要通过劳务派遣机构才可以用人。

简而言之，如果用人单位设立的分支机构根据《劳动合同法实施条例》有用人资格，或者有用人单位的授权，就可以和劳动者签订劳动合同；如果用人单位没有用人资格，或者有用人权的用人单位没有授权分支机构直接用人，分支机构可以通过劳务派遣等方式来使用劳动者。

(6) 特别主体

①非法用工单位

《非法用工单位伤亡人员一次性赔偿办法》第二条规定：非法用工单位，是指无营业执照或者未经依法登记、备案的单位以及被依法吊销营业执照或者撤销登记、备案的单位。

《劳动合同法》第九十三条规定：对不具备合法经营资格的用人单位的违法犯罪行为，依法追究法律责任；劳动者已经付出劳动的，该单位或者其出资人应当依照本法有关规定向劳动者支付劳动报酬、经济补偿、赔偿金；给劳动者造成损害的，应当承担赔偿责任。

非法用工单位因为违反法律规定没有办理获得合法主体资格的手续，但已经具备了"用人单位"的其他形式要件。因此，可以将其认定为劳动中的"用人单位"，只是该"用人单位"是非法的(至于其自身的违法问题，应当由工商部门予以纠正)。

②个人承包

个人是否可以成为用人单位呢？我国《劳动合同法》对此并没有明确规定。如果单纯从用人单位这一称谓上来看，用人单位既然是单位，那么肯定不能为自然人。但是，《劳动合同法》关于非全日制用工的形式中又规定了"个人承包经营招用劳动者违反本法规定，给劳动者造成损害的，发包的个人或者组织与个人承包经营者承担连带赔偿责任"。这值得注意。即，违法招用劳动者，给劳动者造成损害的，发包的组织与个人承包经营者承担连带赔偿责任(无论发包人是否有违法行为)。

(7) 国家机关

国家机关是指从事国家管理和行使国家权力的机关，包括国家元首、权力机关、行政机关和司法机关。

《劳动合同法》的国家机关包括国家权力机关、国家行政机关、司法机关、国家军事机关等，其录用公务员和聘任制公务员，适用《中华人民共和国公务员法》(以下简称《公务员法》)；其招用工勤人员，需要签订劳动合同，适用《劳动合同法》。

（8）事业单位

事业单位，是指国家为了社会公益目的，由国家机关举办或者其他组织利用国有资产举办的，从事教育、科技、文化、卫生等活动的社会服务组织。一般以增进社会福利，满足社会文化、教育、科学、卫生等方面的需要，提供各种社会服务为直接目的，大体可以分为"全额拨款"、"参公（即参照公务员）"、"财政补贴"、"自收自支"四类。"全额拨款"事业单位也称为全供事业单位，也就是全额预算管理的事业单位，是其所需的事业经费全部由国家预算拨款的一种管理形式。"参公（即参照公务员）"是一些涉及国家安全，对政策和经济管理工作有明确辅助作用，以及明显以社会公益性为属性的事业单位。"财政补贴"又称差额拨款事业单位，按差额比例，财政承担部分，由财政列入预算；单位承担部分，由单位在税前列支，如医院等。"自收自支"事业单位又称为自主事业单位，是国家不拨款的事业单位。

按照管理模式，事业单位又分为三类：一是比照公务员管理的事业单位，这类事业单位通常具有管理公共事务的职能或是法律、法规授权的具有公共事务管理的职能，前者如证券监督管理委员会、保险监督管理委员会、银行业监督管理委员会等，后者如劳动监察、国土资源监察机构等；二是实行企业化管理的事业单位，如出版社、杂志社、公路（铁路）设计研究院及其他应用研究科研所；三是实行聘用制的以科教文卫为代表的事业单位，如医院、学校、基础性科研机构等。其中，第一类不属于《劳动合同法》的调整范围，第二类由《劳动合同法》调整，第三类则需根据具体情况而定。

第三类则需根据具体情况而定，如何理解呢？《劳动合同法》第九十六条规定："事业单位与实行聘用制的工作人员订立、履行、变更、解除或者终止劳动合同，法律、行政法规或者国务院另有规定的，依照其规定；未作规定的，依照本法有关规定执行。"也就是说，劳动者与单位签订劳动合同的，就适用《劳动合同法》；劳动者与单位签订聘用合同的，按照第九十六条的规定，即法律、行政法规和国务院规定另有规定的，就按照法律、行政法规和国务院的规定执行；法律、行政法规和国务院没有特别规定的，适用《劳动合同法》。

但以上三类中的工勤人员的劳动关系都由《劳动合同法》调整。工勤人员过去通常是指在机关和事业单位内从事驾驶、收发、打字、维修等工作的工人。人事部《关于国家机关、事业单位工勤人员依照执行〈劳动法〉有关问题的复函》（以下简称《工勤人员执行劳动法问题复函》）第一条规定："根据《劳动法》第二条第二款的规定和国家机关、事业单位工勤人员的劳动特点，凡与工勤人员普遍签订劳动合同的单位，其工勤人员的管理依照《劳动法》进行。"

综上所述，事业单位中用人关系的法律适用明确分为四类。一是纳入国家人事行政编制、由国家财政负担工资福利的工作人员，属于依照或参照公务员管理的人事关系，适用《公务员法》或相关人事管理制度。二是实行企业化管理的事业单位中的用人关系，纳入劳动关系的范畴，适用《劳动合同法》。三是实行聘用制的工作人员，按照《劳动合同法》第九十六条，他们与所在单位订立、履行、变更、解除或者终止劳动合同，法律、行政法规或者国务院另有规定的，依照其规定；未作规定的，适用《劳动合同法》。四是工勤人员的劳动关系，适用《劳动合同法》。

(9) 社会团体

社会团体是指中国公民自愿组成的，为实现会员共同意愿，按照其章程开展活动的非营利性社会组织，包括行业性社团、学术性社团、专业性社团和联合性社团。其中，全国总工会、共青团、全国妇联、中国文联、中国科协、全国侨联、中国作协、中国法学会、对外友协、贸促会、中国残联、宋庆龄基金会、中国记协、全国台联、黄埔军校同学会、外交学会、中国红十字总会、中国职工思想政治工作研究会、欧美同学会等19个社会团体，其主要任务、机构编制和领导职数由中央机构编制管理部门直接确定。它们虽然是非政府性的组织，但在很大程度上行使着部分政府职能，被列入参照《公务员法》管理的人民团体和社会团体，但工勤人员除外。其他的多数社会团体，如果作为用人单位与劳动者订立劳动合同的，按照《劳动合同法》进行调整。

2. 另一方主体——劳动者

对于劳动者而言，其主体资格是指必须具备法定的劳动年龄，具有劳动权利能力和劳动行为能力，符合国家招工政策等。

劳动者，字面意义为"劳动的人"，是对从事劳作活动一类人的统称。劳动者是一个含义非常广泛的概念，凡是具有劳动能力、以从事劳动获取合法收入作为生活资料来源的公民都可称为劳动者。从法律角度而言，劳动者是指达到法定年龄，具有劳动能力，以从事某种社会劳动获得收入为主要生活来源，依据法律或合同的规定，在用人单位的管理下从事劳动并获取劳动报酬的自然人。

【知识链接】

劳 动 者

1. 劳动者的适用条件

（1）年龄条件

劳动者的年龄条件指劳动者订立劳动合同必须达到合法的劳动年龄。劳动者的年龄条件实质上和我国民法上的民事行为能力人的概念具有必然的联系。

我国《民法总则》第十七条规定：18周岁以上的自然人为成年人。具有完全民事行为能力，可以独立进行民事活动，是完全的民事行为能力人。也就是说，一般意义上的劳动者应该是成年人，即年龄必须达到18周岁。

不满18周岁的自然人能不能成为劳动者呢？《民法总则》第十八条规定，成年人为完全民事行为能力人，可以独立实施民事法律行为。16周岁以上的未成年人，以自己的劳动收入为主要生活来源的，视为完全民事行为能力人。然而，我国《劳动法》第六十四条规定：不得安排未成年工从事矿山井下、有毒有害、国家规定的第四级体力劳动强度的劳动和其他禁忌从事的劳动。第五十八条第二款规定：未成年工是指年满16周岁未满18周岁的劳动者。也就是说，已满16周岁不满18周岁的未成年人，在劳动合同约定的权利义务关系不违背有关法律、法规的前提下，也可以成为劳动者，但没有被允许从事大众化的劳动。

未满16周岁的未成年人是否可以参加劳动，成为《劳动合同法》上的劳动者？原则上未满16周岁的自然人不能成为《劳动合同法》上的劳动者。这主要是从保护未成年人的角度出发的，未成年人的身体条件还不适合从事一般的劳动。但是也有例外情况。《劳动法》第十五条第二款规定：文艺、体育和特种工艺单位招用未满16周岁的未成年人，必须依照国家有关规定，履行审批手续，并保障其接受义务教育的权利。也就是说，对于此种情况，则可以例外地允许其成为劳动者，但是应该满足国家的特别法律规定。

(2) 劳动能力条件

劳动能力是指劳动者凭借自己的智力或体力完成某项工作的能力。只有具备劳动能力的人才能成为劳动者。我国一般从年龄、健康、智力、自由、就业愿望这五个方面的因素来确认劳动者的一般资格。

2. 劳动者的范围

劳动者的适用范围，包括四个方面：

(1) 与中华人民共和国境内的企业、个体经济组织、民办非企业单位等组织(以下称用人单位)建立劳动关系的劳动者；

(2) 国家机关、事业组织、社会团体的工勤人员；

(3) 实行企业化管理的事业组织的非工勤人员、工勤人员；

(4) 其他通过劳动合同(包括聘用合同)与国家机关、事业单位、社会团体建立劳动关系的劳动者。

3. 劳动者的排除

(1)公务员和比照实行公务员制度的事业组织和社会团体的工作人员，以及农业劳动者、现役军人和家庭保姆等。

①公务员和比照实行公务员制度的事业组织和社会团体的工作人员

公务员，是指依法履行公职、纳入国家行政编制、由国家财政负担工资福利的工作人员。公务员依法行使国家职权的行为，不是履行合同约定的义务，而国家职权不能作为合同的对象，从而不能把公务员视为雇员。我国当前采取的是公务员和非公务员分别立法的模式，公务员劳动关系由《公务员法》和其他法律加以规范。比照实行公务员制度的工作人员也不适用《劳动合同法》。

②农村劳动者

农民属于劳动者的范畴，但由于农村集体所有制农业生产经营组织中劳动者的劳动方式和分配方式的特殊性，不符合劳动法中劳动关系的特征，农村劳动者通过家庭联产承包合同确定其权利和义务，农民与村民委员会之间不属于劳动关系，因此没有纳入《劳动合同法》的调整范围，而应制定专门的法律对农村劳动者的劳动权益加以保护。但是如果作为乡镇企业的职工或进城务工、经商的农民与相应的用人单位之间形成的劳动关系，仍应是《劳动合同法》的适用范围。

③现役军人

正在服役的军人肩负着保卫祖国和人民安全的重任，这是符合服役条件的公民应尽的义务，所以，现役军人不适用《劳动合同法》。

在我国，现役军人是指正在中国人民解放军部队或者中国人民武装警察部队服现役，具有现役军籍，尚未退伍、转业、复员的军人。

根据《中华人民共和国兵役法》(以下简称《兵役法》)规定，现役军人由现役士兵(现役义务兵和现役士官)和现役军官组成。军事院校的在校学员也带有军籍，也是现役军人(按义务兵待遇)，在校读书的时间算入军龄。

④家庭保姆

家庭保姆是否适用《劳动合同法》，各国规定不同，有的国家规定家庭保姆适用，但大多数国家规定家庭保姆不适用，我国规定家庭保姆不适用《劳动合同法》。

(2)被国家劳动保障部列为劳动关系疑难问题的几种特殊劳动关系，如出租车司机、保险代理人、农电工等。

【案例3】

出租车司机陈师傅所在的出租车公司准备和他们当中部分司机签订新一年的工作合同。他问了以后才知道，要签的不是劳动合同，而是承租合同。他想知道，《劳动合同法》实施后，像他们这种性质的劳动者能不能按《劳动合同法》处理？

【案例评析】

目前，有两大类人员不属于《劳动合同法》的劳动者主体。一类是劳动法实施细则《劳动部关于贯彻执行〈中华人民共和国劳动法〉若干问题的意见》(劳部发[1993]309号)排除的部分公务员、比照实行公务员制度的事业组织和社会团体的工作人员、农村劳动者(乡镇企业职工和进城务工、经商的农民除外)、现役军人和家庭保姆等。另一类是被国家劳动保障部列为劳动关系疑难问题的几种特殊劳动关系，如出租车司机、保险代理人、农电工等。像陈师傅等司机就属于第二类，他们与单位之间的劳动关系比较特殊，既有租赁性质，又有雇佣性质，不能简单界定，故暂不适用《劳动合同法》的规定。

4. 劳动者的争议

(1)参与企业用人单位决策的高层管理人员

在我国劳动法实践中，将企业用人单位的法定代表人(主要负责人)从劳动者中排除，已为通行做法。但当涉及享有企业经营管理决策权的高层管理人员时,做法并不一致。《劳动合同法》对此问题并未涉及。

如何界定"享有企业经营管理决策权的高层管理人员"范围,国际上使用的一个重要标准是:这些人享有雇佣或解雇劳动者的权力,或对此作出有效推荐的权力。基于此,有学者建议,在我国应界定为:企业中的董事、监事、总经理及相应层面的高层管理人员,以及合伙制企业中的合伙人。在这一点上,外国各市场经济国家的规定是相当明确的。

以美国相关法律制度为例,被排除在雇员以外的高层管理人员有:

① "监管人员"

1947年的《塔夫脱-哈特莱法案》中,国会将监管人员从"雇员"中排除出去,规定:"'监管人员'一词指的是任何为了雇主的利益,有权代表雇主雇佣、转移、中止、临时解雇、召回、提升、解雇、分配、奖励或惩罚其他雇员的任何人,或指负责指挥雇员或调整雇员的不满或有效地建议采取这些行动的人,他在行使上述权力时不仅仅是照章办事或具有秘书性质的,而是需要独立作出判断的。"实践中,美国国家劳资关系委员会通常会裁定,拥有这些判断、人事决定权力的人是监督管理人员,即使该权力很少被行使(如40%~70%的时间从事普通工作)。

② 高级"管理人员"

美国国家劳资关系委员会在1970年将高级"管理人员"定义作了以下表述:"那些通过表达雇主的决定并使之得以运作的方式来制定和完成管理政策的人,以及那些在履行其职务时有独立于雇主制定的政策的处理权的人,那些作为资方真正的代表与资方紧密结盟的人。"

③ "机要人员"

一般情况下,"机要人员"也被从中排除出去。机要人员是指那些"支持并以秘密身份按照在劳动关系领域里行使'管理'职能的人的指示行事"的人。但是，如果雇员有机会接近的保密信息与劳动关系无关，那他们就不被排除。简言之，在确定是否将某雇员作为"机要人员"从《劳动法》的有效范围内排除出去时，要审查被称为机要人员的雇员所履行的特殊职能。

德国劳动法规定雇员中高层管理人员的排除情况是：

①法人或合伙的代表

在法人企业或合伙企业工作，并且根据法律、章程或公司合同单独的或作为代表机构的成员被任命为法人或合伙人的代表人，不属于雇员范畴，它包括股份有限公司的总经理之类人员。

②高级职员

经理、企业领导人员等类似的有权雇佣或解雇雇员的高级职员不属于雇员。

这些立法理念与具体制度值得我们借鉴，以便对在用人单位享有高层决策权的管理人员的劳动关系进一步加以厘清和规制。

(2) 退休劳动者

关于退休人员重新受聘的劳动关系如何适用法律的问题，劳动部《关于实行劳动合同制度若干问题的通知》(1996年)第十三条规定："已享受养老保险待遇的离退休人员被再次聘用时，用人单位应与其签订书面协议，明确聘用期内的工作内容、报酬、医疗、劳动待遇等权利和义务。"此规定中，退休人员重新受聘的劳动关系是否适用劳动法的问题，亦即其中的"书面协议"是否属于劳动合同的问题并未明确。所以，退休人员重新受聘的劳动关系的适用法律，成为争议比较多的问题。一些观点认为，我国现阶段不应将退休人员重新就业的劳动关系纳入适用范围，另一些观点则反之。《劳动合同法》采取了较为灵活的做法，没有将退休人员重新受聘的劳动关系排斥于《劳动合同法》的适用范围之外。按照《劳动合同法》第四十四条相关规定，达到退休年龄的劳动者若不享受基本养老保险待遇，就不构成《劳动合同法》规定的劳动合同终止的条件，可以订立劳动合同，这种劳动关系属于《劳动合同法》的适用范围。

(3) 来华就业的外国劳动者

《劳动合同法》并未对来华就业的外国劳动者的权利义务作出明确规定。实际上对涉外劳动者的保护一般是按当地劳动保护法律法规进行。《劳动合同法》上的劳动者应该包括这部分人，并应在此基础上解决劳工公约等国际法与本国法的效力衔接问题。《劳动合同法实施条例》等配套法律、法规明确规定：用人单位招用外国人，应当办理外国人就业证，并依法订立劳动合同；用人单位招用港、澳、台地区人员，应当办理港、澳、台人员就业证，并依法订立劳动合同；外国企业驻华办事机构、外国使领馆、国际组织驻华机构等招用劳动者，按照现行有关法律、法规规定办理。

3. 任何一方如果不具备订立劳动合同的主体资格，所订立的劳动合同违法，比如使用童工。

(二) 订立劳动合同必须目的合法

目的合法，是指当事人双方订立劳动合同的宗旨和实现法律后果的意图不得违反法律、法规的规定。劳动者订立劳动合同的目的是为了实现就业，从事社会工作，获得劳动报酬，以维持生活和满足生存需要；用人单位订立劳动合同的目的是为了使用劳动力来组织社会生产劳动，发展经济，创造效益。

目的合法往往是双方当事人内心的行为动机，一般不易表现出来。因此，当事人订立劳动合同时不得心存邪念，不得以订立劳动合同的合法形式掩盖其含有不法意图的内容，达到非法目的。例如，某企业招聘了一名有海外关系的劳动者，与其订立了劳动合同，目的就是利用其身份走私贩私；再比如，某运输公司招聘了一名司机，目的就是运输毒品；其他的诸如以非法制造枪支、生产危险物品等为目的而订立的劳动合同。虽然双方当事人都实现了自己的合同目的，劳动者获得了报酬，用人单位也创造了经济效益，但其订立劳动合同的目的都不合法。

(三) 订立劳动合同必须内容合法

所谓内容合法，是指双方当事人在劳动合同中确定的具体的权利与义务的条款必须符合法律、法规和政策的规定。

劳动合同的内容涉及工作内容、工资分配、社会保险、职业培训、工作时间和休息休假以及劳动安全卫生等多方面，劳动合同在约定这些内容时，不能违背法律、法规和政策的规定。例如，员工工资的约定不得低于当地政府规定的最低工资标准，员工每日标准工作时间不得超过8小时，等等。

任何侵害法律、法规赋予用人单位和劳动者的基本权利的内容，即使是当事人双方协商一致的，也应视为无效合同或无效条款。

(四) 订立劳动合同必须程序和形式合法

程序合法，是指劳动合同的订立必须按照法律、行政法规所规定的步骤和方式进行，一般要经过要约和承诺两个步骤，具体方式是先起草劳动合同书草案，然后由双方当事人平等协商，协商一致后签约。形式合法，是指劳动合同必须以法律、法规规定的形式签订。

这里需要注意的是，民事合同的法律形式有口头形式、书面形式和其他形式。而《劳动合同法》第十条明确规定了订立劳动合同必须是书面形式而不允许是口头形式，非全日制用工除外（《劳动合同法》第六十九条：非全日制用工双方当事人可以订立口头协议）。《劳动合同法》第八十二条还规定了不订立书面合同的法律责任：用人单位自用工之日起超过一个月不满一年未与劳动者订立书面劳动合同的，应当向劳动者每月支付二倍的工资。对劳动者造成损害的，还要承担赔偿责任。

二、公平原则

公平原则是指在劳动合同订立过程及劳动合同内容的确定上应体现公平。公平原则强调了劳动合同当事人在订立劳动合同时，对劳动合同内容的约定，双方承担的权利义务中不能要求一方承担不公平的义务。如果双方订立的劳动合同内容显失公平，那么该劳动合同中显失公平的条款无效。例如，因重大误解导致的权利义务不对等，对同岗位的职工提出不一样的工作要求，对劳动者的一些个人行为作出限制性规定，等等。因此，《劳动合同法》规定"用人单位免除自己的法定责任、排除劳动者权利的"劳动合同无效。

【案例4】

农民陈某进城打工,发现一张"招工告示",上面写着:"某个体砖厂大量招工,包吃住,月薪1000元另加奖金。"于是前往位于郊区某乡村的砖厂,与老板王某洽谈。王某拿出的劳动合同最后有一行不起眼的小字:"受雇人员伤亡,厂方概不负责。"陈某没有多想就签了合同。一个月后,陈某在挖土时忽然遇到塌方,身受重伤,丧失了全部劳动能力,王某以双方签订的劳动合同中已经写明"受雇人员伤亡,厂方概不负责"为由,不同意对陈某进行补偿。

请问:陈某如何维护自己的权益?

【案例评析】

案例中,个体砖厂利用陈某急于寻找工作的心理,与陈某签订含有"受雇人员伤亡,厂方概不负责"等内容的"生死合同",意在发生生产安全事故后逃避应该承担的对劳动者的赔偿责任,侵害了法律、法规赋予劳动者的基本权利,明显是不公平的。同时,《劳动合同法》的合法性原则也要求劳动合同在约定劳动安全卫生的内容时,不能违背法律和行政法规的规定。因此,这一人身伤害免责条款是无效的,不能以此免除或者减轻砖厂的赔偿责任。陈某既可直接向砖厂所有人王某请求赔偿,也可向劳动行政主管部门申请处理,还可以直接向人民法院起诉,以维护其合法权益。

三、平等自愿原则

(一)平等原则

平等原则是劳动合同法的基础,也是劳动合同法的主旨。这里的平等,是指劳动关系双方当事人法律地位上的平等。其含义主要包括:

1. 劳动者只要具备劳动法规定的劳动权利能力和劳动行为能力，就享有与他人一样平等的就业机会。

"萝卜招聘"就是平等就业的反面案例。"一个萝卜一个坑"，"萝卜"和"招聘"本互不搭界，却被神奇地联系到一起，成为一个新的网络流行词。"萝卜招聘"是对个别地方事业单位在公开招聘时的"量身定制"的违规招考行为的一种形象比喻。所谓"萝卜招聘"，就是先选好"萝卜"，然后再为特定的"萝卜"偷偷挖坑并满足对特定"萝卜"的"专一性"。具体来说，就是事先为某特定对象（通常为个别领导干部子女）"量身定做"职位要求，对该职位的报考条件设置种种门槛，因人画像，限定所招考职位的学历要求、专业背景、基层工作经历、各类资格证书、政治面貌甚至性别等，在报考阶段就过滤和淘汰大多数竞争者，在随后的笔试和面试等几个环节进行人为操作，让"正主"顺利入围过关。

2. 劳动者不应因民族、种族、性别、宗教信仰不同而受到歧视和非法辞退，并不得降低劳动报酬以及其他福利待遇。

3. 平等性原则不仅仅表现在缔约阶段的双方当事人地位平等，还表现在劳动合同的变更和解除阶段双方的法律地位也是平等的。在合同的履行过程中，尽管用人单位对劳动力有管理权和支配权，但劳动者的人格权不受非法侵犯。用人单位不得使用暴力、威胁或强制方法强迫劳动者劳动，不得非法侵犯其姓名权、名誉权、肖像权、隐私权等，不得以不安全的生产条件和超过法定标准的职业性危害因素场所对劳动者健康和生命权构成侵害。

4. 平等性原则并不排斥公权力意志的强力干预。劳动关系双方实力差距的悬殊性和劳动关系的社会化特征，为公权力的干预提供了基础。

(二) 自愿原则

自愿，是指订立劳动合同必须出自双方当事人自己的真实意愿，是在充分表达各自意见的基础上，经过平等协商而达成的协议。任何一方都可以拒绝与对方签订劳动合同，同时任何一方都不得强迫对方与自己签订劳动合同，不得将自己提出的条款强加给另一方，不得乘人之危订立劳动合同。采取暴力、威胁、欺诈等手段或乘人之危订立的劳动合同无效。例如：一些黑心老板用铁丝网把农民工圈起来，限制人身自由，在作业时随意谩骂、殴打，并通过扣押工人的证件及通信工具、延长劳动时间、克扣工资、晚间休息派专人看管等手段强迫工人劳动，致使工人欲逃跑而不能。更甚者，将在劳动中昏倒后死亡的民工的尸体私自埋藏在废砖窑内，以此掩盖罪行。

【法条链接】

《劳动合同法》第三十八条 用人单位以暴力、威胁或者非法限制人身自由的手段强迫劳动的，劳动者可以立即解除劳动合同，不需事先告知用人单位。

《劳动合同法》第八十八条 用人单位有下列情形之一的，依法给予行政处罚；构成犯罪的，依法追究刑事责任；给劳动者造成损害的，应当承担赔偿责任：

（一）以暴力、威胁或者非法限制人身自由的手段强迫劳动的；

（二）违章指挥或者强令冒险作业危及劳动者人身安全的；

（三）侮辱、体罚、殴打、非法搜查或者拘禁劳动者的；

（四）劳动条件恶劣、环境污染严重，给劳动者身心健康造成严重损害的。

四、协商一致原则

协商一致是指在劳动合同的订立过程中，双方当事人对合同条款的制定和接受的过程应当符合当事人自己的意愿，确保合同条款是当事人真实的意思表示。真实的意思表示，是指行为人表现于外部的意志与其内心的真实意志一致，即行为人表示要追求的某种结果是其内心真正希望出现的结果。凡是违背当事人真实意愿的行为即构成意思表示不真实。这类行为可因虚假表示、误解、欺诈、胁迫、乘人之危等原因引起，例如，甲酒后对乙称，如果乙能再喝下五斤白酒，就可以到甲的公司上班。

协商一致是平等自愿原则的体现和深化，只有通过协商达到一致，才能得到基于平等自愿基础之上的结果。协商一致原则的关键在一致，协商是手段、过程，一致是目的。如果订立劳动合同时，当事人虽然经过了协商，但仍存在分歧，未能达成一致的意思表示，劳动合同不能成立。协商一致原则是维护劳动关系双方合法权益的基础。劳动合同订立时，合同的全部内容都必须在协商一致以后签字。

值得注意的是，当劳动合同条款的表述出现歧义时，法律规定按照有利于劳动者的解释处理。

五、诚实信用原则

诚实和信用原则是生活中众多道德标准中的两种，法律将其从道德标准上升为法律标准，但因其难以具体化、条文化，所以将其定为基本原则规定在法律中，并从签订劳动合同的行为中进行考察。

诚实信用原则要求当事人订立劳动合同的行为必须诚实，双方为订立劳动合同提供的信息必须真实。双方当事人在订立与履行劳动合同时，必须以自己的实际行动体现诚实信用，互相如实陈述有关情况，并忠实履行签订的协议。当事人一方不得强制或者欺骗对方，也不能采取其他诱导方式使对方违背自己的真实意思而接受对方的条件。以欺诈手段签订的劳动合同，受损害的一方有权解除劳动合同。在国外，雇员隐瞒重要事实，即使双方已经签订劳动合同，雇主也可以直接解除劳动合同。我国《劳动法》没有相应的规定，《劳动合同法》则在明确了以欺诈手段签订的劳动合同无效或者部分无效的同时，对当事人存在这种情形的，允许另一方当事人解除劳动合同。

【案例5】

小张高中毕业，来到深圳打工，因为学历低，找不到管理或技术工作，而操作岗位的工作他又不愿意做，于是买了一个假的本科学历证书和一个知名学校的硕士学历证书。带着这两个假证书，小张很快就被某企业录用，月薪8000元，双方签订了为期三年的劳动合同。但是工作一个月以后,他所在部门的经理就找到人事经理,说:"你们说小张是某某高校的硕士,我怎么觉得不像啊?平常工作的时候,我发现他连一些基本常识都不懂,你赶紧去那个学校核实一下,别被假证书骗了。"人事经理听了立即到那所学校去核实,果然没有小张这个人。人事经理把小张找来,问他到底怎么回事。在证据面前,小张不得不承认他的证书是假的,并向公司提出辞职。人事经理同意了,但是小张又说:"但是你得先把这个月的工资付给我,然后我才能走。"人事经理一听,非常生气:"你欺骗公司,我们没追究你的责任,就已经便宜你了,你还敢要工资?我们绝不会给你的。"小张见人事经理的口气如此坚决,也没说什么,就申请了仲裁,要求那家公司支付他8000元工资。

请问:小张能不能得到仲裁庭的支持呢?

【案例评析】

案例中,小张违背了诚实信用原则,提供了假的学历证书,使得公司在违背自己真实意愿的情况下与之签订了劳动合同。根据《劳动合同法》第二十六条的规定,以欺诈、胁迫的手段或者乘人之危,使对方在违背真实意思的情况下订立或者变更劳动合同的,劳动合同无效或者部分无效。因此,小张和公司签订的劳动合同无效或者部分无效,但小张也不会一分钱都得不到,因为他毕竟在这一个月当中为公司提供了劳动。根据《劳动合同法》第二十七条、第二十八条的规定,劳动合同部分无效,不影响其他部分效力的,其他部分仍然有效。劳动合同被确认无效,劳动者已付出劳动的,用人单位应当向劳动者支付劳动报酬。劳动报酬的数额,参照本单位相同或者相近岗位劳动者的劳动报酬确定。小张可以得到一定的报酬,具体是多少就要根据小张付出的劳动来计算了。

☞ 学习思考

1. 如何理解劳动合同法的概念?

2. 我国《劳动合同法》立法的理念是什么？

3. 我国《劳动合同法》立法的基本原则有哪些？

4. 如何正确认识《劳动合同法》在保障劳动者合法权益中的重要作用？

第 二 章
劳动合同概述

契约精神是现代法治社会的重要特征之一。劳动合同是劳动法律关系当事人之间的契约，一般以书面形式签订，合同类型会由于劳动法律关系不同而有所区别。在学习《劳动合同法》的过程中，对劳动合同进行研究是我们把握劳动法律关系双方当事人权利义务内容的基础。根据合同类型的不同，本章对有固定期限、无固定期限、以完成一定工作为期限、集体、劳务派遣、非全日制用工等合同形式进行了分析。

第一节 劳动合同的概念和特征

一、劳动合同的概念

劳动合同，亦称劳动契约或劳动协议，是指劳动者与用人单位之间确立劳动关系、明确双方权利和义务的书面协议。

劳动法律中的劳动含义为：基于契约上的义务在从属的关系所为之

职业上有偿的劳动。它包括以下几个基本要件：(1)基于法定义务(区别于一般意义上的助人为乐式的劳动)；(2)基于劳动合同关系(区别于夫妻关系和亲子关系之劳动)；(3)有报酬的(区别于基于道德风格的义务劳动)；(4)为职业的(以此作为谋生的方式，区别于学生实习等非职业性劳动)；(5)为在于从属的关系。

契约或协议是一种基于自由合意产生的关系，是确定人们权利能力和行为能力的基准。劳动合同是建立劳动关系的一种法律形式，以合同形式确立劳动者与用人单位的权利义务。

劳动合同是劳动者实现劳动权的重要保障，是用人单位合理使用劳动力、巩固劳动纪律、提高劳动生产率的重要手段，是建立规范有效劳动关系的重要载体，是防止和减少发生劳动争议的重要措施。因此，《劳动合同法》规定，建立劳动关系应当订立书面劳动合同。实践中，用人单位不与劳动者签订书面劳动合同曾是一个普遍的现象，尤其是在建筑业、轻工业、服装业、餐饮服务业等劳动密集型行业内。在争议发生后，用人单位甚至不承认与劳动者之间存在的事实劳动关系，使得双方是否存在劳动关系难以确认，建立在劳动关系基础上的劳动者获得工资报酬的权利、参加工会组织和参与集体协商的权利、解除合同的经济补偿权利、社会保障权利等，都得不到有效的保障。针对此现象，《劳动合同法》规定：用人单位自用工之日起超过一个月不满一年未与劳动者订立书面劳动合同的，应当向劳动者每月支付二倍的工资。以此加重用人单位的违法成本。

二、劳动合同的特征

(一)劳动合同主体的特性

劳动合同主体具有特定性。劳动合同的主体由特定的用人单位和劳动者构成，一方是具有劳动权利能力和劳动行为能力的劳动者本人；另一方是适格的用人单位，即中华人民共和国境内的企业、个体经济组织、民办非企业单位、国家机关、事业单位、社会团体、居民委员会以及依法成立的会计师事务所、律师事务所等合伙组织和基金会。企业设立的分支机构，依法取得营业执照或者登记证书的，属于《劳动合同法》所说的用人单位；未依法取得营业执照或者登记证书的，不属于《劳动合同法》所说的用人单位，但可以受用人单位委托与劳动者订立劳动合同，自然人、家庭和农村承包经营户不属于用人单位。

劳动合同主体的特定性决定了作为劳动合同关系的当事人是确立劳动关系的劳动者与用人单位，由此也决定了劳动者在与用人单位建立劳动关系后，必须亲自履行劳动义务，不可以将自己的劳动义务通过授权委托的形式让其他人代为履行。

【案例1】

"十一"长假，某报业集团公司要求各部门每天安排一名工作人员值班，编辑部职员向心（化名）被排到了10月3日值班。而向心和女朋友已经报了旅行团，就等放假出发了，结果要加班，向心就发愁了，因为同事都说挺忙的，没人替他值班。于是，他找到自己的老同学，请老同学帮忙替他值班。但不幸的是，他的同学在来公司的路上发生了交通事故，撞断了一只胳膊。事情发生之后，他的同学就找向心所在公司的领导交涉，认为自己是在去向心单位上班的路上发生的交通事故，要求该公司按照《工伤保险条例》将其认定为工伤，给予赔偿。

请问：公司应该给向心的同学认定工伤吗？

【案例评析】

劳动合同主体的特定性决定了作为劳动合同关系的当事人是确立劳动关系的劳动者与用人单位，由此也决定了劳动者在与用人单位建立劳动关系后，必须亲自履行劳动义务，不可以将自己的劳动义务通过授权委托的形式让其他人代为履行。

在本案中，劳动合同的当事人是向心和其所在的公司，劳动合同关系只能发生在向心和其所在的公司之间，向心不能通过授权或者委托的方式，让别人替他履行劳动合同，而是必须亲自到场。向心私下找同学替他履行劳动合同，已经构成违约，其所在的公司不必承担责任。所以，本案中的这种情况不能认定为工伤，但向心的同学可以要求向心承担赔偿责任并依《中华人民共和国道路交通安全法》(以下简称《道路交通安全法》)的规定获得交通事故损害赔偿。

(二)劳动合同客体的特性

劳动合同的客体是指劳动关系权利和义务所指向的对象，也就是说劳动合同通过什么方式和途径来实现。

劳动者与用人单位签订劳动合同，确立劳动关系，劳动者有偿向用人单位提供劳动力，用人单位则通过支配、使用劳动力来创造社会财富，双方权利义务共同指向的对象是那种蕴含在劳动者体内，在劳动过程中才会发挥出作用的劳动力。因此，劳动合同的客体是劳动力或称劳动能力。

劳动力或劳动能力，可以理解为人的身体即活的人体中存在的，每当人生产某种使用价值时就运用的体力和智力的总和。劳动力具有如下特征：(1)劳动力存在的人身性。劳动力存在于劳动者身体内，劳动力的消耗过程亦即劳动者生命的实现过程。这使劳动法律关系成为一种人身关系。(2)劳动力形成的长期性。劳动力生产和再生产的周期比较长，一般至少需要16年，有些能力的形成还需要更长的时间。形成体力和脑力的劳动能力需要大量的投资。在社会主义条件下，这部分投资主要是由劳动者个人负担。(3)劳动力存续的时间性。劳动能力一旦形成是无法储存的，而过了一定时间又会自然丧失。(4)劳动力使用的条件性。劳动力仅是生产过程的一个要素，只有与生产资料相结合才能发挥作用。劳动力的这些特征要求国家对劳动力的使用采取一些特殊的保障措施，既能使劳动能力得以发挥，又能使劳动者不受伤害。

劳动合同的各项权利义务都是紧紧围绕劳动力展开的，大体可分为劳动力的让渡、劳动力的作用和劳动力的保护三种关系。(1)劳动力的让渡关系。在劳动者择业和用人单位招工的关系中，劳动者和劳动力使用者旨在建立劳动力让渡关系，随着这种关系的普遍推行，劳动力的让渡条件和形式将由合同约定。作为客体的劳动力是一种潜在的形态的劳动力，亦即劳动能力，招工的程序实际上是考察这种潜在劳动力的程序。以潜在的劳动力为依据，还可将劳动力进一步分类：从体力方面常分为有劳动能力、部分丧失劳动能力和完全丧失劳动能力；从智力方面往往根据受教育程度、任职资格等进行分类。(2) 劳动力的使用关系。在劳动报酬权和企业用人权的关系中，权利义务共同指向的对象是使用中的劳动力。潜在的劳动能力是一种非对象化的东西，无法精确计量，难以直接成为劳动报酬权的客体。在社会化大生产条件下的集体劳动过程中，劳动者个人的行为往往是融合于整体劳动中，用人单位通过执行劳动纪律，使劳动者的行为符合企业的整体要求。劳动者有偿地让渡劳动力的使用权，具体化为劳动者按用人单位的要求进行劳动，用人单位按劳动量进行分配这样一种劳动力的使用关系，它是以运动形式的劳动力为客体。以使用的劳动力为依据，也可将劳动分为脑力劳动、体力劳动、复杂劳动、简单劳动、本职劳动、兼职劳动等。(3) 劳动力的保护关系。劳动力与它的物质载体——劳动者的身体密不可分。休息权和劳动安全卫生权是以劳动力的物质载体为保护对象的。我国的工时制度、休假制度、劳动安全卫生制度是为保障劳动者在劳动过程中得到安全和健康而建立起来的法律制度，其目的是使劳动者的人身受到保护，从而保护劳动力。以劳动力的物质载体为依据，常以男、女、老、中、青、成年、未成年来分类。

劳动力作为劳动合同的客体，一方面明确了用人单位有劳动力的使用权，有利于加强劳动纪律；另一方面也明确了劳动者作为劳动力所有者的地位，有利于保障劳动者的权益。劳动者作为劳动力所有者，有权选择适合自身劳动力特点的用人单位，其择业权不能被限制或被剥夺；有权要求将劳动力的使用限制在不损害其物质载体的范围内；有权通过劳动合同来约定劳动力保护、使用上的权利义务。

(三) 劳动合同主客体关系的特性

1. 劳动合同主体之间既具有法律上的平等性，又具有劳动组织关系上的从属性。

劳动合同的双方当事人，在法律上享有平等的权利：(1) 双方在平等自愿、协商一致的基础上通过劳动合同约定、缔结劳动关系。任何一方在单方解除劳动关系时，都要遵循一定的法律规定。(2)双方各自明确自己的权利与义务，劳动者向用人单位提供劳动或服务，用人单位支付劳动报酬。(3)双方发生劳动争议时的法律地位平等。

但从组织管理上看，劳动合同双方当事人又具有从属关系：(1)作为劳动合同一方当事人的劳动者，在与用人单位建立劳动关系后，必须进入用人单位，成为用人单位的一员，劳动力由用人单位支配。(2)在劳动关系目的的实现过程中，用人单位负有对生产的组织、指挥、协调和监督的职责，有权指派劳动者完成劳动合同规定的属于劳动者劳动职能范围内的任何任务。(3)劳动者实施劳动行为时，必须接受用人单位的组织和指挥，遵守用人单位制定的规章制度和劳动规则。这种职业上的从属关系，是劳动合同区别于其他合同的重要特点之一。

2. 劳动合同客体的特性决定了劳动合同的人身性和财产性。

一方面，劳动力的存在和支出与劳动者人身不可分离，劳动者的劳动力来源于劳动者的机体内，没有劳动者的强壮机体就没有劳动者提供给用人单位的劳动力。劳动者向用人单位提供劳动力，实际上就是劳动者将其人身在一定限度内交给用人单位，因而劳动合同就其本质意义上说是一种人身的让渡和使用。

另一方面，由于劳动者是通过让渡劳动力使用权来换取生活资料以满足自己的生活之需，用人单位要向劳动者支付工资等物质报酬。就此意义而言，劳动合同又体现了一种以劳动力交易为内容的财产性。

【案例2】

周某是某国企司机，与该企业签有无固定期限劳动合同。几年前，由于行业不景气，企业生产任务不重，很多工人没有多少活儿可干，经常是早上来厂里转一圈就走，有时甚至根本不来。企业领导考虑到厂里的事不多，工人收入较低，于是对此现象听之任之，未进行严格管理。去年下半年，企业效益开始好转，生产逐步走上了正轨。为了严格执行劳动纪律，企业向所有职工发出通知："以前由于管理不严，一些职工有违反企业考勤和管理规定的行为，可以既往不咎。但从今以后，我们要严格考勤纪律，每个职工都必须按时上下班，如有违者，将按有关规定处理。"周某接到通知后的第一个星期，每天还能坚持出勤，并能完成企业交给的送货任务。但一周后，他便让有驾照的弟弟替他为客户送货，而他自己则在另外一家企业兼职做推销产品的工作，从中获得兼职收入。企业发现后，经过调查获得了周某在一个月内让其弟替班送货10天的证据，于是按照该企业规章制度的规定按旷工处理，并作出了解除周某劳动合同的决定。该企业规章制度第六章第二条规定："犯有下列严重违纪行为之一的，予以解除劳动合同：……2.旷工累计三天以上；……5.擅自从事第二职业或为其他企业提供兼职工作的。"周某对企业解除劳动合同的决定十分不满，就向劳动争议仲裁委员会提出了仲裁申请，要求撤销企业作出的解除劳动合同的决定。

请问：周某的请求能够得到仲裁机构的支持吗？

【案例评析】

劳动合同主体具有特定性，劳动者以外的其他人不能代劳动者完成劳动任务。劳动合同的客体是劳动力，劳动者让渡劳动力的使用权换取生活资料以满足自己的生活之需，用人单位要向劳动者支付工资等物质报酬，这决定了劳动合同的人身性和财产性，进一步决定了劳动合同的完成必须是劳动者支付劳动力才能获得相应的劳动报酬，因此具有不可替代性。同时，劳动合同主客体之间的关系决定了劳动者进入用人单位之后，必须服从用人单位的管理，遵守用人单位的规章制度。

本案中，周某无视其应遵守的劳动纪律和应亲自履行的劳动义务，擅自让自己的弟弟替自己完成送货的劳动义务，虽然每次当班都因请弟弟替班而未影响工作，但是，劳动合同是一种特定主体之间的关系，在实现劳动的过程中，相关的权利与义务只能由特定主体——劳动者本人亲自承担。周某没有亲自履行劳动合同义务，违反了劳动合同的基本原则，属于违约行为。同时，周某利用其弟代为工作期间到其他单位兼职从事第二职业，该行为也严重违反了其所在单位的规章制度。该企业完全可以依据《劳动合同法》的相关规定，解除与周某签订的劳动合同。

(四)劳动合同内容的特性

1. 劳动合同内容具有法定性

合同的基本要义在于当事人双方的合意，这在劳动合同中也是一样的。有所不同的是，劳动合同的内容具有更多的法定性：劳动合同必须依法定程序和形式订立；劳动合同生效后，就具有了法律约束力，双方均不能毁约，如有一方毁约，毁约方就要受到劳动仲裁机构的处理。

2. 劳动权利和义务的统一性和对应性

劳动合同双方当事人的权利和义务是统一的，即双方当事人既是劳动权利主体，又是劳动义务主体。根据签订的劳动合同，劳动者有义务完成工作任务，遵守本单位内部的劳动规则，用人单位有义务按照劳动者的劳动数量和质量支付劳动报酬。劳动者有权享受法律、法规及劳动合同规定的劳动保险和生活福利待遇，用人单位有义务提供劳动法律、法规及劳动合同规定的劳动保护条件。

作为劳动法律关系主体一方的劳动者享有的权利有：(1)同用人单位依法变更、解除、终止劳动合同的权利；(2)职工推举代表或工会代表职工同企业签订集体合同的权利；(3)按照自己的劳动的数量和质量领取劳动报酬的权利；(4)休息休假的权利；(5)获得劳动安全卫生保护的权利；(6)女职工和未成年工获得特殊劳动保护的权利；(7)接受职业技能培训的权利；(8)享受社会保险和福利的权利；(9)组织工会和参加企业民主管理的权利；(10)提请劳动争议处理的权利；(11)法律规定的其他权利。劳动者依法享有的权利，也就是劳动法律关系主体另一方用人单位对劳动者应尽的义务。

劳动者应承担的义务有：(1)按时、保质、保量地完成生产任务或工作任务；(2)提高职业技能水平；(3)执行劳动安全卫生规程；(4)遵守劳动纪律和职业道德；(5)爱护和保卫公共财产；(6)保守国家机密和单位商业机密，等等。劳动者应承担的义务，就是用人单位依法享有的权利。

3. 劳动合同权利义务的延续性

劳动合同权利义务的延续性源于劳动者劳动力再生产的自然属性，这种延续性表现在两个方面：（1）在劳动合同的有效期内，劳动者即使未向用人单位提供劳动，在一定条件下对用人单位仍有劳动报酬的请求权，用人单位仍有支付劳动报酬的义务；（2）在劳动合同终止或解除后，用人单位仍对劳动者负有相应的责任。

4. 劳动合同往往涉及第三人的物质利益关系

劳动者与用人单位建立劳动关系，从事实际劳动，既是劳动者行使劳动权的具体体现，也是劳动者及其家人赖以生存的保障。在社会主义市场经济条件下，劳动仍然是劳动者谋生的基本手段。劳动者通过向社会提供劳动和生产社会产品，取得满足自身及其家庭成员基本生活需要的劳动报酬。并且，劳动者通过劳动所要满足的不仅仅是他自身的需求，也不仅仅是在劳动期间的需求，还有劳动者的家庭成员的需求，劳动者自身及其家庭成员在劳动者不能劳动时的需求。劳动关系的内容因此涉及劳动者完成再生产的过程，即劳动者与用人单位建立劳动关系不仅要涉及用人单位与劳动者本人的权利义务关系，还要涉及劳动者的直系亲属在一定条件下享有的物质帮助权；不仅要考虑劳动者领取工资后的吃饭穿衣问题，还要考虑解决劳动者及其家属的住房问题、劳动者子女受教育的问题和其他生活困难问题。为了解决劳动者因年老、疾病、工伤、残废、死亡等原因暂时或永久丧失劳动能力不能获得劳动报酬时的困难，用人单位和社会不仅要负担劳动者本人的相应的社会保险，而且要对劳动者所供养的直系亲属给予一定的物质帮助。简而言之，劳动者自身需求的特殊性要求我们对劳动关系的内容不应作狭义的理解，劳动关系产生的社会保险纠纷、生活福利纠纷、住房纠纷等都应认定为劳动争议，由劳动法部门而不是民法部门加以调整。

【案例3】

刘晨（化名）在建筑工地干活，因工地施工时脚手架坍塌受伤致残，丧失劳动能力。刘晨上有老下有小，全家靠他一人养活。

请问：刘晨该怎么办？

【案例评析】

《工伤保险条例》第十四条第一项规定，"在工作时间和工作场所内，因工作原因受到事故伤害的"应当认定为工伤。刘晨是在建筑工地施工时受到事故伤害，属于工伤，刘晨的用人单位应当承担工伤保险责任。对于建筑这一特殊行业，很多劳动者是被雇佣的农民工，承包商既有个人也有单位，那么如何才能保障劳动者的权益呢？《工伤保险条例》规定："用人单位实行承包经营，使用劳动者的承包人不具备用人单位资格的，由具备用人单位资格的发包人承担工伤保险责任。"《劳动合同法》规定："个人承包经营招用劳动者违反本法规定，给劳动者造成损害的，发包的个人或者组织与个人承包经营者承担连带赔偿责任。"因此，本案中，如果刘晨是被不具备用人单位资格的个人雇佣，由具备用人单位资格的发包人承担工伤保险责任，个人承包经营者承担连带赔偿责任。

根据《工伤保险条例》，刘晨可获得以下赔偿：①医疗费；②住院期间伙食补助费；③食宿交通费；④康复治疗费；⑤辅助器具费；⑥停工留薪；⑦生活护理费；⑧伤残补助金；⑨伤残津贴；⑩工伤医疗补助金及伤残就业补助金；⑪伤残津贴。工伤保险待遇计算见下表。

工伤保险待遇计算一览表

赔偿项目	赔偿标准	支付主体	法律依据
医疗费	符合工伤保险诊疗项目目录、工伤保险药品目录、工伤保险住院服务标准	工伤保险基金支付	第三十条第三款
康复费	签订服务协议的医疗机构进行工伤康复的费用，符合规定	工伤保险基金支付	第三十条第六款
住院伙食补助费、交通费、食宿费	职工住院治疗工伤的伙食补助费，以及经医疗机构出具证明，报经办机构同意，工伤职工到统筹地区以外就医所需的交通、食宿费用	工伤保险基金支付	第三十条四款

续表

赔偿项目	赔偿标准		支付主体	法律依据
辅助器具费	经劳动能力鉴定委员会确认，可以安装假肢、矫形器、假眼、假牙和配置轮椅等辅助器具		工伤保险基金支付	第三十二条
停工留薪	在停工留薪期内，原工资福利待遇不变，一般不超过12个月，特殊经延长也不超过12个月		所在单位支付	第三十三条
护理费	生活完全不能自理	分别为统筹地区上年度职工平均工资的50%、40%、30%	评残前所在单位支付、评残后工伤保险基金	第三十三条第三款、第三十四条
	大部分不能自理			
	部分不能自理			
一次性伤残补助金	一级	本人工资×27个月	工伤保险基金	第三十五条第一款、第三十六条第一款、第三十七条第一款
	二级	本人工资×25个月		
	三级	本人工资×23个月		
	四级	本人工资×21个月		
	五级	本人工资×18个月		
	六级	本人工资×16个月		
	七级	本人工资×13个月		
	八级	本人工资×11个月		
	九级	本人工资×9个月		
	十级	本人工资×7个月		
伤残津贴	一级	本人工资×90%	一级至四级工伤由保险基金支付；五级与六级工伤由用人单位支付	第三十五条第二款、第三十六条第二款
	二级	本人工资×85%		
	三级	本人工资×80%		
	四级	本人工资×75%		
	五级	本人工资×70%		
	六级	本人工资×60%		

续表

赔偿项目	赔偿标准	支付主体	法律依据
一次性工伤医疗补助金	劳动、聘用合同期满终止，或者职工本人提出解除劳动、聘用合同的；一次性工伤医疗补助金和一次性伤残就业补助金的具体标准由省、直辖市人民政府规定	工伤保险基金	第三十七条第二款
一次性工伤就业补助金		用人单位	
工亡待遇 丧葬补助金	6个月的统筹地区上年度职工月平均工资	工伤保险基金	第三十九条
工亡待遇 供养亲属抚恤金	按照职工本人工资的一定比例，其中，配偶每月40%，其他亲属每人每月30%，孤寡老人或者孤儿每人每月在上述标准的基础上增加10%	工伤保险基金	第三十九条
工亡待遇 一次性工亡补助金	2017年度一次性工亡补助金标准为 33616元×20年＝672320元（全国统一价）		

（五）劳动合同目的的特性

劳动合同目的具有明确性。劳动合同的目的在于确立劳动关系，用人单位依法使用劳动力实现生产的目标，劳动者依法让渡劳动力以获得工资等待遇。

第二节 劳动合同的类型

《劳动合同法》以劳动合同期限为标准，明确将劳动合同分为有固定期限的劳动合同、无固定期限的劳动合同和以完成一定工作任务为期限的劳动合同。除此之外，《劳动合同法》特别规定还包括集体合同、劳务派遣、非全日制用工。

一、有固定期限的劳动合同

有固定期限的劳动合同，是指用人单位与劳动者约定合同终止时间的劳动合同，具体是指劳动合同双方当事人在劳动合同中明确规定了合同效力的起始和终止的时间。也可以这样理解，有固定期限的劳动合同是指用人单位与劳动者约定了一定的期限，期限届满，劳动法律关系即行终止的劳动合同。期限届满，劳动合同双方当事人经协商一致，可以续订劳动合同。

有固定期限的劳动合同期限有长有短，短如半年、一年、两年，长如五年、十年，甚至更长时间，具体期限由当事人双方根据工作需要和实际情况确定。对于那些常年性的工作，要求保持连续性、稳定性的工作，技术性强的工作，适宜签订期限较长的固定期限劳动合同；对于一般性、季节性、临时性、用工灵活、职业危害较大的工作岗位，适宜签订期限较短的固定期限劳动合同。无论签订哪一种类型的劳动合同，都需要由双方协商一致后，作出一个共同的选择。有的用人单位为了保持用工灵活性，愿意与劳动者签订短期的固定期限劳动合同；有的劳动者为了积累经验以便能有更好的职业发展规划，也愿意与用人单位签订短期的固定期限劳动合同。

有固定期限的劳动合同适用范围广，灵活性强，既能保持劳动关系的相对稳定，又能促进劳动力的合理流动，使资源配置合理化、效益化，是实践中运用较多的一种劳动合同。但订立有固定期限的劳动合同也有其弊端，主要体现在以下几个方面：

（1）短期的固定期限合同造成员工不稳定。很多用人单位将与员工订立短期的固定期限合同作为激励员工的一种形式，强迫员工奋发向上，产生优异的绩效，殊不知很多时候会导致相反的结果。比如，小杨所在的公司竞争很激烈，公司采用一年期限的合同，也就是一年一签。员工做得好就留下，做得不好就离开，而且公司每次都是到年底的时候才通知员工是否续签，那些得不到续签合同资格的人只好沮丧地离开。

每次小杨看到同事离开，心里都挺不是滋味的，不知他们什么时候才能再找到合适的工作。去年小杨的业绩勉强过关，今年到现在还没有起色，所以小杨有点坐不住了，经常趁着周末或平常外出的时候，绕道去人才市场，看看有没有好的工作机会。就算工作，他也总想到网上看看人才招聘信息。小杨决定，如果能找到一个好的单位，就立刻跳槽；如果找不到就等到年底，若公司和他续签合同，他就留下，不续签，过了年再慢慢找合适的工作。目前跳槽率很高，原因之一就是订立固定期限劳动合同的这个期限是双方当事人的一个心结，员工希望寻求稳定的工作，而短期的固定期限合同使其无法安心工作，因此业绩一般，结果不是员工另谋高就，就是企业辞退员工。

(2) 短期的固定期限合同造成员工忠诚度低，跳槽频繁。现代企业强调"以人为本"，提高企业凝聚力。企业应该给员工创造好的工作环境，提供好的福利待遇，培养员工的忠诚度。但实际情况是，企业只会要求员工忠诚，却始终与员工订立短期的固定期限合同。员工心里会想："我可以对你忠诚，但是你只与我签一年的合同，合同到期你就不要我了，那我怎么办？对你忠诚我有什么好处？"

(3) 短期的固定期限合同造成企业不愿意投入太多精力去培养员工。因为企业把员工培养成优秀的人才后，合同到期员工就会找更好的工作，企业的辛苦培养都付诸东流了。更有甚者，企业培养的优秀员工跑到竞争对手那里，转而与培养自己的企业竞争，这样企业就更得不偿失了。例如，有一家外资公司，刚进入中国的时候，为每个员工做了详细的职业生涯规划，尽心尽力地培养员工，到后来优秀员工都跳槽了，自己则是"竹篮子打水——一场空"。渐渐地，这家公司心灰意冷，放弃了培养员工的计划，打算直接聘用成熟的员工，招来了就能用。招聘信息公布以后，一个职位有好几百人来应聘。可是人力资源部的主管人员精挑细选以后，发现没有一个合适的，因为现在社会上形成一种"拿来主义"潮流，企业都不培养员工，都希望聘用别人培养好的员工。可是大家都不培养，哪里又有可用之才呢？

二、无固定期限的劳动合同

(一)概念

无固定期限劳动合同,是指用人单位与劳动者约定无确定终止时间的劳动合同。这里所说的无确定终止时间,是指劳动合同没有一个确切的终止时间,劳动合同的期限长短不能确定。但无固定期限的劳动合同并不是没有终止时间,而是只要没有出现法律规定的条件或者双方约定的条件,双方当事人就要继续履行劳动合同规定的义务。一旦出现了符合法律、法规或者双方约定的条件,无固定期限劳动合同也同样能够变更、解除或终止。

(二)订立无固定期限劳动合同的情形

1. 用人单位与劳动者协商一致,可以订立无固定期限劳动合同。需注意的是,用人单位与劳动者协商一致订立无固定期限劳动合同的,不受劳动者的工作年限限制。

2. 有下列情形之一的,劳动者提出或者同意续订、订立劳动合同的,除劳动者提出订立固定期限劳动合同外,应当订立无固定期限劳动合同。(在这种情形下,劳动者提出或者同意续订、订立劳动合同的,用人单位没有选择权,必须签订无固定期限劳动合同。但是,用人单位提出订立固定期限劳动合同,劳动者同意的,用人单位可以与劳动者订立固定期限劳动合同,因为劳动合同也是基于双方合意的结果。)

(1)劳动者在该用人单位连续工作满十年。

"同一用人单位连续工作时间"是指劳动者与同一用人单位保持劳动关系的时间。劳动者患病或非因工负伤,依法享有医疗期,在计算"同一用人单位连续工作时间"时,不扣除劳动者依法享有的医疗期时间。因此,"连续工作满十年"应当理解为劳动者在同一用人单位连续地、不间断地工作满十年。连续工作满十年的起始时间,应当自用人单位用工之日起计算,包括《劳动合同法》施行前的工作年限。

【案例4】

老王于1998年3月入职某公司担任电工职务。2003年6月，老王父亲重病住院，为了能够照顾父亲，老王于2003年7月1日向公司提出辞职，公司予以批准，老王于当日办理了离职手续后连夜回到了老家。老王父亲住院两个月后不幸病逝，办完后事后，老王打电话给公司，提出重新回公司上班，因老王工作能力强，公司决定再聘用老王担任电工。2003年11月，老王重新办理了入职登记手续。2008年9月，老王向公司提出自己已经工作超过10年，要求订立无固定期限劳动合同，公司不同意。

请问：公司是否必须与老王签订无固定期限的劳动合同？

【案例评析】

案例中，老王提出签订无固定期限劳动合同，公司是否必须与老王签订，关键是看老王是否在公司连续工作满十年。根据相关规定，"连续工作满十年"应当是劳动者在同一用人单位连续地、不间断地工作满十年。劳动者如在劳动合同履行过程中与用人单位解除劳动合同，一段时间后又重新入职到同一用人单位，这时候该劳动者的工作年限已经发生中断，不再是连续的了，在计算连续工作年限时，解除劳动合同之前的工作年限将不计入连续工作年限中。老王在2003年7月1日辞职，与公司解除了劳动合同，虽在2003年11月再次入职，但其工作时间已经中断了4个多月，不符合连续的要求了。因此，公司不同意签订无固定期限劳动合同并不违反法律规定。

当然，如果地方性法规对工作年限的中断时间作出具体规定，则从其规定。比如，自2008年11月1日起施行的《深圳经济特区和谐劳动关系促进条例》第二十四条规定，用人单位与劳动者解除或者终止劳动合同，在六个月内重新订立劳动合同的，除因劳动者违反《劳动合同法》第三十九条规定被用人单位解除劳动合同外，劳动者在本单位的工作年限应当连续计算。

值得注意的是，在《劳动合同法》施行之际，很多用人单位为了逃避无固定期限劳动合同的订立，采取要求劳动者"主动辞职"或离职后间隔一段时间再入职的手段以达到工作年限不连续的目的，这种恶意规避法律的行为，司法实践中人民法院可以确认该行为无效。

【案例 5】

张某在某酒店工作了 18 年，从保安员一直做到保安部经理，月薪也涨到了 6000 多元。张某文化程度不高，老婆又失业，因而很珍惜这份工作，平时也勤勤恳恳。没想到，酒店换了总经理后，张某等一批老员工被终止了一年一签的劳动合同。张某要求与企业签订长期合同，被单位拒绝。于是，张某申请仲裁。

请问：张某的请求能否获得支持？

【案例评析】

案例中没有注明事件发生的时间，故要分阶段来分析。如果此事发生在 2008 年 1 月 1 日之前，若用人单位不同意续延，张某只能面临失业。因为 1995 年 1 月 1 日实施的《劳动法》第二十条规定：劳动者在同一用人单位连续工作满十年，当事人双方同意续延劳动合同的，如果劳动者提出订立无固定期限的劳动合同，应当订立无固定期限的劳动合同。如果此事发生在 2008 年 1 月 1 日以后，张某的命运就不一样了。按照《劳动合同法》的规定，劳动者在同一用人单位连续工作满十年的，除劳动者提出订立固定期限劳动合同外，应当订立无固定期限合同。本案中，张某已在该酒店工作了 18 年，只要张某提出或者同意续订劳动合同，酒店就应当订立无固定期限劳动合同，无须酒店"同意续延"，但张某要求订立固定期限劳动合同的除外。

【案例 6】

刘某于 2000 年 1 月 3 日进入某集团 A 子公司工作，与 A 子公司签订了 3 年期限的劳动合同，2003 年 1 月 2 日合同到期后续签劳动合同，期限 6 年。后刘某于 2008 年 4 月 16 日被该集团调到 B 子公司工作(刘某与 A 子公司签订了劳动合同解除协议，但 A 子公司未给刘某任何补偿)，与 B 子公司重新签订了 3 年期限的劳动合同。2011 年 3 月 23 日，刘某以进入该集团工作超过 10 年为由要求与 B 子公司签订无固定期限劳动合同，B 子公司不同意签订并告知刘某 2011 年 4 月 15 日合同到期后将不再与其续签劳动合同，双方发生争议，刘某遂提请劳动仲裁。

请问：刘某的请求能否得到支持？

【案例评析】

本案涉及两个问题：一是刘某从 A 子公司调入 B 子公司的工作年限是否应当连续计算；二是 B 子公司是否应当与刘某订立无固定期限劳动合同。《劳动合同法实施条例》第十条规定："劳动者非因本人原因从原用人单位被安排到新用人单位工作的，劳动者在原用人单位的工作年限合并计算为新用人单位的工作年限。原用人单位已经向劳动者支付经济补偿的，新用人单位在依法解除、终止劳动合同计算支付经济补偿的工作年限时，不再计算劳动者在原用人单位的工作年限。"也就是说，刘某被安排调入 B 子公司，刘某的工作年限即工龄应当连续计算。至 2011 年 3 月 23 日，刘某在该集团已经连续工作 11 年多，依据《劳动合同法》第十四条的规定，"劳动者在该用人单位连续工作满十年的，劳动者提出订立无固定期限劳动合同的，用人单位应当与其订立无固定期限劳动合同"，故刘某有权提出订立无固定期限劳动合同。如果刘某在与 B 子公司劳动关系存续期间没有主动要求订立无固定期限劳动合同，则用人单位亦无义务主动与刘某订立无固定期限劳动合同。但双方在合同期限届满均同意续签劳动合同时，除劳动者提出订立固定期限劳动合同外，用人单位应当与劳动者订立无固定期限劳动合同。如用人单位违反《劳动合同法》规定不与劳动者订立无固定期限劳动合同的，自应当订立无固定期限劳动合同之日起向劳动者每月支付二倍的工资。

（2）用人单位初次实行劳动合同制度或者国有企业改制重新订立劳动合同时，劳动者在该用人单位连续工作满十年且距法定退休年龄不足十年的。

劳动合同制是以签订劳动合同的形式，明确规定用工单位和劳动者双方的权利、责任、利益，把用工与经济责任制相结合的一种新的用工制度。1986年7月，国家决定改革国有企业的劳动用工制度。自1986年10月1日起，国有企业在新招收工人中普遍推行劳动合同制。随着《劳动合同法》的施行，劳动合同制度在各类企业中广泛推行。

初次实行劳动合同制度是指从来没实行过劳动合同制而第一次实行。比如按照国家规定，有很多事业单位要转企改制，而事业单位以前都不签劳动合同，转成企业以后就要按照《劳动合同法》的规定与员工签合同，这就属于初次签合同。

国有企业改制重新订立劳动合同是指国有企业改制后，员工同原来企业解除劳动合同并领取补偿金，然后再跟改制以后的企业重新签合同。

在推行劳动合同制度前，或是在国有企业进行改制前，用人单位的有些职工已经在本单位工作了很长时间，推行新的制度以后，很多老职工难以适应这种新型的劳动关系，一旦让其进入市场，确实存在着竞争力弱难以适应的问题，年龄的局限又使其没有充足的条件来提高自身的劳动能力，应当说这是历史的原因造成的。他们担心的不仅是能否与原单位签订劳动合同的问题，还涉及虽然签了劳动合同但期限很短，在其尚未退休前合同到期却没有用人单位再与其签订劳动合同的问题。因此，在制定法律和政策的同时，应当考虑那些给国家和企业作出过很多贡献的老职工的利益。所以，对于已在该用人单位连续工作满十年并且距法定退休年龄不足十年的劳动者，在订立劳动合同时，允许劳动者提出签订无固定期限劳动合同。如果一个劳动者已经在该用人单位工作满十年，但距离法定退休年龄超过十年，则不属于本项规定的情形。

（3）连续订立两次固定期限劳动合同，且劳动者没有违规、违纪、违法的情形，没有患病、负伤，不能胜任工作的情况下，劳动者提出要续订劳动合同的，用人单位应当签订无固定期限劳动合同。

【案例7】

小杨于2008年6月15日与公司签订了1年期限的劳动合同，自2008年6月15日起至2009年6月15日止。合同到期后，双方续订了1年期限的劳动合同。2010年6月15日，双方劳动合同到期，公司提出终止劳动合同，不再续签，小杨要求订立无固定期限劳动合同。

请问：本案如何处理？

【案例评析】

本案中，小杨与公司已经连续订立了两次固定期限劳动合同，并且公司并未提出《劳动合同法》第三十九条和第四十条第一项、第二项规定的情形，即小杨没有违规、违纪、违法的情形，没有患病、负伤，不能胜任工作的情况。因此，在合同到期后小杨提出签订无固定期限劳动合同符合法律规定，应当得到支持。公司提出终止劳动合同没有法律依据。如果用人单位不想与劳动者订立无固定期限劳动合同，用人单位可以在第一次合同到期之时行使终止权，如果第二次合同到期后，劳动者提出订立无固定期限劳动合同的，用人单位必须订立。

3. 视为订立无固定期限劳动合同的情形

用人单位自用工之日起满一年不与劳动者订立书面劳动合同的，视为用人单位与劳动者已订立无固定期限劳动合同。

实践中，有些用人单位为了逃避法律义务，使劳动关系处于一种不明确的状态，在发生劳动争议的时候也无据可查，或者为了能够随时终止劳动关系，不愿意与劳动者订立书面劳动合同。

《劳动合同法》为了解决用人单位不订立书面劳动合同这个难题，规定用人单位自用工之日起满一年不与劳动者订立书面劳动合同的，视为用人单位与劳动者已订立无固定期限劳动合同。既然"视为"已订立无固定期限劳动合同，双方是否还需签订书面无固定期限劳动合同呢？根据《劳动合同法》第十条的规定，建立劳动关系，应当订立书面劳动合同。《劳动合同法》第八十二条规定："用人单位违反本法规定不与劳动者订立无固定期限劳动合同的，自应当订立无固定期限劳动合同之日起向劳动者每月支付二倍的工资。"《劳动合同法实施条例》第七条规定，用人单位自用工之日起满一年未与劳动者订立书面劳动合同的，自用工之日起满一个月的次日至满一年的前一日应当依照《劳动合同法》第八十二条的规定向劳动者每月支付两倍的工资，并视为自用工之日起满一年的当日已经与劳动者订立无固定期限劳动合同，应当立即与劳动者补订书面劳动合同。因此，订立书面劳动合同是《劳动合同法》的强制性要求，用人单位自用工之日起满一年不与劳动者订立书面劳动合同的，虽然视为用人单位与劳动者已订立无固定期限劳动合同，但并不代表用人单位已经与劳动者签订了劳动合同，双方权利义务并不明确。所以，用人单位仍需根据《劳动合同法》的要求与劳动者订立书面劳动合同，以明确双方的权利义务。劳动者也可向用人单位提出订立书面无固定期限劳动合同的要求，用人单位不得拒绝，否则需承担相应的法律责任。

（三）用人单位未订立无固定期限劳动合同的责任

《劳动合同法》第八十二条第二款规定，用人单位违反本法规定不与劳动者订立无固定期限劳动合同的，自应当订立无固定期限劳动合同之日起向劳动者每月支付两倍的工资。

"应当订立无固定期限劳动合同之日"指如下四种情形的到来之日：

1. 劳动者在同一用人单位连续工作满十年之日的次日。例如，张某于1998年2月1日进入某公司工作，到2008年1月31日已在该公司连续工作十年，如果张某提出续订劳动合同，则2008年2月1日即为"应当订立无固定期限劳动合同之日"。公司应当从2008年2月1日起向张某每月支付两倍的工资，直至双方订立书面无固定期限劳动合同止。

2. 劳动者在同一用人单位连续工作满十年且距法定退休年龄不足十年的情况下，用人单位初次实行劳动合同制度或者国有企业改制重新订立劳动合同之日。例如，吴某在某一大型国有企业连续工作15年，2008年5月吴某已经55岁，距60岁的法定退休年龄不足十年，在这种情况下，如果吴某所在的国有企业进行改制，确定于2008年6月1日重新与职工订立劳动合同，则2008年6月1日这一天即为"应当订立无固定期限劳动合同之日"。公司应当从2008年6月1日起向吴某每月支付两倍的工资直至双方订立书面无固定期限劳动合同止。

3. 用人单位与劳动者连续订立两次固定期限劳动合同，且劳动者没有《劳动合同法》第三十九条和第四十条第一项、第二项规定的情形，双方续订劳动合同之日为"应当订立无固定期限劳动合同之日"。比如，2008年以后，小王与用人单位已连续订立两次固定期限劳动合同，2010年2月1日双方第二次劳动合同到期，小王于当天提出订立无固定期限劳动合同，则2010年2月1日为"应当订立无固定期限劳动合同之日"。公司应当从2010年2月1日起每月向小王支付两倍的工资直至双方订立书面无固定期限劳动合同止。

4. 用人单位自用工之日起满一年不与劳动者订立书面劳动合同的，则满一年后的第一天为"应当订立无固定期限劳动合同之日"。例如，李某于2008年4月1日进入某贸易公司工作，到了2009年3月31日，某贸易公司还没有与李某签订书面劳动合同，则自2009年4月1日开始视为某贸易公司与李某已经订立无固定期限的劳动合同。这种情形下公司是否应当从2009年4月1日起每月向李某支付两倍的工资直至双方订立书面无固定期限劳动合同止？依据《劳动合同法实施条例》第七条之规定，用人单位自用工之日起满一年未与劳动者订立书面劳动合同的，自用工之日起满一个月的次日至满一年的前一日应当依照《劳动合同法》第八十二条的规定向劳动者每月支付二倍的工资，并视为自用工之日起满一年的当日已经与劳动者订立无固定期限劳动合同，应当立即与劳动者补订书面劳动合同。

需要注意的是，用人单位自用工之日起满一年不与劳动者订立书面劳动合同的，用人单位仅需支付自用工之日起满一个月的次日至满一年的前一日的每月二倍工资，即11个月的二倍工资，自用工之日起满一年后即视为双方已订立无固定期限劳动合同，无需再支付二倍工资。

(四)无固定期限劳动合同的误区

现实中，一方面，由于缺乏对无固定期限劳动合同制度的正确认识，不少人认为无固定期限劳动合同是"铁饭碗""终身制"，认为无固定期限劳动合同一经签订就不能解除。因此，很多劳动者把无固定期限劳动合同视为"护身符"，千方百计要与用人单位签订无固定期限劳动合同。另一方面，用人单位则将无固定期限劳动合同看成"终身包袱"，想方设法逃避签订无固定期限劳动合同的法律义务。很多用人单位对订立无固定期限合同的规定非常抵触，认为这会给用人单位带来很大的麻烦。所以，实践中用人单位采取避免永久员工的办法是五花八门：

(1)"连续"工作年限中断

实践中一般表现为用人单位要求劳动者辞职一段时间后再入职，或者在劳动合同到期后终止劳动合同，过一段时间再聘用，让连续工作年限和连续两次固定期限劳动合同发生"中断"，避免签订无固定期限劳动合同。比如，从2007年9月就闹得沸沸扬扬的华为"辞工门"事件，有超过7000名工作超过8年的老员工，逐步完成了"先辞职再竞岗"工作，被外界解读为以直接规避《劳动合同法》相关条文为目的。用人单位的行为显然违背了诚实信用的原则。从保护劳动者的角度考虑，用人单位为使劳动者"工龄归零"，迫使劳动者辞职后重新与其签订劳动合同的，属于恶意规避《劳动合同法》第十四条关于订立无固定期限劳动合同的行为，应认定为无效行为，劳动者的工作年限和订立固定期限劳动合同的次数仍应连续计算。

(2)签订"买断工龄"协议，让劳动者工龄"归零"

有些用人单位"买断工龄"，让劳动者工龄"归零"，以规避签订无固定期限劳动合同。具体操作模式为：与连续工作年限即将达到十年的劳动者签订协议书，对劳动者之前的工作年限进行"买断"，向劳动者支付相应的经济补偿，同时，在协议书中约定重新签订劳动合同后，之前的工龄不予连续计算，以规避劳动者连续工作十年以上需订立无固定期限劳动合同的规定。

其实，我们只要分析一下《劳动合同法》关于无固定期限劳动合同的规定，就会发现用人单位这种规避方法是行不通的。《劳动合同法》第十四条规定，劳动者在用人单位连续工作满十年的，只要劳动者提出或者同意续订、订立劳动合同的，用人单位就应当订立无固定期限劳动合同。连续工作满十年是一个客观事实，只要劳动者一直不间断地在该用人单位提供劳动，就一定会达到该条件。用人单位与劳动者签订协议"买断工龄"后，劳动者仍继续为该用人单位提供劳动的，其工作年限仍会一直连续计算，根本无法"买断"。用人单位在协议书中约定"买断"之前的工龄不予连续计算违反法律规定，属于无效条款，当劳动者连续工作年限达到十年以上的，用人单位同样负有签订无固定期限劳动合同的义务。

(3) 变换签约主体

劳动者在用人单位连续工作满十年以及连续订立两次固定期限劳动合同，续订劳动合同时可以要求签订无固定期限劳动合同。而这里的"连续"，应当是在同一个用人单位连续工作，如果用人单位不同，自然不可能连续了。于是，一些用人单位为了让劳动者工作年限无法连续，注册2个以上的独立法人资格的企业，当与A公司合同期满后，由B公司与劳动者签订劳动合同。有些集团公司旗下有多个子公司，由不同的子公司分别与劳动者签订劳动合同，这样，通过变换签约主体规避无固定期限劳动合同的订立。对此，法律作出了限制，《劳动合同法实施条例》第十条规定，劳动者非因本人原因从原用人单位被安排到新用人单位工作的，劳动者在原用人单位的工作年限合并计算为新用人单位的工作年限。原用人单位已经向劳动者支付经济补偿的，新用人单位在依法解除、终止劳动合同，计算支付经济补偿的工作年限时，不再计算劳动者在原用人单位的工作年限。

(4) 合同顺延

用人单位在劳动合同中约定劳动合同到期后劳动合同自动顺延，规避续订劳动合同的次数规定，目的是不连续订立两次固定期限劳动合同。

（5）劳务派遣

实践中一般表现为当用人单位与劳动者劳动合同到期后，告知劳动者与某劳务派遣公司签订劳动合同，再由劳务派遣公司派遣到公司工作，一般保持原来的条件不变，如岗位、职务、工作内容、劳动报酬。每签一次合同后，就换一家派遣公司，这样就不会构成"连续订立两次固定期限的劳动合同"的条件，也就不必签订无固定期限合同了。作为劳动者，通常没有选择，因为如果不与劳务派遣公司签订劳动合同，可能就失去这份工作。

（6）合同变更

用人单位与劳动者协商，将原劳动合同期限延长，通过对劳动合同进行变更规避"续订"劳动合同，从而避免连续订立两次固定期限劳动合同后面临的签订无固定期限劳动合同的风险。

以上种种做法，表面上看企业占了便宜，实际上是吃了大亏，试想企业的这种行为会给员工造成什么影响？所谓的"以人为本""善待员工"只是一句空话。这种行为将大大影响员工的工作积极性，进而影响到企业的发展。《劳动合同法》既然设计了无固定期限劳动合同制度，就应当得到有效的执行，对于用人单位采用的规避方法，国家也将出台相应的规定或司法解释予以禁止。当然，劳动者也应当具备相应的法律常识，在用人单位采用规避手段时能够从容应对。目前，有些地方性指导意见已经对用人单位的规避行为作了限制，比如广东省高级人民法院、广东省劳动争议仲裁委员会《关于适用〈劳动争议调解仲裁法〉、〈劳动合同法〉若干问题的指导意见》第二十二条规定，用人单位恶意规避《劳动合同法》第十四条的下列行为，应认定为无效行为，劳动者的工作年限和订立固定期限劳动合同的次数仍应连续计算：（一）为使劳动者"工龄归零"，迫使劳动者辞职后重新与其签订劳动合同的；（二）通过设立关联企业，在与劳动者签订合同时交替变换用人单位名称的；（三）通过非法劳务派遣的；（四）其他明显违反诚信和公平原则的规避行为。

随着社会的发展，很多企业可能会接受无固定期限合同这种形式，因为企业固定期限合同太多，就会导致前面所述的很多弊端。无固定期限的劳动合同就很好地消除了这些弊端。一旦没有固定期限，劳资双方都没有太多顾虑。就员工的角度而言，员工既然选择了一家企业，就说明他认为这份工作是他非常满意的，企业的福利待遇也是他接受的，他就会努力工作。就企业的角度而言，一个踏踏实实、努力工作的员工是千金难求的，这样的员工如果跳槽，会给企业造成很大损失。招聘新人，企业不仅需要支付招聘成本，而且也不知道新人是否合格。即使新人是合格的，他之前接受的企业文化与现在的企业文化能不能相容还是个未知数。订立无固定期限合同后，员工如果表现良好，又有潜质，企业就会好好培养他。员工的技能提高了，就会为企业作更多的贡献，企业也会给员工更高的薪酬，这样才是一种良性循环。

很多国家规定，劳动合同不能设期限，只有临时性的、替代性的岗位，才可以签有期限的合同，但期限不能太长，而且要解除有期限的合同很难，解除没有期限的合同相对容易一些，只需要提前通知劳动者即可。这样一来，企业就没有负担，不用担心哪个员工不合格，还不能与其解除合同。

三、以完成一定工作为期限的劳动合同

（一）概念

以完成一定工作任务为期限的劳动合同，是指用人单位与劳动者约定以某项工作的完成为合同期限的劳动合同。这种劳动合同与固定期限劳动合同的区别是约定合同终止条件，而不是约定确定的期限。某一项工作或工程开始之日，即为合同开始之时，此项工作完毕，合同即告终止。合同双方当事人在合同存续期间建立的是劳动关系，劳动者要加入用人单位集体，参加用人单位工会，遵守用人单位内部规章制度，享受工资福利、社会保险等待遇。

（二）签订的情形

用人单位与劳动者协商一致，可以订立以完成一定工作任务为期限的劳动合同。一般来说，有下列情形之一的，用人单位与劳动者可以签

订以完成一定工作任务为期限的劳动合同：

（1）以完成单项工作任务为期限的劳动合同，比如，完成某项科研项目，设计一个网站。

（2）以项目承包方式完成承包任务的劳动合同，比如装修一套房子。

（3）因季节原因临时用工的劳动合同，比如，摘棉花，收割庄稼。有些企业受季节变化的影响比较大，如生产雪糕的企业，一到夏天就进入销售旺季，一到冬天就进入销售淡季，存在这种情况的企业，会在旺季的时候增加一些工人，以完成一定工作任务为期限来订立合同。

（4）其他双方约定的以完成一定工作任务为期限的劳动合同。

（三）试用期的约定

根据《劳动合同法》第十九条的规定，以完成一定工作任务为期限的劳动合同或者劳动合同期限不满三个月的，不得约定试用期。以完成一定工作任务为期限的劳动合同，是以工作任务完成作为终止条件，工作任务完成的时间即为劳动合同的终止时间。因此，对于以完成一定工作任务为期限的劳动合同，不得约定试用期。只要劳动者按照劳动合同的要求完成了工作任务，就能说明劳动者胜任这份工作。

【案例8】

某建筑公司雇请民工数人为其转运一车砖头到其工地。建筑公司按每块砖头0.9元支付劳动报酬。2011年1月1日早，娄某与其他5名工友一起，开始用大车转运砖头到该公司工地。在转运过程中，由于转运的机动三轮车发生侧翻，娄某被三轮车上的砖头砸伤，花去医药费3万余元。

请问：娄某与建筑公司是否形成劳动关系？

【案例评析】

（1）根据劳动和社会保障部《关于确立劳动关系有关事项的通知》

(劳社部发[2005]12号)第一条,用人单位招用劳动者未订立书面劳动合同,但同时具备下列情形的,劳动关系成立:(一)用人单位和劳动者符合法律、法规规定的主体资格;(二)用人单位依法制定的各项劳动规章制度适用于劳动者,劳动者受用人单位的劳动管理,从事用人单位安排的有报酬的劳动;(三)劳动者提供的劳动是用人单位业务的组成部分。娄某与该公司的关系都完全符合该条第(一)、(三)两项的规定,用人单位和劳动者符合法律、法规规定的主体资格;而且,砖头的转运是该建筑公司业务的组成部分。

(2)根据《劳动合同法》第十二条之规定,娄某与该公司约定完成一车砖头的转运工作,符合"以完成一定工作任务为期限的劳动合同"的特征。虽然建立劳动关系的前提是先有劳动合同,之后才有劳动关系,但从立法精神来讲,应该作出有利于劳动者的解释,从而认定劳动者与用人单位之间的劳动关系成立。本案中,娄某和该公司虽未签订书面合同,但从有利于劳动者的角度来解释,应该认定娄某与该公司存在劳动关系。

四、集体合同

(一)概述

1. 概念

集体合同实际上是一种特殊的劳动合同,又称团体协约、集体协议或劳资合约,是指工会或者职工推举的职工代表代表职工与用人单位依照法律法规的规定就劳动报酬、工作条件、工作时间、休息休假、劳动安全卫生、社会保险福利等事项,在平等协商的基础上进行协商谈判所缔结的书面协议。

2. 特征

集体合同首先具有一般合同的共同特征,即平等主体基于平等、自愿协商而订立的规范双方权利和义务的协议。除此之外,集体合同还具有其自身特征:

(1)集体合同的主体

集体合同又称团体协约或团体合同,其主体一方是劳动者团体(即代表职工的工会或职工代表),另一方是用人单位或其团体。劳动合同的当事人为单个劳动者和用人单位。

(2)集体合同的目的

订立劳动合同的主要目的是确立劳动关系。订立集体合同的主要目的是为确立劳动关系设定具体标准,即在其效力范围内规范劳动关系。

(3)集体合同的内容

劳动合同以单个劳动者的权利和义务为内容,一般包括劳动关系的各个方面;集体合同以集体劳动关系中全体劳动者的共同权利和义务为内容,可能涉及劳动关系的各个方面,也可能只涉及劳动关系的某个方面,如工资合同等。

(4)集体合同的形式

集体合同是要式合同,必须是书面协议,需要报送劳动行政部门登记、审查、备案方为有效。劳动行政部门自收到集体合同文本之日起15日未提出异议的,集体合同即行生效。劳动合同既可以是书面形式,也可以是口头形式。

要式合同,是指法律要求必须具备一定的形式和手续的合同。

(5)集体合同的效力

《劳动合同法》第五十四条第二款规定:依法订立的集体合同对用人单位和劳动者具有约束力。行业性、区域性集体合同对当地本行业、本区域的用人单位和劳动者具有约束力。因此,集体合同对签订合同的单个用人单位或用人单位团体所代表的全体用人单位以及工会所代表的全体劳动者,都有法律效力。劳动合同对单个的用人单位和劳动者有法律效力。

集体合同的效力一般高于劳动合同的效力。《劳动合同法》第五十五条规定:集体合同中劳动报酬和劳动条件等标准不得低于当地人民政府规定的最低标准;用人单位与劳动者订立的劳动合同中劳动报酬和劳动条件等标准不得低于集体合同规定的标准。

【案例9】

　　2008年7月，某制药公司工会代表全体职工与公司签订了集体合同。合同规定：职工工作时间为每日8小时，每周40小时，在上午和下午连续工作4小时期间安排工间操一次，时间为20分钟，职工工资报酬不低于每月650元，每月4日支付，合同有效期为2008年7月1日至2009年7月1日。2008年9月，公司招聘了一批技术工人，被分配在新建的制药分厂工作。

　　请问：集体合同对制药分厂工人是否有效？

【案例评析】

　　《劳动合同法》第五十四条第二款规定：依法订立的集体合同对用人单位和劳动者具有约束力。分厂的技术工人是公司招聘并安排的，并未重新签订劳动合同或集体合同，所以集体合同对分厂工人有效。

【案例10】

　　王飞(化名)与某企业签订有效期三年的劳动合同。合同中约定工资每月计发一次。合同履行期间，企业工会与企业经协商签订了一份集体合同，该份集体合同中约定企业所有员工每年年终可获得一次第13个月的工资。根据这份集体合同的具体规定，王飞属于可以享受第13个月工资的员工范围。该企业的集体合同在获得企业职工代表大会通过并经当地劳动行政部门审核后开始生效实施。但年终过后，王飞没有得到企业支付的第13个月工资。于是，王飞向企业提出补发第13个月工资的要求。但企业对王飞提出的要求不予同意，并表示，王飞和企业签订的劳动合同中约定了劳动报酬的支付次数，双方应当严格按照劳动合同的约定履行，双方由此产生争议。

请问：王飞向企业提出补发第13个月工资的要求是否合理？

【案例评析】

根据集体劳动合同的特征，集体合同的效力高于个人签订的劳动合同。当劳动合同的内容与集体合同的内容不一致时，劳动合同中有关劳动条件和劳动报酬等标准不得低于集体合同的规定，如低于集体合同规定的，适用集体合同标准，即按集体合同标准处理。王飞与企业签订的劳动合同中虽然没有约定可以享受第13个月工资，但工会与企业签订的集体合同中规定了第13个月工资的有关内容。根据《劳动合同法》第五十五条的有关规定，用人单位与劳动者订立的劳动合同中劳动报酬和劳动条件等标准不得低于集体合同规定的标准。因此，王飞向企业提出补发第13个月工资的要求是合理的。

【案例11】

今年，王锋（化名）应聘到一家建筑公司，与同事张伟（化名）同为水电工。两年前，该公司工会代表职工与企业签订了集体合同，约定水电工的工资标准为每月3000元。当时张伟已在此工作，所以至今沿用此工资标准，而王锋作为公司新招的员工，入职时公司与他单独约定了工作岗位、劳动报酬、休息休假等事项，并签订了劳动合同。这份合同比之前工会代表职工签订的集体合同薪酬低了一半左右。也就是说，同样的工作，因公司分别签订合同，酬劳差距达近一倍。王锋找公司询问，得到的答复是："公司实行'老人'老办法，'新人'新办法。张伟是公司的'老人'，按集体合同约定其工资3000元。你是新招的，工资低。"

请问：公司的做法合乎法律规定吗？

【案例评析】

集体合同是指工会或者职工推举的职工代表与用人单位依照法律规定就劳动报酬、工作条件、工作时间、休息休假、劳动安全卫生和社保险福利等事项，在平等协商的基础上进行协商谈判所缔结的书面协议。《劳动法》第三十五条规定："依法签订的集体合同对企业和企业全体职工具有约束力，职工个人与企业订立的劳动合同中劳动条件和劳动报酬等标准不得低于集体合同的规定。"《劳动合同法》第五十五条规定：用人单位与劳动者订立的劳动合同中劳动报酬和劳动条件等标准不得低于集体合同规定的标准。

本案中，王锋虽不是公司的老员工，但他肯定属于公司的劳动者。既然是公司员工，那么根据《劳动法》《劳动合同法》的规定，如果个人劳动合同中关于劳动报酬的约定低于集体合同的，应执行集体合同的标准。因此，公司应该按照集体合同为新聘员工发工资。据此，该公司应该一次性补发所欠新聘员工的工资，并在剩余合同期内按集体合同规定的标准为新聘员工发工资。

实践中，有些单位还将员工分为正式工和临时工，比如下文中的案例（见案例12）就体现了这样的现象：干同样的活，却享受不同的待遇。其实，正式工与临时工不过是企业用工形式的变化，不能以此否认临时工的员工身份。因此，无论是正式工还是临时工，都是公司员工。既然是公司员工，那么根据《劳动法》《劳动合同法》的规定，正式工和临时工应享有同等待遇，包括福利待遇。因此，个人劳动合同中关于劳动报酬的约定低于集体合同的，应执行集体合同的标准。

总的来说，因为劳动报酬引发的争议主要有以下两种：

（1）劳动合同对劳动报酬标准约定不明确，引发争议的：用人单位与劳动者可以重新协商；协商不成的，适用集体合同规定；没有集体合同或者集体合同未规定劳动报酬的，实行同工同酬。

（2）劳动合同对劳动报酬标准约定明确，引发争议的：用人单位与劳动者可以重新协商；协商不成的，适用集体合同规定；没有集体合同或者集体合同未规定劳动报酬的，约定的工资标准不得低于当地最低工资标准。

【案例12】

张某在某电视台工作，不仅工作努力，而且每年都拿各级新闻奖。但因为他是被聘用的，非分配或调入的正式员工，所以从未享受各种福利，基本工资比正式工低一半。2010年1月底，他因病休假3个月，病愈后回到单位，发现工资已被停发并被解除了聘用合同。无奈之下，张某将申诉状递到劳动仲裁委员会，请求撤销电视台解除劳动合同的决定。

请问：张某的请求能否得到支持？他在电视台的工作待遇是否合理？

【案例评析】

很多人依然习惯分配制度下的用工形式，殊不知自20世纪80年代就已经开始了劳动合同制度的改革，打破了原有的劳动分配制度，实行劳动合同制度，也称聘用制度。所以，不论正式工还是临时工，都是聘用制劳动合同工，只是称呼不一样。劳动合同内容的确定是由劳动者和用人单位双方协商达成的，但是实践中用人单位处于强势地位，加上就业形势严峻，作为弱势群体的劳动者惧怕用人单位，不敢与用人单位协商，不敢用法律武器保护自己，或者说法律意识淡薄，认为多一事不如少一事，一旦出现问题时才感到无助。可喜的是，张某最终拿起了法律武器，将诉状提交到劳动仲裁委员会，请求撤销电视台解除劳动合同的决定。那么，张某的请求能否得到支持？张某在电视台工作期间的待遇是否合理？

关于劳动合同的解除，我们会在以后章节中详细讲解，在这里仅就张某的情况进行简单分析，张某并不符合"劳动者患病或者非因工负伤，在规定的医疗期满后不能从事原工作，也不能从事由用人单位另行安排的工作的"这一条件，因此电视台不能解除张某的劳动合同。即使符合这一条件，单位也应提前30日通知。

至于工作期间的工资待遇，本应该是张某和电视台协商的结果，但张某并未维护自己的合法权益，而是接受了电视台给予的条件。如果张某想改变自己的工资待遇，首先要看关于工资待遇方面是否有书面证明，单位是否已签字或盖章，张某是否已经签字认可。如果有，那么不管张某是否出于就业压力而签订合同，也只能认可这样的工资待遇，除非工资待遇低于当地最低水平。但是，如果劳动合同对劳动报酬写得不明确，也就是说具体工资待遇模棱两可，张某可以和电视台重新协商；协商不成的，适用集体合同规定；没有集体合同或者集体合同未规定劳动报酬的，实行同工同酬。

关于社会保险等福利，比如养老保险、医疗保险、工伤保险、失业保险、生育保险、公积金等，是国家的强制性规定，单位必须缴纳其应当缴纳的部分，代缴劳动者所应该缴纳的那一部分。当然，目前企业或实行企业化管理的单位缴纳的社会保险种类较齐全，而事业性单位，比如学校，只缴纳了医疗保险、失业保险和公积金，其养老依然靠退休工资制度来支撑。

（二）集体合同的种类

1. 根据其订立过程是否包括集体谈判，一般可分为谈判模式和非谈判模式。

（1）谈判模式。

谈判模式，即双方经过谈判，就集体合同内容达成协议以后，由双方代表签字，并加盖签约人印章。主要包括谈判准备阶段和谈判进行阶段。

（2）非谈判模式。

非谈判模式，首先由签约双方选取代表共同组成一个合同起草小组，起草、拟定集体合同草案；然后，双方代表在草案的基础上对草案进一步协商，经双方代表通过以后，提交职工代表大会或工会讨论；最后，讨论意见经职工代表大会或全体员工通过后，双方代表在合同上分别签字、盖章。

2. 根据其形式之主、附件之分，集体合同分为综合性集体合同和专项集体合同。

综合性集体合同(主件)，其内容一般涉及劳动关系的各个方面。专项集体合同(附件)，是就劳动关系某个方面的事项签订的专项协议，如工资协议。

(三) 集体合同的签订

1. 签订原则

(1) 协商一致原则。

集体合同的签订应建立在集体协商的基础上。集体协商是指企业工会或职工代表与相应的企业代表，为签订集体合同进行商谈的行为。协商一致原则体现在以下方面：集体协商的内容、时间、地点应由双方共同商定；集体协商应遵守法律、法规的规定和平等、合作的原则，在不违反有关保密规定和不涉及企业商业秘密的前提下，协商双方有义务向对方提供与集体协商有关的情况或资料；在集体合同规定的期限内，双方代表可对集体合同履行情况进行检查。由于签订集体合同的环境和条件发生变化，致使集体合同难以履行时，集体合同任何一方均可提出变更或解除集体合同的要求。一方提出变更、修订或解除集体合同时，另一方应给予答复，并在七日内双方进行协商。

(2) 兼顾国家、企业和职工利益原则。

(3) 维护公共秩序原则。

2. 签订主体

集体合同的订立主体是职工和用人单位。

(1) 职工是集体合同的主体，共同要求代表其利益的工会或者职工代表与用人单位进行协商。需要注意的是，此处的职工代表和工会都是劳动者的代表，代表劳动者和用人单位进行协商，实际的主体是劳动者，而代表只是集体合同签约人。集体合同和劳动合同不同的是，集体合同是全体劳动者作为订立的一方。

(2) 用人单位也是集体合同的主体之一。

【案例 13】

小王等人跟随一个同乡的包工头李某外出打工，他们未直接与建筑公司签订劳动合同而由李某一人代签。小王等人工作了一段时间后发现，工作非常辛苦，且公司发的工资远低于包工头李某代签合同中约定的数额。于是，小王等人以实发工资低于约定数额为由向劳动仲裁委员会申诉。但该公司表示，李某一人签订的协议不能代表小王等人，该协议不具有集体合同的法律约束力，不同意按照该协议工资标准支付小王等人工资。最后，劳动仲裁委员会裁决，因双方对工资没有约定，应参照该公司所在地相同或者相近岗位劳动者的劳动报酬确定小王等人的工资标准。

请问：包工头代签的合同是集体合同吗？在这种情况下，劳动者如何获得救济？

【案例评析】

集体合同需当事人双方就合同内容集体协商达成协议，由双方代表签字并加盖签约人印章，报送审查备案和公布后方生效。签约一方是代表全体劳动者利益的工会或职工代表，另一方是用人单位。包工头与用人单位签订的协议，是其从个人利益出发签的协议，不能代表所有劳动者，也没有征求每个劳动者同意并履行法定程序。因此，发生纠纷时，包工头出具的协议不具备有集体合同的效力。那么，在这种情况下，劳动者如何获得救济呢？本案中，包工头出具的协议虽不具备集体合同的效力，但可以证明双方的劳动关系。依据《劳动合同法》第十八条的规定：劳动合同对劳动报酬和劳动条件等标准约定不明确，引发争议的，用人单位与劳动者可以重新协商；协商不成的，适用集体合同规定；没有集体合同或者集体合同未规定劳动报酬的，实行同工同酬；没有集体合同或者集体合同未规定劳动条件等标准的，适用国家有关规定。因此，劳动仲裁委员会裁决，因双方对工资没有约定，参照该公司所在地相同或者相近岗位劳动者的劳动报酬确定小王等人的工资标准。需要提醒的是，劳动者一定要了解集体合同签订程序，这既能防止用人单位在签订集体合同时刻意不履行相应生效要件致使该合同不生效而达到欺骗劳动者的目的，也可以避免因自身原因造成要件缺损而使集体合同无法生效，损害自身权益。退一步来讲，劳动者至少要与用人单位签订书面劳动合同并保管好，同时保留相应的工资发放记录和工作证据，以证明双方劳动关系及相关待遇等问题。

3. 签订程序

（1）制定集体合同草案

集体合同应由工会代表职工与企业签订，没有建立工会的企业，由职工推举的代表与企业签订。一般情况下，各个企业应当成立集体合同起草委员会或者起草小组，主持起草集体合同。起草委员会或者起草小组由企业行政部门和工会各派代表若干人，推选工会和企业行政代表各一人为主席和副主席（或组长和副组长）。起草委员会或者起草小组应当深入进行调查研究，广泛征求各方的意见和要求，提出集体合同的初步草案。

（2）谈判

谈判也称协商，是签订集体合同的必经程序。一般是由企业法定代表人及有关人员与工会主席及职工代表进行协商谈判。双方代表就拟订的集体合同草案进行平等协商。在我国，集体协商任何一方可就签订集体合同或专项集体合同以及相关事宜，以书面形式向对方提出进行集体协商的要求。一方提出进行集体协商要求的，另一方应当在收到集体协商要求之日起20日内以书面形式予以回应，无正当理由不得拒绝进行集体协商。对于不同看法，应由企业行政领导与企业工会进行协商，以补充或修改集体合同草案。在这个过程中应遵循平等、公平、自愿原则。

（3）审议

审议是签订集体合同的必经法定程序，是将在集体协商谈判基础上形成的集体合同草案文本提交全体职工大会或职工代表大会审议。职工大会或职工代表大会审议时，由企业经营者和工会主席分别就协议草案的产生过程、依据及涉及的主要内容作说明，然后由职工大会或职工代表大会对协议草案文本进行讨论，作出审议决定。劳动和社会保障部于

2004年颁布的《集体合同规定》第三十六条规定：经双方协商代表协商一致的集体合同草案或专项集体合同草案应当提交职工代表大会或者全体职工讨论。职工代表大会或者全体职工讨论集体合同草案或专项集体合同草案，应当有三分之二以上职工代表或者职工出席，且须经全体职工代表半数以上或者全体职工半数以上同意，集体合同草案或专项集体合同草案方获通过。召开职工代表大会讨论集体合同草案，会议工作程序一般有以下几项：

①清点代表出席人数。

②把印刷好的集体合同草案发至代表人手一份。

③宣读集体合同草案，宣读人可由工会和企业双方共同议定。

④作出说明。由工会主席或企业法定代表人就集体合同的产生过程、主要劳动标准确定的法律依据，以及职工和管理者各自应承担的主要义务作出说明。

⑤分组讨论。以职工代表团为一个讨论单位，各代表团应认真做好记录。

⑥大会主席团听取各职工代表团的意见并进行必要的说明，取得大多数职工代表的认可。

⑦大会表决。可以采取投票表决方式，须经全体职工代表半数以上或者全体职工半数以上同意，集体合同草案或专项集体合同草案方获通过。

⑧宣读表决结果。根据职工代表表决情况，由大会主席团执行主席宣读表决结果。

(4) 签字

集体合同草案经职工代表大会或全体职工审议通过后，由企业法定代表人与企业工会主席签字后即告成立。签字后的集体合同不得因双方代表变更而解除。签字是集体合同订立过程中的一个必要手续，也是集体合同的形式要件，不得轻视或不履行签字手续。签字一般应按照下面的程序进行：先确定签约人(员工方签约人为代表员工利益的工会组织，没有工会组织的企业，由员工推选代表签字；用人单位方签约人为用人单位的机关),然后是双方签字,订立集体合同。

(5)报送审查登记

集体合同或专项集体合同签订或变更后,应当自双方首席代表签字之日起10日内,由用人单位一方将文本一式三份报送劳动保障行政部门审查。劳动行政部门有审查集体合同内容是否合法的责任,如果发现集体合同中的项目与条款有违法、失实等情况,可不予登记或暂缓登记,发回企业对集体合同进行修正。如果劳动行政部门在收到集体合同文本之日起15日内,没有提出意见,集体合同即发生法律效力,企业行政部门、工会组织和职工个人均应切实履行。

(6)公布

集体合同一经生效,企业应及时向全体职工公布。

【案例14】

2010年1月1日,李某、王某二人作为公司60名职工推举的代表,代表职工与公司签订了集体劳动合同,但合同草案事先并未让职工讨论并通过,合同签订后也未报送劳动行政部门备案。不久,职工发现公司的上班时间并不规律,甚至绝大多数情况下一天要工作超过10个小时。陈虹(化名)等6名职工遂要求公司明确工作时间,加班则应另付加班工资。但职工的要求遭到公司拒绝,理由是:依法订立的集体合同对用人单位和劳动者具有约束力,集体合同并没有限定工作时间,公司自然有权支配,职工也必须无条件服从。

请问:陈虹等职工有权要求公司明确劳动时间及加班工资吗?

【案例评析】

首先,劳动时间、加班工资当属集体合同的内容。其次,集体合同是要式合同,必须具备一定的形式和手续,应当提交职工代表大会或者全体职工讨论通过,要报送劳动行政部门登记、审查、备案方为有效。集体合同必须是书面协议,且劳动行政部门自收到集体合同文本之日起

15日未提出异议的，集体合同即行生效。

本案中，集体合同草案未提交职工代表大会或者全体职工讨论通过，其有损劳动者利益的部分当然也就无效。另外，集体合同也未报送劳动行政部门备案，即合同尚未生效，也就没有法律约束力。因此，对于上班时间无规律、超时上班以及没有明确加班费的情形，陈虹等职工有权要求公司明确劳动时间及加班工资。

【案例15】

某公司与工会经过协商签订了集体合同，规定职工的月工资不低于1000元。随后，公司将集体合同文本送劳动行政部门审查，但劳动行政部门一直未予答复。李某为公司销售经理，双方签订了为期2年的合同，月工资5000元。半年之后，由于李某业绩不佳，公司降低了李某的工资，每月只发给李某800元。

请问：集体合同是否生效？为什么？李某业绩不佳，公司可否只发其800元的工资？为什么？

【案例评析】

根据《劳动合同法》第五十四条，集体合同签订后应当报送劳动行政部门；劳动行政部门自收到集体合同文本之日起十五日内未提出异议的，集体合同即行生效。依法订立的集体合同对用人单位和劳动者具有约束力。因此，可以认定本案中的集体合同有效。

根据《劳动合同法》第五十五条的规定，用人单位与劳动者订立的劳动合同中劳动报酬和劳动条件等标准不得低于集体合同规定的标准；按照《劳动合同法》第三十五条的规定，用人单位与劳动者协商一致，可以变更劳动合同约定的内容。本案中，公司因李某的业绩不佳而降低工资，实属单方变更劳动合同中劳动报酬的行为，且其支付的劳动报酬低于集体合同的规定，故有违法律规定。

【案例16】

某企业没有设立工会，因而签订集体合同时需选职工代表参与，而企业未经职工推举便提出了7名职工代表候选名单让职工表决通过。许多职工认为集体合同中的职工代表不是自己选出的，于是不参与表决。但是这个名单还是获得了参与表决的职工的半数同意，于是这7名职工代表与企业的7名代表开始谈判。为了防止出现反对和赞成票数相等的情况发生，企业决定由企业方的一名代表作为谈判的总决定人，在意见难以通过时行使决定票。谈判中的议案是企业预先拟定的，职工代表一开始表示反对，但是企业以可能解雇代表相威胁，因此最后通过了议案。随即全体代表签订了集体合同，并交当地劳动行政部门审查备案。

请问：上述案例中违法行为有哪些？请加以说明。

【案例评析】

（1）员工方主体确立错误，企业不能确定职工方的代表名单。单位没有工会的应当由职工代表大会选举产生，而且名单的确认应当由全体员工半数以上同意才能通过，并不是参与投票的人半数以上同意即可。（2）企业方的人员无权担任职工方的谈判代表。（3）签订集体劳动合同应当本着相互尊重、平等协商、公平公正的原则签订，公司单方面订立合同内容并且威胁员工代表妥协的行为是不合法的。（4）集体劳动合同的表决应当由全体员工或三分之二的员工代表参加，超过员工总数的半数员工同意才能通过。

（四）集体合同的履行、变更、解除或终止

集体合同的履行，是指集体合同依法生效后，双方当事人全面按照合同约定履行合同义务的行为。集体合同的履行应坚持实际履行、适当履行和协作履行的原则。

集体合同的变更，是指双方当事人在集体合同没有履行或虽已开始履行但尚未完全履行之前，因订立集体合同的主客观条件发生了变化，依照法律规定的条件与程序，对原合同中的部分条款进行修改、补充的法律行为。

集体合同的解除，是指集体合同依法签订后，未履行完前，由于某种原因导致当事人一方或双方提前终止集体合同的法律效力，停止履行双方劳动权利义务关系的法律行为。

一般而言，就集体合同的变更或者解除可以分为法定和约定的变更和解除。就约定变更和解除而言，根据劳动和社会保障部于2004年颁布的《集体合同规定》第三十九条的规定，只需要双方意思表示一致即可以变更或者解除集体合同。就法定变更和解除而言，根据《集体合同规定》第四十条的规定，有下列情形之一的，可以变更或解除集体合同或专项集体合同：（一）用人单位因被兼并、解散、破产等原因，致使集体合同或专项集体合同无法履行的；（二）因不可抗力等原因致使集体合同或专项集体合同无法履行或部分无法履行的；（三）集体合同或专项集体合同约定的变更或解除条件出现的；（四）法律、法规、规章规定的其他情形。此外，就变更和解除集体合同的程序而言，《集体合同规定》第四十一条规定：变更或解除集体合同或专项集体合同适用本规定的集体协商程序。根据《集体合同规定》第四十二条，集体合同变更后应当自双方首席代表签字之日起10日内，由用人单位方将文本报送劳动行政部门审查。

集体合同的终止，是指双方当事人约定的集体合同期满或者集体合同终止条件出现，以及集体合同一方当事人不存在，无法继续履行劳动合同时，立即终止劳动合同的法律效力。《集体合同规定》第三十八条规定：集体合同或专项集体合同期限一般为1至3年，期满或双方约定的终止条件出现，即行终止。集体合同或专项集体合同期满前3个月内，任何一方均可向对方提出重新签订或续订的要求。

【案例17】
　　某棉纺集团现有职工3246人，先后与企业签订了劳动合同。

2001年9月5日，棉纺集团与工会签订集体合同，并于9月29日经劳动行政部门审查。该集体合同规定："公司根据国家有关规定，为员工办理社会统筹保险，并按时足额缴纳养老、工伤、生育、失业等保险费。工会有权监督，并向职工定期公开。"棉纺集团每月从职工工资中按规定扣缴了个人应缴的社会保险费，却没有及时上缴职工已缴给企业的和企业应缴的社会保险费。截至2003年3月底，企业累计欠缴社会保险费5219828.71元，其中养老保险费4955140.34元、工伤保险费132397.22元、生育保险费28421.39元、失业保险费103869.76元。2003年4月，棉纺集团工会委员会向劳动争议仲裁委员会申请仲裁，要求棉纺集团补缴拖欠的社会保险费。

请问：本案属于什么性质的争议？申诉人要求补缴社会保险费的请求能否得到支持？

【案例评析】

本案属于履行集体合同发生的争议，申诉人要求补缴社会保险费的请求应予以支持，棉纺集团公司应依法补缴拖欠职工的社会保险费5219828.71元。我国《劳动法》第三十三条规定："企业职工一方与企业可以就劳动报酬、工作时间、休息休假、劳动安全卫生、保险福利等事项，签订集体合同。"原劳动部《关于〈中华人民共和国劳动法〉若干条文的说明》第三十三条规定："本条中的'企业职工一方'是指企业工会或者职工推举的代表（没有建立工会的企业）。"从实践情况看，通过集体协商与企业行政部门签订集体合同的一方很少有职工推举代表的情况，基本上是企业工会。集体协议由企业组织和工会签订，因此履行集体合同的争议主要发生在企业工会与企业行政部门之间。《劳动法》第八十四条规定："因履行集体合同发生争议，当事人协商解决不成的，可以向劳动争议仲裁委员会申请仲裁。"

【案例18】

　　小刘是一家公司的销售经理，该公司在兼并与行业发展中继续履行集体合同，小刘等人认为这有违公平原则，遂要求公司解除合同。公司强硬拒绝，并表示该集体合同已报送劳动行政部门备案，对企业和全体职工都具有法律约束力，不能予以解除。小刘向工会反映，工会代表与公司协商不成，于是依法申请仲裁解除集体合同，劳动仲裁委员会支持了工会的申请请求。

【案例评析】

　　集体合同与劳动合同一样可以变更、解除。集体合同的变更，主要指双方于合同签订后履行完毕之前，因订立合同条件发生变化依法对合同部分内容进行修改、补充的法律行为。集体合同的解除是指在集体合同签订后未履行完毕前，因某原因致使一方或双方提前终止合同的法律行为。如果订立集体合同双方意思表示一致，即可对其进行变更与解除。对于出现以下客观情形的，可以依法变更或解除集体合同：(1)用人单位出现兼并、破产、解散、分立等，致使集体合同无法履行或者内容无法全部履行的；(2)因不可抗力致使不能实现合同目的；(3)在集体合同履行期限届满之前，当事人一方明确表示或者以自己的行为表明不履行合同；(4)集体约定的变更或解除条件出现；(5)法律法规规定的其他情形。劳动者在集体合同中既要为了更好维护权益而行使变更或解除权，也要预防用人单位滥用变更与解除权侵犯自身权益。对于用人单位违反集体合同，侵犯合法权益的，可以向工会反映，由工会依法要求用人单位承担责任。在履行集体合同过程中发生的争议，应先与用人单位进行协商，协商不成的也可以由工会依法申请仲裁和提起诉讼。此外，对于变更与解除集体合同，一般可以适用集体协商程序。

(五)违反集体合同的法律责任和解决集体合同争议的途径

《劳动合同法》第五十六条规定：用人单位违反集体合同，侵犯职工劳动权益的，工会可以依法要求用人单位承担责任；因履行集体合同发生争议，经协商解决不成的，工会可以依法申请仲裁、提起诉讼。

1. 用人单位违反集体合同应当承担责任

用人单位违反了集体合同的规定，侵犯了职工的劳动权益，应当承担责任。用人单位这种责任的承担需要工会依法提出要求。工会提出这种要求的依据是用人单位侵犯职工劳动权益的具体情况以及该侵权行为所造成的危害。工会提出要求的方式，既可以直接向用人单位提出，也可以通过提起诉讼提出，还可以通过其他方式提出。

2. 解决集体合同争议的途径

集体合同争议是指因签订和履行集体合同所发生的争议。它具有争议主体的特定化及争议内容固定化的特点。争议主体的特定化，即争议的一方当事人不是职工个人，而是代表职工签订集体合同的工会（或职工代表）；争议内容的固定化，即争议的内容涉及企业职工的固定权利和义务。

（1）因签订集体劳动合同发生争议的处理

对因签订劳动合同发生的争议的处理没有明确的法律规定和确定的标准，因此难以将此类争议提交仲裁或人民法院审理。所以，《劳动法》第八十四条规定，对于因签订集体合同发生的争议，应先由双方当事人通过协商解决；当事人协商解决不成的，当地人民政府劳动行政部门可以组织有关各方协调处理。

（2）因履行集体合同发生争议的解决途径

首先由工会与用人单位进行协商，力争通过协商解决争议；在协商解决不成时，工会才可以依法向劳动争议仲裁机构申请仲裁，或者向人民法院提起诉讼。当然，在仲裁和诉讼的过程中，工会和用人单位仍然可以通过协商或调解解决因履行集体合同发生的争议。

集体合同签订生效后，对企业和劳动者都具有法律约束力，双方应当严格履行合同的规定。因履行集体合同发生争议，仲裁机构和人民法院可以将集体合同作为明确的案件处理依据。

值得提醒的是，不论是因签订集体合同发生的争议，还是因履行集体合同发生的争议，企业的劳动争议调解委员会都无权处理。这是因为，在企业劳动争议调解委员会调解中充当主持者的工会，在集体合同争议中已成为争议的一方当事人，由其来处理集体合同争议不符合公正原则。

【案例19】

某地一外资公司在1999年建立，有员工数百人。该企业投产后，开发区政府部门曾多次督促其尽快签订劳动合同，并为职工缴纳社会保险金。在企业工会成立后，工会代表劳动者多次要求和企业进行集体协商，签订集体合同。但该企业以种种借口多次拖延时间，使签订集体合同遥遥无期，同时又以效益不好为由迟迟不为职工缴纳社会保险金。企业职工对此不满，员工要求依法维护自身权益的愿望落空，终于在2008年6月中下旬发生集体劳动争议，员工手执《劳动法》《劳动合同法》集体罢工。

请问：

(1)企业是否有义务和劳动者组织进行集体谈判？

(2)如果企业拒绝和劳动者进行集体谈判，应该如何处理？

【案例评析】

(1)企业是否有义务和劳动者组织进行集体谈判？

我国《集体合同规定》第三十二条规定："集体协商任何一方均可就签订集体合同或专项集体合同以及相关事宜，以书面形式向对方提出进行集体协商的要求。一方提出进行集体协商要求的，另一方应当在收到集体协商要求之日起20日内以书面形式给予回应，无正当理由不得拒绝进行集体协商。"根据此规定，如果企业工会按照《集体合同规定》的要求，提出集体协商的要求，用人单位无正当理由不得拒绝进行集体协商。因此在无正当理由的情况下，在企业工会提出要求后，用人单位有与工会进行谈判的法定义务。

(2)如果企业拒绝和劳动者进行集体谈判，应该如何处理？

《集体合同规定》第五十六条规定，用人单位无正当理由拒绝工会或职工代表提出的集体协商要求的，按照《中华人民共和国工会法》（以下简称《工会法》）及有关法律、法规的规定处理。《工会法》第三十五条第一款规定，违反《工会法》规定，无正当理由拒绝进行平等协商的，由县级以上人民政府责令改正，依法处理。因此，如果企业工会提出的进行集体协商的要求被拒绝，工会一方可以向县级以上人民政府反映情况，要求依法处理。

本案的处理结果：用人单位必须在1个月内与全体员工签订劳动合同；在1个月内将职工的社会保险金交至社会保险经办机构。

（六）集体合同制度的意义

集体合同制度，是当今国际上普遍采用的调整劳动关系的一项重要法律制度。我国1994年制定的《劳动法》首次从法律制度的层面规定了这一制度。这一制度自实施以来，对于保障劳动者权益，调整和协调劳动关系发挥了重要作用。

1. 在签订劳动合同时，单个劳动者处于弱势地位而不足以同用人单位相抗衡，因而难以争取到公平合理的劳动条件。由工会代表全体劳动者同用人单位签订集体合同，就可以规定集体劳动条件，集体劳动条件是本单位内的最低个人劳动条件。因此，集体合同能够纠正和防止劳动合同对于劳动者的过分不公平，使之比较公平合理，也使劳资双方在实力上取得基本的平衡。

2. 许多在劳动合同中难以涉及的职工整体利益问题可通过集体合同进行约定，如企业工资水平的确定、劳动条件的改善、集体福利的提高等。根据工资方面的法律规定，用人单位在制定工资分配和工资支付制度时应当听取工会和职工代表大会的意见，这实际上就是工资集体协商的基础。

3. 在劳动合同的有效期内，如果企业经营状况和社会经济形势等因素发生了较大变化，那么劳动者可以通过集体合同调整和保障自身的利益。根据《劳动法》的有关规定，用人单位需要裁减人员，应当征求全体职工意见。因此，在集体合同中明确规定这方面的内容，实际上是将经济性裁员规范化，有利于社会的稳定。

4. 订立集体合同会大大简化劳动合同的内容，也会大大降低签订劳动合同的成本。劳动关系的内容涉及方方面面，如果事无巨细均由劳动合同规定，那么每份劳动合同都将成为一本具有相当篇幅的小册子，订立一份劳动合同将成为一件很复杂的事情。通过集体合同对劳动关系的内容进行全面规定之后，劳动合同只需就单个劳动者的特殊情况作出规定即可，由于集体合同和劳动合同具有上述作用，集体合同被认为是劳动合同的"母合同"。

5. 实行集体合同制度有利于从整体上维护职工的劳动权益，更好地保护劳动者个人的合法权益，调动职工生产劳动的积极性、主动性和创造性，增强职工的企业主人翁意识，实现我国《劳动法》维护职工合法权益的根本立法宗旨，体现中国社会主义市场经济制度的优越性。

6. 在劳动关系的调整上，实行集体合同制度可以在国家劳动法律法规的调整与劳动合同的调整中增加集体合同的调整这一层次，实现对劳动关系的多方位、多层次调整。同一般的劳动法律法规相比，集体合同对劳动关系的调整对不同企业劳动关系的针对性比较强，同时也有利于消除或弥补劳动合同中存在的某些随意性，给企业劳动关系的调整提供一种新机制，从而使企业劳动关系更和谐，更稳定，更巩固，更有利于促进企业发展。

7. 实行集体合同制度，有利于更好地发挥工会在稳定企业劳动关系中的积极作用，使工会协调劳动关系和维护职工劳动权益的职能发挥得更直接，更灵活，更有效，使工会的维权职能实现法制化。

8. 实行集体合同制度，有利于缓和劳动矛盾和解决劳动争议，有利于促进职工和企业之间的沟通和理解，有利于维护和发展企业生产经营的良好秩序，促进企业的稳定和发展。

9. 实行集体合同，有利于政府从"救火队"到"裁决者"的角色转变。当前很多劳动纠纷，比如矿难问题，劳动者权益受到侵害时，社会把矛头指向政府，认为政府没有尽到责任。但政府并非无作为，政府在这方面采取了不少措施，也颁布了很多文件，却没有收到实效。究其原因是政府所扮演的角色不明确。如果国家有健全的集体合同法律制度，在用人单位实行集体合同制度，劳动者完全可以通过自己的力量维护自身权利，政府中立裁决，这样就不会发生这么多纠纷，政府的压力也将大大减轻。

(七) 集体合同的管理

1. 集体合同管理的概念

集体合同管理，是指集体合同管理机关依法对集体合同的运行过程所实施的一系列管理措施，包括运用指导、监督、调解仲裁争议等方式，促使集体合同当事人依法订立、履行、变更和解除集体合同，并追究其违反集体合同的责任，以实现集体合同运行的正常化和规范化，充分发挥集体合同对劳动关系协调和经济社会发展的积极作用。

2. 集体合同管理的机关

集体合同管理机关的设置在不同国家不尽相同，大致可归纳为两种体制，即单一制管理体制和联合管理体制。在单一制管理体制中，集体合同统一由一个官方或半官方机关进行管理。例如，在英国，由劳动关系裁判所管理；在法国，由中央集体协议委员会管理；在日本，由中央和地方仲裁委员会管理；在匈牙利，由劳动事务委员会管理。在联合管理体制中，集体合同由多个机关联合实行管理。我国在实践中采用此种体制，即由地方劳动行政部门、上级工会机关和企业主管部门联合管理集体合同，其中以劳动行政部门管理为主。联合管理兼有分工管理和统一管理双重性质。所谓分工管理，即不同管理部门在集体合同管理体制中，分别承担不同的任务，上级工会机关和企业主管部门分别侧重于对基层工会和企业行政订立、履行集体合同进行指导和监督检查；劳动行政部门除了对集体合同订立进行管理外，还负责监督集体合同履行和处理集体合同争议。所谓统一管理，即各主管部门在集体合同管理过程中相互配合和支持，并做到组织统一、标准统一和行动统一。为了便于对集体合同进行统一管理，应当将劳动争议仲裁委员会作为三方联合管理的工作机构。

3. 集体合同管理的内容

(1) 宣传和普及集体合同制度及其法律知识;

(2) 制定集体合同法规政策;

(3) 指导和监督企业行政部门和工会依法订立集体合同;

(4) 确认和处理无效集体合同;

(5) 督促集体合同的履行;

(6) 处理集体合同争议。

五、劳务派遣

(一) 概念

劳务派遣又称人才派遣、人才租赁、劳动派遣、劳动力租赁、人事外包,是指由劳务派遣机构与派遣劳工订立劳动合同,由派遣劳工向实际用工单位给付劳务,劳动合同关系存在于劳务派遣机构与派遣劳工之间,但劳动力给付的事实则发生于派遣劳工与实际用工单位之间。

在劳务派遣中,派遣服务机构与劳动者之间构成了劳动关系,派遣服务机构与用人单位之间形成了民事上的合作关系,而用人单位与劳动者之间则形成了一个特殊的关系,有学者称之为使用关系,也有学者称之为特殊劳动关系。在整个劳务派遣法律关系中,两个单位相结合对一个劳动者才构成一个完整的劳动法律关系。

【案例 20】

2017 年 2 月,徐阳(化名)经某劳务派遣公司推荐到新加坡某医院做护士,期限三年,约定徐阳每月工资 8000 元。

请分析一下徐阳、劳务派遣公司、新加坡某医院三者之间的关系。

【案例评析】

本案中,徐阳和劳务派遣公司之间是劳动合同关系,和新加坡某医院之间是实际用工关系,而劳务派遣公司和新加坡某医院之间是民事合作关系。徐阳的工资由劳务派遣公司支付。

(二)劳务派遣单位和用工单位的责任和义务

1. 劳务派遣单位的责任和义务

(1)劳务派遣单位应当依照《中华人民共和国公司法》(以下简称《公司法》)的有关规定设立,注册资本不得少于50万元。

(2)劳务派遣单位是《劳动合同法》所称用人单位,应当履行用人单位对劳动者的义务。劳务派遣单位必须与员工签订劳动合同,如未执行,发生争议,劳动保障行政部门则按照未签订劳动合同的人数处以罚款。劳务派遣单位与被派遣劳动者订立的劳动合同,除应当载明《劳动合同法》第十七条规定的事项外,还应当载明被派遣劳动者的用工单位以及派遣期限、工作岗位等情况。

(3)劳务派遣单位应当与被派遣劳动者订立两年以上的固定期限劳动合同,按月支付劳动报酬;被派遣劳动者在无工作期间,劳务派遣单位应当按照所在地人民政府规定的最低工资标准,向其按月支付报酬。

(4)劳务派遣单位派遣劳动者应当与用工单位订立劳务派遣协议。劳务派遣协议应当约定派遣岗位和人员数量、派遣期限、劳动报酬、社会保险金的数额与支付方式以及违反协议的责任。劳务派遣单位应当将劳务派遣协议的内容告知被派遣劳动者。

(5)劳务派遣单位代发派遣员工的工资、代扣个人所得税、代扣社会保险金。劳务派遣单位及时为员工缴纳社会保险,劳动保障行政部门可对违反规定的单位给予行政处分,逾期不缴的按日加收欠缴金额的滞纳金。被派遣劳动者在无工作期间,劳务派遣单位应当按照所在地人民政府规定的最低工资标准,向其按月支付报酬。

(6)劳务派遣单位不得克扣用工单位按照劳务派遣协议支付给被派遣劳动者的劳动报酬,不得向被派遣劳动者收取抵押金、保证金及其他费用。劳动保障行政部门可对违反规定的单位处以罚款。

(7)劳务派遣单位不得设立劳务派遣单位向本单位或者所属单位派遣劳动者。

（8）统一管理派遣员工档案。及时为派遣员工办理人事档案接转手续；及时为新招聘派遣员工办理招工备案手续；受委托办理外地人员务工的各种证件；按规定代办有关档案中记载的材料证明手续；派遣协议到期，根据用工单位和派遣员工要求，代办档案续存或转移。

（9）派遣员工因公受伤时，派遣机构将负责处理工伤理赔事宜。

2. 用工单位履行的义务

（1）执行国家劳动标准，提供相应的劳动条件和劳动保护。

（2）告知被派遣劳动者的工作要求和劳动报酬。

（3）支付被派遣劳动者的加班费、绩效奖金，提供与工作岗位相关的福利待遇；根据《劳务派遣协议》约定，按月管理和考核派遣员工情况，确定派遣员工应发工资总额、各项社会保险费、加班费、福利费、工会会费、个人所得税、住房公积金等，每月底划拨到派遣机构财务账户上。支付劳务派遣单位业务服务费和相关税金。

（4）对在岗被派遣劳动者进行工作岗位所必需的培训。

（5）连续用工的，实行正常的工资调整机制。

（6）用工单位不得向被派遣劳动者收取费用，不得将被派遣劳动者再派遣到其他用人单位。

（7）用工单位应当根据工作岗位的实际需要与劳务派遣单位确定派遣期限，不得将连续用工期限分割订立数个短期劳务派遣协议。

（8）对发生的劳资纠纷，可以采取一些合理合法的手段以减少用工单位的经济损失，减轻用工单位承担的责任和风险，但不等于用工单位可以随意、无故辞退所用的派遣员工。

【案例21】

2017年3月，李旭（化名）与劳务派遣公司签订了为期两年的劳动合同，合同约定李旭被派遣到某公司从事技术管理工作，每月工资为5000元。然而，每月领取工资时，李旭发现只有4500元，于是找到劳务派遣公司理论。劳务派遣公司解释说，扣下的500元是中介费和管理费。

请问：劳务派遣单位能否收取中介费和管理费？

【案例评析】

劳务派遣单位是用人单位，与被派遣的劳动者之间是劳动合同关系而不是中介关系。劳务派遣单位应当履行用人单位对劳动者的义务，按照《劳务派遣协议》按月支付劳动报酬，不得克扣被派遣劳动者的劳动报酬，不能收取中介费和管理费。

【案例22】

王芳（化名）与一家劳务派遣公司签订了为期两年的劳动合同。这段时间以来，劳务派遣业务冷清，外派工作时断时续，王芳已经有两个月没有事情可做，她向公司咨询工资一事，公司说没有工作自然就没有工资。王芳认为，根据《劳动合同法》，被派遣的劳动者在无工作期间，劳务派遣单位应当按照所在地人民政府规定的最低工资标准，向其按月支付报酬。公司不给她发工资是违法的，于是申请劳动仲裁。

请问：王芳的申请能够得到支持吗？

【案例评析】

《劳动合同法》第五十八条规定：被派遣劳动者在无工作期间，劳务派遣单位应当按照所在地人民政府规定的最低工资标准，向其按月支付报酬。因此，劳务派遣公司应该按照所在地人民政府规定的最低工资标准，向王芳支付无工作期间的报酬。

【案例23】

劳务派遣公司A按实际用人单位B的要求招聘特殊技术工人C，并与C签订了五年期的服务期协议，约定将C派往实际用人单位B公司培训半年，培训合格就直接留在B公司工作。工作一年后，C认为B公司不适合自己发展，向A公司提出换一家公司。A

公司非常为难，因为 C 是特殊技术工人，除了 B 公司以外，没有哪家公司需要 C。而 C 又不愿意在 B 公司工作，并提出自己的服务期协议是与 A 签订的而不是与 B 签订的，他对 B 公司没有服务期的义务。A 公司要求 C 履行服务期协议，到 B 公司去上班，C 执意不从，并且每天到 A 公司上班，并称自己在履行服务期协议，让 A 公司管理人员为难。

请问：C 应向哪个单位履行服务期的义务？A 公司和 B 公司应该如何主张其权利？

【案例评析】

这也是个三方权利义务的问题。本案中，C 应向 A 公司履行服务期的义务，因为他是与 A 公司签订的服务期协议。但具体履行时，并不是到 A 公司上班，而应该到 B 公司上班，因为他的岗位已经约定在 B 公司。他现在不去 B 公司就是擅离工作岗位，是旷工行为。A、B 两家公司应该与 C 进行沟通，协商不成的，B 公司可以根据 A、B 双方劳务派遣协议的约定，向 A 公司要求赔偿损失或支付违约金，因为约定的员工不来当然会给 B 公司造成一定的损失；而 A 公司可以向劳动仲裁提出申诉，要求 C 支付违约金或赔偿损失，即 A 公司赔偿了 B 公司之后，有权就此向 C 进行追偿。

(三) 劳务派遣的适用范围

《劳动合同法》第六十六条规定："劳务派遣一般在临时性、辅助性或者替代性的工作岗位上实施。"具体的工作岗位则授权国务院劳动行政部门制定。

所谓"临时性"的工作岗位，主要是用工单位非经常性发生的或具有季节性、短期性、时效性很强的用工需求，例如应付突然增加的订单等而增加的工作岗位。劳务派遣适用于临时性岗位，是许多国家的通例，但是关于该临时性岗位具体期限是多久，各国立法一般不予规定。但这类工作岗位的存续时间一般不超过 6 个月，否则就不能称作"临时"。我国的上述解释把临时性岗位解释为不超过6个月，但是对该期限是否可以延期，以及如果延期，允许延期的次数和最长期限等没有明确。

"辅助性"的工作岗位，是指用工单位的工作岗位为非主营业务岗位。这一规定是为了避免使劳务派遣方式主流化、劳动关系空心化。从理论来看，使用劳务派遣这一弹性方式解决用工单位的非核心业务用工需求，有利于用工单位发展核心业务，符合经济原则。但是在工商登记法规对企业业务范围规制已经相当放松的情况下，如何判定一家企业的主营业务？是依据企业工商登记的经营范围，还是按照人员数额或经营业绩？如果登记的主营业务与事实上的主营业务不同，如何判定？以上都具有不确定性，这将对用工单位的决策带来不确定性。

"替代性"的工作岗位，是指用工单位的某工作岗位已经有劳动者，但该劳动者因故在一定期间内无法工作，例如因病、工伤、探亲、年休假等，在该职工休假返回之前，可利用劳务派遣由被派遣劳动者提供"替代性"劳务。

(四) 劳务派遣的形式

1. 完全派遣

完全派遣是指用人单位与派遣公司双方签订劳务派遣协议或专业劳务承包协议，由派遣公司承担一整套员工派遣人力资源管理服务工作，包括人才招募、选拔、培训、绩效评价、报酬和福利、安全和健康等，即招聘录用、劳动合同管理、绩效管理、安全生产管理、工资管理、保险福利管理、计划生育管理等，并承担所有的人事风险责任，包括法律、经济赔偿责任。

实践中，用人单位经常将一些非核心员工(如文员、会计、软件或项目工程师、市场营销员、生产线简单操作工、包装工、保安、汽车驾驶员、炊事员、搬运工、清洁工、医院护士、护工等)或一些非专业性工作(如物业管理、清洁卫生、搬运等)，外包给派遣公司负责承担这部分派遣员工整套服务工作。

2. 转移派遣

转移派遣是指有劳务派遣需要的企业自行招募、选拔、培训人员，再由派遣公司与员工签订劳动合同，并由派遣公司负责员工的报酬、福利、绩效评估、处理劳动纠纷等事务。

实践中，面对不断变化的劳动法律法规和税法，以及企业兼并和重组而导致的大量人员岗位变动、调动，用人单位还采取了一种派遣方式就是折叠转移派遣，即用人单位对原已招聘录用还需要继续使用的员工，待合同期满终止合同后，将劳动关系转移给派遣公司，由派遣公司与这些员工签订劳动合同，用人单位再返租这些人员作为劳务工使用。用人单位只需向派遣公司支付员工的派遣金和服务费，与所租用的员工不发生人事隶属关系。这样用人单位就可以有效地实现员工岗位调整或跨地区调动，从而有效规避员工劳动合同变更风险。

3. 减员派遣

减员派遣就是用人单位在经济性裁员或转制裁员时，将被裁减员工人事档案关系转移到派遣公司，由派遣公司与这些被裁减员工签订劳动合同；用人单位再从派遣公司返租这些员工作为劳务工使用，用人单位向派遣公司支付派遣员工劳务费用，由派遣公司向劳务人员支付所有可能发生的费用，包括工资、资金、福利、各类社保基金以及承担所有雇主应承担的社会和法律责任，从而可帮助用人单位减少企业固定员工，大大降低人工成本和管理成本，增强企业面对风险时的组织应变能力和人力资源的弹性。

4. 试用派遣

试用派遣是一种新的派遣方式，指用人单位在新员工试用期间将其转至派遣公司，然后以派遣的形式试用，其目的是使用人单位在准确选才方面更具保障，避免了选拔和测试时产生的误差风险，有效降低了人事管理成本。

《劳动合同法》第十九条规定：劳动合同期限三个月以上不满一年的，试用期不得超过一个月；劳动合同期限一年以上不满三年的，试用期不得超过两个月；三年以上固定期限和无固定期限的劳动合同，试用期不得超过六个月。也就是说，劳动合同期限一年期的员工试用期一个月,三年期的最长试用期只有六个月。而从心理学的角度,对一个人的全面了解需要两年的时间(因为人的行为在短期内是可以伪装的),为了规避《劳动法》规定的试用期时间太短,而又对新员工有一个较全面的了解,用人单位可将新招聘员工(如技校生、中专生、大学专科生、本科生)劳动关系转移到派遣公司,由派遣公司签订劳动合同;用人单位再以派遣的形式试用,对新员工的忠诚度、敬业精神、责任心和专业技术能力,进行全面的了解、考察,可有效降低新员工使用风险。派遣形式可根据用人单位的实际需要,采取灵活的方式进行。

5. 项目派遣

项目派遣是指企事业单位为了一个生产或科研项目而专门聘用相关的专业技术人才。

6. 短期派遣

短期派遣是指用人单位与劳务派遣机构共同约定一个时间段来聘用和落实被派遣的人才。一般情况下,用人单位会根据试用期内或因为短期项目需要,再或者流动性比较大的职位,采用这种短期租赁的方式,减少用工手续上的麻烦,有效降低人事成本。

7. 晚间派遣

晚间派遣是指用人单位利用晚上的特定时间,获得急需的人才。

8. 钟点派遣

钟点派遣是指以每小时为基本计价单位派遣特种人员。

9. 双休日派遣

双休日派遣是指以周六、周日为基本计价单位派遣人员。

10. 集体派遣

集体派遣是指国有企事业单位通过劳务派遣机构把闲置的人员部分或整体地派遣给第三方。

(五)劳务派遣的意义

劳务派遣在促进派遣员工就业、提高派遣员工的职业技能和执业能力、保障派遣员工的合法权益、解决派遣员工的后顾之忧等方面发挥了非常重要的作用,主要体现在以下几个方面:

1. 建立起新型的劳动关系，有助于保障派遣员工的合法权益；充分利用劳动部门的就业平台和资源优势，为派遣员工提供了更多的就业机会和更为广阔的职业选择；重视派遣员工的教育培训工作，有效提升了派遣员工的职业素质和职业技能，提高了派遣员工的职业选择能力。

2. 劳务派遣不仅保证了派遣员工的工资收入水平，而且还可以利用内部的岗位空间和岗位调整，提高派遣员工的工资收入；可节省用工单位招聘员工的各项费用，如场地租用费、广告费等；同时也避免用工单位自行招进不符合要求人员所带来的损失和麻烦。

3. 实行劳务派遣可以节省用工单位的劳动力使用和管理成本。用工单位可根据生产经营需要，随时要求派遣机构增减雇员，有利于增加用工单位用人的灵活性；也可使用工单位从繁杂的劳动保障事务中解脱出来，集中精力抓好生产经营。

六、非全日制用工

（一）概念

非全日制用工，是指以小时计酬，劳动者在同一用人单位平均每日工作时间不超过 4 小时，每周累计工作时间不超过 24 小时的用工形式。

（二）非全日制用工合同的形式

用人单位与非全日制劳动者建立劳动关系，应当订立劳动合同。劳动合同一般以书面形式订立。劳动合同期限在一个月以下的，经双方协商同意，可以订立口头劳动合同。但劳动者提出订立书面劳动合同的，应当以书面形式订立。

从事非全日制工作的劳动者，可以与一个或一个以上用人单位建立劳动关系，但是后订立的劳动合同不得影响先订立的劳动合同的履行。

【案例 24】

2016 年 2 月 5 日，孔某进入上海 S 公司从事媒体宣传工作，双方口头约定孔某每天只工作 3 小时，劳动报酬按每小时 60 元计算。工作至 2016 年 10 月 20 日，孔某向 S 公司提出其未与自己签订书面劳动合同，按照《劳动合同法》的最新规定，用人单位自用工之日起超过一个月未与劳动者签订书面劳动合同的，应当每月向劳动者支付双倍工资。公司表示拒绝，孔某遂申请劳动仲裁。

请问：劳动仲裁机关会支持孔某的请求吗？

【案例评析】

通常，建立劳动关系就应当签订书面的劳动合同，但是也有例外，非全日制用工双方既可以订立口头协议，也可以签订书面劳动合同。这一特点也大大体现了非全日制用工的灵活性，双方完全可以通过口头约定的方式明确各自的权利义务，以诚实信用为准则，严格遵守双方的约定。因此，本案中孔某作为典型的非全日制员工，虽未与 S 公司签订书面劳动合同，但完全符合法律法规的规定，公司的做法并未违法，因此无需向孔某支付双倍工资。

【案例 25】

张某于 2016 年 8 月以非全日制员工的身份进入上海 X 公司工作，双方口头约定张某的工作时间为上午 8 点至上午 11 点 30 分。工作至 2017 年 1 月 15 日，张某发现自己完全可以在规定的时间内完成工作任务，而且仍有余力，于是又到 Y 公司应聘了一份工作，上班时间刚好为每天 14 点至 17 点。2017 年 4 月 7 日，X 公司发现张某在 Y 公司上班，遂要求张某辞去 Y 公司工作。张某则认为自己在 X 公司每天只工作半天，且所有的工作任务都已经及时完成，其至 Y 公司工作并未影响到 X 公司，所以拒绝辞职。

请问：X 公司的做法对否？

【案例评析】

根据《劳动合同法》第六十九条第二款的规定：从事非全日制用工

的劳动者可以与一个或者一个以上用人单位订立劳动合同；但是，后订立的劳动合同不得影响先订立的劳动合同的履行。本案中，张某作为非全日制员工同时与 X 公司、Y 公司建立劳动关系，而张某也及时地完成了 X 公司的工作任务，并没有对其工作产生任何不良的影响。因此，X 公司无权要求张某辞去 Y 公司的工作。

(三)非全日制用工试用期规定

非全日制劳动合同的内容由当事人协商确定，应当包括工作时间和期限、工作内容、劳动报酬、劳动保护、劳动条件等必备条款。非全日制用工双方当事人不得约定试用期，以最大限度地维护劳动者的权益。用人单位违反《劳动合同法》相关规定与非全日制用工的劳动者约定了试用期的，应当承担相应的法律责任。按照《劳动合同法》第八十二条的规定，由劳动行政部门责令改正，违法约定的试用期已经履行的，由用人单位以劳动者试用期满月工资为标准，按已经履行的试用期的期限向劳动者支付赔偿金。

【案例26】

2009 年 4 月 10 日，孙某应聘上海某传媒公司，签订了为期 3 年的劳动合同，双方约定孙某的用工方式为非全日制，公司按照每小时 70 元的标准给孙某支付劳动报酬。但是，作为新入职人员，孙某需要经过 3 个月的试用期方能成为公司的正式员工，在试用期间其工资标准调整为每小时 60 元，后双方发生争议，孙某要求公司按照正常工资标准补足自己在试用期间的工资差额。

请问：公司的做法对吗？

【案例评析】

企业与全日制员工之间可以根据劳动合同期限的长短约定试用期，劳动合同期限在三个月以上不满一年的，可以约定不超过一个月的试用期；一年以上不满三年的，试用期不得超过二个月；三年以上固定期限和无固定期限的劳动合同，试用期不得超过六个月。但是，在非全日制用工模式下，双方当事人不得约定试用期。换句话说，无论非全日制员工与企业之间约定的用工期限有多长，都不得设试用期。由于非全日制员工工作往往不是很稳定，经常会变换用人单位，因此，禁止双方约定试用期既符合灵活用工的要求，也体现了法律对非全日制职工的特殊保护。所以，本案例中，公司不得与孙某约定试用期，双方关于试用期期限及工资的约定为无效条款，公司应当按照正常工资水平补足孙某在试用期间的工资差额。

（四）非全日制用工劳动合同的终止

非全日制用工双方当事人任何一方均可随时通知对方终止用工。终止用工，用人单位不向劳动者支付经济补偿金。这是对用人单位权利的救济，维护了用人单位的合法权益。

【案例27】

2008年9月，王某与某餐饮服务有限公司签订了一份为期一年的非全日制用工劳动合同。工作期间，王某工作一直很努力，但是由于公司业绩下滑，2009年4月，公司决定提前终止双方的劳动合同。王某认为当初公司承诺为其提供一年的岗位，现在期限还没有到，并且自己的工作也没有任何问题，所以不同意提前解约。

请问：公司的做法符合法律规定吗？

【案例评析】

全日制用工模式下，无论是劳动者还是用人单位，在合同履行期间如果想要提前终止用工，都需要严格遵守法律规定的条件及程序，如果没有按照法律规定履行，给对方造成损失的，应当承担赔偿责任。同全日制用工有很大不同的是，非全日制双方的任何一方都可以随时通知对方终止用工,而不需要遵守任何法定条件或程序。这样企业和劳动者均获得了极高的自主权,只要有一方想要结束用工,均有权随时终止。可见,本案中公司的做法完全符合法律的规定,王某应当接受提前终止合同的事实。

(五)工资标准及支付

非全日制用工的小时计酬标准不得低于用人单位所在地人民政府规定的最低小时工资标准。用人单位应当按时足额支付非全日制劳动者的工资。非全日制用工的工资支付可以按小时、日、周或月为单位结算。非全日制用工劳动报酬结算支付周期最长不得超过十五日。非全日制用工工资的计算公式为:非全日制用工工资=小时工资标准×实际工作小时数。例如:某钟点工丙在某单位从事保洁工作,约定的小时工资标准为20元,8月份累计工作80小时,根据公式计算其当月实得工资,则为:当月实得工资=20(元/小时)×80(小时)=1600(元)。

(六)社会保险

从事非全日制工作的劳动者应当参加基本养老保险,原则上参照个体工商户的参保办法执行。对于已参加过基本养老保险和建立个人账户的人员,前后缴费年限合并计算,跨统筹地区转移的,应办理基本养老保险关系和个人账户的转移、接续手续。符合退休条件时,按国家规定计发基本养老金。

从事非全日制工作的劳动者可以以个人身份参加基本医疗保险,并按照待遇水平与缴费水平相挂钩的原则,享受相应的基本医疗保险待遇。参加基本医疗保险的具体办法由各地劳动保障部门研究制定。用人单位应当按照国家有关规定为建立劳动关系的非全日制劳动者缴纳工伤保险费。

从事非全日制工作的劳动者发生工伤事故,依法享受工伤保险待遇;被鉴定为伤残5~10级的,经劳动者与用人单位协商一致,可以一次性结算伤残待遇及有关费用。

（七）非全日制用工的劳动争议处理

从事非全日制工作的劳动者与用人单位因履行劳动合同引发的劳动争议，按照国家劳动争议处理规定执行。相关争议可以与用人单位协商解决，协商不成的，可以通过劳动调解委员会调解，还可以向劳动保障部门举报或提起劳动争议仲裁或诉讼。劳动者直接向其他家庭或个人提供非全日制劳动的，当事人双方发生的争议不适用劳动争议处理规定。

（八）非全日制用工与全日制用工的区别

第一，工作时间不同。

标准的全日制用工实行每天工作不超过八小时，每周不超过四十小时的标准工时的工时制度。非全日制用工的工作时间一般为每天四小时，每周工作时间不超过二十四小时。非全日制用工在二十四小时的总的工作时间内，具体工作安排由用人单位自主决定，可以每天工作八小时，每周工作三天，也可以每天工作四小时，每周工作六天，还可以是其他的工作方式，体现了其灵活就业的特点。对于用人单位安排劳动者工作超过工时限制及加班问题如何处理，《劳动合同法》没有明确的规定，但根据目前的一些地方性规定，非全日制用工超过工时限制的，视为全日制用工。如《北京市劳动和社会保障局关于北京市非全日制就业管理若干问题的通知》规定："劳动者在同一用人单位每日工作时间超过四小时的，视为全日制从业人员。"

第二，非全日制用工可以订立口头协议。

对于全日制用工，按照《劳动合同法》的规定，用人单位与劳动者应当订立书面劳动合同；而对于非全日制用工，用人单位与劳动者可不以书面形式订立劳动合同，职工的劳动权利以及用人单位对职工的要求可以口头约定。

第三，非全日制用工的劳动关系可以随时终止且无需支付经济补偿金。

按照《劳动合同法》的规定，全日制用工，劳动合同终止或解除的，除一些特别情况外，用人单位须向劳动者支付经济补偿金；而非全日制用工则无须支付。

第四，非全日制用工一般只缴纳工伤保险。

按目前有关法律法规的规定，全日制用工的用人单位必须缴纳各种社会保险费用；非全日制用工，用人单位只需为其缴纳工伤保险费用，其他社会保险费则不是必须为劳动者缴纳的。

第五，非全日制用工以小时计酬，结算支付周期最长不超过十五日。

按照《劳动法》和《劳动合同法》的规定，全日制用工应当按月以货币形式定时向劳动者支付工资。非全日制用工，用人单位也必须以货币形式向劳动者定时支付工资，但是，支付工资的周期比全日制用工短，即每半个月至少支付一次。

【案例28】

2016年7月，李某被聘为某生猪定点屠宰场的屠宰工人，试用期为3个月，日工作时间为每天凌晨3点至早晨6点30分左右，报酬实行计件方式，按月支付。合同履行期间，李某没有双休和节假日，即每周工作7天。2016年12月26日，李某在做工过程中被尖刀划伤手腕，在当地诊所治疗一周。2017年1月2日李某去上班，生猪定点屠宰场通知其终止劳动合同。李某不解，请屠宰场给予解释。生猪定点屠宰场解释说，李某每日用工时间没有超过4小时，每周用工时间未超过24小时，故李某属于非全日制用工。非全日制用工的劳动关系，双方可以随时通知对方终止用工，并不需支付经济补偿金。

请问：该屠宰场的解释对吗？

【案例评析】

《劳动合同法》第六十八条对非全日制用工的日工作时间和周工作时间作出了严格限制，即劳动者在同一用人单位平均每日工作时间一般不超过4个小时，每周工作时间累积不超过24小时，并且以小时计酬为主。李某和生猪定点屠宰场订立的劳动合同约定的日工作时间为3.5

个小时左右，李某每周工作时间为7天，周工作时间累计24.5个小时。同时，李某和生猪定点屠宰场之间一直按照全日制用工形式履行合同，如约定试用期，计酬周期为月薪制；而且，李某一直连续按月领取劳动报酬；另外，根据屠宰行业的特点，工人没有节假日和双休日。因此，可以认定李某和生猪定点屠宰场之间的用工形式为全日制用工。生猪屠宰场口头通知李某终止合同，违反了《劳动合同法》的规定，应依法支付赔偿金。

【案例29】

2016年3月11日，小王进入上海某宾馆担任前台工作，工作时间为晚上9点至早晨7点，每月工资为2500元。工作至2017年4月10日，小王从朋友处得知，2016年上海市月最低工资是2800元，其工资还未达到最低工资标准，遂向单位要求补发工资差额，同时他认为自己每天工作10个小时，超过了标准工作时间的8小时，属于超时加班，所以还要求单位补发2016年3月至今的加班费。宾馆则称，小王是在晚上上班，是非全日制员工，不存在超时加班，其工资也不适用最低工资标准。

请问：宾馆是否应当依法补足工资差额并向小王支付加班工资？

【案例评析】

非全日制用工与全日制用工最本质的区别就是工作时间。但是，需要明确的是，这里所说的工作时间不同并不是指工作时间段的不同，譬如是白天上班还是晚上上班，而是指工作小时数的不同。在我国，全日制的劳动者平均每天工作一般不超过8小时，每周工作一般不超过40小时；而非全日制劳动者在同一用人单位平均每天工作时间一般不超过4小时，每周工作时间累计一般不超过24小时。同时，全日制用工一般按月计薪，工资不得低于用人单位所在地人民政府规定的月最低工资，而非全日制用工则是以小时计酬，其工资只要不低于最低小时工资即可，并且工资结算支付的周期通常最长也不超过15天。本案例中，小王尽管是在晚上上班，但是他每天工作长达 10 个小时，不仅不符合非全日制员工每天工作不超过 4 小时的标准，甚至已经超过了标准工作时间，存在超时加班，因此，该宾馆应当依法补足工资差额并向小王支付加班工资。

【案例 30】

陈某于 2004 年 1 月 8 日被上海某保险公司招为清洁工，双方口头约定每个工作日的上、下午各工作 2 个小时，每月劳动报酬 1000 元。《劳动合同法》实施后，该公司曾提出与陈某补签非全日制用工协议，但由于各种原因未果。2008 年 11 月 13 日，陈某向该公司提出要求订立劳动合同和参加社会保险，但未获得该公司同意，陈某遂离职，并向市劳动保障监察大队投诉。经调查，该公司没有将陈某纳入考勤制度，监察大队人员对该公司其他员工进行调查询问时也无法查明陈某每天工作是否超过 4 小时。

请问：如果你是监察大队人员，对此事如何处理？

【案例评析】

本案中，就该单位与陈某之间是否为全日制用工关系上存在分歧。该公司认为招用陈某为非全日制用工，根据《劳动合同法》及有关规定，可以不与其订立书面协议和参加社会保险，因此不同意支付双倍工资和经济补偿金。但陈某坚持认为其每天工作时间实际上均超过 4 小时，双方从用工之日起就建立了全日制用工的事实劳动关系，而不是该公司所称的非全日制用工。监察大队调取相关证据后虽无法查明陈某是否每日工作不超过 4 小时，但可以确定陈某是按月领取报酬的。经调解，双方均同意由该公司向陈某支付双倍工资和经济补偿金，共计 10500 元。

【案例 31】

高某是上海某公司的非全日制员工，由于公司战略结构调整，要整体搬迁至外地，经协商后，公司与包括高某在内的十几名员工就劳动合同的变更未达成一致，公司遂提出解除与高某等人的劳动合同，其中全日制员工按照其工龄每满一年拿一个月的经济补偿金，但是像高某这样的非全日制员工则没有任何经济补偿金。高某向公司提出，尽管自己是非全日制员工，但同样为公司作出了很大的贡献，应当和全日制员工一样享受经济补偿金。

请问：高某的说法对吗？

【案例评析】

按照现行法律法规的规定，用人单位以劳动者不能胜任工作、医疗期满不能工作、客观情况发生重大变化等为由解除与全日制员工劳动合同的，应当向劳动者支付经济补偿金。与全日制用工相比，非全日制用工是一种极具弹性的用工模式，用工双方可以更为灵活地安排工作时间，劳动者薪酬也主要是以小时计，并且双方当事人可以订立口头协议，劳动者也可以与一个或者一个以上的用人单位订立劳动合同。此外，非全日制在用工的终止上赋予了双方更大的自主权，任何一方都可以随时通知对方终止用工，并且用工方不需要向劳动者支付经济补偿金。本案中，高某属于非全日制员工，公司依法终止与他的劳动关系无须支付经济补偿金，公司的做法并无不妥。

(九)非全日制用工的意义

作为被法律认可的两种用工模式，全日制用工与非全日制用工在工作时间、劳动报酬、劳动合同的解除以及经济补偿金等方面存在显著差异。非全日制是一种极为灵活的用工形式，在一定程度上弥补了全日制模式下存在的用工刚性需求。随着我国劳动力市场竞争的愈发激烈，非全日制用工形式发挥了很好的缓冲作用，并逐渐成为现在企业用工形式中不可或缺的一部分。

非全日制劳动是灵活就业的一种重要形式。近年来，我国非全日制劳动用工形式呈现迅速发展的趋势，特别是在餐饮、超市、社区服务等领域，用人单位使用的非全日制用工形式越来越多。在我国促进非全日制劳动的重要意义，主要表现在以下几个方面：

首先，它适应了企业降低人工成本、推进灵活用工的客观需要。在市场经济条件下，企业用工需求取决于生产经营的客观需要，同时，企业为追求利润的最大化，也要尽可能降低人工成本，而非全日制用工的人工成本明显低于全日制用工，因此，越来越多的企业根据生产经营的需要，采用包括非全日制用工在内的一些灵活用工形式。

其次，促进下岗职工和失业人员再就业。目前，我国劳动力市场供过于求的矛盾十分尖锐，下岗职工和失业人员的就业竞争压力较大，非全日制劳动在促进下岗职工和失业人员再就业方面发挥着越来越重要的作用。

最后，有利于缓解劳动力市场供求失衡的矛盾，减少失业。在劳动力过剩、劳动力供求关系严重失衡、就业机会难寻的背景下，企业实行非全日制用工制度，可以使企业在保持对人力资源的客观需求总量不变的条件下，招用非全日制职工，从而给广大劳动者提供更多的就业机会。

☞ **学习思考**

1. 谈谈劳动合同的特征。
2. 劳动合同有哪些类型？
3. 哪些情况下可以签订无固定期限的劳动合同？
4. 什么是集体合同？与劳动合同有什么区别？
5. 什么是劳务派遣？怎样看待劳务派遣？
6. 什么是非全日制用工？与全日制用工有什么区别？
7. 综合练习

2010年12月1日，某中外合资企业为了稳定、协调劳动关系，与该中外合资企业的工会组织就职工的劳动报酬、工作时间、休息休假、各种福利待遇等事项签订了集体合同，该集体合同的期限为2010年1月1日至2011年12月31日。其中，集体合同规定职工的月工资不低于 1500 元。2010 年 12 月 25 日，双方将集体合同提交当地劳动社会保障部门审查。截至 2011 年 3 月 25 日，劳动与社会保障部门仍未给予答复，该中外合资企业认为该集体合同没有被劳动与社会保障部门批准，因此该集体合同未生效。于是，该中外合资企业于 2012 年 10 月分别同每位职工签订劳动合同，职工的月工资标准为 1200 元至 1400 元不等。请结合上述材料，结合有关劳动法律制度的规定，分析以下问题：

（1）工会代表职工签订集体合同的主体资格是否合法？为什么？

（2）该中外合资企业签订的集体合同是否已经生效？为什么？

（3）该中外合资企业与职工签订的劳动合同中关于工资报酬条款是否合法？为什么？

（4）集体合同与劳动合同之间在签订的目的、内容方面有什么区别？

第三章
劳动合同当事人权利义务概论

劳动合同当事人在劳动法律关系中的权利义务划分是劳动法律关系的核心内容。劳动者和用人单位是民事活动中的一类特殊主体，必须具备法定条件，依法享有相应的权利，承担法律义务。在劳动合同实现过程中，违反法定义务者还需承担法律责任。

第一节 劳动权利能力和劳动行为能力

一、公民的劳动权利能力和劳动行为能力

所谓法律上的权利，是指公民依法享有的权能或利益，它与义务相对应。所谓法律上的义务，是指公民依法应尽的责任，它与权利相对应。

劳动权利是指劳动法律规范确认的劳动法律关系主体享受权利和获得利益的可能性。具体表现为享有权利的主体有权依法为一定行为和不

为一定行为，或者要求他人作出一定行为和不作出一定行为。劳动义务则是指劳动法律关系主体依照劳动法律规范规定所应承担的责任。

依照我国《劳动法》的规定，公民只要年满16周岁，身体健康并且具有相应文化水平就可以享受劳动就业权利，与用人单位通过签订劳动合同的形式确立双方的劳动关系，依法所建立的具有劳动权利和劳动义务内容的法律关系即为劳动法律关系。它由劳动法律关系主体、客体、内容三元素所构成，缺一不可。劳动者只有与用人单位依法定形式建立了劳动关系，才有可能享受法律所赋予的劳动权利和承担法定劳动义务。

学界通说认为，劳动者享受劳动权利和承担劳动义务的前提条件是具备劳动能力。因此，研究劳动权利与义务必须从劳动能力着手，而劳动能力实际上是劳动权利能力和劳动行为能力的合称。所谓劳动权利能力是指公民依法享受劳动权利和承担劳动义务的资格或能力。劳动行为能力则是指公民通过自己的行为依法行使劳动权利和履行劳动义务的资格或能力。

公民的劳动权利能力与劳动行为能力同公民的民事权利能力和民事行为能力相比较，具有以下特点和区别：

1. 公民的劳动权利能力和劳动行为能力是统一的，不可分割的。根据我国现行劳动法律法规规定，公民年满16周岁，身体健康，具有一定文化水平则可以劳动就业。这表明，劳动权利能力和劳动行为能力是公民在年满16周岁并同时具备其他就业条件下产生的。当公民丧失劳动能力，亦即丧失劳动行为能力的情况下，也就不能享有劳动权利能力，不能成为劳动法律关系的主体。而依据《民法总则》规定，我国公民的民事权利能力产生于出生之日，终止于死亡之时。而只有18周岁以上的公民，才具有完全的民事行为能力，因此，公民的民事权利能力和民事行为能力产生终止的时间不同，是可以分割的。

2. 公民的劳动权利能力和劳动行为能力具有不可代理性。劳动行为必须由本人亲自实现。按照《民法总则》的规定，有部分民事行为能力或完全没有民事行为能力的公民，仍然能够享受民事权利能力，可以由其法定代理人代理其参与民事法律关系。而《劳动法》及相关法规要求，劳动者参与用人单位工作，必须由本人亲自参加生产或工作，不得由他人代替尽其所应承担的劳动义务。这体现在招工时不得冒名顶替体检、考试，工作过程中不得擅自顶岗，随意调动工作，否则，均是无效行为，不产生法律效力，并且还应依法追究相关人员的法律责任。

3. 公民的劳动权利能力和劳动行为能力受到一定条件的限制。依据我国《劳动法》及有关规定，在某些条件下，公民的劳动权利能力和行为能力是受到一定限制的。如：①年龄限制。未成年工不得从事繁重体力、有毒有害身体健康的职业劳动，不得从事夜班工作，超过一定年龄不得担任管理层领导工作职责，或某些工作岗位对超过一定年龄者不录用等。②性别限制。我国《劳动法》为保护女职工的身体健康，规定了女职工禁忌工作范围，女职工不得从事特别繁重和有害身体健康的工作。除上述限制外，公民的权利能力和行为能力还可能受到户籍、职数等的限制。而公民的民事权利能力和行为能力，除《民法总则》规定限制行为能力的两类人外，一般的公民不受限制。

二、用人单位的权利能力和行为能力

我国《劳动法》第二条规定，在我国境内的企业、个体经济组织，以及国家机关、事业单位、社会团体均可称为"用人单位"。"用人单位"作为劳动法律关系的主体也必须具备一定的条件，即必须具备用人的权利能力和用人的行为能力。法律赋予用人单位享有用人的资格可以称为用人单位的权利能力；用人单位以其行为依法行使招收职工、变更和解除及终止劳动合同关系的资格或能力称为用人单位行为能力。

第二节　劳动法律事实和劳动法律关系

能够引起劳动者和用人单位建立、变更和消灭劳动法律关系的客观情况，被称为劳动法律事实。在现实生活中，能够引起劳动法律关系产生、变更、消灭的法律事实可以分为两类。

一、劳动法律事实中的行为

以当事人的主观意志为转移的，能够引起劳动法律关系产生、变更、消灭，并能带来一定后果的行动称为行为。它可分为合法行为和违法行为。符合国家法律法规规定，能产生行为人预期希望的法律后果的行为称为合法行为；而违反国家法律法规规定，当事人必须承担法律责任的行为称为违法行为。二者都可能引起劳动法律关系的产生、变更、消灭后果，因此都是劳动法律事实。

根据行为人实施行为的目的、性质不同，劳动法律事实中的行为可作以下分类：

（1）劳动法律行为

劳动法律行为指双方当事人作出的具有法律后果之行为。如用人单位招收、调动、辞退职工的合法行为，劳动者辞职、离职、申请调动的行为等。

（2）劳动行政管理行为

劳动行政管理行为指国家各级劳动行政管理机关行使管理职权的行为。如劳动力管理、劳动安全卫生管理、劳动合同管理、职业培训及工资等行政管理行为。

（3）劳动仲裁行为

劳动仲裁行为指劳动争议仲裁机构依法仲裁劳动争议案件的行为，包括仲裁机构依法对劳动争议进行调解或仲裁的行为。

（4）劳动司法行为

劳动司法行为指由人民法院依法审理劳动争议案件的行为，包括对劳动争议所作出的调解书、判决书、裁定等，都可以引起劳动法律关系的产生、变更和消灭，并给双方当事人带来一定的法律后果。

二、劳动法律事实中的事件

不以双方当事人主观意志为转移并能够引起法律后果的客观情况称为事件。在某些客观情况下，能引起劳动法律关系产生、变更和消灭的事件，例如地震、企业破产、职工生病、职工达到退休年龄、职工因工受伤等，都是能够引起一定法律后果的劳动法律事实。

三、劳动法律关系的产生、变更和消灭

按照我国《劳动法》的相关规定，劳动者只有同用人单位依法签订劳动合同且建立劳动法律关系，才可以依照《劳动法》和劳动合同享受劳动权利和承担劳动义务，因此，我们有必要对劳动法律关系进行研究。

前文已述，劳动法律事实引起劳动法律关系的产生、变更和消灭，也有学者将这一现象称为劳动法律关系的运行，即指劳动法律关系形成和存续的动态过程。它包括劳动法律关系的发生、变更、终止等环节和在这些环节中劳动者与用人单位权利和义务的实现。笔者认为，按传统理论概括为劳动法律关系的产生、变更、消灭更为直接。

(一) 劳动法律关系的产生

劳动法律关系的产生是指劳动者与用人单位依法建立劳动法律关系，从而产生的劳动权利和义务。亦即劳动者依法被用人单位录用(或雇用)因而成为用人单位的职工。它是劳动法律关系主体双方意思表示一致的合法行为，是双方当事人在劳动过程中开始行使权利和履行义务的前提条件。依照《劳动法》规定，建立劳动关系必须签订书面劳动合同，因此，目前我国的劳动者与用人单位依法通过订立劳动合同以确立劳动法律关系。按照这种方式，劳动者或用人单位对是否与对方确立劳动法律关系都有权自主选择，也即市场用工的双向选择制。劳动法律关系是否建立和具体的权利义务，都必须由双方协商一致而定。在市场经济国家，劳动法律关系普遍按这种方式发生。在我国尽管也存在大量事实劳动关系，但目前以签订劳动合同方式确立劳动关系的适用范围逐步扩大，已成为劳动法律关系发生的基本方式。

(二) 劳动法律关系的变更

劳动法律关系的变更是指劳动者和用人单位依照劳动法律规范，变更既定的劳动权利义务内容，比如劳动者的工作地点、工作岗位、职

务、工种、工资等发生变动。当事人任何一方的变更，不属于劳动法律关系的变更，而属于原劳动法律关系的消灭和新劳动法律关系的产生。引起劳动法律关系产生的法律事实只能是合法行为，违法行为不能产生劳动法律关系，如一般用人单位招用未满16周岁的公民就业，或公民采取欺诈行为谎报年龄等与用人单位签订劳动合同，都不会引起劳动法律关系的产生，双方当事人不能形成劳动法律关系。

（三）劳动法律关系的消灭

劳动法律关系的消灭是指既存的劳动法律关系依法不复存在，即双方当事人之间劳动权利义务依法消灭。它是劳动法律关系的终点。双方当事人之间的权利义务消灭是劳动法律关系终止的必然法律后果，但并不意味着双方当事人之间权利义务在劳动法律关系终止时必须立即全部消灭。出于保护劳动者及其供养亲属或用人单位合法权益的需要，劳动法律关系中特定的某项权利义务在劳动法律关系终止后仍需存续一定期间才消灭（如社会保险关系）。实践中，劳动法律关系消灭的情形有：劳动合同期限届满或目的实现；因主体消灭或丧失一定资格；因辞职、辞退或协议；因行政决定、仲裁裁决或法院判决而消灭等。

引起劳动法律关系消灭的大多数行为是合法行为，少数是违法行为。如因违反《劳动法》第二十五条规定，用人单位可以即时与劳动者解除劳动合同，劳动法律关系因劳动者的违法行为而归于消灭。但在特殊情况下，如职工因工伤残完全丧失劳动能力等，也会依法引起劳动法律关系的消灭。

四、劳动法律关系与劳动关系、事实劳动关系的区别

（一）劳动法律关系和劳动关系的区别

劳动关系与劳动法律关系关系密切，二者既有联系又有区别。劳动关系是劳动法律关系的现实基础，而劳动法律关系是劳动关系的法律形式，即劳动关系经过劳动法调整后则上升为劳动法律关系。但由于现实生活中劳动关系复杂多样，不一定都属于劳动法调整范围，如民法调整的劳务合同关系，经济法调整的一些劳动关系等，因此只有属于劳动法调整的劳动关系，才有可能表现为劳动法律关系，但劳动关系和劳动法律关系的区别是明显的，主要体现在以下几个方面：

1. 属性不同。劳动关系是生产关系的组成部分，属于经济基础范畴；劳动法律关系是劳动关系经过劳动法调整后形成的一种法律关系，它属于一种思想关系，归属于上层建筑范畴。

2. 内容不同。劳动关系的范围比劳动法律关系广泛，它包括国民经济领域中所有的劳动关系，而劳动法律关系包括劳动法调整的部分劳动关系，如典型的劳动法律关系表现为劳动合同法律关系，它要求主体特定为劳动者与用人单位，内容特定为双方主体之间（劳动者、用人单位），双方当事人之间具有平等性地位，但在生产过程中劳动者又隶属于用人单位，服从单位领导和管理，而其他劳动关系则无此要求。

（二）劳动法律关系与事实劳动关系的区别

劳动法律关系与事实劳动关系，二者同属于劳动法调整范围，劳动部《关于贯彻执行〈中华人民共和国劳动法〉若干问题的意见》第二条规定，在我国境内的企业、个体经济组织与劳动者之间形成的事实劳动关系适用《劳动法》，即目前事实劳动关系《劳动法》也予以调整。但二者的区别较大，体现在以下几个方面：

1. 性质不同。劳动法律关系是符合法定模式而建立的，事实劳动关系则是缺少法定模式要件而产生的。劳动法律关系属于一种法律关系，双方当事人的权利义务明确，而事实劳动关系，严格意义上讲不属于法律关系，由于缺少法定要件，当事人之间的权利义务关系是不明确和不稳定的。

2. 形式不同。劳动法律关系的建立，是双方当事人通过签订劳动合同，以书面形式确立的劳动关系，而事实劳动关系表现为，一方当事人（劳动者）为另一方当事人（用人单位）提供劳动，用人单位支付劳动者报酬，双方并无书面合同形式，多以口头承诺和默示方式建立。

3. 效力不同。劳动法律关系受法律保护，劳动者与用人单位依法建立劳动法律关系后，劳动义务是双方应履行和承担的责任，一方不履行，对方可通过仲裁或诉讼要求依法履行。而事实劳动关系，如不能依法转化为劳动法律关系，双方的权利义务关系则不受法律保护，不具法律效力。

第三节　劳动合同当事人的基本权利与义务

一、劳动者享有劳动权利与承担义务的直接法律依据

目前，我国劳动者享受劳动权利和承担劳动义务的法律依据如下：宪法、劳动法、行政法规、部门规章、地方性法规和经济特区法规、地方规章，我国批准的国际劳工公约和建议书，特别是我国加入世界贸易组织后，劳动者权益的维护和劳动法制的完善显得尤为重要。笔者在此主要对《中华人民共和国宪法》（以下简称《宪法》）和《劳动法》及相关法律等在全国范围内执行的可以作为维护劳动者权益依据的相关劳动法律进行阐述。

（一）《宪法》

我国《宪法》第四、六、八、十四、十五、十六、二十四、二十五、三十五、四十二、四十三、四十四、四十五、四十八条等共十四个条文，规定了我国劳动者的基本劳动权利义务：(1)中华人民共和国公民有劳动的权利和义务；(2)劳动者有受教育的权利和义务；(3)在劳动方面，男女平等，民族平等；(4)劳动者有按劳取酬的权利；(5)劳动者享有休息和劳动保护的权利；(6)劳动者有获取物质帮助的权利；(7)劳动者有集会、结社的自由和参加民主管理的权利；(8)劳动者有遵守劳动纪律的义务。

我国《宪法》以十四个条款的篇幅，直接对公民的劳动权利和义务作出明确规定，这是其他基本法所不能比的，可见《宪法》对维护劳动者权益是十分重视的。

（二）《劳动法》和《劳动合同法》

我国《劳动法》依据《宪法》，全面规定了劳动者与用人单位的基本劳动权利与义务。

总则第三条规定了劳动者基本劳动权利与义务："劳动者享有平等就业和选择职业的权利、取得劳动报酬的权利、获得劳动安全卫生保护的权利、接受职业技能培训的权利、享受社会保险和福利的权利、提请劳动争议处理的权利以及法律规定的其他劳动权利。劳动者应当完成劳动任务，提高劳动技能，执行劳动安全卫生规程，遵守劳动纪律和职业道德。"

总则第四条规定用人单位的基本劳动义务："用人单位应当依法建立和完善规章制度，保障劳动者享有劳动权利和履行劳动义务。"

同时，为了保证这些规定的贯彻实施，《劳动法》还规定了监督检查和法律责任制度。这些规定都为劳动者保护自己的合法权益，履行自己的应尽义务提供了重要的法律保障，也为用人单位规范自身行为，按照法律规定履行职责提供了具体的法律依据。近年来，国家颁布了一系列劳动与社会保障法律：《劳动合同法》《劳动合同法实施条例》《就业促进法》《劳动争议调解仲裁法》《社会保险法》等，为保护劳动者合法权益提供了更多的法律依据。特别是在《劳动合同法》第二、三、四章中，分别对劳动合同的订立、变更、解除和终止作出了明确规定，对劳动者和用人单位的劳动合同订立权利和义务，变更、解除和终止劳动合同的权利和义务作出了详细的规定，并在"法律责任"一章里，规定制裁条款。

（三）国务院和劳动部颁发的行政法规、规章

《劳动法》于1994年7月5日颁布并于次年1月1日起施行，2009年修正，为配套基本法执行，劳动部颁布了17个配套规定。此后，国务院、劳动部又相继颁布了一些行政法规和规章制度，下面仅就配套行政法规和规章作举例说明：

1.《关于实施最低工资保障制度的通知》(1994年10月8日)
2.《职业指导办法》(1994年10月27日)
3.《劳动监察员管理办法》(1994年11月14日)
4.《企业经济性裁减人员规定》(1994年11月14日)
5.《农村劳动力跨省流动就业管理暂行规定》(1994年11月17日)

6.《企业职工患病或非因工负伤医疗期规定》(1994年12月1日)

7.《违反和解除劳动合同的经济补偿办法》(1994年12月3日)

8.《集体合同规定》(1994年12月5日)

9.《工资支付暂行规定》(1994年12月6日)

10.《就业训练规定》(1994年12月9日)

11.《未成年工特殊保护规定》(1994年12月9日)

12.《企业实行不定时工作制和综合计算工时工作制的审批办法》(1994年12月14日)

13.《职业培训实体管理规定》(1994年12月14日)

14.《矿山安全监察员管理办法》(1994年12月14日)

15.《矿山建设工程安全监督实施办法》(1994年12月14日)

16.《企业职工生育保险试行办法》(1994年12月14日)

二、劳动者的基本劳动权利和义务的具体内容

(一) 劳动者的基本劳动权利内容

1. 劳动者享有平等就业和选择职业的权利

劳动就业权是具有劳动能力并且有就业愿望的劳动者依法从事有劳动报酬或经营收入的劳动者权利。劳动就业权是劳动者享受各种劳动权利的前提条件，它是劳动者赖以生存的权利。因此，我国政府一向重视确认和保护劳动者的劳动就业权。我国《宪法》第四十二条规定："中华人民共和国公民有劳动的权利和义务。国家通过各种途径，创造劳动就业条件。"《劳动法》第十条规定："国家通过促进经济和社会发展，创造就业条件，扩大就业机会。国家鼓励企业、事业组织、社会团体在法律、行政法规规定的范围内兴办产业或拓展经营，增加就业。国家支持劳动者自愿组织起来就业和从事个体经营实现就业。"这即是劳动就业"三结合"方针最主要的法律渊源。

同时，根据《宪法》和《劳动法》的规定，我国劳动者享有平等的劳动就业权利。《劳动法》第十二、十三条规定："劳动者就业，不因民族、种族、性别、宗教信仰不同而受歧视"，"妇女享有与男子平等的

就业权利。在录用职工时，除国家规定的不适合妇女的工种或者岗位外，不得以性别为由拒绝录用妇女或者提高对妇女的录用标准"。

2. 劳动取得报酬的权利

（1）按劳分配原则，实行同工同酬。我国《宪法》明确规定保护劳动者的合法收入，在发展生产的基础上，提高劳动报酬和福利待遇。《劳动法》第三条规定了劳动者享有取得劳动报酬的权利。劳动者的劳动报酬指劳动者因建立劳动关系并向用人单位付出劳动而取得的报酬。它主要体现为工资，还包括奖金、津贴、加班加点费用等形式。我国职工劳动报酬的分配应体现按劳分配原则，即按照劳动者的劳动数量和质量分配个人消费品。多劳多得，少劳少得，反对平均主义和同工不同酬的不平等现象，国家法律保护劳动报酬权。其中工资是劳动者获得劳动报酬的基本形式。它是指用人单位按照劳动者劳动的数量和质量，依法以货币形式支付的劳动报酬。

（2）及时获得足额劳动报酬的权利。及时获得足额劳动报酬是劳动者的一项基本权利。《劳动合同法》将"劳动报酬"作为劳动合同的必备条款之一，并规定：劳动合同中缺少"劳动报酬"条款的，由劳动行政部门责令改正；给劳动者造成损害的，由用人单位承担赔偿责任。用人单位拖欠或者未足额支付劳动报酬的，劳动者可以依法向当地人民法院申请支付令，人民法院应当依法发出支付令。用人单位未按照劳动合同的约定或者国家规定及时足额支付劳动者劳动报酬的，由劳动行政部门责令限期支付劳动报酬；劳动报酬低于当地最低工资标准的，应当支付差额部分；逾期不支付的，责令用人单位按应付金额50%～100%的标准向劳动者加付赔偿金。

（3）最低工资保障权利。我国《劳动法》规定国家实行最低工资保障制度，用人单位支付劳动者的工资不得低于当地最低工资标准。工资应当以货币形式按月支付给劳动者本人，不得克扣或者无故拖欠劳动者的工资。劳动者在法定休假日、婚丧假期间和依法参加社会活动期间，用人单位应当支付工资。此外，我国《劳动法》还对劳动者因加班加点享有获得加班工资报酬的权利作了明确规定。如《劳动法》第四十四条规定:"有下列情形之一的,用人单位应当按照下列标准支付高于劳动者正常工作时间工资的工资报酬:(一)安排劳动者延长工作时间的,支付不低于工资的百分之一百五十的工资报酬;(二)休息日安排劳动者工作又不能安排补休的,支付不低于工资的百分之二百的工资报酬;(三)法定休假日安排劳动者工作的,支付不低于工资的百分之三百的工资报酬。"该规定从法律上保障了劳动者获得加班加点的工资报酬,严格限制用人单位随意延长工作时间,对延长工作时间的各劳动法律法规都有明确规定,这对保护劳动者的休息权有明确规定之外,国家还制定了奖金和津贴的管理制度,指导用人单位正确发放津贴,对劳动者的超额劳动或额外劳动消耗进行鼓励和补偿。

(4)要求依法支付经济补偿的权利。经济补偿是用人社会责任。在我国失业保险制度建立健全的过程中,经济补偿失业者的实际生活困难,维护社会稳定,形成社会互助的良好社会氛围,经济补偿也是国家调节劳动关系的一种经济手段,可以使利益权衡,谨慎行使解除劳动者的权利。《劳动合同法》有关规定,赋予劳动者要求用人单位依法支付经济补偿、给予经济补偿的情形并对补偿标准进一步作了具体规定。

3. 劳动者有休息休假的权利

我国《宪法》规定劳动者享有休息的权利,国家发展劳动者休息设施,规定职工的工作时间和休假制度。我国《劳动法》规定:休假的权利。第四章"工作时间和休息休假"全章共十条,第七章"女职工和未成年工特殊保护"第六十一条、第六十三条对用人单位必须遵守的有关工作时间和休息休假的标准、劳动者享有的休息休假权利等作了限制性规定。

4. 劳动者享有获得劳动安全卫生保护的权利

我国《宪法》规定:"加强劳动保护,改善劳动条件。"根据《宪法》,我国制定了一系列劳动保护的法律、法规,建立了各项劳动安全卫生管理制度。《劳动法》第六章全章规定了劳动安全卫生制度,规定了劳动者有获得劳动安全卫生保护的权利。其中第五十四条规定:"用人单位必须为劳动者提供符合国家规定的劳动安全卫生条件和必要的劳动保护用品，对从事有职业危害作业的劳动者应当定期进行健康检查。"第五十六条第二款规定："劳动者对用人单位管理人员违章指挥、强令冒险作业，有权拒绝执行；对危害生命安全和身体健康的行为，有权提出批评，检举和控告。"第七章还专章规定了女职工和未成年工的特殊保护，充分体现了劳动立法对特殊职工进行特殊保护的精神。

5. 劳动者享有接收职业技能培训的权利

我国《宪法》规定：中华人民共和国公民有受教育的权利和义务。国家发展社会主义的教育事业，提高全国人民的科学文化水平。国家开办各种学校，普及初等义务教育，发展中等教育、职业教育和高等教育，并发展学前教育。《劳动法》第三条规定："劳动者享有……接受职业技能培训的权利……"第六十六条规定："国家通过各种途径，采取各种措施，发展职业培训事业，开发劳动者的职业技能，提高劳动者素质，增强劳动者的就业能力和工作能力。"第六十八条第二款规定："用人单位应当建立职业培训制度，按照国家规定提取和使用职业培训经费，根据本单位实际，有计划地对劳动者进行职业培训。"这些法律规定体现了国家、用人单位在培训劳动者职业技能方面的职责，说明劳动者享有法定职业技能培训的权利。

(二) 劳动者的基本劳动义务内容

权利和义务是统一的。劳动者在行使法定权利的同时，也应履行法定义务。

1. 劳动者有遵守劳动纪律和职业道德的义务

我国《宪法》第五十三条规定，中华人民共和国公民必须遵守劳动纪律。《劳动法》第三条规定，劳动者应当遵守劳动纪律和职业道德。劳动纪律是组织社会劳动的基础，它由用人单位依法制定，是职工在劳动过程中必须遵守的行为准则。它要求劳动者在共同劳动过程中遵守一定的规则和秩序，并听从管理者的指挥和调度，按照规定的时间、质量、程序和方法完成自己所承担的生产任务或工作任务。劳动纪律的内容包括时间纪律、组织纪律、岗位纪律、协作纪律、安全卫生纪律及其他方面的纪律。在我国制定劳动纪律要求必须合法，它包括制定程序和内容的合法；要求宽严一致，应对全体劳动者一视同仁。要求结构完整，即劳动纪律应包含完整的构成要件：适用条件、行为模式以及违纪后果。遵守劳动纪律是每个劳动者必须履行的法定义务，它既是保证劳动权利实现的重要措施，也是劳动权利的对应义务；既是保证劳动义务履行的手段，又是社会化大生产劳动的必要条件。同时也是提高劳动生产率的重要因素，以及企业加强科学管理，实现文明生产，建设社会主义精神文明的重要措施。因而，《宪法》和《劳动法》都把严格遵守劳动纪律作为劳动者的基本劳动义务之一。其他劳动法规如《企业职工奖惩条例》等对劳动者遵守劳动纪律的具体要求作了明确规定，对于严格遵守劳动纪律的劳动者给予奖励，对于违反劳动纪律者给予批评教育或一定的纪律制裁。纪律制裁本身具有强制性，要求所有劳动者必须遵守。

2. 劳动者有执行劳动安全卫生规程的义务

《劳动法》第三条规定，劳动者应当执行劳动安全卫生规程。《劳动法》第五十六条又明确规定，劳动者在劳动过程中必须严格遵守安全操作规程。劳动安全技术规程是指国家为了防止和消除在生产过程中的伤亡事故，防止生产设备遭到破坏，保障劳动者安全和减轻繁重体力劳动而规定有关组织和技术措施方面的各种法律规范。劳动安全卫生权既是劳动者享有的基本权利，同时也是其必须承担的相应义务。其目的仍在于保护劳动者在生产过程中的健康与安全。我国有关劳动安全方面的法规，有《工厂安全卫生规程》《建筑安装工程安全技术规程》《中华人民共和国矿山安全法》等。为了劳动者自身的安全健康，也为了劳动生产率的不断提高，劳动者在劳动过程中应当自觉严格执行这些劳动安全规程，照章操作，禁止违章作业，才可能真正落实劳动者的劳动安全卫生保护权利。

3. 劳动者有提高职业技能的义务

职业培训既是劳动者的权利，又是相应义务。《劳动法》第三条规定，劳动者应当提高职业技能。第六十八条又规定，从事技术工种的劳动者，上岗前必须经过培训。现代化大生产的发展客观上要求对劳动者进行职业技能培训，开展职业技能培训工作，这是国家和用人单位在培训职工方面的职责和义务。接受培训，掌握业务知识，提高职业技能也是劳动者应尽的责任和义务，必须认真对待。只有这样，才能达到职业培训的目的，才能促进生产的发展，也只有这样，才能保证权利的正确行使和不被滥用，保证职业技能培训工作不流于形式，毫无实际效果。因此，从法律上规定劳动者负有提高职业技能的义务是非常必要的。

三、用人单位的基本权利和义务

(一)《劳动法》规定的基本权利和义务

劳动者的基本劳动权利和劳动义务与用人单位的基本义务和权利相对应。我国《劳动法》第三条规定的劳动者享有的基本劳动权利和承担的劳动义务，也就是用人单位应当承担的基本义务和享有的基本劳动权利，这是由劳动法律关系内容的特征决定的。

1. 纪律制裁和经济处罚权

《劳动法》第三条规定了劳动者的基本劳动义务，相应的，用人单位有要求劳动者完成劳动生产任务，提高职业技能，执行劳动安全卫生规程，遵守劳动纪律和职业道德的权利。用人单位有权对违反和破坏劳动纪律、迟到、早退、旷工，没有完成劳动任务，以及玩忽职守，违反技术操作规程、安全卫生规程，造成事故，使公民生命和国家财产遭受重大损失的劳动者，按其所犯错误情节轻重给予批评教育，或者给予必要的纪律制裁和经济处罚。

2. 用工自主权和工资分配方式自主权

根据《劳动法》和其他劳动法规的有关规定，用人单位还享有用工自主权和工资分配方式自主权等，享有提请劳动争议处理的权利。

3. 依法建立和完善规章制度的义务

《劳动法》第四条规定："用人单位应当依法建立和完善规章制度，保障劳动者享有劳动权利和履行劳动义务。"这是关于用人单位基本劳动义务的规定。劳动者享有劳动权利和履行劳动义务是《劳动法》第三条规定的一项基本原则，而劳动者劳动权利的实现、劳动义务的履行是和用人单位分不开的。比如，《劳动法》第三条规定，劳动者有休息休假的权利，用人单位则有执行法律规定的工作时间、休息休假的规定义务。劳动者的这一权利依靠用人单位提供时间保障才能得以实现。

4. 建立职业培训制度，提供职业培训费义务

对从事技术工种的劳动者，上岗前进行培训，或者对现有劳动者进行在职培训，劳动者的职业技能才能提高。这是为保障劳动者所享有的劳动权利得以实现，保证劳动者真正履行自己的法定义务。

(二)《劳动合同法》规定的具体权利和义务

1. 依法约定试用期和服务期的权利

试用期是用人单位与劳动者约定一定的试用工作时间，用以考察劳动者是否符合本单位工作岗位要求的制度。它对双方互相了解和双向选择具有积极意义，这也是国际上劳动合同制度的普遍做法。试用期的长短根据工作岗位的需要不同，有长有短。同时，为了防止有些用人单位滥用试用期，《劳动合同法》规定：劳动合同期期限三个月以上不满一年的，试用期不得超过一个月；劳动合同期限一年以上不满三年的，试用期不得超过二个月；三年以上固定期限和无固定期限的劳动合同，试用期不得超过六个月。同一用人单位与同一劳动者只能约定一次试用期。以完成一定工作任务为期限的劳动合同或者劳动合同期限不满三个月的，不得约定试用期。试用期包含在劳动合同期限内。劳动合同仅约定试用期的，试用期不成立，该期限为劳动合同期限。劳动者在试用期的工资不得低于本单位相同岗位最低工资或者劳动合同约定工资的80%，并不得低于用人单位所在地的最低工资标准。

2. 依法约定竞业限制的权利

竞业限制是在劳动关系结束后，要求劳动者(主要是高级管理人员和高级技术人员)在法定时间内继续保守原用人单位的商业秘密和与知识产权相关的保密事项。在现实生活中常有这样的情况：某一行业由于竞争激烈，劳动者特别是技术人员相对短缺，同行之间相互"挖人"的现象相当普遍，这种恶性竞争直接影响企业的发展。商业秘密和与知识产权相关的保密事项关乎企业的竞争能力，不仅关系企业的发展，有时甚至直接影响到企业的生存。我国法律一贯重视对知识产权和商业秘密

的保护，《公司法》《反不正当竞争法》都有相应的规定。《劳动合同法》赋予用人单位与劳动者约定竞业限制的权利，规定：用人单位与劳动者可以在劳动合同中约定保守用人单位的商业秘密和与知识产权相关的保密事项。负有保密义务的劳动者，用人单位可以在劳动合同或者保密协议中与劳动者约定竞业限制条款，并约定在解除或者终止劳动合同后，在竞业限制期内按月给予劳动者经济补偿。劳动者违反竞业限制约定的，应当按照约定向用人单位支付违约金。竞业限制的人员限于用人单位的高级管理人员、高级技术人员和其他负有保密义务的人员。竞业限制的范围、地域、期限，用人单位与劳动者约定，竞业限制的约定不得违反法律、法规的规定。在解除或者终止劳动合同后，负有保密义务的人员到与本单位生产或者经营此类产品，从事同类业务的有竞争关系的其他用人单位，或者自己开业生产、经营同类产品，从事同类业务的竞业限制期限，不得超过二年。

3. 依法解除劳动合同的权利

劳动者适当流动是市场经济的必然。在保持劳动力市场生机和活力的前提下，构建和谐稳定的劳动关系是《劳动合同法》的出发点。《劳动合同法》延续了《劳动法》的有关规定，在赋予劳动者解除劳动合同权利的同时，也赋予了用人单位解除劳动合同的权利。

4. 出资培训劳动者的义务

《劳动合同法》规定了用人单位为劳动者提供专项培训费用的义务。同时，为了保障用人单位的合法权利，防止劳动者通过专门培训获得专业知识和技能后违约"跳槽"到其他单位，给用人带来损失，《劳动合同法》规定：用人单位为劳动者提供专项培训费用，对其进行专业技术培训的，可以与该劳动者订立协议，约定服务期。劳动者违反服务期约定的，应当按照约定向用人单位支付违约金。

5. 依法签订劳动合同须尽的义务

首先，应尊重劳动者的知情权，《劳动合同法》规定，用人单位招用劳动者时，应当如实告知劳动者工作内容、工作条件、工作地点、职业危害、安全生产状况、劳动报酬，以及劳动者要求了解的其他情况。

其次，在招用劳动者时不得扣押劳动者的证件和收取财物。实践中有些用人单位为了防止劳动者不辞而别，给用人单位造成损失，在招用劳动者时要求劳动者提供担保或者向劳动者收取抵押金，或扣押劳动者的居民身份证或者其他证件，从而限制劳动者的合理流动。针对上述问题，《劳动合同法》规定："用人单位招用劳动者，不得扣押劳动者的居民身份证和其他证件，不得要求劳动者提供担保或者以其他名义向劳动者收取财物。"并规定了相应的法律责任。

6. 劳动关系结束后的义务

《劳动合同法》规定：在解除或者终止劳动合同后，用人单位应当为劳动者出具解除或者终止劳动合同的证明，并在十五日内为劳动者办理档案和社会保险关系转移手续。用人单位对已经解除或者终止的劳动合同的文本，至少保存二年备查。

☞ 学习思考

1. 正确理解法律关系中权利和义务的关系。
2. 如何在实践中区分劳动法律关系、事实劳动关系和劳动关系，以及对三者进行区分在《劳动合同法》中的意义？
3. 如何正确行使《劳动合同法》赋予劳动者的权利？

第四章

劳动合同的条款

劳动合同是劳动者与用人单位确立劳动关系，明确双方权利和义务的协议。因此，《劳动合同法》第十七条规定了劳动合同的必备条款和可备条款，使劳动合同能够明确、全面、具体，更好地规范双方的权利和义务。根据劳动合同条款性质的不同，《劳动合同法》还规定了必备条款和可备条款两种类型的合同条款。

第一节 劳动合同的必备条款

必备条款就是劳动合同应该具备的内容，欠缺了必备条款的劳动合同就不能成立。必备条款有些是由法律规范规定的，是劳动合同当事人必须遵守的法定内容，直接反映出劳动合同的法定性；也有一些是劳动合同当事人协商议定的内容，表现出私法的特点。《劳动合同法》第十七条规定的必备条款如下：

(1)用人单位的名称、住所和法定代表人或者主要负责人劳动合同中必须具备这一项内容，目的是明确劳动合同中用人单位一方的主体资格，确定劳动合同的一方当事人。

（2）劳动者的姓名、住址和居民身份证或者其他有效身份证件号码

这也是劳动合同中必须具备的一项内容，目的是明确劳动合同中另一方主体资格即劳动者，确定劳动合同的另一方当事人。

（3）劳动合同期限

劳动合同期限是劳动合同的有效期限，是双方当事人相互享有权利、履行义务的时间界限，可分为有固定期限、无固定期限和以完成一定工作任务为期限。

劳动合同期限与劳动者的工作岗位、工作内容、劳动报酬、合同终止时间、经济补偿金等有紧密关系，也与劳动关系的稳定紧密相关。

（4）工作内容和工作地点

工作内容是指劳动者具体从事什么种类或者内容的劳动，这里的工作内容是指工作岗位和工作任务或职责。这一条款是劳动合同的核心条款之一，是建立劳动关系极为重要的因素。它是用人单位使用劳动者的目的，也是劳动者通过自己的劳动取得劳动报酬的依据。劳动合同中的工作内容条款应当规定得明确具体，便于遵守执行。如果劳动合同没有约定工作内容或约定的工作内容不明确，用人单位则可以自由支配劳动者，随意调整劳动者的工作岗位，导致难以发挥劳动者所长，也很难确定劳动者的劳动报酬，造成劳动关系极不稳定。

工作地点是劳动合同的履行地，是劳动者从事劳动合同中所规定的工作的地点，它关系到劳动者的工作环境、生活环境以及劳动者的就业选择。劳动者有权在与用人单位建立劳动关系时知悉自己的工作地点，所以这也是劳动合同中必不可少的内容。

（5）工作时间和休息休假

工作时间是指劳动者在企业、事业、机关、团体等单位中，必须用来完成其所担负的工作任务的时间。一般由法律规定劳动者在一定时间内（工作日、工作周）应该完成的工作任务，以保证最有效地利用工作时间，不断提高工作效率。这里的工作时间包括工作时间的长短、工作

时间方式的确定，比如是 8 小时工作制还是 6 小时工作制，是日班还是夜班，是实行正常工时还是不定时工作制，或者是综合计算工时制。工作时间对劳动者的就业选择、劳动报酬等均有影响，因此成为劳动合同不可缺少的内容。

休息休假是指企业、事业、机关、团体等单位的劳动者按规定不必进行工作，而自由支配的时间。休息休假的权利是每个国家的公民都应享受的权利。《劳动法》第三十八条规定："用人单位应当保证劳动者每周至少休息一日。"休息休假的具体时间根据劳动者的工作地点、工作种类、工作性质、工龄长短等各有不同，用人单位与劳动者在约定休息休假事项时应当遵守《劳动法》及相关法律法规的规定。

(6) 劳动报酬

劳动合同中的劳动报酬，是指劳动者与用人单位确定劳动关系后，因提供了劳动而取得的报酬。劳动报酬是满足劳动者及其家庭成员物质文化生活需要的主要来源，也是劳动者付出劳动后应该得到的回报。因此，劳动报酬是劳动合同中必不可少的内容。劳动报酬主要包括以下几个方面的内容：

①用人单位工资水平、工资分配制度、工资标准和工资分配形式；

②工资支付办法；

③加班、加点工资及津贴、补贴标准和奖金分配办法；

④工资调整办法；

⑤试用期及病假、事假等期间的工资待遇；

⑥特殊情况下职工工资(生活费)支付办法；

⑦其他劳动报酬分配办法。

劳动合同中有关劳动报酬条款的约定，要符合我国有关最低工资标准的规定。报酬约定不明确的，实行同工同酬。

【案例1】

徐阳(化名)在一家装饰公司做木工，每月领取 500 元作为生活费。工作半年后，因装饰公司拖欠工资，徐阳提出了辞职。装饰公司按照每天60元的标准给徐阳结算工资，并说这是当初的口头约定，徐阳则说当初约定每天80元，双方各执一词。徐阳无奈，向某区劳动仲裁机构提起仲裁。由于双方均无法举证自己的说法。仲裁机构按照装饰行业木工每天一般80元的标准支持了徐阳的诉求，并以此作基数计发了加班工资。装饰公司不服，认为仲裁员"过于自由裁量"，没有法律依据。

请问：仲裁庭有无法律依据？

【案例评析】

实践中，口头约定工资的情况十分普遍，比如餐饮服务业、建筑行业等。本案就属于口头约定劳动报酬不明而引起的纠纷。《劳动合同法》第十一条规定：用人单位未在用工的同时订立书面劳动合同，与劳动者约定的劳动报酬不明确的，新招用的劳动者的劳动报酬按照集体合同规定的标准执行；没有集体合同或者集体合同未规定的，实行同工同酬。同工同酬，即与本单位相同岗位或同行业相同岗位工资相同。因此，仲裁庭的裁决是有法律依据的。

(7) 社会保险

社会保险是政府通过立法强制实施，由劳动者、劳动者所在的工作单位或社区以及国家三方面共同筹资，帮助劳动者及其亲属在遭遇年老、疾病、工伤、生育、失业等风险时，防止收入的中断、减少和丧失，以保障其基本生活需求的社会保障制度。社会保险由国家成立的专门性机构进行基金的筹集、管理及发放，不以盈利为目的，一般包括医疗保险、养老保险、失业保险、工伤保险和生育保险。

社会保险由劳动者、劳动者所在用人单位以及国家三方共同筹资，体现了国家和社会对劳动者提供基本生活保障的责任。劳动者所在用人单位的缴费，使社会保险资金来源避免了单一渠道，增加了社会保险制度本身的保险系数。

社会保险由国家强制实施,是劳动合同不可缺少的内容。

(8)劳动保护、劳动条件和职业危害防护

劳动保护是指用人单位为了防止劳动过程中的安全事故,采取各种措施来保障劳动者的生命安全和健康。在劳动生产过程中,存在着各种不安全、不卫生因素,如不采取措施加以保护,极有可能发生工伤事故。如矿井作业可能发生瓦斯爆炸、冒顶、水火灾害等事故;建筑施工可能发生高空坠落、物体打击和碰撞等意外。所有这些,都会危害劳动者的安全和健康,妨碍工作的正常进行。国家为了保障劳动者的人身安全和生命健康,通过制定相应的法律和行政法规、规章,规定劳动保护,用人单位也应根据自身的具体情况,制定相应的劳动保护规则,以保证劳动者的健康和安全。

劳动条件,主要是指用人单位为使劳动者顺利完成劳动合同约定的工作任务,为劳动者提供必要的物质和技术条件,如必要的劳动工具、机械设备、工作场地、劳动经费、辅助人员、技术资料、工具书以及其他一些必不可少的物质、技术条件和其他工作条件。

职业病是指企业、事业单位和个体经济组织等用人单位的劳动者在职业活动中,因接触粉尘、放射性物质和其他有毒、有害物质等因素而引起的疾病。根据《中华人民共和国职业病防治法》(以下简称《职业病防治法》)第三十条的规定,用人单位与劳动者订立劳动合同(含聘用合同)时,应当将工作过程中可能产生的职业病危害及其后果、职业病防护措施和待遇等如实告知劳动者,并在劳动合同中写明,不得隐瞒或者欺骗。此外,《职业病防治法》中还规定了用人单位在职业病防护中的义务,用人单位应当按照有关法律、法规的规定严格履行职业危害防护的义务。(《职业病防治法》于2001年10月27日通过,自2002年5月1日起施行。现行《职业病防治法》于2011年12月31日修订通过并施行。)

【知识链接】

狭义职业病

对其中某些危害性较大，诊断标准明确，结合国情，由政府有关部门审定公布的职业病，称为狭义的职业病，或称法定(规定)职业病。(《劳动合同法》中涉及的职业病一般为狭义职业病)。

广义职业病

在生产劳动中，接触生产中使用或产生的有毒化学物质、粉尘气雾、异常的气象条件、高低气压、噪声、振动、微波、X 射线、γ 射线、细菌、霉菌；长期强迫体位操作、局部组织器官持续受压等，均可引起职业病，一般将这类职业病称为广义职业病(即与工作相关性疾病)。如现代白领阶层长时间伏案工作而引发的颈椎病、肩周炎、痔疮等慢性病，出租车司机腰椎间盘突出症等。

中国职业病呈现五大特点，分别是：

1. 职业病危害人数多，患病数量大；
2. 职业病危害分布行业广，中小企业危害严重；
3. 职业病危害流动性大，危害转移严重；
4. 职业病具有隐匿性、迟发性的特点，危害往往被忽视；
5. 职业病危害造成的经济损失巨大，影响长远。

注意：我国政府规定诊断为规定职业病的，需由诊断部门向卫生主管部门报告；规定职业病患者，在治疗休息期间以及确定为伤残或治疗无效而死亡时，按照国家有关规定，享受工伤保险待遇或职业病待遇。

我国职业病确认必须具备四个条件：

1. 患病主体是企业、事业单位或个体经济组织的劳动者；
2. 必须是在从事职业活动的过程中产生的；
3. 必须是因接触粉尘、放射性物质和其他有毒、有害物质等职业病危害因素引起的；
4. 必须是国家公布的职业病分类和目录所列的职业病。

职业病分类

一、职业性尘肺病及其他呼吸系统疾病	（一）尘肺病	1. 矽肺 2. 煤工尘肺 3. 石墨尘肺 4. 碳黑尘肺 5. 石棉肺 6. 滑石尘肺 7. 水泥尘肺 8. 云母尘肺 9. 陶工尘肺 10. 铝尘肺 11. 电焊工尘肺 12. 铸工尘肺 13. 根据《尘肺病诊断标准》和《尘肺病理诊断标准》可以诊断的其他尘肺病
	（二）其他呼吸系统疾病	1. 过敏性肺炎 2. 棉尘病 3. 哮喘 4. 金属及其化合物粉尘肺沉着病（锡、铁、锑、钡及其化合物等） 5. 刺激性化学物所致慢性阻塞性肺疾病 6. 硬金属肺病
二、职业性皮肤病		1. 接触性皮炎 2. 光接触性皮炎 3. 电光性皮炎 4. 黑变病 5. 痤疮 6. 溃疡 7. 化学性皮肤灼伤 8. 白斑 9. 根据《职业性皮肤病的诊断总则》可以诊断的其他职业性皮肤病
三、职业性眼病		1. 化学性眼部灼伤 2. 电光性眼炎 3. 白内障（含放射性白内障、三硝基甲苯白内障）
四、职业性耳鼻喉口腔疾病		1. 噪声聋 2. 铬鼻病 3. 牙酸蚀病 4. 爆震聋
五、职业性化学中毒		1. 铅及其化合物中毒（不包括四乙基铅） 2. 汞及其化合物中毒 3. 锰及其化合物中毒 4. 镉及其化合物中毒 5. 铍病 6. 铊及其化合物中毒 7. 钡及其化合物中毒 8. 钒及其化合物中毒 9. 磷及其化合物中毒 10. 砷及其化合物中毒 11. 铀及其化合物中毒 12. 砷化氢中毒 13. 氯气中毒 14. 二氧化硫中毒 15. 光气中毒 16. 氨中毒 17. 偏二甲基肼中毒 18. 氮氧化物中毒 19. 一氧化碳中毒 20. 二硫化碳中毒 21. 硫化氢中毒 22. 磷化氢、磷化锌、磷化铝中毒 23. 氟及其无机化合物中毒 24. 氰及腈类化合物中毒 25. 四乙基铅中毒 26. 有机锡中毒 27. 羰基镍中毒 28. 苯中毒 29. 甲苯中毒 30. 二甲苯中毒 31. 正己烷中毒 32. 汽油中毒 33. 一甲胺中毒 34. 有机氟聚合物单体及其热裂解物中毒 35. 二氯乙烷中毒 36. 四氯化碳中毒 37. 氯乙烯中毒 38. 三氯乙烯中毒 39. 氯丙烯中毒 40. 氯丁二烯中毒 41. 苯的氨基及硝基化合物（不包括三硝基甲苯）中毒 42. 三硝基甲苯中毒 43. 甲醇中毒 44. 酚中毒 45. 五氯酚（钠）中毒 46. 甲醛中毒 47. 硫酸二甲酯中毒 48. 丙烯酰胺中毒 49. 二甲基甲酰胺中毒 50. 有机磷中毒 51. 氨基甲酸酯类中毒 52. 杀虫脒中毒 53. 溴甲烷中毒 54. 拟除虫菊酯类中毒 55. 铟及其化合物中毒 56. 溴丙烷中毒 57. 碘甲烷中毒 58. 氯乙酸中毒 59. 环氧乙烷中毒 60. 上述条目未提及的与职业有害因素接触之间存在直接因果联系的其他化学中毒

续表

六、物理因素所致职业病		1. 中暑 2. 减压病 3. 高原病 4. 航空病 5. 手臂振动病 6. 激光所致眼（角膜、晶状体、视网膜）损伤 7. 冻伤
七、职业性放射性疾病		1. 外照射急性放射病 2. 外照射亚急性放射病 3. 外照射慢性放射病 4. 内照射放射病 5. 放射性皮肤疾病 6. 放射性肿瘤（含矿工高氡暴露所致肺癌）7. 放射性骨损伤 8. 放射性甲状腺疾病 9. 放射性性腺疾病 10. 放射复合伤 11. 根据《职业性放射性疾病诊断标准（总则）》可以诊断的其他放射性损伤
八、职业性传染病		1. 炭疽 2. 森林脑炎 3. 布鲁氏菌病 4. 艾滋病（限于医疗卫生人员及人民警察）5. 莱姆病
九、职业性肿瘤		1. 石棉所致肺癌、间皮瘤 2. 联苯胺所致膀胱癌 3. 苯所致白血病 4. 氯甲醚、双氯甲醚所致肺癌 5. 砷及其化合物所致肺癌、皮肤癌 6. 氯乙烯所致肝血管肉瘤 7. 焦炉逸散物所致肺癌 8. 六价铬化合物所致肺癌 9. 毛沸石所致肺癌、胸膜间皮瘤 10. 煤焦油、煤焦油沥青、石油沥青所致皮肤癌 11. β-萘胺所致膀胱癌
十、其他职业病		1. 金属烟热 2. 滑囊炎（限于井下工人）3. 股静脉血栓综合征、股动脉闭塞症或淋巴管闭塞症（限于刮研作业人员）

（9）法律、法规规定应当纳入劳动合同的其他事项。

第二节　劳动合同的可备条款

　　劳动合同除前款规定的必备条款外，用人单位与劳动者可以协商约定试用期、培训、保守商业秘密、补充保险和福利待遇等其他事项，称为劳动合同的补充条款或可备条款。

　　补充条款并不是劳动合同成立必须具备的条件，缺少了补充条款的劳动合同依然能够成立，补充条款都是当事人议定的内容。

一、试用期的约定

试用期是指用人单位对劳动者是否合格进行考核，劳动者对用人单位是否符合自己要求进行了解的期限。试用期包括在劳动合同期限内，试用期的劳动关系还处于非正式状态。试用期是一个约定的条款，劳动合同双方当事人必须就试用期条款充分协商，取得一致后试用期条款才能成立。

合同是双方当事人意思表示一致的结果，是在互利互惠基础上充分表达各自意见，并就合同条款取得一致后达成的协议。因此，任何一方都不得凌驾于另一方之上，不得把自己的意志强加给另一方，更不得以强迫、命令、胁迫等手段签订劳动合同试用期条款。如果双方没有事先约定，用人单位不能以试用期为由解除劳动合同。然而，实践中用人单位滥用试用期侵犯劳动者权益的现象比较普遍，用人单位通常不管是什么劳动岗位，对于是否需要约定试用期，约定多长的试用期，约定几次试用期，以什么作为参照设定试用期等都比较混乱。有的用人单位为了规避法律责任，约定变相的试用期，如试岗、适应期、实习期等，其目的无非是将劳动者的待遇水平下调，方便解除劳动合同。为了保护劳动者的合法权益，《劳动合同法》《劳动合同法实施条例》对试用期作了相应的规定。

《劳动合同法》第十九条规定：劳动合同期限三个月以上不满一年的，试用期不得超过一个月；劳动合同期限一年以上三年以下的，试用期不得超过两个月；三年以上固定期限和无固定期限的劳动合同，试用期不得超过六个月。同一用人单位与同一劳动者只能约定一次试用期。以完成一定工作任务为期限的劳动合同或者劳动合同期限不满三个月的，不得约定试用期。劳动合同仅约定试用期或者劳动合同期限与试用期相同的，试用期不成立，该期限为劳动合同期限。

《劳动合同法》第二十条规定：劳动者试用期的工资不得低于本单位同岗位最低档工资或者劳动合同约定工资的百分之八十，并不得低于用人单位所在地的最低工资标准。

(一) 零试用期

为遏制用人单位变相利用试用期进行短期用工的现象,《劳动合同法》规定,以完成一定工作任务为期限的劳动合同或者劳动合同期限不满三个月的,不得约定试用期。

1. 三个月以下的短期合同不得约定试用期,比如秋季临时雇佣工人收获庄稼这种临时性的季节性用工就不得约定试用期。

2. 以完成一定工作任务为期限的劳动合同不得约定试用期。以完成一定工作任务为期限的劳动合同,是指用人单位与劳动者约定以某项工作的完成为劳动合同期限的劳动合同,即该项工作开始的时间是劳动合同履行的起始时间,该项工作完成时,劳动合同即终止。例如,城市房屋拆迁,自房屋拆迁开始至房屋拆迁结束,房屋拆迁工作即告完成,如果约定一个试用期,看劳动者会不会拆、能不能拆,显然不合理。再比如开发软件、装修房子、安装设备等,都是以完成某项任务或某项工作为期限的劳动合同。

3. 非全日制用工不得约定试用期。

☞课堂练习

1. 韩某暑假期间到深圳某公司打工,签订了为期一个月的劳动合同,试用期为一周。请问:该公司的做法合理吗?

2. 刘某承接了一份网站设计工作,工期为两个月,而合同要求有两周的试用期。请问:该做法合理吗?

3. 小杨是武汉某店非全日制员工,每天工作4个小时,每小时6元,工资按周计发。合同要求试用期两周,试用期工资为每小时4元。请问:该做法合理吗?

(二) 有限试用期

1. 劳动合同期限在三个月以上不满一年的,试用期不得超过一个月。也就是说,劳动合同期限在三个月以上的可以约定试用期,约定试用期的最低起点是三个月。

2. 劳动合同期限一年以上不满三年的，试用期不得超过两个月。

3. 三年以上固定期限和无固定期限的劳动合同，试用期不得超过六个月。也就是说，约定试用期的最长期限不能超过六个月。

需要说明的是，劳动合同期限长短不是约定试用期的唯一参照。实践中，很多工作本来不需要过长的试用期，比如装卸工、建筑工地小工等，没有什么技术含量，劳动者几天就能胜任。但有些用人单位动辄规定试用期为三五个月，甚至半年，恶意用足法定试用期限上限，这加重了劳动关系的不平等性，增加了劳动者的职业不确定性和经济负担。因此，劳动合同双方当事人在约定试用期时应将技术含量的因素考虑进去。对用人单位来说，在合理时间内依然不能判断劳动者能否胜任，就应当承担因此而带来的风险。

【案例2】

小刘技校毕业后，应聘到某技术公司，签订为期2年的劳动合同，合同约定试用期为6个月。试用期工资为每月3000元，转正后工资为每月4000元。如今小刘已经工作了4个月。

请问：技术公司的行为是否合法？

【案例评析】

法律规定，劳动合同期限一年以上不满三年的，试用期不得超过两个月；劳动合同期限三年以上的，试用期不得超过六个月。案例中，小刘和技术公司签订的劳动合同期限是两年，约定试用期是六个月，所以小刘与技术公司约定的试用期限超过了法定最长期限，可以由劳动者和用人单位予以协商，进行纠正；若协商不成，由劳动行政部门责令改正。违法约定的试用期已经履行的，由用人单位以劳动者试用期满月工资为标准，按已经履行的超过法定试用期的期间向劳动者支付赔偿金。本案中，小刘的试用期应该不超过两个月，因此超过的两个月应该按照每月4000元予以支付，故公司应当支付给小刘赔偿金2000元。

(三) 同一用人单位与同一劳动者只能约定一次试用期

试用期是指用人单位对新招收的职工思想品德、劳动态度、实际工作能力、身体情况等进行进一步考察的时间期限。这些情况在试用期内已经基本考察清楚了，用人单位不能以情形变更或岗位变换等为由再次约定试用期。

【案例3】

计算机专业毕业的大学生张啸林(化名)，应聘到某一大型超市做售货员。一天，超市电脑系统出现了严重故障，技术部人员仔细检修未能找出故障原因。张啸林对总经理说："让我试一试。"不到一小时，超市电脑系统恢复正常。于是超市管理层决定让张啸林到技术部工作。但是人事部门通知张啸林正式调入技术部还需要三个月的试用期。张啸林觉得自己已经在超市工作一年了，公司对他的各个方面应该是了解的，既然调他到技术部，说明他的能力是得到公司认可的，不需要再经过一个试用期了，为此与人事部产生了争议。而人事部解释，张啸林在公司的职位一直是售货员，现在公司要调他到技术部，技术部和销售部的岗位要求完全不同，公司自然要对员工进行重新考察。

请问：人事部和张啸林的观点谁的正确？

【案例评析】

1996年10月31日，原劳动部《关于实行劳动合同制度若干问题的通知》规定：用人单位对工作岗位没有发生变化的同一劳动者只能试用一次。也就是说，如果岗位发生了变化，用人单位还可以再设立一次试用期。因此，很多用人单位按照此规定操作。

2008年1月1日出台的《劳动合同法》规定：同一用人单位与同一劳动者只能约定一次试用期。也就是说，无论变换什么岗位，试用期只有一次。试用期是用人单位和劳动者之间为了相互了解、选择而约定的考察期。试用期包含在劳动合同期限内,而劳动合同不仅是岗位权利义务的约定,它还是整个劳动关系存续期间的法律契约。

本案中,张啸林已经在公司工作了一年,就公司而言,对张啸林的精神状态、个人品质、工作能力等都应进行了考察,所以不能再次约定试用期。

(四)劳动合同仅约定试用期或者劳动合同期限与试用期相同的,试用期不成立,该期限为劳动合同期限

试用期包括在劳动合同期限内。也就是说,不管劳动合同双方当事人订立的是一年期限的劳动合同,还是三年、五年期限的劳动合同,如果约定了试用期,比如三天、五天或者一个星期、一个月、两个月,劳动合同期限就包括这一段期限,不管试用期之后当然订立劳动合同还是不订立劳动合同,都不允许单独约定试用期,也不允许劳动合同期限与约定的试用期相同。

实践中,一些用人单位为了避免与劳动者订立劳动合同,往往在招用劳动者时与劳动者签订一个单独的试用合同,在试用期合同期满后再决定是否正式聘用该劳动者。其目的往往是为了规避法律责任,在试用期使用廉价劳动力,方便解除劳动合同。而《劳动合同法》对此予以限制,规定劳动合同仅约定试用期的,试用期不成立,该期限为劳动合同期限。

【案例4】

湖南小伙赵岩(化名)到东莞某制衣厂打工,老板与他签订了三个月的"试用期合同",约定如果赵岩表现出色,试用期就按照正式录用的劳动合同期计算工资,在第四个月补发试用期和劳动合同期的差额工资,试用期工资1000元,合同期工资1500元。到第三个月底,老板告诉赵岩,由于他技术水平很低,又出现了很多差错,这三个月只能按试用期的工资发放。赵岩不服,向劳动仲裁部门提起仲裁。赵岩认为,根据《劳动合同法》第十九条的规定,劳动合同仅约定试用期的，试用期不成立，该期限为劳动合同期限。因此，制衣厂老板跟他约定的三个月的试用期合同是违法的，这三个月就是正式合同的期限，老板应该按照1500元的标准付给他三个月的工资。制衣厂老板认为，合同是双方真实意思的表现，他并没有强迫赵岩签字，既然签字了就应该按照合同履行。

请问：仲裁庭会支持谁的主张？

【案例评析】

本案例涉及的问题是仅约定试用期的合同是否有效。试用期是劳动合同期的一部分，包含在劳动合同期内；劳动合同是试用期存在的前提条件。《劳动合同法》第十九条规定，劳动合同仅约定试用期的，试用期不成立，该期限为劳动合同期限。也就是说，仅约定试用期，这样的"试用期合同"是无效的，但这并不意味着《劳动合同法》对劳动者的保护失效了。根据法律的规定，这样的"试用期"期限为劳动合同期限，也就是说劳动者直接享受转正的待遇。本案中，约定转正后的工资是1500元，那么赵岩认为"制衣厂老板跟他约定的三个月的试用期合同是违法的，这三个月就是正式合同的期限"，并"请求老板按照1500元的工资标准付给他三个月的工资"，这一主张是能够得到仲裁庭支持的。

有学者认为，从司法实践角度来看，该法条的规定过于笼统，必然导致歧义和混乱，例如，王某在一个软件公司工作，合同中只规定了试用期3个月，那么如果王某在3个月内提出辞职，该如何处理呢？按照原先双方的合意为试用期，那么王某只需要提前3日通知用人单位，就可以提出离职，办理手续。而按照《劳动合同法》的规定，劳动合同只约定试用期的，试用期不成立，该期限为劳动合同期限。而在劳动合同期限内，王某如果想离开公司，必须提前30天通知公司，这反而加重了劳动者的责任，同立法的初衷相违背。这是值得商榷的。

（五）试用期间劳动者的劳动权利

劳动者在试用期间应当享有全部的劳动权利，包括取得劳动报酬的权利、休息休假的权利、获得劳动安全卫生保护的权利、接受职业技能培训的权利、享受社会保险和福利的权利、提请劳动争议处理的权利以及法律规定的其他劳动权利，还包括依照法律规定，通过职工大会、职工代表大会或者其他形式，参与民主管理或者就保护劳动者合法权益与用人单位进行平等协商的权利。用人单位不能因为试用期的身份而对劳动者的权利加以限制，与其他劳动者区别对待。

【案例5】

　　小王应聘到某餐饮公司做厨师，签订了为期2年的劳动合同，试用期2个月。上班1个月后，小王发现公司未为其缴纳社会保险，于是找到人事部咨询。人事部经理解释说，试用期是对员工的考察期，试用期间小王还不是公司的正式员工，所以不能享受社会保险和福利。

　　请问：人事部经理的说法正确吗？

【案例评析】

　　人事部经理的说法不正确。试用期是劳动合同期的一部分，包含在劳动合同期内。劳动者在试用期间享有全部的劳动权利，包括取得劳动报酬的权利、休息休假的权利、获得劳动安全卫生保护的权利、接受职业技能培训的权利、享受社会保险和福利的权利、提请劳动争议处理的权利及法律规定的其他劳动权利。因而，试用期内用人单位为劳动者办理缴纳"五险一金"等社会保险是法定义务。

　　（六）试用期的工资

　　针对目前试用期工资恶意偏低、廉价使用劳动者的行为，《劳动合同法》对试用期劳动者工资水平作出了保障性规定：劳动者在试用期的工资不得低于本单位同岗位最低档工资或者劳动合同约定工资的百分之八十，并不得低于用人单位所在地的最低工资标准。

【案例6】

　　2011年2月，小赵被北京一家机械制造厂招聘为合同制工人，双方签订了为期三年的劳动合同，合同中约定：试用期为两个月，在试用期内每月工资为980元。由于小赵踏实肯干、技术合格，试用期过后，小赵顺利成为该厂的正式员工。一次偶然的机会，小赵了解到当年北京市最低工资标准是1160元。于是他找到单位相关负责人，要求按照最低工资标准补足自己两个月的试用期工资。老板认为小赵在试用期内，不算企业的正式职工，最低工资不适用于试用期职工，因而拒绝了小赵的要求。

　　请问：该厂对小赵需要执行最低工资标准吗？

【案例评析】

　　在现实生活中，很多企业认为，试用期员工还处于考察期，不适用最低工资标准。《劳动合同法》第二十条明确规定，劳动者在试用期的工资不得低于本用人单位所在地的最低工资标准。如果低于当地最低工资标准，用人单位的做法就是违法。

　　本案中，用人单位每月支付给小赵的试用期工资为980元，低于北京市最低工资标准1160元。依照法律规定，用人单位应当补足差额部分，即$(1160-980)\times 2 = 360$(元)。

(七) 试用期内劳动合同的解除

　　《劳动法》规定，在试用期内，用人单位可以随时解除劳动合同。因此，实践中部分用人单位恶意使用试用期，大量招聘员工为其工作，试用期将满时解除劳动合同，如此反复，达到廉价使用劳动力的目的。为遏制这种现象的持续发生，《劳动合同法》规定，在试用期中除有证据证明劳动者不符合录用条件外，用人单位不得解除劳动合同。用人单位在试用期解除劳动合同的，应当向劳动者说明理由。这就意味着用人单位在试用期内要解除与劳动者的劳动合同，必须有证据，有理由，证明劳动者不符合录用条件，不能简单地说一句"员工不适合公司的岗位需要"而解除双方的劳动合同。同样，为了体现劳动合同双方当事人权利义务的总体平等，给予用人单位一定的准备时间，《劳动合同法》规定，劳动者在试用期内提前三日通知用人单位，可以解除劳动合同。也就是说，劳动者解除劳动合同要给予用人单位预知权。

【案例7】

小王毕业后进入一家公司工作，公司告诉他有三个月的试用期，但并没有签订书面的劳动合同。过了两个月后，公司通知小王，由于他在试用期表现不佳，所以公司决定辞退他。小王觉得很委屈，认为自己在试用期努力工作，而且遵守公司的规章制度，表现很好。

请问：小王应该怎么办？（案例评析见案例8之后）

【案例8】

某餐馆拟招10位领班，50多人前来报名。老板从中选了25人试用，要求新员工按"吃苦耐劳、服务周到"的录用标准进行"PK"，最后胜出10位"超级领班"。为此，他与25位员工分别签订了2年期劳动合同，约定2个月试用期，并注明"试用期间，双方都可随时解除劳动关系，对方不得提出异议"。2个月后，被"PK"淘汰的15位员工坚决不同意离开饭店，而且在经人指点后找老板评理："一个月来，我们天天早出晚归，累得腿脚都肿了，仍然待顾客如亲人，难道还不够'吃苦耐劳、服务周到'吗？"老板说："我本来就只想留用10位领班，试用期间我有择优录用的权利，何况我们有言在先。"

请问：试用期转正的条件是什么？

【案例评析】

问题一：录用条件是什么？

录用条件的确定因人而异，总体上讲，可将以下四类因素确定为录用条件：一是能力因素，如学历、经历、资质、绩效等；二是态度因素，如守纪状况等；三是身体因素，如有无特殊疾病等（可以将患有精神病作为不符合录用条件的情况）；四是法律因素，如有无原单位的解除劳动合同证明、劳动手册等。

但需注意实践中的两类常见误区：一是录用条件侵权，比如将"未婚"、"未育"等确定为录用条件，侵害了妇女的婚姻权和生育权，此类录用条件无效；二是录用条件歧视，比如将"携带乙肝病毒"确定为不符合录用条件，除非用人单位属于对卫生有特殊要求的行业，否则该条件属于歧视而无效。

问题二：如何确定录用条件？

确定录用条件的方法有很多，一般有以下几种：招聘广告、岗位说明或描述、入职登记表、劳动合同、规章制度、专门约定等。要注意的是：空口无凭，立字为据，即要以书面形式确定。

问题三：如何证明劳动者不符合录用条件？

比如，某公司与新进员工小高在劳动合同中约定，试用期内高某如果违纪受警告处分，视为不符合录用条件。高某连续旷工两个半天，于是公司根据考勤制度证明其旷工的事实，并给予其警告处分，同时依据上述约定解除了劳动合同。因此，证明不符合录用条件要有依据。

案例 7 中，小王可以要求用人单位提供不符合录用条件的依据。如果不能提供，那么用人单位的做法就是违法的，小王可以通过协商或仲裁获得救济。其法律依据是《劳动合同法》规定，劳动者在试用期内提前三日可通知用人单位解除劳动合同，用人单位不得加以限制；但用人单位在试用期内只有证明劳动者不符合录用条件的，才可解除劳动合同，即用人单位对此负有举证责任。

案例 8 中，如果餐馆老板不能证明员工不符合录用条件，就不能随意解除其 2 年期的劳动合同。即使双方在合同中约定了"在试用期间，双方都可随时解除劳动关系，对方不得提出异议"的条款，仍没有法律效力。在实践中，很多用人单位实施竞争上岗、优胜劣汰的激励制度。

但是，试用期转正如此"PK"，缺乏法律依据。

【案例9】

马某是软件工程专业的工程师，2009年应聘到一家软件开发公司工作，该公司与其签订了一年期的劳动合同，并约定试用期三个月，月薪1300元；试用期满后，月薪与同岗位人员一样，为2800元。试用期满前一天，公司人事部通知马某，需要再考察其工作能力，故而延长一个月的试用期。虽然马某不乐意，但想着2800元月薪就要成为现实，便同意了。延长试用期满前三天，公司人事部通知马某，因马某在试用期不符合录用条件，不再录用。马某被解除劳动合同后，发现与其差不多同时进公司的其他人员也有同样的遭遇。一打听，原来是公司接了一个四个月就要交货的软件开发项目。

请问：马某能否申请仲裁，请求裁定公司违法并承担相应的赔偿责任？

【案例评析】

本案例涉及两个问题：一是试用期能否延长的问题；二是关于试用期的工资问题。

《劳动合同法》对试用期限作了明确和严格的限制：劳动合同期限三个月以上不满一年的，试用期不得超过一个月；劳动合同期限一年以上不满三年的，试用期不得超过两个月；三年以上固定期限和无固定期限的劳动合同，试用期不得超过六个月。同一用人单位与同一劳动者只能约定一次试用期。

马某签订的是一年期的劳动合同，按照《劳动合同法》的规定，试用期不得超过两个月。另外，《劳动合同法》对试用期工资也作了规定：劳动者在试用期的工资不得低于本单位同岗位最低档工资或者劳动合同约定工资的80%，并不得低于用人单位所在地的最低工资标准。因此，马某试用期工资应为2240元或者是公司同岗位最低档工资。

二、服务期的约定

服务期是指用人单位和劳动者在劳动合同签订之时或劳动合同履行的过程中,由用人单位为劳动者支付特别投资的前提下,劳动者同意为该用人单位工作一定期限的特别约定,是用人单位的投资回收期。也就是说,服务期是劳动者因接受用人单位给予的特殊待遇而承诺必须为用人单位服务的期限。通过约定服务期,可以大体平衡双方利益,以免劳动者服务期未满离职,使用人单位期待落空。服务期只对劳动者具有约束力。服务期可以在劳动合同中约定,也可以通过其他专项协议约定。

《劳动合同法》第二十二条规定:用人单位为劳动者提供专项培训费用,对其进行专业技术培训的,可以与该劳动者订立协议,约定服务期。也就是说,用人单位为劳动者提供培训费用,并支付劳动报酬和其他待遇,使劳动者学到了本事后回来为单位提供约定服务期期间的劳动。

劳动者违反服务期约定的,应当按照约定向用人单位支付违约金。违约金的数额不得超过用人单位提供的培训费用。用人单位要求劳动者支付的违约金不得超过服务期尚未履行部分所应分摊的培训费用。用人单位与劳动者约定服务期的,不影响按照正常的工资调整机制提高劳动者在服务期期间的劳动报酬。

上述内容可以从以下几个方面来理解:

1. 签订服务期的前提条件是用人单位为劳动者提供专项培训费用,对其进行专业技术培训。

专项培训费用,是指用人单位一次性或者12个月内累计为1名劳动者支出超过本单位上年度平均工资30%费用的经费。培训费用包括有支付凭证的培训费用、培训期间的差旅费以及因培训产生的其他直接费用。

培训分为一般培训和专项培训两种。一般培训主要指员工的上岗培训、安全生产教育等法定职业技能培训。专项培训,是指在员工的职业技能已经满足了本企业要求的情况下，为了进一步提高员工的素质、能力和职业技能，提高企业的竞争力，专门出资对特定的劳动者进行的以职业发展为目的的专业技术培训。培训的形式，《劳动合同法》中并没有明文规定。在实践中，用人单位往往根据实际情况安排培训的形式，有的是脱产培训，有的是半脱产培训，也有的是不脱产培训。比如：

某企业为提高竞争力，从国外引进一条生产线、一个项目，必须有能够操作的人，于是选派劳动者到国外去培训，以便将来从事此工作。

花旗银行上海分行为提高劳动者的知识和技能，改进工作方法，培养劳动者良好的工作态度以及工作价值观等，专门开展实施有计划、有系统的培养和训练活动，选派员工到新加坡等地进行为期一年的海外培训，并支付员工在海外的工资、住房津贴、住房补贴以及安家费等。

一些院校为调动教职工的积极性，鼓励教职工进行学历教育培训，对在职读研或读博的教职工予以报销80%的学费，另报销差旅、食宿等费用；脱产的，予以报销60%的学费，另报销差旅、食宿等费用，脱产期间支付全额的基本工资以及50%的岗位工资。

2. 劳动者违反服务期约定的，应当按照约定向用人单位支付违约金。

服务期是指用人单位和劳动者在劳动合同签订之时或劳动合同履行的过程之中，由用人单位为劳动者支付特别投资的前提下，劳动者同意为该用人单位工作一定期限的特别约定，是用人单位的投资回收期。服务期是劳动合同双方当事人基于合意而产生的，体现了权利义务对等原则，劳动者违反服务期约定的，应当按照约定向用人单位支付违约金，违约金由劳动合同双方当事人约定。

3. 约定的违约金不得超过法定的标准，即违约金的数额不得超过用人单位提供的培训费用；用人单位要求劳动者支付的违约金不得超过服务期尚未履行部分所应分摊的培训费用。

4. 正常的工资调整和职位升迁不受影响，即用人单位与劳动者约定服务期的，并不影响劳动者按照制度享受劳动报酬的提高以及职位的升迁。

【案例 10】

小彭在 2009 年 6 月毕业后，应聘到一家高科技电子公司工作，入职后公司支付了培训费 12000 元对小彭进行了 1 个月的专业技术培训。同时，公司与小彭签订了一份培训协议，协议约定小彭需在公司服务 3 年，如违约小彭需承担违约金 50000 元。小彭在公司服务 2 年后，提出辞职，公司要求小彭支付违约金 50000 元，双方发生劳动争议。

请问：公司的要求是否合理？

【案例评析】

《劳动合同法》第二十二条规定：用人单位为劳动者提供专项培训费用，对其进行专业技术培训的，可以与该劳动者订立协议，约定服务期。劳动者违反服务期约定的，应当按照约定向用人单位支付违约金。违约金的数额不得超过用人单位提供的培训费用；用人单位要求劳动者支付的违约金不得超过服务期尚未履行部分所应分摊的培训费用。

本案中，公司提供的培训费为 12000 元，约定的违约金却为 50000 元，显然不符合法律的规定。另外，约定的服务期为 3 年，按照 3 年分摊培训费 12000 元，每年应当分摊的培训费用为 4000 元。小彭在公司已经服务了 2 年，已经服务的 2 年应当按照比例折抵相应的违约金，小彭尚未履行的服务期为 1 年，因此小彭只需向公司支付违约金 4000 元。

【案例 11】

李煜(化名)年薪 10 万元，由于工作踏实、积极上进，工作 1 年后被公司选送国外进行专业技术培训。出国培训前，公司与李煜签订了一份服务期协议，双方约定：公司出资对李煜进行为期 1 年的专业技术培训，李煜在培训结束后为公司服务 10 年，否则赔偿公司 80 万元。李煜如期去国外培训了 1 年，回国后又工作了 1 年，双方原来签订的 3 年期劳动合同期限届满，李煜不愿与公司续约而要求终止劳动合同。公司认为，虽然3年期劳动合同已经到期，但签订的10年服务期协议是对原劳动合同期限的变更，遵循了平等自愿、协商一致的原则，该协议已成为劳动合同的组成部分，李煜应当履行协议约定的义务，继续履行服务期。

请问：公司要求李煜继续履行服务期的要求是否合理？

【案例评析】

1. 签订服务期的前提条件是用人单位为劳动者提供专项培训费用，对其进行专业技术培训。本案中，公司选送李煜到国外进行专业技术培训，可以约定服务期。

2. 《劳动合同法》虽未对劳动者服务期的年限作出具体规定，服务期的长短也可以由劳动合同双方当事人协议确定，但是，用人单位在与劳动者协议确定服务期年限时要遵守两点：第一，要遵照法定标准，同时要体现公平合理的原则，不得滥用权力。比如，用人单位为劳动者提供了20000元进行专业技术培训，但约定的违约金却是200000元，这显然是滥用权利，违背了法律的规定，即违约金的数额不得超过用人单位提供的培训费用；用人单位要求劳动者支付的违约金不得超过服务期尚未履行部分所应分摊的培训费用。再比如，用人单位为劳动者提供了20000元进行专业技术培训，却需劳动者为用人单位服务10年，这种约定显然不公平。第二，用人单位与劳动者约定的服务期较长的，用人单位应当按照工资调整机制提高劳动者在服务期间的劳动报酬。本案中，李煜的年薪是10万元，公司提供1年的培训，约定服务期为10年并且约定的违约金为80万元，显然也不公平。

3. 服务期期限与劳动合同期限不一致时如何处理？

劳动合同期限，是指劳动合同当事人双方约定的明确保持劳动合同有效存续的起止期间。劳动合同期限是劳动合同的必备条款和核心条款之一，是确定劳动关系当事人双方履行法定和约定劳动权利义务关系的期间。在通常情况下，劳动合同期限作为劳动合同的普通条款，当事人在约定该条款时，一般不会附加前提性条件。劳动合同期限可以有固定期限，也可以无固定期限或者以完成一定的工作为期限在不违背法律禁止性规定的前提下，当事人可自行协商合同期限。劳动合同期限的设定，主要是为了保护劳动者的合法权益，维护劳动者的就业稳定权，劳动合同期限的利益主要归属于劳动者，用人单位若以非法定理由则不能随意解除劳动合同。

服务期协议，是劳动合同当事人双方在特定前提下对服务期限所进行的专门约定。即用人单位为劳动者提供专项培训费用，对其进行专业技术培训的，可以与该劳动者订立协议，约定劳动者为本单位工作（服务）满一定年限作为补偿并在该期限内不另谋职业。服务期协议属于一种特殊的双务性民事约定，它是在劳动合同当事人双方之间所形成的，以用人单位先履行或承诺履行劳动合同以外的义务为前提，以劳动者承诺暂时不另谋他就而在一定期限内为本单位提供工作义务为"交换条件"的民事契约。

服务期的规定，在一定程度上是为了劳动者利益和用人单位利益的平衡，允许用人单位在采取一定的行为之后可以要求劳动者在一定的服务期内向用人单位提供劳动。从某种意义上，也可以说服务期的利益主要归属于用人单位，因为用人单位使劳动者接受培训的目的在于劳动者回来后为单位提供约定服务期期间的劳动。若劳动者服务期未满离职，将使用人单位期待落空，因此，法律通过约定服务期，规定劳动者违反服务期约定的，应当按照约定向用人单位支付违约金。同时，允许企业获得相应权利以鼓励其加大对劳动者技能培训的资金投入力度，由此大体平衡双方利益，从而促进劳动关系的和谐稳定。

（1）一般情况下，劳动合同的期限和服务期的期限是一致的

按照我国《劳动合同法》第三十七条的规定，劳动者提前三十日以书面形式通知用人单位，可以解除劳动合同。需要指出的是，如果不存在服务期的约定，那么劳动者提前三十日书面通知用人单位的，可以解除劳动合同，不需要支付其他费用；但是如果约定了服务期的，劳动者违反该服务期约定的，应当按照约定向用人单位支付违约金。不过，对于违反服务期约定需要支付的违约金的数额不得超过用人单位提供的培

训费用；违约时，劳动者所支付的违约金不得超过服务期尚未履行部分所应分摊的培训费用。

（2）劳动合同期限比服务期限短

对于这个问题，应当具体情况具体分析：

①劳动合同期限届满，用人单位和劳动者按照原合同规定的条件续订劳动合同的，双方当事人继续履行劳动合同。用人单位要求劳动者继续履行剩余服务期的，双方续订的劳动合同续延至服务期满，或者双方可将原劳动合同期限变更为与服务期限一致。作为劳动者自主择业的补偿，用人单位应该按照工资调整机制提高劳动者在服务期间的劳动报酬。

②劳动合同期限届满，用人单位放弃对劳动者履行剩余服务期要求的，用人单位不得要求劳动者支付违约金。用人单位拒绝继续签订劳动合同的，视为用人单位放弃剩余服务期限，用人单位不得要求劳动者支付违约金。

③劳动合同期限届满，劳动者拒绝续延劳动合同至服务期满的，应当向用人单位承担违约责任，但违约金不得超过服务期尚未履行部分所应分摊的培训费用。

（3）劳动合同期限比服务期期限长

这种情形比较容易处理，主要涉及的是，如果在服务期限内，劳动者依法解除劳动合同的，那么，劳动者应该就违反服务期的约定向用人单位承担违约责任。

本案中，劳动合同期限比服务期限短，3年劳动合同期限届满，李煜拒绝续延劳动合同至服务期满，故应当向用人单位承担违约责任，但违约金不得超过服务期尚未履行部分所应分摊的培训费用。

【案例12】

夏爽（化名）应聘到一家技术含量较高的工业公司工作，签订了为期3年的劳动合同。因行业特点，新进员工先要由一名老员工带其工作一年以上才能独立上岗。公司安排程师傅带夏爽，并每月向程师傅额外支付500元的补助。为此，公司与夏爽签订了一份服务期协议，约定夏爽必须为公司服务5年，否则支付违约金5000元。

【案例评析】

《劳动合同法》第二十二条规定：用人单位为劳动者提供专项培训费用，对其进行专业技术培训的，可以与该劳动者订立协议，约定服务期。专项培训，是指在员工的职业技能已经满足了本企业要求的情况下，为了进一步提高员工的素质、能力和职业技能，提高企业的竞争力，专门出资对特定的劳动者进行的以职业发展为目的的专业技术培训。

实践中，一些公司常常采取"师傅带徒弟"的培训方式，即由老员工带新员工的方式手把手地教员工，是一种业务培训，而不能认定为专业技术培训。此外，专项培训费用，是指用人单位一次性或者12个月内累计为1名劳动者支出超过本单位上年度平均工资30%的费用的经费。而一般公司对于带徒弟的老员工都是通过津贴或补助的形式给予激励的，无论津贴还是补助，走的都是公司的工资序列，因此不能认定为培训费用。

本案中，夏爽遇到的就是"师傅带徒弟"的培训方式，是一种业务培训，而非专业技术培训。所以，公司不可以要求夏爽签订服务期协议，也不能与其约定违约金。

【案例13】

1. 东北籍女孩张丹（化名），2009年大学毕业后应聘上海市某外商投资公司，经考核录用后，双方签订劳动合同，约定该公司为张丹办理本市人才引进的有关手续并承担相关费用；张丹应为公司服务3年，如有违约，张丹应当支付违约金2万元。不料半年后，张丹以专业不对口及对公司前景缺乏信心为由，向公司提出辞职。对此，公司明确表示不同意张丹在服务期内辞职，如果她坚持辞职，则要按约定支付违约金。

2. 某高校 2008 年 2 月通过人才引进方式调进张某，同时解决了其配偶工作和小孩上学问题。为解决张某的住房问题，学校资助张某购买市价为每平方米 5800 元，面积为 120 平方米的商品房。学校支付每平方米 4000 元，合计 48 万元，张某支付其余购房全部费用，商品房登记为张某作为产权所有权人的私人住房。学校支付相关购房费用后，要求与张某订立服务期协议，约定张某为学校工作的服务期为 10 年，如张某违约，则退出住房，按照单位为其支付购买住房补贴款的 3 倍即 144 万元作为违约金，同时赔偿学校其他一切损失，诸如外出开会、参加培训等各项费用。

请问：上述案例中公司和学校的要求是否合理？

【案例评析】

实践中，服务期的约定还包括用人单位对劳动者进行投入并促使劳动者获得利益，如为劳动者提供当地户籍指标，给劳动者解决当地户口，为劳动者提供独立的公寓或商品房，提供政策外住房补贴与购房补贴，为劳动者提供司机或配备专用车辆或是给付购车补贴，提供境内外旅游度假或者给劳动者提供到国外工作的机会，提供大额商业保险、股权安排等特殊利益或待遇以及解决其后顾之忧（比如家属调动、子女入学与就业等），目的是使劳动者为用人单位提供劳动。

《劳动合同法》对于该种约定情形并没有作出规定，其法律效力如何认定？

首先，《劳动合同法》作为《劳动法》的子法之一，是《劳动法》的下位法，按照下位法遵循上位法的原则，《劳动合同法》应遵循《劳动法》的立法精神。因此，《劳动合同法》虽没有规定，但劳动领域里的基本法《劳动法》有原则性规定，《劳动法》第一百零二条规定："劳动者违反本法规定的条件解除劳动合同或者违反劳动合同中约定的保密事项，对用人单位造成经济损失的，应当依法承担赔偿责任。"

在这里，招录费用应该理解为用人单位为招录特定劳动者而支付的数目不菲的经费(如安家费、科研启动资金、住房补贴等支出),也就是我们通常所说的为引进特殊人才,给予特定劳动者以特殊待遇或财物。那么,用人单位在招工过程中所支付的广告宣传、人员工资、差旅支出、管理成本等,则不属于招录费用,而是用人单位为招工需要而必须支付的成本,这些无论在什么情况下都不能由劳动者来承担。

其次,就立法角度而言,《劳动合同法》之所以将用人单位为劳动者提供专业技术培训规定为用人单位可以与劳动者约定服务期协议的前提,是因为用人单位对劳动者提供专业技术培训实际上提高了劳动者的劳动技能和水平,由此也就提高了劳动者的劳动力价值及其择业能力。因此,用人单位在这种情况下要求劳动者为自己服务满一定期限,以使自己能够在提高劳动者素质和技能的同时从中获取相应的收益,这应当说有一定的合理性与正当性。因为劳动合同本身就是用人单位在看中劳动者具有本企业内部分工和发展所需素质和技能的基础上而达成的特殊契约关系,劳动者的素质与技能构成了劳动者与用人单位进行协商谈判形成劳动关系的主要依据。这样,在用人单位为劳动者提供专业技术培训从而提高了劳动者的专业与职业技能的情况下,法律承认用人单位与劳动者约定服务期,从而享有要求劳动者在一定期限给付其技能与劳动为自己服务,从劳动者技能和水平的提高中获得收益这一权利的正当合理性。在用人单位为劳动者提供专业技术培训以提高劳动者技能的情况下,法律承认并允许其享有要求劳动者与之订立服务期协议的权利,这比较符合劳动合同订立的基本特征以及劳动关系的本质。

但如果用人单位不是为劳动者提供专业技术培训,而是为劳动者提供了其他物质利益和特殊待遇,这种情况下,法律能否承认其与劳动者约定服务期的合理性与正当性呢?换言之,在法律实践中,我们应当怎样认识用人单位在为劳动者提供特殊待遇或利益的前提下与劳动者约定服务期的法律效力呢?

与用人单位为劳动者提供专业技术培训从而提高了劳动者自身的劳动力价值与技能有所不同的是,用人单位为劳动者提供特殊待遇、特定经济利益或解决劳动者的后顾之忧,给予劳动者的完全是一种外在的经济利益，而不是内在地提高其劳动力价值与技能。尽管劳动者获得用人单位的专业技术培训从而提高了自身技能或劳动力价值，归根结底来说也是一种利益，但这种利益是一种具有人身属性的、内在的、潜在的、未来的利益，它可能表现为劳动者的一种竞争优势、择业从业能力和工作技能与水平等内在素质，也可能表现为劳动者未来获得个人晋级、提拔，以及今后获得与劳动者命运、理想等紧密联系的、不可预知的更大发展空间等特殊利益。这种利益是以劳动关系为基础的与劳动者人身不可分离的特定利益。而用人单位为劳动者提供特殊待遇、特定经济利益或解决劳动者的后顾之忧等则完全是一种经济利益，它具有外在性、与劳动者人身相分离、金额固定且可以计算等特性。这种利益的给付是一种附条件的民事之债和"等价交换"，劳动者在获得这种经济利益的同时，与用人单位之间形成了具有民事债务性质的法律关系。用人单位要求劳动者偿还的并不是纯粹在经济上可以计算的现实利益，而是要求劳动者承诺在一定期限内不自谋职业或另谋他就而为本单位服务，以此抵偿用人单位的利益付出。

在此，用人单位为劳动者付出特殊代价或利益，并不是简单地与劳动者之间形成民事债务的偿还关系，而是以付出经济利益的方式要求劳动者承诺在一定期限内放弃另行择业与自由流动行为，忠实地为本单位效劳以补偿用人单位为之付出的代价。

这样，我们在法律上就不得不追问：劳动立法能够承认用人单位以给予劳动者经济利益为前提或条件，要求劳动者与之订立服务期协议，从而限制劳动者择业自主权与自由流动权吗？从法理角度来讲，其中最大的争议似乎在于，如果劳动法承认用人单位给予劳动者经济上的利益就可以与劳动者约定服务期协议的话，这实质上承认了用人单位可以给付劳动者经济利益，与劳动者形成民事债权债务关系从而获得了劳动者给付劳动的义务。或者说，劳动者在承受用人单位民事债务的同时必须以给付劳动法上的劳动义务作为补偿。对此，也许有人要问，这种民事债务与劳动法的劳动义务可以对等交换吗？其逻辑在法律上能够成立吗？这种逻辑在劳动法上是能够成立的。因为劳动合同本身是资方与劳方之间所达成的资本与劳动力使用权的交换契约,资方以履行支付劳动者工资义务的方式,获得了劳动者的劳动力使用权;而劳方则在获得工资报酬收入权利的同时,必须要按照合同约定和资方及其代理人的指令履行给付劳动的义务。可见,劳动合同本身就是劳资双方所达成的以资方支付劳动者工资的方式获得劳动者劳动力使用权的契约。资方在履行支付劳动者工资义务的情况下,可以按照约定支配、使用和消费劳动者的劳动力,可以要求劳动者按照约定给付约定劳动。简而言之,劳动合同实质上就是资本与劳动力使用权相交换的民事契约。

基于对劳动契约本质的分析,我们认为,劳资双方以资方为劳动者提供特殊待遇或利益,要求劳动者承诺在一定期限不另谋他就履行特定期限的服务期协议,应当符合劳动法的立法要求,具有劳动法上的正当性基础。换言之,资方不仅可以在为劳动者提供培训的前提下要求劳动者与之订立服务期协议,而且可以在为劳动者提供一定经济利益的基础上要求劳动者与之订立该协议。只要劳动者接受了资方的利益或待遇,同时自愿地与资方订立服务期协议,法律都应当要承认其合法性与合理性。

当然,肯定资方在给予劳动者特殊利益或待遇的前提下可以要求劳动者与之订立服务期契约的合法性,并不代表法律对双方在服务期协议中约定的所有条款都具有法律效力。比如为了保证双方能够忠实地履行服务期协议,契约双方当事人通常要在服务期协议中约定违约责任条款,按照劳动法的立法思路,对于资方旨在限制劳动者择业自由、流动自由权和对劳动者的生存权利有着严重影响的违约金条款,一般是不予承认的,劳动法学界对此有着高度的共识。所以,《劳动合同法》只承认劳资双方在服务期协议、保守商业秘密与竞业限制约定等两种情况下承认资方与劳方约定违约金的合法性。对于资方在其他情形下约定违约金,尤其是为达到限制劳动者自由流动和重新择业之目的而与劳方约定违约金责任,一般不予承认。

《劳动合同法》之所以在立法价值取向上对资方与劳方约定违约金的做法持否定态度,是因为劳动关系具有显著的人身性,它是建立在信赖基础上的社会关系。但劳动关系中的人身性本身含有不平等因素，有着明显的人身隶属性，如果立法不加区别地用违约责任来维系双方关系，则该行为的正当性值得怀疑。问题在于，劳动关系又是兼具财产性质的社会关系，当事人双方建立这种关系，都有着各自所期待的利益，这种利益的实现有赖于当事人双方诚实地履行各自的义务，并且劳动关系的继续性特征使得劳动合同约定期限的完整履行也构成了当事人双方的一种利益。所以，如果从这个角度进行理解与考察，在劳动合同的履行中适当引入违约责任，对于保障当事人双方正当财产利益的实现，尤其是期待利益的实现，具有一定的积极意义，不应简单地予以否定。

在劳动合同的履行中，违约责任制度的设置毫无疑问不是授权用人单位可以运用金钱制裁或限制的方式变相地强迫劳动者不得解除合同。由于劳动者享有的人身自由权和择业自主权是宪法和法律所赋予的基本人权，而劳动法视野中劳动者所享有的劳动权，也表明劳动者既享有自主决定以让渡或给付劳动获取工资报酬的权利，也享有以其他方式获取生存的权利；既享有自由选择用人单位的权利，也享有辞职、离职或自谋职业等权利。所以，劳动法立法的基本指导思想即是按照尊重劳动者人身自由权和劳动自主权的原则要求，赋予劳动者在任何情形下都可以无条件限制地行使单方与用人单位解除劳动合同的权利。这就意味着，如果单纯在《劳动法》与《劳动合同法》的基本框架下，用人单位要求劳动者严格按照约定履行劳动合同期限的期待利益，尽管这有其合理性与正当性，但这种期待利益已经不再是一种受到法律保护的合法权益。部分地方立法中将违约责任的适用范围扩展到劳动合同期限领域，其合法性应当受到质疑。

用人单位在劳动合同期限内以限制劳动者解除劳动合同，要求劳动者按照约定履行劳动合同从而实现自己期待利益的做法，之所以在法律上的合法性受到质疑，主要原因在于劳动者享有随时或无条件解除劳动合同的权利，这是其所享有的法律上的人身自由权、行为自主权的表现。作为劳动者的基本人身权利，这种权利在法律上具有优越性。相对于劳动者享有的择业自由权、人身自由权而言，用人单位在付出相应代价后所希望获得的期待利益在法律性质上属于经济收益权，这种经济权利在法律上应当是次于劳动者所享有的人身权利。所以，劳动法在立法上对用人单位以经济收益权来限制劳动者的人身权的做法肯定是不予支持的，即用人单位不能以自己的经济利益期待权利来限制劳动者自由流动和自由解除劳动合同的权利。如果用人单位以自己的期待利益受到损害为由，要求劳动者严格履行劳动合同约定，在合同期限内不得解除劳动合同的，自然不应得到法律的支持。换言之，不论用人单位为劳动者付出了怎样的代价，都只能在经济补偿层面上要求劳动者承担法律责任，但不能强制性地要求劳动者严格按照劳动合同约定期限履行劳动合同，或要求劳动者在劳动合同约定期限内不得解除劳动合同。相反，由于解除劳动合同与劳动者的人身权利和自由权利紧密相关联，故劳动法对劳动者解除劳动合同采取了极为宽松的态度，允许劳动者在任何情况下均可无条件解除劳动合同。

但是，问题在于，服务期协议很显然已超出了劳动合同或劳动关系的特定框架，因为用人单位不仅为劳动者正常履行了劳动法律法规所规定以及劳动合同所约定的诸如给付工资、缴纳社会保险费等基本义务，而且超越劳动合同的约定及其应尽基本义务的范围，为劳动者履行或承诺履行了特定的义务，为劳动者提供特殊利益或待遇。这意味着用人单位实际上为劳动者付出了额外的代价，表明服务期协议约定的期限已非普通劳动合同所约定的期限，因为这一期限产生的前提是用人单位事先依照约定所作的单方付出，并且这种付出已经使劳动者一方额外地享有了一些劳动关系基本内容以外的利益，因此服务期所具有的内涵已经极大地超越了劳动关系的内涵，当事人双方间的关系已经不应被简单地视作单纯的劳动权利义务所构成的对价关系，而是在此基础上又叠加了一层对价关系，其中的财产性因素极大地增加了。在这一前提下，引入违约责任以保障服务期义务的完整履行，其正当性不应受到任何质疑，否则，劳动关系当事人之间的权利义务将处于反向失衡的状态，使少数不诚信的劳动者有机可乘，也会使用人单位不敢为提升人力资源素质作更多的投入。也就是说，用人单位与劳动者之间所达成的服务期协议及其所约定的期限是在特定前提下进行的，它与普通劳动合同的期限条款约定之间有着本质差别。劳动法应当要承认这种差别，确认双方在特定条件和前提下约定服务期协议期限的合法性与合理性。类似观点在法学界应当说已达成共识，比如对于用人单位在何种情形下可以与劳动者约定服务期协议的问题，有学者认为，如果用人单位只是为劳动者提供法定的一般劳动条件和待遇，而并未给予特殊待遇，不能对劳动者提出服务期要求，否则，如果允许用人单位强行要求所有劳动者一体承担违反服务期甚至劳动合同期限约定的加重违约赔偿责任，则属于限制劳动者合法的辞职权，这一行为因缺乏相应的对价支持，权利义务严重失衡，显失公平。因而，无论是在立法还是在司法实践中，对此一般不予认可。如果用人单位为劳动者提供了特殊待遇或利益，则其与劳动者所约定的服务期协议应得到法律的支持与肯定。也即，从法律角度看，用人单位在已履行法定义务和劳动合同约定义务的基础上，为特定劳动者所提供的相应特殊待遇，实际上是与劳动者形成了劳动合同之外的具有民事债权债务性质的特定权利义务关系。用人单位在此情况下与劳动者订立服务期协议，实质上属特定"双务合同"，即用人单位以先履行给予劳动者特定利益和特殊待遇的义务方式，要求劳动者为自己履行完一定期限的服务期劳动作为补偿。由于这种服务期约定既没违反劳动法，也没违反包括民事法律等在内的其他法律的强制性规定，因而其约定的合法性与正当性应得到法律的承认。

其一，服务期协议属于"等价交换"的约定，无论是协议的形式还是实现的手段，均没有违反法律和公序良俗，因而具有合法性。由于用人单位与劳动者订立服务期协议的前提，在于其已为劳动者履行或承诺履行了劳动合同以外的金钱、实物或其他利益与待遇的给付义务，这些付出对于用人单位而言，是其给予劳动者的超过劳动合同约定范围之外的额外支付，因而用人单位要求劳动者承诺为本单位工作满一定期限作为对其所付代价的补偿（或交换），在法律上具有一定的公平合理性。协议对劳动者所要求的为本单位工作满一定年限的规定，只是对劳动者提出的对单位所付代价的补偿方式，而并不是对劳动者择业权或自由流动权的无条件或无限期剥夺，这种民事约定应当说并不违反情理与法理。

其二，服务期协议约定具有双务合同特征，既没有违背双方当事人的意思自治，也符合当事人双方利益平衡的要求。劳动合同是劳资双方按照市场交易方式订立的具有身份隶属关系的契约，对于劳动者而言，尽管其作为单位员工有权向用人单位提出为其提供福利和相关利益的诉求，但除非双方另有约定，用人单位并无超出劳动合同约定之外给予某个劳动者特殊福利待遇和利益的义务。对于个别劳动者而言，因用人单位为其先履行或承诺履行相应义务或给予其特殊待遇将使其获得特定的额外利益，从法益平衡角度来讲，在这种情况下，用人单位要求劳动者与之订立服务期协议并没有违背劳动者的真实意思表示。因为对于劳动者而言，他完全可以选择放弃这种超乎劳动合同之外的利益而不订立服务期协议，也可以选择订立服务期协议而由此获得这种利益。但根据权利义务相平衡的原则，当该劳动者享受了超过劳动合同约定或超过其他劳动者所享受到的特殊待遇时，用人单位要求其为本单位尽一定期限的工作义务作为对单位付出的补偿，应当说符合公平原则。

从法律角度看，我们可以将服务期协议的约定看作劳资双方在劳动合同基础上对双方权利义务关系的特殊约定和交换：用人单位以给劳动者提供特殊待遇和特定利益的方式交换劳动者为本单位服务满一定年限的劳动，即用人单位以为劳动者先履行义务的方式要求劳动者为本单位履行相应的义务。尽管从成本收益的经济角度看，用人单位在给付劳动者工资、奖金和其他劳动报酬与福利的情况下，劳动者在约定的服务期内为用人单位提供的服务与工作并不一定能够真正完全补偿用人单位为其所作的付出，但这种服务期协议作为物质利益与劳动给付之间的交换，符合劳动合同订立与履行的一般特征。因为劳动合同本身即是资方以支付约定工资报酬的方式购买劳动者的劳动行为给付，而劳动者则在获得工资报酬的情况下，必须要按照劳动合同约定履行给付约定劳动的义务。

根据以上分析，案例解析如下：

1. 公司为东北籍女孩张丹办理本市人才引进的有关手续并承担相关费用，张丹在服务期内辞职，公司要求按约定支付违约金是合理的，只是支付的违约金应该按如下方式计算：违约金＝(公司招收录用其所支付的费用以及其他损失或赔偿费用)÷三年×剩下的服务年限。

2. 张某在用人单位先为其履行支付购房款义务的情况下与用人单位订立了服务期协议，该协议是双方在意思自治基础上依法订立的，因而合法有效。张某应当按照约定履行服务期协议，如果在服务期期限未到期的情况下提出辞职，就违反了服务期协议中约定的义务，因而要承担对用人单位的违约责任和损害赔偿责任。在确认劳动者承担服务期违约责任时，应以补偿用人单位的实际损失为原则。

当然，在处理劳动者违反服务期约定的违约行为时，应当要秉承劳动法所讲求的实质正义的基本理念，侧重考察劳动者违约时是否存在严重违反行业规则、职业道德、做人的基本道义和一般社会道德准则等情形，并以此作为判定劳动者承担违约赔偿责任大小的依据。常言道，"良禽择佳木而栖"，如果劳动者违约跳槽是出于发挥自己的专业特长，谋求自身更好的发展，或是由于不能忍受用人单位对待人才的政策、领导道德素质和业务水平的低下以及人际关系过于复杂等外部环境因素而不得不选择离开，则应适当考虑减轻劳动者承担的违约赔偿责任；而如果劳动者违约并不是出于专业技能的更好发挥，也没有其他上述客观因素的影响，纯粹是为了自己的个人利益尤其是经济利益，而完全不顾用人单位的利益，则该违约行为完全属于见利忘义、背信弃义的行为，因具有道德上的应受谴责性应使其承担相应的违约赔偿责任。

最后要说明的是，劳动者到底在哪些情况下解除劳动合同，违反服务期约定要支付违约金？

1. 服务期尚未届满，劳动者因以下五种情形被用人单位解雇，劳动者仍需支付违约金：(1)劳动者严重违反用人单位的规章制度的；(2)劳动者严重失职，营私舞弊，给用人单位造成重大损害的；(3)劳动者同时与其他用人单位建立劳动关系，对完成本单位的工作任务造成严重影响，或者经用人单位提出，拒不改正的；(4)劳动者以欺诈、胁迫的手段或者乘人之危，使用人单位在违背真实意思的情况下订立或者变更劳动合同的；(5)劳动者被依法追究刑事责任的。

2. 服务期尚未届满，由于用人单位存在以下违法行为，导致劳动者被迫提出解除劳动合同，劳动者不需支付违约金：(1)未按照劳动合同约定提供劳动保护或者劳动条件的；(2)未及时足额支付劳动报酬的；(3)未依法为劳动者缴纳社会保险费的；(4)用人单位的规章制度违反法律、法规的规定，损害劳动者权益的；(5)因《劳动合同法》第二十六条第一款规定的情形致使劳动合同无效的；(6)法律、行政法规规定劳动者可以解除劳动合同的其他情形；(7)用人单位以暴力、威胁或者非法限制人身自由的手段强迫劳动者劳动的，或者用人单位违章指挥、强令冒险作业危及劳动者人身安全的。

3. 服务期尚未届满，用人单位如果因劳动者不能胜任工作，经过培训或者调整工作岗位，仍不能胜任工作而解除劳动合同，或者因劳动者患病或者非因工负伤，在规定的医疗期满后不能从事原工作，也不能从事由用人单位另行安排的工作而解除劳动合同的，不能要求劳动者承担违约责任。

三、商业秘密及竞业禁止的约定

《劳动合同法》规定用人单位与劳动者可以在劳动合同中约定保守用人单位的商业秘密和与知识产权相关的事项。对负有保密义务的劳动者，用人单位可以在劳动合同或者保密协议中与劳动者约定竞业限制条款，并约定在解除或者终止劳动合同后，在竞业限制期限内按月给予劳动者经济补偿。劳动者违反竞业限制约定的，应当按照约定向用人单位支付违约金。

(一)商业秘密

1. 定义

《中华人民共和国反不正当竞争法》(以下简称《反不正当竞争法》)第十条第三款规定：商业秘密是指不为公众所知悉、能为权利人带来经济利益、具有实用性并经权利人采取保密措施的技术信息和经营信息。

2. 商业秘密的性质

商业秘密具有三个特性：

秘密性，即不为公众所知悉或公众不易得到，一般指不为本行业的人普遍知悉或本行业的人不易得到。在以下情况下信息丧失秘密性：(1)该信息已经在公开出版物或者其他媒体上公开披露；(2)该信息通过在国内的使用而公开；(3)该信息从其他公开渠道可以获得；(4)该信息为所涉信息范围内的人的一般常识或者行业惯例；(5)该信息无需付出一定的代价而容易获得。

价值性，指该商业秘密能为权利人带来利益，具有经济上的价值。

管理性，指商业秘密权利人为拥有的商业秘密采取的合理保密措施。保密措施是广义的，包括"硬件"，也包括"软件"。硬件保密措施是指物理性的防范措施，如隔离机器、加强防卫设施等；软件保密措施，如企业保密制度、保密合同、思想教育等。

3. 商业秘密类型

商业秘密包括技术信息和经营信息。

技术信息指专业技术、技术诀窍。它主要包括大家熟知的产品配方、制作工艺、制作方法、设计、绘图、建筑规划、蓝图和地图；应用于计算机程序的算法、流程图，以及程序本身；文件跟踪程序；制造或修理程序；研究开发的文件如会议纪要；实验结果、检验方法、图纸、改进的机器设备、工艺程序、产品等。

经营信息，主要是指技术秘密以外的能够构成商业秘密的其他信息，包括企业战略、企业规划、开展业务的方法、营销规划、客户情报、客户名单、货源情报、产销策略、招投标中的标底及标书内容等，以及财务信息、人事档案、教学方法、研究和开发活动的信息，以及其他与竞争和效益相关的商业信息，如采购计划、供货渠道、重要的管理方法、管理诀窍等。

总之，商业秘密是对其所有者具有实际或潜在价值的、通常不为公众所知的或公众不易得到的技术信息和经营信息，并且其所有者已作出合理努力来保守秘密。商业秘密的开发通常是要花费代价的,因此,它不是本行业的普通知识,甚至可能是负面信息,比如经开发并被认为没有价值的研究方向,也可以成为商业秘密。实际上,如果满足要求,任何类型的技术和商业信息均可作为商业秘密来保护。

(二)竞业禁止

所谓竞业禁止,是指为保护用人单位的商业秘密,避免其被侵犯,依法律规定或双方协议约定,员工在劳动关系存续期间或劳动关系结束后的一定时期内,不得到生产同类产品或经营同类业务且具有竞争关系或其他利害关系的其他用人单位兼职或任职,也不得自己生产与原单位有竞争关系的同类产品或经营同类业务。

【案例14】

王辉(化名)是某旅游公司的一名导游,公司与员工签订劳动合同的同时,还签订了一份保密及竞业限制协议。协议约定员工在劳动关系终结后2年内不得在同行业任职。竞业限制期内,公司按照上年度本市职工平均工资标准向员工支付补偿费,如员工违约,须向公司支付相当于上年度职工年平均工资的违约金。

【案例评析】

在市场竞争激烈的今天,商业秘密是企业的"制胜法宝"。因此,许多企业通过签订保密协议约定竞业限制来维持竞争优势。然而,员工跳槽、猎头挖人等现象引发的保密和竞业限制纠纷案件不断上演,所以,为了维护市场经济的秩序,保护当事人的合法利益,相关法律对此作出了规定。在劳动领域,《劳动合同法》第二十三条规定,用人单位与劳动者可以在劳动合同中约定保守用人单位的商业秘密和与知识产权相关的事项。对负有保密义务的劳动者,用人单位可以在劳动合同或者保密协议中与劳动者约定竞业限制条款,并约定在解除或者终止劳动合同后,在竞业限制期限内按月给予劳动者经济补偿。劳动者违反竞业限制约定的,应当按照约定向用人单位支付违约金。

那么,是不是所有员工都是竞业限制的人员呢?《劳动合同法》第二十四条第一款规定:竞业限制的人员限于用人单位的高级管理人员、高级技术人员和其他知悉用人单位商业秘密的人员。

可见,可以约定竞业限制义务的员工只有三类:高级管理人员、高级技术人员和其他知悉用人单位商业秘密的人员。《公司法》规定,高级管理人员是指公司的董事、监事、经理、副经理、财务负责人、上市公司董事会秘书和公司章程规定的其他人员。关于高级技术人员和其他知悉用人单位商业秘密的人员,目前还没有相关法律予以明确规定。但实践中,知悉本单位商业秘密或者其他对本单位经营有重大影响的信息的劳动者都列入竞业限制范围。

案例中,王辉作为旅游公司的一名导游,其接触的旅游路线的开发战略、客户情况等可以视为企业竞争力的表现形式,是企业竞争具有优势的商业信息、经营信息和技术信息,具有实用性和经济性,并且公司为了确保经营信息不为竞争对手所知晓和利用,公司与员工在协商的基础上签订了保密和竞业禁止限制协议。在司法实践中,竞业限制的人员不是以劳动者的头衔、职务、学历等为依据,而是根据其工作内容、工作性质等进行综合判断,比如公司的出纳、保安人员,虽然职位不高,但也可能由于其岗位的特殊性而接触到公司的商业秘密或其他保密信息。所以,不论什么工种,只要可能接触到公司的商业秘密或其他保密信息,就可以成为竞业禁止的限制人员。

竞业禁止的目的是保护用人单位的商业秘密,劳动者违反竞业限制约定的,应当按照约定向用人单位支付违约金,给用人单位造成损失的,还要依法支付损害赔偿金。但由于竞业限制的劳动者负有不得披露和使用商业秘密的义务,显然要比一般劳动者承担更多的忠诚义务。从深层次来讲,竞业禁止协议限制的是员工的劳动权,而劳动权属于宪法保障的公民基本权利之一,因此,竞业禁止协议的合法有效关键在于是否有损员工的基本生活利益。作为竞业禁止协议生效的一个基本条件,企业必须对员工的竞业禁止行为作出经济补偿,竞业禁止协议中必须同时写明补偿金的数额和发放办法，并且竞业限制经济补偿金不能包含在工资中。用人单位未按照约定在劳动合同履行、终止或者解除时向劳动者支付竞业限制经济补偿的，竞业限制协议无效。

对于竞业禁止的补偿金数额，法律上也没有一个明确和权威的规定，按照深圳和珠海的相关规定，补偿金的数额须不少于该员工年收入的2/3或1/2，如果补偿金支付的数额较少，法院通常也会判决该竞业禁止协议无效。

案例14中，竞业禁止协议约定劳动关系终结后，员工在2年内不得在同行业任职，也即竞业限制期内，公司按照上年度本市职工平均工资标准向员工支付补偿金。

【案例15】

姜某系某化工公司工程师，与公司签订有无固定期劳动合同。工作中，姜某参与了公司的一项新工艺流程设计，经公司与姜某协商一致，双方签署了保密与竞业禁止协议。协议约定：姜某在工作期限内应对公司的技术秘密予以保密，公司同意按月支付姜某一定数额的津贴；姜某如要解除合同离开公司，在离开后3年内不得前往与公司有竞争关系的单位工作；如违约，须偿还公司支付的津贴并承担因此给公司造成的损失。

数月后，姜某因个人原因申请辞职，公司要求姜某按照协议在3年内不得到有竞争关系的单位工作。姜某认为这份协议过于苛刻，对其今后就业极为不利，于是要求公司取消有关"离开公司后3年内不得前往与公司有竞争关系的单位工作"的协议规定。公司认为，协议经双方协商同意并已签字，履行保密义务是员工的职责，因此拒绝了姜某的要求。姜某不服，双方发生劳动争议。

请问：公司的行为是否合理？

【案例评析】

商业秘密是指不为公众所知悉、能为权利人带来经济利益、具有实用性并经权利人采取保密措施的技术信息和经营信息。新工艺流程设计属于技术信息,具有实用性和经济性,并且公司为了确保该信息不为竞争对手所知晓和利用,专门与姜某在协商的基础上签订了保密和竞业禁止限制协议。因此,姜某应该遵守协议的规定。当然,约定竞业限制必须是保护合法权益所必需。自由竞争和贸易自由是市场经济的基本原则,竞业限制本身是对自由竞争的一种限制。因此,竞业限制的实施必须以正当利益的存在为前提,必须是保护合法权益所必需。限制性条款保护的信息应当是商业秘密或者同客户特殊信息有关;限制性条款应当是在合理时间和地域内保护雇主的财产利益所必需;限制性条款不应当违背公共利益。用人单位最好在劳动合同中明确约定哪些信息属于商业秘密,但是无论是明确的竞业禁止条款还是默示的忠诚义务,都不能被用来限制劳动者的劳动自由。

《劳动合同法》第二十四条规定:竞业限制的范围、地域、期限由用人单位与劳动者约定,竞业限制的约定不得违反法律、法规的规定。由于竞业限制限制了劳动者的劳动权利,竞业限制一旦生效,劳动者要么改行,要么赋闲在家,因此不能任意扩大竞业限制的范围。原则上,竞业限制的范围、地域,应当以能够与用人单位形成实际竞争关系的地域为限。

在解除或者终止劳动合同后,受竞业限制约束的劳动者到与本单位生产或者经营同类产品、业务的有竞争关系的其他用人单位,或者自己开业生产或者经营与本单位有竞争关系的同类产品、业务的期限不得超过二年。案例中要求三年,明显超过了法律的期限,所以不合理。

【知识拓展】

竞业禁止所要限制的行为与不正当竞争行为的比较

竞业禁止所要限制的行为,从广义上说是一种不正当竞争行为,但这种不正当的竞争行为与《反不正当竞争法》中所指的不正当竞争又有所不同。

首先，竞业禁止行为本身并非违法行为，而只是由负有特定义务即竞业禁止义务的主体实施该行为才构成违法。如公司经理从事营业活动本身并不违法，只是由于其特殊的职位而不应该从事与其所在公司相同或者类似的经营活动，否则即构成竞业行为。而《反不正当竞争法》中的不正当竞争行为，其本身就是一种违法行为，而不论是谁实施这种行为。

其次，竞业禁止一般只关系到特定民事主体之间的利益关系，如公司（企业）与雇员之间，或者合同当事人双方之间的利益；而《反不正当竞争法》中的不正当竞争行为固然一方面不正当地损害了一部分民事主体之间的利益，另一方面，而且更重要的原因是其破坏了公平竞争的市场秩序。所以准确地说，竞业禁止所要禁止的行为是介于公平竞争行为和不正当竞争行为之间的一种市场行为。

【知识拓展】

《中华人民共和国刑法修正案（九）》有关规定

为防止犯罪分子再次利用其职业和职务之便进行犯罪，《中华人民共和国刑法修正案（九）》（以下简称《刑法修正案（九）》）在《中华人民共和国刑法》（以下简称《刑法》）第三十七条之后增加了一条"从业禁止"，作为第三十七条之一，即"因利用职业便利实施犯罪，或者实施违背职业要求的特定义务的犯罪被判处刑罚的，人民法院可以根据犯罪情况和预防再犯罪的需要，禁止其自刑罚执行完毕之日或者假释之日起从事相关职业，期限为三年至五年。被禁止从事相关职业的人违反人民法院依照前款规定作出的决定的，由公安机关依法给予处罚；情节严重的，依照本法第三百一十三条的规定定罪处罚。其他法律、行政法规对其从事相关职业另有禁止或者限制性规定的，从其规定"。

"从业禁止"在本质上是法院为了预防犯罪、保障社会公众安全和维护社会公众利益而根据被告人的犯罪情况，对其所采取的一项预防性的非刑罚处分措施，是刑法对法律后果的完善。据此，也有学者明确地指出它就是保安处分措施。所谓保安处分指的就是着眼于行为人所具有的危险性格，为了保持社会治安，同时以改善行为人为目的，而实施的一种国家处分。例如，《澳门刑法典》就规定了"业务禁止"的保安处分，即"行为人在严重滥用所从事的职业、商业或工业下，或在明显违反其所从事的职业、商业或工业之固有义务下犯罪而被判刑，又或就该犯罪仅因不具可归责性而被宣告无罪，而按照行为人所实施之行为及其人格有迹象表明其可能将要作出其他同类危害社会之行为时，须禁止其从事有关业务"。

（三）竞业禁止的种类

根据不同的标准，竞业禁止可分为以下几个类别：

1. 法定竞业禁止和约定竞业禁止。法定竞业禁止由法律明文规定；约定竞业禁止由当事人通过合同约定。这是竞业禁止的基本分类。从目前法律实践看，中国即采用此种分类方法。

2. 同业竞业禁止与兼业竞业禁止。前者是禁止义务人直接从事与权利人营业相同或相近似的工作的竞业行为；后者是禁止义务人兼任其他与权利人营业相近似的工作的竞业行为。竞业禁止义务人兼任其他与权利人权利相关企业的无限责任股东或合伙事业的合伙人，也会影响原企业的利益。

3. 广义的竞业禁止与狭义的竞业禁止。广义的竞业禁止的义务主体是不特定的多数人，如禁止非权利人之外的人员使用的商标专用权、专利权等（因这一专用权本身已由法律强制规范，不属于竞业禁止的范围）；而狭义的竞业禁止是对与权利人有特殊关系的义务相对人的竞业行为予以限制。

4. 雇主与雇员之间的竞业禁止和一般民事合同当事人之间的竞业禁止。雇主和雇员的竞业禁止关系通常建立在已有的劳动关系上，雇主为保护自己的商业利益或其他秘密，或根据法律或与雇员签订协议，要求雇员遵守法定或约定的竞业禁止义务。一般民事合同的竞业禁止义务主要由合同当事人设定，它更多体现的是合同自由原则，由合同当事人通过约定，限制合同义务方不得从事与权利方相竞业的活动，以保护权利方的利益。

（四）竞业禁止协议范本

范本一

竞业禁止协议

甲方（用人单位）：

乙方（劳动者）：

乙方已同甲方签订劳动合同，且为甲方员工，因工作需要，接触到甲方的商业秘密，为保护甲方的商业秘密及其合法权益，确保乙方在职期间和离职后不与甲方竞业，甲、乙双方根据《中华人民共和国劳动合同法》等法律法规，在遵循平等自愿、协商一致、诚实信用的原则下，就乙方对甲方承担的竞业限制义务及甲方因乙方承担竞业限制义务而对乙方的补偿等相关事项达成如下协议：

一、未经甲方同意，乙方在任职期间不得从事以下行为：

1. 自己开业生产或经营与甲方生产或经营产品同类的产品；

2. 自营与甲方同类的业务；

3. 为他人经营与甲方生产或经营的产品同类的产品；

4. 为他人经营与甲方同类的业务。

二、乙方离职后的竞业禁止义务

1. 不论因何种原因从甲方离职，乙方应立即向甲方移交所有自己掌握的包含职务开发中商业秘密的所有文件、记录、信息、资料、器具、数据、笔记、报告、计划、目录、来往信函、说明、图样、蓝图及纲要（包括但不限于上述内容之任何形式之复制品），并办妥有关手续，所有记录均为甲方绝对的财产，乙方将保证有关信息不外泄，不得以任何形式留存甲方有关商业秘密信息，也不能得以任何方式再现、复制或传递给任何人,更不得利用前述信息谋取利益。

2. 不论因何种原因从甲方离职,离职后 2 年内不得在与甲方从事的行业相同或相近的企业,及与甲方有竞争关系的企业内工作。

3. 不论因何种原因从甲方离职,离职后 2 年内不得自办与甲方有竞争关系的企业或者从事与甲方商业秘密有关产品的生产。

4. 在从甲方离职后 2 年内,不能直接或间接通过任何手段为自己、他人或任何实体的利益或与他人或实体联合,以拉拢、引诱、招用或鼓动之手段使甲方其他成员离职或挖走甲方其他成员。

5. 从乙方离职后开始计算竞业禁止期时起,甲方应按竞业禁止期限向乙方支付一定数额的竞业禁止补偿费。补偿费的标准为离职前月度平均工资的 80%。补偿费从离职次月开始按月支付,由甲方于每月的 25 日通过银行支付给乙方。如乙方拒绝领取,甲方可以将补偿费向有关方面提存。

6. 竞业禁止期满,甲方即停止补偿费的支付。

7. 乙方应于每月 20 日前告知甲方其现在的住所地址、联系方法及工作情况,甲方可以随时去乙方的住所处核实情况(包括查看乙方的住所地的房屋租赁合同或房产证和向乙方邻居了解乙方的工作情况),乙方应当积极予以配合。

三、违约责任

1. 乙方不履行规定义务的,应当承担违约责任,违约金需一次性向甲方支付,违约金额为乙方离开甲方上年度的薪酬总额的 3 倍。同时,乙方的违约行为给甲方造成损失的,乙方应当赔偿甲方的损失,并且乙方所获得的收益应当全部归还甲方。

2. 甲方不履行规定义务的,应当依照法律规定承担违约责任。

四、争议解决

因履行本协议发生的劳动争议,双方应以协商为主,如果无法协商解决,争议一方或双方有权向甲方所在地的劳动争议仲裁委员会申请仲裁。

五、其他

1. 本协议提及的技术秘密，包括但不限于技术方案、工程设计、产品设计、制造方法、产品材料构成、工艺流程、技术指标、计算机软件、数据库、研究开发记录、技术报告、检测报告、实验数据、试验结果、图纸、样品、样机、模型、模具、操作手册、技术文档、相关的函电等。

2. 本协议提及的商业秘密，包括但不限于客户名单、行销计划、采购资料、定价政策、财务资料、进货渠道等。

3. 本协议未尽事宜，或与今后国家有关规定相悖的，按有关规定执行。

4. 本协议及甲乙双方所签订的《保密协议》作为劳动合同附件，经甲乙双方签字盖章后，具有同等法律效力。

5. 本协议一式两份，甲乙双方各持一份，具有同等法律效力。

甲方： 乙方(员工)(签字)：
法定代表人： 职务：
住址： 身份证号：
电话： 电话：

范本二

竞业禁止协议

总部：＿＿＿＿＿＿＿＿＿＿＿＿

甲方：＿＿＿＿＿＿＿＿＿＿＿＿(总部/分部/加盟店)

乙方：＿＿＿＿＿＿＿＿＿＿＿＿(分部/加盟商/加盟店/员工)

上列双方当事人为了满足特许经营的要求，根据特许经营系统总部(＿＿＿＿＿＿)的规定，经协商一致，签订以下竞业禁止协议：

第一条 竞业禁止

本协议所称竞业禁止,是指乙方在《特许经营合同》(或《劳动合同》,以下简称合同)规定的期限内,不得从事与特许系统相竞争的业务,包括以下列任何一种方式参与竞争的行为:

(一)以投资、参股、合作、承包、租赁、委托经营或其他任何方式参与有关业务;

(二)直接或间接受聘于其他公司或组织参与有关业务;

(三)直接或间接地从与总部相竞争的企业获取经济利益。

第二条 禁止期限

竞业禁止的期限包括合同履行期间及合同终止后_____年内。合同终止时间按照以下规定予以确认:

(一)双方协商终止合同的,以协商确定的时间为准;

(二)因乙方违约而终止合同的,以仲裁裁决的时间为准,但同时裁决履行债务及其他义务的,从履行完毕之日起计算;

(三)因乙方违约终止合同,但未经仲裁裁决的,自乙方按照合同规定向甲方及_____清偿债务(货款、违约金等)并履行其他全部义务之日起计算,否则应自合同终止之日起满两年。

第三条 禁止行业

本协议所指与特许经营系统相竞争的业务,应理解为与总部相同和相似的经营领域,包括以下行业:

(一)_____行业,包括_____;

(二)_____行业,包括_____;

(三)_____行业,包括_____。

第四条 禁止地域

乙方承担竞业禁止义务的地域范围,包括乙方参与本协议规定的竞业禁止行为时,总部特许经营系统实际开展经营活动以及已经签署《特许经营合同》正在筹备经营的省(市、自治区、特别行政区)。

第五条 除外情形

鉴于乙方长期从事_____,乙方在合同终止后,可以在____

行业、____地域范围内继续从事原来的业务，但不得开展特许经营及_____。

第六条 补偿

在合同终止后，乙方履行竞业禁止义务期间，甲方(不)给予乙方补偿，补偿标准为____；但因乙方违约而终止合同的，乙方在承担竞业禁止义务的同时，无权要求补偿。经总部同意，可以放弃要求乙方承担竞业禁止义务的权利，不再给予乙方补偿。

在乙方履行竞业禁止义务期间，甲方终止特许经营合同的，由_____承担补偿义务。

第七条 支付

给予乙方的补偿，应当按月(季)支付，乙方应当按照甲方指定的时间到甲方财务部门领取补偿。甲方不按时支付的，乙方应当向总部申诉，总部应当在_____个月内予以解决；超过期限仍未解决的，乙方不再承担竞业禁止义务，否则，不得免除乙方承担的竞业禁止义务。

第八条 总部保留权利

乙方依照本协议承担的竞业禁止义务及其他义务，均视为总部享有相应的权利。在甲方终止与总部的特许经营合同关系后，以及总部认为有必要时，可以直接依据本协议向乙方主张权利。

当甲方为分部或加盟店时，总部有权对乙方违反本协议规定的违约行为，直接行使赔偿请求权，除非乙方已经按照本协议的规定全部履行了赔偿义务。

未经总部同意，甲方不得放弃对乙方的赔偿请求权，否则，其行为无效，总部有权依照本协议主张甲方放弃的全部或部分权利。

第九条 监督

甲方有权对乙方承担竞业禁止义务的情况进行监督与检查，乙方应当履行下列义务，配合甲方的监督与检查：

(一)每季(年)提供一份其人事档案存档机关出具的证明其劳动关系的证明文件；

(二)每季(年)提供一份证明其任职单位为其交纳养老保险的证明文件；

(三)_____

义务人未能按时提供上述证明文件或履行其他义务的，甲方有权停止给予乙方补偿，且不免除乙方的竞业禁止义务。

第十条 违约责任

乙方违反本协议规定的竞业禁止义务，其所得收入归甲方所有，并应赔偿损失。赔偿损失的数额，为乙方所参与的业务在违约期间所获得的利益，或者甲方及特许经营系统在违约期间所受到的损失，包括为制止、调查违约行为所支付的合理开支。

前款所称在违约期间所得利益，或者在违约期间所受损失难以确定的，根据违约行为的情节给予_____万元以上_____万元以下的赔偿。

乙方违反竞业禁止义务的，甲方有权要求其承担违约责任，并停止给予乙方补偿。乙方在承担违约责任后，仍应继续履行竞业禁止义务，且无权要求甲方继续给予补偿。

第十一条 协议文本

本协议使用总部统一制定的文本，不得擅自更改；擅自更改的，其内容无效，仍应按原协议文本的内容执行。

本协议一式_____份，由甲方、乙方及_____各存一份，具有同等法律效力。

甲方(签章)：_____　　　乙方(签章)：_____
法定代表人：_____　　　法定代表人：_____
　　____年__月__日　　　　　　　____年__月__日

☞ **学习思考**

1. 劳动合同的必备条款有哪些？
2. 什么是劳动合同的可备条款？怎样理解？

3. 试用期有哪些规定？
4. 什么是服务期？
5. 怎样理解竞业禁止？

第五章
劳动合同的成立和生效

劳动合同的成立以劳动者和用人单位之间的真实意思表示为基础，同时，劳动合同的成立还需要具备法定条件，履行法定程序。劳动合同的生效要件必须符合《劳动合同法》的规定，劳动合同的成立和生效产生不同的法律后果。我国《劳动合同法》规定了劳动合同无效的几种情形，为我们判断劳动合同的效力提供了标准。

第一节 劳动合同的成立

一、劳动合同的成立条件

《劳动合同法》规定，劳动合同的成立需要以下条件：用人单位和劳动者双方依法平等自愿、协商一致，诚实信用、明确无误地表达其真实意思。

劳动合同的成立条件包括：

(一)订约主体与合同主体相同

一般来说,订约主体与合同主体是不同的,合同主体是合同关系的当事人,是实际享受合同权利并承担合同义务的人;订约主体是指实际订立合同的人,他们既可以是未来的合同当事人,也可以是合同当事人的代理人。

由于劳动合同的特殊性,劳动关系是特定的劳动者和用人单位之间的社会关系,订约主体与合同主体相同,只能是合同关系的当事人,是实际享受劳动合同权利,并承担义务的劳动者和用人单位。

(二)双方当事人订立劳动合同必须依法进行

依法签订劳动合同,是指订立劳动合同要符合法律、行政法规的要求。由于劳动合同约定的是当事人双方之间的权利和义务关系,而权利和义务是依照法律规定所享有和承担的,所以订立劳动合同必须符合法律、行政法规的规定。如果当事人订立的劳动合同违反了法律、行政法规的要求,法律就不予承认和保护。这样,当事人达成协议的目的就不能实现,订立劳动合同也就失去了意义。

(三)当事人就劳动合同的条款协商一致

协商一致,就是指经过谈判、讨价还价后达成相同的、没有分歧的看法。劳动合同必须是经过双方当事人就劳动合同期限、工作内容、劳动保护和劳动条件、劳动报酬、劳动纪律、劳动合同终止的条件、违反劳动合同的责任等内容协商一致订立的。

(四)劳动合同的成立须经过要约和承诺阶段

按照合同的一般原理,合同订立的程序有要约和承诺两个阶段。

【知识拓展】

要约和承诺

一、要约

按《合同法》第十三条的规定,要约也称为"发价""发盘",是指要约人希望和他人订立合同的意思表示。发出要约的人被称为"要约人",接受要约的人被称为"受要约人"。要约的构成要件主要有:(1)内容具体确定;(2)表明经受要约人承诺,要约人即受该意思表示约束。

二、承诺

承诺也称"接受"或"收盘",是指受要约人按照所指定的方式,对要约的内容表示同意的一种意思表示。承诺必须具备以下条件:(1)承诺必须由受要约人作出。要约和承诺是一种相对人的行为,因此,承诺必须由被要约人作出。被要约人以外的任何第三者即使知道要约的内容并对此作出同意的意思表示,也不能认为是承诺。被要约人,通常指的是受要约人本人,但也包括其授权的代理人。无论是前者还是后者,其承诺都具有同等效力。(2)承诺必须是在有效时间内作出。所谓有效时间,是指要约约定有答复期限的,规定的期限内即为有效时间;要约并无答复期限的,通常认为合理的时间(如信件、电报往来及受要约人考虑问题所需要的时间)即为有效时间。(3)承诺必须与要约的内容完全一致。即承诺必须是无条件地接受要约的所有条件。据此,凡是第三者对要约人所作的"承诺",凡是超过规定时间的"承诺"(有的也称"迟到的承诺"),凡是内容与要约不相一致的"承诺",都不是有效的承诺,而是一项新的要约或反要约,必须经原要约人承诺后,合同才能成立。

三、合同成立

要约和承诺是合同成立的基本规则,也是合同成立必须经过的两个阶段。如果合同没有经过承诺,而只是停留在要约阶段,则合同未成立。合同是从合同当事人之间交涉的开始,由合同要约和对此承诺达成一致而成立。

1. 合同成立的地点和时间常常是密切联系在一起的

根据《合同法》第三十四条的规定,"承诺生效的地点为合同成立的地点",但也要根据合同为不要式合同或要式合同而有所区别。不要式合同应以承诺发生效力的地点为合同成立地点,而要式合同则应以完成法定或约定形式的地点为合同成立地点。

根据我国《合同法》，当事人采用合同书形式订立合同的，双方当事人签字或者盖章的地点为合同成立的地点（《合同法》第三十五条）。而采用数据电文形式订立合同的，收件人的主营业地为合同成立的地点；没有主营业地的，其经常居住地为合同成立的地点。当事人另有约定的，按照其约定。

2. 合同成立的时间是由承诺实际生效的时间所决定的

承诺在何时生效，当事人就应当在何时受合同关系的约束，享受合同上的权利和承担合同上的义务，因此承诺生效时间在《合同法》中具有极为重要的意义。

承诺生效的时间以承诺到达要约人的时间为准，即承诺何时到达要约人，则承诺便在何时生效。然而，在确定承诺生效时间时，有以下几点情况值得注意：

（1）受要约人在承诺期限内发出了承诺，但因其他原因导致承诺到达迟延。根据《合同法》第二十九条，"受要约人在承诺期限内发出承诺，按照通常情形能够及时到达要约人，但因其他原因承诺到达要约人时超过承诺期限的，除要约人及时通知受要约人因承诺超过期限不接受该承诺的以外，该承诺有效"，这就是说，受要约人在承诺期限内发出了承诺，但由于其他原因（如由于邮政等传递信件迟延）而导致承诺不能在规定的期限内到达要约人，在此情况下，如果要约人没有及时通知受要约人因承诺超过期限而不接受该承诺，则承诺应视为有效，承诺生效时间按承诺通知实际到达要约人的时间确定。如何确定承诺是在要约规定的期限内发出的呢？这就要根据要约的方式来确定承诺发出的时间。如果要约是以信件或者电报的形成发出的，承诺期限自信件载明的日期或者电报交发之日开始计算，信件未载明日期的，自投寄该信件的邮戳日期开始计算；要约以电话、传真等快速通信方式作出的，承诺期限自要约到达受要约人时开始计算。（参见《合同法》第二十四条）

（2）采用数据电文形式订立合同的，如果要约人指定了特定系统接收数据电文的，则受要约人的承诺的数据电文进入该特定系统的时间，视为到达时间；未指定特定系统的，该数据电文进入要约人的任何系统的首次时间，视为到达时间。

（3）以直接对话方式作出承诺，应以收到承诺通知的时间为承诺生效时间，如果承诺不需要通知的，则受要约人可根据交易习惯或者要约的要求，以行为的方式作出承诺，一旦实施承诺的行为，则应视为承诺的生效时间。如果合同必须以书面形式订立，则应以双方在合同书上签字或盖章的时间为承诺生效时间；如果合同必须经批准或登记才能成立，则应以批准或登记的时间为承诺生效的时间。

（4）需要签订确认书的情形。通常情况下，承诺到达要约人时合同即告成立，但有时，当事人在磋商中会提出以一方或双方签订最终的确认书才能正式成立合同。《合同法》第三十三条规定："当事人采用信件、数据电文等形式订立合同的，可以在合同成立之前要求签订确认书。签订确认书时合同成立。"确认书实际是与承诺联系在一起的，双方达成协议以后，一方要求以其最后的确认书为准，这样，他所发出的确认书实际上是其对要约所作出的最终承诺。可见，确认书是承诺的重要组成部分，是判断是否作出承诺的要素。如果一方通过信件、数据电文等方式订约时，提出要以最后的确认书为准，那么，在其未发出确认书以前，双方达成的协议不过是一个初步协议，对双方并无真正的约束力，因而，在正式承诺以前的任何阶段，订约当事人均可提出要求签订确认书，而不受初步协议的约束。当然，双方在达成初步协议以后，一方违反已达成的初步协议，不签订确认书，是有过错的，如果因其过错使订约的另一方遭受信赖利益的损害，则有过错的一方应负缔约过失责任。至于承诺人在作出承诺以后又提出签订确认书的行为，实际上是要推翻或否认已经成立的合同，因此构成违约。

二、劳动合同的成立阶段

劳动合同虽然是一种合同,但其与一般的合同有所不同。劳动合同的被要约方在开始时是不确定的,需要首先确定被要约方,即确定与用人单位签订劳动合同的劳动者之后才能完成要约与承诺的全过程。劳动合同的成立可以概括为以下两个阶段:

(一)由用人单位提出要约邀请,寻找并确定劳动者

1. 公布招工简章或就业规则

从法律角度讲,招工简章或就业规则具有邀约的法律效力。招工简章公布的内容包括两个方面:一是招工条件;二是录用后的权利义务。涉及招工的工种或岗位、招收的名额、招收对象及条件、招工地区或范围、录用后的工资、福利待遇、劳动保护条件和应遵守的单位规章制度等。

2. 自愿报名

劳动者根据招工条件,结合自身的志愿爱好,自愿报名。根据我国劳动法规的规定,单位招收职工,必须招收年满16周岁的劳动者,特殊行业招收未满16周岁未成年人时需要经过特殊审批。符合条件的劳动者自愿报名应招是对公布内容的一种认可,表明愿意在此基础上与用人单位协商订立劳动合同。

3. 全面考核

用人单位对报名的应招人员可以进行德、智、体全面考核。具体考核内容可以根据生产或工作的性质和需要有所侧重。例如,招收学徒工人,可以侧重文化考核;招收技术工人,可以侧重该工种的技能考核;招收繁重体力劳动者,可以侧重身体素质的考核。招收初级技术工人,考核标准可以稍低;招收高级技术工人,考核标准可以稍高。

4. 择优录用

用人单位对应招人员进行全面考核后,应严格按照公正、公平的原则进行评判,不得徇私舞弊。对考核结果必须公开张榜,公布择优录用人员,接受群众监督。

(二) 签订劳动合同

经过上述四个步骤，用人单位就能够确定受要约人，即愿意接受用人单位条件并与该单位协商订立劳动合同的劳动者。受要约人确定后，即由用人单位提出劳动合同的草案，劳动者如果完全同意，即视为承诺，劳动合同即告成立。如果劳动者对劳动合同草案提出修改意见或要求增加新的内容，应视为对要约的拒绝。双方继续经过新的要约——再要约，反复协商，直至最终达成一致的协议。

第二节　劳动合同的生效

一、劳动合同生效的概念

(一) 劳动合同的生效

劳动合同的生效，是指劳动合同具有法律效力的起始时间。《劳动合同法》第十六条规定：劳动合同由用人单位与劳动者协商一致，并经用人单位与劳动者在劳动合同文本上签字或者盖章生效。

(二) 劳动合同文本应当由用人单位和劳动者各执一份

劳动合同是劳动者与用人单位之间建立劳动关系的法律依据，是双方当事人明确各自权利与义务的基本形式，也是劳动者维护自身合法权益最直接的证据。如果劳动者手中没有这个有力的证明，一旦与用人单位发生劳动争议，劳动者就会处于举证不利的境地，其合法权益极易遭受侵害，因此，劳动合同文本应当由用人单位和劳动者各执一份。

二、劳动合同的生效要件

(一) 劳动合同主体具有相应的缔约能力

缔约能力是指劳动合同的当事人具有相应的意思表示能力和为自己行为承担责任的能力。劳动合同的当事人特定为用人单位和劳动者。劳动者作为自然人，必须具备自然人的权利能力和行为能力；用人单位作为非自然人组织也必须具有缔约劳动合同的能力。

1. 劳动者的缔约能力

自然人要成为劳动合同的缔约主体，除了具备一般民事合同主体的缔约能力之外，还必须具有劳动合同主体的特殊缔约能力。劳动者缔约能力的判断标准如下：

（1）年龄标准

劳动关系是劳动力使用权的交换关系，是否具有一定的劳动能力是劳动力使用权交换的前提。《劳动法》对年龄条件的规定主要有以下三种：

①法定最低就业年龄：16周岁

《劳动法》第十五条规定：禁止用人单位招用未满16周岁的未成年人。文艺、体育和特种工艺单位招用未满16周岁的未成年人，必须依照国家有关规定，履行审批手续，并保障其接受义务教育的权利。

②未成年工年龄

未成年工是指年满16周岁未满18周岁的劳动者。《劳动法》第六十四条规定：不得安排未成年工从事矿山井下、有毒有害、国家规定的第四级体力劳动强度的劳动和其他禁忌从事的劳动。

③退休年龄

退休年龄并不是劳动能力完全丧失的年龄。我国虽然采取的是强制退休制度，但是现行劳动法规并未禁止退休之后的劳动者再次从事劳动。

（2）健康标准

健康的身体是自然人从事一定工作的必备条件。比如患有本岗位疾病所禁忌或不宜的特定疾病的劳动者不能从事某些特定职业；完全丧失劳动能力的残疾人不能参加任何劳动，部分丧失劳动能力的残疾人只能从事其状况所允许的职业；女职工在经期、孕期、哺乳期时，不得安排从事特定的作业。

【知识拓展】

女职工保护

1. 经期的保护。女职工在月经期间，所在单位不得安排其从事高空、低温、冷水作业和国家规定的第三级体力劳动强度的劳动。

2. 孕期保护。女职工在怀孕期间，单位不得安排其从事国家规定的第三级体力劳动强度的劳动和孕期禁忌从事的劳动，不得在正常劳动日以外延长劳动时间；对不能胜任原劳动的，应当根据医务部门的证明，予以减轻劳动量或者安排其他劳动。对怀孕7个月以上(含7个月)的女职工，不得安排其延长工作时间和夜班劳动。

3. 产期保护。女职工的生产，既包括正常生产，也包括中止妊娠。女职工的产假不少于98天，其中产前假15天；难产的延长产假15天；多胞胎生育的，每多生育一个婴儿，延长产假15天；女职工怀孕流产的，其所在单位应当根据医务部门的证明，给予一定时间的产假。女职工产假期间工资照发。女职工非婚生育或计划外生育的，不享受上述待遇。

4. 哺乳期保护。女职工在哺乳未满1周岁的婴儿期间，单位不得安排其从事国家规定的第三级体力劳动强度的劳动和哺乳期禁忌从事的其他劳动，不得安排其延长工作时间和夜班劳动。

单位不得在女职工孕期、产期、哺乳期降低其基本工资，或者解除劳动合同。

(3) 智力标准

智力，是指自然人具有对自己行为的判断能力和一定的文化技能，即精神健全，达到一定的文化水平，具备从事该职业的技术水平。

(4) 行为自由标准

行为自由，是指具备支配自己劳动能力所必要的行为自由。

2. 用人单位的缔约能力

用人单位的缔约能力是指具备一定组织能力和组织结构的用人单位必须具有提供劳动条件的能力、劳动对价给付的能力，提供一定的安全卫生条件确保劳动者身体健康的能力以及支配劳动者时为劳动者提供一定技术条件的能力等。用人单位必须按照法律规定的程序注册登记，经审核设立，才能取得合法的用工权利能力和行为能力。

（二）意思表示真实

意思表示真实，即意思表示不存在瑕疵。依据瑕疵是否基于表意人自身的原因，可分为意思表示不一致和意思表示不自由。前者如因误解、保留、通谋等认知能力的局限或故意或怠于注意而使意思表示与效果不一致；后者如因欺诈、胁迫等外力干涉而致使表意人违背自己真实意志的意思表示。

（三）劳动合同内容不违反强制性法律规范和公序良俗

（四）劳动合同形式符合法律的规定

《劳动合同法》第十条第一款规定：建立劳动关系，应当订立书面劳动合同。即劳动合同应当采用书面形式。用人单位和劳动者应当在劳动合同上签字、盖章，未签字或者非本人签字、没有本单位公章的劳动合同为不能生效的合同。

书面劳动合同有利于明确当事人的权利义务，便于在发生纠纷时举证，同时劳动行政部门可以通过对劳动合同的审查和监督以规范用人单位的用工行为。然而，实践中事实劳动关系依然存在，这种欠缺书面要件的劳动合同并非无效。《劳动合同法》第七条规定：用人单位自用工之日起即与劳动者建立劳动关系；用人单位应当建立职工名册备查。此条已经将事实劳动关系纳入法律的保护范围之内。

劳动合同是劳动者与用人单位确立劳动关系，明确双方权利和义务的协议，也是维护劳动者和用人单位合法权益的法律保障；劳动合同可以对劳动内容和法律未尽事宜作出详细、具体的规定，使双方明确各自的权利和义务，促进双方全面履行合同，防止因一方违约而给另一方带来损失；劳动合同也是发生劳动争议时解决纠纷的重要证据，使用人单位和劳动者解决纠纷更为便利，降低争议解决成本和社会耗损费用。因此，签订一份内容完备、公平合理的劳动合同对企业和员工来说都很重要。

【案例1】

马某在一家工作环境不错的外资公司工作，工资也很高，马某要求跟公司签订劳动合同，但公司一直以种种理由进行推托。一年过去了，公司还是没有与其签订劳动合同，马某总是感觉工作没有保障。

请问：马某与公司之间是否存在有效的劳动关系？

【案例评析】

《劳动合同法》第七条规定：用人单位自用工之日起即与劳动者建立劳动关系；用人单位应当建立职工名册备查。此条已经将事实劳动关系纳入法律的保护范围。因此，马某与公司存在有效的劳动关系。

《劳动合同法》第十条规定："建立劳动关系，应当订立书面劳动合同。已建立劳动关系，未同时订立书面劳动合同的，应当自用工之日起一个月内订立书面劳动合同。"此条规定充分考虑了用人单位的实际操作需要，给予了双方当事人在建立劳动关系之日起一个月内的劳动合同签订期限。同时，对一些用工管理不规范、疏于管理或故意不签订劳动合同以规避劳动仲裁风险的用人单位，《劳动合同法》第八十二条规定："用人单位自用工之日起超过一个月不满一年未与劳动者订立书面劳动合同的，应当向劳动者每月支付二倍的工资"；《劳动合同法实施条例》第七条规定："用人单位自用工之日起满一年未与劳动者订立书面劳动合同的，自用工之日起满一个月的次日至满一年的前一日应当依照劳动合同法第八十二条的规定向劳动者每月支付两倍的工资，并视为自用工之日起满一年的当日已经与劳动者订立无固定期限劳动合同，应当立即与劳动者补订书面劳动合同。"这就是说：（1）用人单位自用工之日起一个月内必须与劳动者订立劳动合同，否则就要受到相应的惩罚；（2）劳动合同必须以书面形式订立,如果在一个月的时间内订立的是口头的劳动合同,也是违法的,要依法承担法律责任;(3)如果用人单位自用工之日起超过一年不与劳动者订立书面劳动合同的,视为用人单位与劳动者已订立无固定期限劳动合同,直接适用无固定期限劳动合同的有关规定。

案例中,外资公司与马某建立劳动关系一年后,还没有签署书面劳动合同,马某可以根据这一事实,依照《劳动合同法》以及《劳动合同法实施条例》的规定,要求公司向自己支付自用工之日起满一个月的次日至满一年的前一日的两倍工资,并依法可视为自己已经与该公司订立了无固定期限劳动合同。

三、劳动合同成立与生效的区别

(一)内容判断上不一致

劳动合同的成立是指劳动合同订立过程的完成,也即当事人双方对劳动合同的基本内容达成一致意见。劳动合同的生效则指依法成立的劳动合同为使其具有法律所赋予的约束力而产生的效力。

劳动合同的成立与否属于事实判断问题,其着眼点在于判断劳动合同是否存在;而劳动合同的有效与否则是法律价值判断问题,其着眼点在于判断劳动合同是否符合法律的精神和规定,能否发生法律上的效力。判断劳动合同是否成立,其结果只能是成立或不成立的事实;而判断劳动合同是否有效,其结果则有生效、无效、效力待定、可变更、可撤销等多种情形。劳动合同的成立只需当事人对劳动合同条款在表面上意思表示一致,而不问其意思表示背后的真实性和条款的合法性;而劳动合同生效的确认既要审查当事人的主体合法性、当事人的意思表示是否真实,又要审查劳动合同内容的合法性。因此,对于劳动合同成立的判断侧重于对劳动合同表面状态的考察,而劳动合同的生效则侧重于对劳动合同实质内容的考察。

(二)适用规则不同

劳动合同的成立适用意思自治原则,当事人有从事劳动合同行为的意志自由,可以自由地选择劳动合同的相对人和合同的内容,依其自由意志创设权利义务关系。只要具备意思表示这一基本事实,劳动合同即告成立。劳动合同的生效必须在国家的干预下,依法判断劳动合同是否合乎法律,只有合法的劳动合同才能有效。

劳动合同成立的条件只涉及当事人之间的问题,而劳动合同生效的条件不仅涉及当事人,还涉及法律的要求问题。两者虽然都涉及意思表示一致,但两者的侧重点又有所不同。劳动合同的成立要求意思表示一致,即承诺的内容必须与要约的内容一致;而劳动合同的生效则进一步要求意思表示的自主性和真实性,即使双方的意思表示一致,但如果不是当事人的真实意思表示,而是受一方的欺诈、胁迫而订立,劳动合同是否生效就需留待进一步探讨。

此外,国家对劳动合同不成立和不生效的态度不同。劳动合同的成立主要是强调当事人合意,体现了劳动合同自由原则,因而,对于劳动合同不成立,国家不会主动干预。但劳动合同成立后,能否发生法律效力,能否产生当事人所预期的法律后果,就远非当事人的自由意志所能决定。劳动合同的生效强调立法者对合同关系的评价,反映了立法者对合同的干预,因此,对于无效劳动合同,国家会主动进行干预。

(三)成立与生效要件不同

劳动合同的成立一般只需意思表示一致即可。劳动合同的生效要件则包括劳动合同主体具有相应的缔约能力、意思表示真实且不存在瑕疵、劳动合同内容不违反强制性法律规范和公序良俗以及劳动合同形式符合法律的规定。

第三节 劳动合同的无效

劳动合同的无效,即无效的劳动合同,是指由当事人签订成立而国家不予承认其法律效力的劳动合同。也就是说,无效的劳动合同已经成立，但不具有法律约束力，不发生履行效力。无效的劳动合同从订立时起就没有约束力。

对劳动合同的无效或者部分无效有争议的，由劳动争议仲裁机构或者人民法院确认，其他任何部门或者个人都无权认定无效劳动合同。劳动合同被确认无效，劳动者已付出劳动的，用人单位应当向劳动者支付劳动报酬。劳动报酬的数额，参照本单位相同或者相近岗位劳动者的劳动报酬确定。

劳动合同是一种实际履行的、具有人身属性的合同，已经发生的人身从属关系，无法按照一般民事关系的处理方式恢复到合同关系发生前的状态；已经履行的劳动给付义务，不应该恢复到合同关系发生前的状态。如果对劳动合同简单地照搬民事合同中的无效、撤销制度，已经发生的劳动给付无法处理，也会引发大量的纠纷。为了适应劳动合同的特殊性，《劳动合同法》规定劳动合同被确认无效，劳动者已付出劳动的，用人单位应当向劳动者支付劳动报酬。劳动报酬的数额按照同工同酬的原则确定。

导致劳动合同无效的原因有以下几个方面：

（一）以欺诈、胁迫的手段或者乘人之危，使对方在违背真实意思的情况下订立或者变更劳动合同的

1. 欺诈

欺诈是指当事人一方故意制造假相或隐瞒事实真相，欺骗对方，诱使对方形成错误认识而与之订立劳动合同。欺诈的种类很多，包括：

（1）在没有履行能力的情况下签订合同，即合同主体不合格，如劳动者提供了假的学历、学位、专业技术资格证书，用人单位不具备招聘资格，等等。又如，根据《劳动法》的规定，从事特种作业的劳动者必须经过专门培训并取得特种作业资格，但有的劳动者并没有这种资格，提供了假的资格证书，这种行为便构成欺诈。

【案例2】

小张大专毕业后与电力公司签订了一个为期三年的劳动合同，

主要从事电气设备的运行、维护、安装、检修、改造、施工、调试等作业。不久，单位对特种作业操作证进行核实，发现小张的特种作业操作证是伪造的。

请问：电力公司与小张签订的劳动合同的效力如何？

【案例评析】

案例中，电力公司招聘小张的目的是让他进行电气设备的运行、维护、安装、检修、改造、施工、调试等作业，那么其前提是小张必须具备这样的资格和能力，即进行了特种作业操作培训并取得了特种作业操作证。然而小张却提供了假的特种作业操作证，使得电力公司误以为小张具备了这样的资格和能力，在违背真实意思的情况下与其订立了劳动合同。根据《劳动合同法》第二十六条的规定，下列劳动合同无效或者部分无效：以欺诈、胁迫的手段或者乘人之危，使对方在违背真实意思的情况下订立或者变更劳动合同的。因此，小张和公司签订的合同是无效的。当然，劳动合同被确认无效，劳动者已付出劳动的，用人单位应当向劳动者支付劳动报酬。劳动报酬的数额，参照本单位相同或者相近岗位劳动者的劳动报酬确定。

【知识拓展】

特 种 作 业

1. 电工作业：高压电工作业、低压电工作业、防爆电气作业。
2. 焊接与热切割作业：熔化焊接与热切割作业、压力焊作业、钎焊作业。
3. 高处作业：登高架设作业，高处安装、维护、拆除作业。
4. 制冷与空调作业：制冷与空调设备运行操作作业、制冷与空调设备安装修理作业。
5. 煤矿安全作业：煤矿井下电气作业、煤矿井下爆破作业、煤矿安全监测监控作业、煤矿瓦斯检查作业、煤矿安全检查作业、煤矿提升机操作作业、煤矿采煤机(掘进机)操作作业、煤矿瓦斯抽采作业、煤矿防突作业、煤矿探放水作业。

6. 金属非金属矿山安全作业：金属非金属矿井通风作业、尾矿作业、金属非金属矿山安全检查作业、金属非金属矿山提升机操作作业、金属非金属矿山支柱作业、金属非金属矿山井下电气作业、金属非金属矿山排水作业、金属非金属矿山爆破作业。

7. 石油天然气安全作业：司钻作业。

8. 冶金(有色)生产安全作业：煤气作业。

9. 危险化学品安全作业：光气及光气化工艺作业、氯碱电解工艺作业、氯化工艺作业、硝化工艺作业、合成氨工艺作业、裂解(裂化)工艺作业、氟化工艺作业、加氢工艺作业、重氮化工艺作业、氧化工艺作业、过氧化工艺作业、胺基化工艺作业、磺化工艺作业、聚合工艺作业、烷基化工艺作业、化工自动化控制仪表作业。

10. 烟花爆竹安全作业：烟火药制造作业、黑火药制造作业、引火线制造作业、烟花爆竹产品涉药作业、烟花爆竹储存作业。

11. 安全监管总局认定的其他作业。

(2)行为人负有义务向他方如实告知某种真实情况而故意不告知的。比如，某大型生产企业招聘广告做得非常漂亮，应聘者上班后才发现工作环境又脏又乱，还弥漫着呛人的气味；一家小型化工企业招聘三班倒的化工工人，某有孕妇女故意隐瞒其已怀孕的情况，上岗后不久便提出已经怀孕不能倒班上岗等。

《劳动合同法》第八条规定，用人单位招用劳动者时，应当如实告知劳动者工作内容、工作条件、工作地点、职业危害、安全生产状况、劳动报酬以及劳动者要求了解的其他情况；用人单位有权了解劳动者与劳动合同直接相关的基本情况，劳动者应当如实说明。行为人故意不告知的，构成欺诈。

2. 威胁

威胁是指当事人以将要发生的损害或者以直接实施损害相威胁，迫使另一方处于恐怖或者其他被胁迫的状态而签订劳动合同，威胁内容可能涉及生命、身体、财产、名誉、自由、健康等方面。

3. 乘人之危

乘人之危，是指行为人利用对方当事人的急迫需要或危难处境，迫使其作出违背本意而接受于其非常不利的条件的意思表示。

【案例3】

张某是个高水平技术型人才，凭他的条件，公司给出的月薪一般在1万元到1.2万元之间。因母亲住院急需手术费4万元，所以张某只要求月薪8000元，希望公司在其上班之后能一次性预支5个月的工资，即4万元。公司十分需要张某这样的人才，于是跟张某说："月薪5000元，一次性支付8个月的工资。"张某心里很不愿意，但是母亲正等着做手术，没有办法，只好同该公司签订了劳动合同，该公司也如约支付给他4万元。

请问：这种合同有效吗？

【案例评析】

案例中张某因为母亲治病，急需用钱，而该公司巧妙地利用这一点，把他的薪酬降到了明显不合理的地步，张某虽不情愿，但不得不接受这个条件。可见，张某在同公司签订劳动合同时，该公司有乘人之危之嫌。因此，这种劳动合同可以被认定为无效合同。

（二）用人单位免除自己的法定责任、排除劳动者的权利的

实践中，如煤矿等高危行业以及大量用工的建筑公司，往往与劳动者签订"生死免责条款"，一旦劳动者出现事故就通过赔钱来解决，这无异于对劳动者的生命进行摧残。因此，从保护公民的人身权利以及整体社会利益的角度来考虑，法律禁止用人单位同劳动者约定免除自己的

法定责任、排除劳动者的权利的内容，约定了相关内容的合同为无效合同，即使劳动者出于自愿，也应认定为无效。

【案例 4】

陈某在某建筑公司工作，公司与员工签订的劳动合同约定：员工在工作的时候，必须严格遵守安全操作规程；如果员工违反安全操作规程，导致个人受伤的，责任自负，公司概不负责。同时，公司不负责给员工缴纳工伤保险费。

请问：这种合同的效力如何？

【案例评析】

首先，根据《劳动合同法》第二十六条第二款的规定，用人单位免除自己的法定责任、排除劳动者的权利的，劳动合同无效。

其次，缴纳工伤保险费是法律对用人单位规定的一个强制性的义务，用人单位必须缴纳，这是用人单位的法定责任。建筑公司同员工签订的劳动合同约定公司不给员工缴纳工伤保险费，这排除了公司的法定责任。另外，约定"员工在工作的时候，必须严格遵守安全操作规程；如果员工违反安全操作规程，导致个人受伤的，责任自负，公司概不负责"，这句话表面上看很合理，但实际上并不合法。根据《工伤保险条例》的规定，只要是"在工作时间和工作场所内，因工作原因受到事故伤害的或工作时间前后在工作场所内，从事与工作有关的预备性或者收尾性工作受到事故伤害的"，享受同等的工伤保险待遇，即员工享受工伤保险待遇采取的是无过失责任原则，违章操作并不影响员工享受工伤保险待遇。如果将员工违章操作排除在工伤认定之外使其不能享受工伤待遇，就等于排除了劳动者的权利。

【法条链接】

《工伤保险条例》第十四条 职工有下列情形之一的，应当认定为工伤：

（一）在工作时间和工作场所内，因工作原因受到事故伤害的；

（二）工作时间前后在工作场所内，从事与工作有关的预备性或者收尾性工作受到事故伤害的；

（三）在工作时间和工作场所内，因履行工作职责受到暴力等意外伤害的；

（四）患职业病的；

（五）因工外出期间，由于工作原因受到伤害或者发生事故下落不明的；

（六）在上下班途中，受到机动车事故伤害的；

（七）法律、行政法规规定应当认定为工伤的其他情形。

（三）劳动合同违反国家法律、行政法规的强制性规定的

1. 用人单位和劳动者中的一方或者双方不具备订立劳动合同的法定资格。如签订劳动合同的劳动者一方必须是具有劳动权利能力和劳动行为能力的公民，企业与未满16周岁的未成年人订立的劳动合同就是无效的劳动合同（国家另有规定的除外）。

2. 劳动合同的内容直接违反法律、法规的规定。如劳动者与矿山企业在劳动合同中约定的劳动保护条件不符合《中华人民共和国矿山安全法》的有关规定，他们所订立的劳动合同是无效的。

3. 劳动合同因损害国家利益和社会公共利益而无效。如约定制造冰毒、假钞等，或生产假冒伪劣产品。

☞ 学习思考

1. 什么是劳动合同的成立？
2. 什么是劳动合同的生效？
3. 劳动合同的成立与生效有什么区别？
4. 什么是劳动合同的无效？哪些情况会导致劳动合同的无效？

第六章

劳动合同的履行和变更

劳动合同的履行是实现劳动合同订立目的的途径。一方面，劳动合同双方当事人应当根据《劳动合同法》的规定，积极履行合同中的义务。另一方面，在劳动合同履行过程中，如果双方当事人达成意思一致，经过合法的途径可以对劳动合同进行部分变更。

第一节 劳动合同的履行

一、劳动合同履行的概念

劳动合同的履行，是指劳动合同在依法订立生效之后，当事人双方按照劳动合同约定的条件，享有自己所应有的权利，履行自己所应承担义务的行为。

按照《劳动合同法》的规定，自用人单位用工之日起，劳动者与用人单位建立劳动关系。建立劳动关系之后，双方都应当按照劳动合同的约定履行相关义务。

二、劳动合同履行的原则

《劳动合同法》第二十九条规定：用人单位与劳动者应当按照劳动合同的约定，全面履行各自的义务。

（一）亲自履行原则

劳动关系是具有人身关系性质的社会关系，劳动合同是特定主体之间的合同，即用人单位与劳动者之间签订的劳动合同必须由劳动合同明确规定的当事人来履行，劳动合同的双方当事人也有责任履行劳动合同规定的义务，不能由当事人以外的其他人代替履行。劳动者选择用人单位是基于自身经济、个人发展等各方面利益关系的需要；而用人单位之所以选择该劳动者也是由于该劳动者具备用人单位所需要的基本素质和要求。劳动关系确立后，劳动者不能将应由自己完成的工作交由第三方代办，用人单位也不能将应由自己对劳动者承担的义务转嫁给其他的第三方承担，未经劳动者同意不能随意变更劳动者的工作性质、岗位，更不能擅自将劳动者调到其他用人单位工作。

☞ 课堂练习

1. 某公司招聘了一名设计人员，其设计的几份图纸质量都不错。但是公司后来获悉，这些图纸皆是由其丈夫设计的，并非其本人的作品。请问：该员工是否亲自履行了劳动合同的义务？

2. 某集团公司委托其下属的一家具有独立法人资格的子公司为其员工缴纳社会保险。请问：该集团公司有没有亲自履行劳动合同的义务？

3. 李某大学毕业后到一家外资公司做会计，约定工资为2800元。工作不久，销售科的一名职工离职了，于是公司将李某的岗位变更为销售员，报酬也变更为基本工资1000元加绩效工资的形式。李某表示不同意，但公司不管他同意不同意就发出一份通知书，宣布他的岗位调整为销售员。李某到劳动仲裁委员会申诉，要求公司继续履行劳动合同。

请问：李某的要求能得到支持吗？

4. 江某是某公司人事部管理人员，因个人发展需要到职工大学学习，学习期间与公司签订了五年期限劳动合同，合同约定江某毕业后仍回公司人事部从事原工作岗位。2009年6月，江某从职工大学毕业后回到公司，此时公司已更换了法人代表，并将江某安排到公司下属的一家企业当推销员。江某要求公司按合同约定安排工作，而公司称原合同是前任领导签订的，不同意江某回人事部工作。江某向劳动争议仲裁委员会提出申诉，要求公司履行劳动合同。请问：江某的要求能得到支持吗？

（二）完整履行原则

劳动合同的完整履行要求劳动合同的当事人双方必须按照合同约定的时间、期限、地点，用约定的方式，按质按量完整履行自己承担的义务。对于用人单位而言，必须按照合同的约定向劳动者提供适当的工作场所和劳动安全卫生条件、相关工作岗位，并按照约定的金额和支付方式按时向劳动者支付劳动报酬；对于劳动者而言，必须遵守用人单位的规章制度和劳动纪律，认真履行自己的劳动职责，完成劳动合同约定的工作任务。

（三）协作履行原则

协作履行，是指劳动合同双方当事人之间相互理解和配合，相互协作履行。一方面，劳动者应自觉遵守用人单位的规章制度和劳动纪律，认真履行自己的劳动职责，完成劳动合同约定的工作任务，以主人公的姿态关心用人单位的利益和发展，理解用人单位的困难，为本单位发展献策出力。另一方面，用人单位要爱护劳动者，体谅劳动者的实际困难和需要，履行自己应尽的义务。这些义务主要有：

1. 按照劳动合同约定和国家规定，向劳动者及时足额支付劳动报酬。劳动报酬不得低于当地最低工资标准。未按照劳动合同的约定或者国家规定及时足额支付劳动者劳动报酬的或者劳动报酬低于当地最低工资标准支付的，由劳动行政部门责令限期支付劳动报酬，劳动报酬低于当地最低工资标准的，应当支付其差额部分；逾期不支付的，责令用人单位按应付金额百分之五十以上百分之一百以下的标准向劳动者加付赔偿金。用人单位拖欠或者未足额支付劳动报酬的，劳动者也可以依法向当地人民法院申请支付令，人民法院应当依法发出支付令。

【知识链接】

劳动报酬

劳动报酬，指劳动者为用人单位提供劳动而获得的各种报酬。主要包括三部分：

一是货币工资，用人单位以货币形式直接支付给劳动者的各种工资、奖金、津贴、补贴等。

二是实物报酬，即用人单位以免费或低于成本价提供给劳动者的各种物品和服务等。

三是社会保险指用人单位为劳动者直接向政府和保险部门支付的失业、养老、人身、医疗、家庭财产等保险金。

用人单位支付的劳动报酬不得低于当地政府规定的最低标准。用人单位拖欠或者未足额支付劳动报酬的，劳动者可以依法向当地人民法院申请支付令，人民法院应当依法发出支付令。

【知识链接】

支 付 令

支付令是人民法院依照民事诉讼法规定的督促程序，根据债权人的申请，向债务人发出的限期履行给付金钱或有价证券的法律文书。

《民事诉讼法》第一百九十一条规定，债权人请求债务人给付金钱、有价证券，符合下列条件的，可以向有管辖权的基层人民法院申请支付令：（一）债权人与债务人没有其他债务纠纷的；（二）

支付令能够送达债务人的。申请书应当写明请求给付金钱或者有价证券的数量和所根据的事实、证据。

为了保护劳动者的合法权益，及时实现劳动者获取劳动报酬的权利，《劳动合同法》简化了我国劳动争议案件实行的"一裁两审"的处理机制，规定用人单位拖欠或者未足额发放劳动报酬的，劳动者与用人单位之间没有其他债务纠纷且支付令能够送达用人单位的，劳动者可以向有管辖权的基层人民法院申请支付令。劳动者在申请书中应当写明请求给付劳动报酬的金额和所根据的事实、证据；劳动者提出申请后，人民法院应当在五日内通知其是否受理；人民法院受理申请后，经审查劳动者提供的事实、证据，对工资债权债务关系明确、合法的，应当在受理之日起十五日内向用人单位发出支付令，用人单位应当自收到支付令之日起十五日内清偿债务，或者向人民法院提出书面异议；用人单位在前款规定的期间不提出异议又不履行支付令的，劳动者可以向人民法院申请强制执行。人民法院收到用人单位提出的书面异议后，应当裁定终结支付令这一督促程序，支付令自行失效，劳动者可以依据有关法律的规定提出调解、仲裁或者起诉。

支付令的具体运作程序如下：

（1）劳动者（债权人）向法院提出书面的支付令的申请书并提交书面的用人单位（债务人）拖欠工资的证据。

（2）法院接到支付令申请以后进行审查，除了审查《民事诉讼法》第一百九十一条规定的两个要件外，还要审查该用人单位所在地是不是属于法院的管辖范围。如果要件符合，法院受理支付申请，并在15天之内，向用人单位发出支付令。

（3）用人单位在收到支付令的15天之内，如果对支付令所说的内容有异议，可以以书面的形式向法院提出，但不能以无力支付为由，这种异议是无效的；如果在15天之内，没有提出书面异议，15天以后支付令就发生法律效力，用人单位必须履行清偿债务的义务。如果用人单位不按规定履行，劳动者可以向法院申请强制执行。但是，如果用人单位在收到支付令的15天之内，提出了书面异议，则法院必须终结支付令。

支付令只是督促程序，不是审判程序，法院无权审查用人单位提出的异议，只能终结支付令。此时，劳动者可以申请仲裁，也可以用人单位的工资欠条为证据直接向人民法院起诉，诉讼请求不涉及劳动关系其他争议的，视为拖欠劳动报酬争议，按照普通民事纠纷受理。

使用支付令讨薪最大的好处是，法院受理劳动者的申请后就启动了法律程序，不需要开庭审理，并且从受理、审查到发出支付令不超过15天，用人单位提出异议的期限也是15天，其间用人单位不提出书面异议又不履行支付令的，劳动者可以向法院申请强制执行。但立法者通过引进支付令制度来简化劳动者追索劳动报酬的程序、减低其维权成本的良好愿望在实施过程中有其漏洞。我们知道，《民事诉讼法》规定债务人自收到支付令之日起15日内，可以向人民法院提出书面异议，人民法院收到债务人提出的书面异议后，应当裁定终结督促程序，支付令自行失效。也就是说，法院不审查债务人提出异议的理由是否成立，只要提出异议，支付令就不发生法律效力。对劳动者来说，就等于没有申请支付令。这种看上去很好的规定，无形中在引导劳动者申请支付令，但结果却是增加了劳动者追讨工资的程序、时间以及经济成本。

2. 用人单位应当严格执行劳动定额标准，不得强迫或者变相强迫劳动者加班。用人单位安排加班的，应当按照国家有关规定向劳动者支付加班费。

为了保障公民的休息权，《劳动法》规定了完整的工作时间和休息休假制度，用人单位强迫劳动者加班，违背了《劳动法》对工作时间和休息休假制度的规定。变相强迫劳动者加班，实际上是延长劳动者的工作时间，用人单位应补发其为了完成超过合理数量的劳动定额而加班工作的工资报酬；用人单位安排劳动者加班的，应当支付其加班费。安排加班不支付加班费的，由劳动行政部门责令限期支付；逾期不支付的，责令用人单位按应付金额百分之五十以上百分之一百以下的标准向劳动者加付赔偿金。

【案例1】

小伟最近严重感冒，但是为了不耽误工作，一直带病坚持。好不容易熬到下班，却听见部门经理说："今天所有人都要加班。"小伟实在是坚持不住了，就对部门经理说："我真的加不了班，身体受不了了。"可部门经理说："你不加班也可以，但是要扣当月奖金。"结果，小伟没参加加班，奖金因此被扣掉了。小伟不服气，到劳动仲裁委员会申请仲裁，请求如数支付应得的报酬。

请问：小伟的请求能得到支持吗？

【案例评析】

《劳动合同法》第三十一条规定，用人单位应当严格执行劳动定额标准，不得强迫或者变相强迫劳动者加班。用人单位安排加班的，应当按照国家有关规定向劳动者支付加班费。

但现实中，用人单位强迫或者变相强迫劳动者加班、拒绝支付加班工资的情况屡禁不止。比如，有些用人单位为了让劳动者多干活，又不想付加班费，往往通过提高工作量和工作定额的方式，用不合理的定额使劳动者完成在8小时工作时间内根本无法完成的工作，变相强迫劳动者"自动"加班以延长工作时间，从而逃避支付加班费的义务。劳动者为了拿到基本工资，被逼无奈，不得不加班。

本案例中，用人单位不顾劳动者身体健康状况而要求其加班，也属于强迫加班。因为加班应该是在不影响劳动者身体健康的情况下才可以进行，而且要征得工会或者劳动者的同意，否则就是强迫加班。小伟因身体原因不能加班，单位便克扣了当月奖金，显然是不合理的。因此，小伟请求如数支付应得报酬的申请能得到支持。

【知识链接】

工作时间、加班待遇

国家关于工作时间、加班待遇的规定体现在《劳动法》《工资支付暂行规定》以及相关法律、政策中。

《劳动法》第四十一条 用人单位由于生产经营需要，经与工会和劳动者协商后可以延长工作时间，一般每日不得超过一小时；因特殊原因需要延长工作时间的，在保障劳动者身体健康的条件下延长工作时间每日不得超过三小时，但是每月不得超过三十六小时。

《劳动法》第四十四条 有下列情形之一的，用人单位应当按照下列标准支付高于劳动者正常工作时间工资的工资报酬：

（一）安排劳动者延长工作时间的，支付不低于工资的150%的工资报酬；

（二）休息日安排劳动者工作又不能安排补休的，支付不低于工资的200%的工资报酬；

（三）法定休假日安排劳动者工作的，支付不低于工资的300%的工资报酬。

3. 按照劳动合同的约定和国家的规定，向劳动者提供适当的工作场所和劳动安全卫生条件，劳动者对危害生命安全和身体健康的劳动条件，有权对用人单位提出批评、检举和控告。劳动者拒绝用人单位管理人员违章指挥、强令冒险作业的，不视为违反劳动合同。

我国法律严格保护劳动者在履行劳动合同、进行生产劳动过程中的劳动安全卫生权利。劳动者在劳动过程中劳动权仍属于劳动者自己，仍由劳动者自己支配，而不是把劳动权完全交给用人单位，所以在用人单位管理人员违章指挥、强令冒险作业时，劳动者可以不服从其指挥或者命令，并有权拒绝执行。劳动者拒绝执行用人单位管理人员违章指挥、强令冒险作业的行为不构成违反劳动合同的行为，不用承担违反劳动合同的法律责任。

用人单位如果没有达到国家规定的安全卫生技术标准要求,职工有权提出异议,并要求用人单位改正、改进。对于危害生命安全和身体健康的劳动条件,劳动者有权对用人单位提出批评,并可以向有关主管部门检举和控告。

用人单位有下列情形之一的,依法给予行政处罚;构成犯罪的,依法追究刑事责任;给劳动者造成损害的,应当承担赔偿责任:

(一)以暴力、威胁或者非法限制人身自由的手段强迫劳动的;

(二)违章指挥或者强令冒险作业危及劳动者人身安全的;

(三)侮辱、体罚、殴打、非法搜查或者拘禁劳动者的;

(四)劳动条件恶劣、环境污染严重,给劳动者身心健康造成严重损害的。

第二节 劳动合同的变更

一、劳动合同变更的含义

劳动合同的变更,是指劳动合同依法订立后,在合同尚未履行或者尚未履行完毕之前,经用人单位和劳动者双方当事人协商同意,依照法律规定的条件和程序,对原劳动合同内容作部分修改、补充或者删减的法律行为。劳动合同的变更是原劳动合同的派生,是双方已存在的劳动权利义务关系的发展。

根据《劳动合同法》第十六条和第三条第二款的规定,劳动合同由用人单位与劳动者协调一致,并经用人单位与劳动者在劳动合同文本上签字或者盖章生效。劳动合同一经依法订立,即具有法律约束力,受法律保护,双方当事人应当严格履行,任何一方不得随意变更劳动合同约定的内容。然而,当事人在订立合同时,有时不可能对涉及合同的所有问题都作出明确的规定;合同订立后,在履行劳动合同的过程中,由于社会生活和市场条件的不断变化,订立劳动合同所依据的客观情况也发生了变化，使得劳动合同难以履行或者难以全面履行，或者使合同的履行可能造成当事人之间权利义务的不平衡。这就需要用人单位和劳动者双方对劳动合同的部分内容进行适当的调整，否则在劳动合同与实际情况相脱节的情况下，若继续履行，有可能会对当事人的正当利益造成损害。因此，允许合同双方当事人在一定条件下，依据有关法律法规的规定，经协商一致，就劳动合同的部分条款进行修改、补充或者删减，重新调整和规定合同当事人双方的权利义务关系，使劳动合同适应变化发展了的新情况，从而保证劳动合同的继续履行。

二、劳动合同变更的原则

（一）平等自愿、协商一致的原则

劳动合同的变更涉及双方权利义务的变化，因此，双方必须遵循平等自愿、协商一致的原则，就变更的事项进行协商，直至形成一致的意见。一方当事人擅自将合同内容加以变更，强迫对方履行的，对方有权拒绝，并有权追究该方当事人的法律责任。

☞课堂练习

1. 小陈（乙方）与某公司（甲方）签订了三年期限的劳动合同，合同约定：乙方从事秘书工作，有权拒绝甲方安排合同规定以外的工作，合同的变更需经甲、乙双方协商一致。可是，三个月后，公司突然通知小陈，将他调到销售部门做业务员。请问：公司没有经合同双方协商同意，单方面变更劳动合同，是否属于违约行为？公司应与小陈继续履行原劳动合同吗？

2. 实践中，有些用人单位为达到变更劳动合同的目的，采取了许多"变通"的手段。如某用人单位根据工作的需要，决定采取公开考试的办法，对考试不通过的职工，一律另行安排工作岗位或予以辞退。这种形式是否合法呢？

【案例 2】

40多岁的兰某是一家公司的会计,不久前,单位开展了一次业务考试,考试成绩不合格者将面临待岗。兰某由于年纪大记忆力不好,考试失利,不幸成绩不合格。单位书面通知兰某回家待岗,单位只为其缴纳社会保险。兰某不服,向劳动仲裁委员会申诉。

请问:劳动仲裁委员会如何处理?

【案例评析】

《劳动合同法》第三十五条规定,用人单位与劳动者协商一致,可以变更劳动合同约定的内容。也就是说,劳动合同的变更需要经过双方当事人协商一致。单位组织员工参加考试,对于考试不合格的员工,单位有义务给这些员工进行技能培训,争取让其获得胜任岗位的能力,但在未经劳动者同意的情况下,以考试的方法达到变更劳动合同的目的,对劳动者不具有约束力,用人单位对原合同仍应履行。公开考试的办法看似公平,但以表面公平合理的方式掩盖非法的目的,不符合《劳动合同法》相关规定,属于违法行为。

(二)合法的原则

劳动合同的变更应依法进行,用人单位和劳动者约定的变更内容必须符合国家法律、法规的相关规定。

劳动合同的变更是在原合同的基础上对原劳动合同内容作部分修改、补充或者删减,而不是签订新的劳动合同。部分合同条款的修改、增加或取消,不影响未变更的部分,未变更的部分仍然有效,变更后的内容取代了原合同的相关内容,变更后的劳动合同对已经履行的部分没有约束力,新达成的变更协议条款与原合同中其他条款具有同等法律效力,对双方当事人都有约束力;劳动合同变更后,用人单位和劳动者都应全面、合法履行相应的义务。

对劳动合同内容的变更约定不明确的,用人单位需证明其变更的合理性，尤其是有关工作报酬、工作岗位等内容的变更。如果用人单位对此不能举证证明其有充分的合理性，损害了劳动者的权益，劳动者可以要求用人单位撤销相关变更，恢复原来的劳动合同，并可同时要求用人单位赔偿相关的损失。

变更应当采用书面形式。劳动合同双方当事人经协商后对劳动合同中约定内容的变更达成一致意见时，必须达成变更劳动合同的书面协议，任何口头形式达成的变更协议都是无效的。劳动合同变更的书面协议应当指明对劳动合同的哪些条款作出变更，并应指明劳动合同变更协议的生效日期，书面协议经用人单位和劳动者双方当事人签字、盖章后生效。这一规定是为了避免劳动合同双方当事人因劳动合同的变更问题而产生劳动争议。

至于采用什么样的书面形式，可以视具体情况而定，可以由劳动者提出书面申请，用人单位对此申请加以确认，或是用人单位提出书面变更请求，劳动者对此没有异议，签字加以确认，也可以是双方签订书面的变更协议书，就变更的相关内容加以确认。

【案例3】

1. 小林在入职时，劳动合同约定其岗位为站前服务，但工作一段时间以后，公司把他调到了机车线上，新岗位的级别、工资、待遇，都跟原岗位一样，小林也同意了。但是，公司和小林之间并没有书面的岗位变更协议。工作了一个月之后，小林认为那不是他擅长的工作，要求回到原来的岗位。公司领导明确地说不可能，因为原来的岗位已经安排人了。小林气愤之下申请仲裁。

请问：公司可能败诉吗？

2. 2008年1月，李某与某中外合资公司签订了3年期限的劳动合同，但是劳动合同对李某的工作岗位没有明确约定。后来公司与李某签订了一份《岗位聘用协议》作为劳动合同的附件，约定李某的职位为客户培训经理，月薪6000元。2008年6月20日，公司通知李某，由于公司结构调整，人员重组，其工作岗位需要调整，自2008年7月1日起新工作岗位是公司总务部主管，月薪4500元，并要求李某在接到通知后7天内与公司重新签订《岗位聘用协议》。李某对公司的调整安排不服，拒绝到新岗位报到并拒绝签署新的《岗位聘用协议》，在与公司沟通未果后，2008年8月5日李某向劳动争议仲裁委员会递交了仲裁申请，要求公司继续履行原劳动合同，恢复其原工作岗位，并恢复其原工资待遇。

请问：李某的申请能得到支持吗？

【案例评析】

对于劳动合同内容的变更，无论是出于公司方的要求或是劳动者的主张，无非基于下述三种情形：(1)依据法律法规的规定；(2)双方在劳动合同或公司的规章制度中就劳动合同的变更作出约定；(3)双方就劳动合同的变更协商一致，经协商后确定新的岗位或薪酬，对双方产生效力。案例中，公司经小林同意变更了工作岗位，符合法律规定，仲裁庭会支持公司的请求。而李某与某中外合资公司未就岗位变更协商一致，公司单方要求李某重新签订《岗位聘用协议》不符合法律规定，李某要求公司继续履行原合同，恢复原工作岗位及工资待遇的申请能得到仲裁庭的支持。

(三) 及时原则

劳动合同变更必须是在劳动合同生效后、终止前进行，用人单位和劳动者都应当及时向对方提出变更劳动合同的要求，说明变更劳动合同的理由、内容和条件等，不能拖到劳动合同期满后再提出，因为劳动合同期满终止便不存在劳动合同变更的问题了。当事人一方得知对方变更劳动合同的要求后，应在对方规定的合理期限内及时作出答复，不得对对方提出的变更劳动合同的要求置之不理。如果应该变更的劳动合同内容没有及时变更，由于原订条款继续有效，往往使劳动合同不适应变化了的新情况，从而引起不必要的争议。如根据《劳动合同法》第四十条的规定，劳动合同订立时所依据的客观情况发生重大变化，致使劳动合同无法履行，如果用人单位经与劳动者协商，未能就变更劳动合同内容达成协议的，则可能导致用人单位单方解除劳动合同。

【法条链接】

《劳动合同法》第四十条 有下列情形之一的，用人单位提前三十日以书面形式通知劳动者本人或者额外支付劳动者一个月工资后，可以解除劳动合同：

（一）劳动者患病或者非因工负伤，在规定的医疗期满后不能从事原工作，也不能从事由用人单位另行安排的工作的；

（二）劳动者不能胜任工作，经过培训或者调整工作岗位，仍不能胜任工作的；

（三）劳动合同订立时所依据的客观情况发生重大变化，致使劳动合同无法履行，经用人单位与劳动者协商，未能就变更劳动合同内容达成协议的。

三、劳动合同变更的条件

（一）订立劳动合同所依据的法律、法规已经修改或者废止

劳动合同的签订和履行必须以不得违反法律、法规的规定为前提。如果合同签订时所依据的法律、法规发生修改或者废止，合同若不变更，就可能出现与法律、法规不相符甚至是违反法律、法规的情况，导致合同因违法而无效。因此，根据法律、法规的变化而变更劳动合同的相关内容是必要而且是必需的。

（二）用人单位经上级主管部门批准或者根据市场变化决定转产、调整生产任务或者生产经营项目等

用人单位的生产经营不是一成不变的，可能会根据上级主管部门批准或者根据市场变化经常调整自己的经营策略和产品结构，这就不可避

免地发生转产、调整生产任务或者生产经营项目等情况。在这种情况下，有些工种、产品生产岗位就可能因此而撤销，或者被其他新的工种、岗位所替代，原劳动合同就可能因签订条件的改变而发生变更。企业变更劳动合同的情况有：

1. 企业经上级主管部门批准转产，原来的组织仍然存在，原签订的劳动合同也仍然有效，只是由于生产方向的变化，原来订立的劳动合同中的某些条款与发展变化的情况不相适应，需要作出相应的修改。

2. 上级主管机关决定改变企业的生产任务，致使原来订立的劳动合同中有关产量、质量、生产条件等都发生了一定的变化，需要作出相应的修改，否则原劳动合同无法履行。

【案例4】

洪某是某IT公司研发人员，由于公司产品研发已经取得了成果，且申请了专利投入市场，公司便调整了战略部署，裁减研发中心技术人员，成立了售后服务部安置剩余人员，以减轻市场竞争压力。洪某觉得很委屈，不愿意到售后服务部上班。公司以洪某不服从管理构成严重违纪为由解除了与洪某的劳动合同。

【案例评析】

本案中，由于公司经营战略调整，与劳动者订立劳动合同时的客观情况发生了变化，研发岗位人员富余，劳动合同无法再履行下去，存在着变更劳动合同的法定理由。洪某不服从公司的岗位调整，不去上班，违反了公司的规章制度，公司以此为由解除劳动合同的行为是符合法律规定的。根据《劳动合同法》，公司应当向洪某支付经济补偿金。

(三)劳动者的身体健康状况发生变化，劳动能力部分丧失，所在岗位与其职业技能不相适应，职业技能提高了一定等级，等等，造成原劳动合同不能履行或者如果继续履行原合同规定的义务对劳

动者明显不公平的

（四）用人单位严重亏损或发生不可抗力的情况，确实无法履行劳动合同的

1. 由于不可抗力的发生，使得原来合同的履行成为不可能或者失去意义。不可抗力，是指当事人所不能预见、不能避免并不能克服的客观情况，如自然灾害、意外事故、战争等。

2. 用人单位严重亏损或由于物价大幅度上升等客观经济情况变化，致使劳动合同的履行会花费太大代价而失去经济上的价值。

（五）当事人双方协商一致，同意对劳动合同的某些条款作出变更，但不得损害国家利益

（六）法律、行政法规允许的其他情况

四、劳动合同变更的特例

（一）用人单位变更名称、法定代表人、主要负责人或者投资人等事项，不影响劳动合同的履行

用人单位的名称只是代表一个用人单位的称谓符号，用人单位的名称发生变更，也只是这一称谓符号发生了变化，而用人单位这一实体组织及其内部机构、人员并没有发生任何变动，这当然不会也不应该影响到劳动合同的履行。同理，劳动者变更姓名也不需要跟用人单位签订变更劳动合同主体的协议，只需要通知用人单位以新的名字的名义继续履行劳动合同就可以了。

而法定代表人或者主要负责人的变化与劳动合同没有关系。根据我国《民法总则》和其他有关法律的规定，用人单位的法定代表人或者主要负责人的职务行为都是代表用人单位这个实体组织的行为。我国《民法总则》规定，法人的法定代表人，是依照法律或者法人组织章程的规定，代表法人行使职权的负责人。法人对它的法定代表人和其他工作人员的经营活动，承担责任。法定代表人虽然由自然人担任，但自然人的职务行为属于法人的行为，其一切法律后果由法人承担。担任法定代表人的自然人可以变动，但法定代表人的职务行为的归属却不能变，也就

是说，法定代表人的行为即法人的行为没有变。只要法人存在，原法定代表人与职工依法签订的劳动合同依然有效。因此，劳动合同依法订立后，用人单位的法定代表人或者主要负责人变更的，原法定代表人或者主要负责人与劳动者订立劳动合同的职务行为的后果也仍然要由用人单位承担。

至于投资人的变更，也不会改变用人单位这个实体组织独立承担民事责任的性质，用人单位仍要继续履行其与劳动者已经订立的劳动合同。

【案例5】

原北京市房山区某机械厂变更为北京某机械有限责任公司后，就不再为老王支付伤残补助金，老王向公司索要，但公司说老王是北京市房山区某机械厂的工人，应该找北京市某机械厂。

请问：公司的说法对吗？

【案例评析】

《劳动合同法》第三十三条规定，用人单位变更名称、法定代表人、主要负责人或者投资人等事项，不影响劳动合同的履行。案例中，北京某机械有限责任公司仅仅是北京市某机械厂的名称的变更，因此，公司的说法不对，公司应该支付老王相应的伤残补助金。

实践中，用人单位变更名称或者更换法定代表人、主要负责人是很普遍的现象。有的单位认为，改了名称之后，需要签订劳动合同变更协议，或者把以前的合同收回，重新盖章，其实这都是不必要的行为。甚至有的单位以变更名称或者更换法定代表人、主要负责人为由拒绝履行以前的劳动合同，还有用人单位借口投资主体发生了变化而拒绝履行劳动合同，这都是法律所不允许的。当单位变更名称的时候，最好以书面的形式通知员工："从××××年××月××日起，经过工商部门的核准，劳动合同中原来甲方主体的名称，现变更为××公司，原合同继续履行。"

(二)用人单位发生合并或者分立等情况,原劳动合同继续有效,劳动合同由承继其权利和义务的用人单位继续履行

由于现代企业制度的建立和发展,企业之间的兼并、收购、分立等情况经常发生,这些情况的发生不应影响劳动合同的继续履行。劳动者也不能因为所在单位的合并或分立而随意解除劳动合同,并要求单位支付补偿金。如果并购的用人单位想重新与劳动者签合同,最好的办法就是让用人单位在合并或分立之前先同员工解除或终止劳动合同,并按规定支付补偿金,等资产重组后,重新与员工签合同,这样就可以避免很多麻烦。比如,三个企业合并成一个新的企业,原来三个企业同员工签订的劳动合同内容不一致,其薪酬、福利政策各不相同,按照《劳动合同法》的规定,新企业成立以后,要把三个企业之前的劳动合同都承继下来继续履行,这样,新企业就变成了"一企三制",在管理上很难统一,此时再去整合不同的薪酬、福利政策,其成本是相当高的,因为新企业必须按照对企业最有利的方式去整合。假设,三个企业原来分别给员工的年假是5天、10天和15天,那么新企业如果还是按照三种标准安排休假的话,企业内部肯定发生矛盾,因为这是明显不公平的。但是要统一的话,是统一成5天,还是10天、15天呢?所以,面对这种情况,企业如果在合并或分立之前先同员工解除或终止劳动合同,待资产重组后再重新订立的话,就会免除后顾之忧。

【案例6】

王某等35名员工与某汽车配件制造厂签订了无固定期限劳动合同,后来某汽车配件制造厂被某上市公司整体收购,公司不承认王某等35名员工与原企业签订的无固定期限劳动合同,要求重新签订5年期限的劳动合同,如果不能接受则作待岗处理。

请问:公司的做法对吗?

【案例评析】

《劳动合同法》第三十四条规定:"用人单位发生合并或者分立等情

况，原劳动合同继续有效，劳动合同由承继其权利和义务的用人单位继续履行。"据此，在企业合并或分立的情况下，劳动合同继续有效，只是主体变更为新的企业。所以，公司的做法不对，应该继续履行与原汽车配件制造厂签订的劳动合同。

五、劳动合同变更的程序

（一）提出变更的要约

用人单位或劳动者提出变更劳动合同的要求，说明变更合同的理由、变更的内容以及变更的条件，请求对方在一定期限内给予答复。

（二）承诺

合同另一方接到对方的变更请求后，应当及时进行答复，明确告知对方同意或者不同意变更，不得对对方提出的变更劳动合同的要求置之不理。如果一方同意接受另一方提出的变更建议，承诺生效；如果变更建议不能或不能全部被对方接受，双方需继续协商，直到意见一致。

（三）签订书面变更协议

当事人双方就变更劳动合同的内容经过平等协商，取得一致意见后签订书面变更协议，协议载明变更的具体内容，经双方签字、盖章后生效。变更后的劳动合同文本由用人单位和劳动者各执一份。

对于特定的情况，如用人单位名称、法定代表人、主要负责人或者投资人等事项发生变更的，不需要办理劳动合同变更手续，只需向劳动者说明情况即可，劳动关系双方当事人应当继续履行原合同的内容。

☞ **学习思考**

1. 什么是劳动合同的履行？劳动合同履行的原则有哪些？
2. 劳动合同变更的条件有哪些？
3. 什么情况下劳动合同的变更不影响原劳动合同的履行？
4. 劳动合同变更要经过哪些程序？

第七章
劳动合同的解除和终止

劳动合同的解除和终止是劳动合同制度中的重要组成部分，是劳动关系管理的重要环节，也是最容易发生劳动争议的部分。《劳动合同法》集中了《劳动法》以及部门规章、地方立法中行之有效的规定，并针对执行中存在的问题，对劳动合同的终止和解除制度作了多处修改和完善，并对劳动合同解除或终止后的附随义务进行了规制。

第一节 劳动合同的解除

一、劳动合同解除释义

（一）劳动合同的解除

劳动合同的解除，是指劳动合同签订以后，尚未履行完毕以前，由于某种原因导致劳动合同当事人双方或者单方提前消灭劳动关系的法律行为。

劳动合同的解除是劳动合同的提前终止，是劳动合同当事人提前消灭劳动合同关系的一种法律行为，是当事人阻却合同存续的一种意志行为。

(二) 劳动合同的解除必须依法进行

劳动合同解除是在当事人未完全履行合法法律行为的情况下发生的，当事人双方订立劳动合同的目的没有实现或者没有完全实现，必然给当事人一方或者双方的利益造成影响，因此，劳动合同的解除必须依法进行。

首先，劳动合同的解除要以当事人之间存在有效劳动合同为前提。当事人之间自始不存在劳动关系，或者原先存在的劳动合同关系已经消灭，则都不发生劳动合同的解除。同时，当事人之间的劳动合同应当为有效劳动合同。

其次，劳动合同的解除须是当事人的解除行为。劳动合同是依法订立的，具有法律约束力，劳动合同的解除涉及合同双方当事人的切身利益，任何一方不得擅自解除。劳动合同的解除必须依据当事人的约定或法律的规定。

最后，劳动合同解除的直接后果是使劳动关系归于消灭，合同不再履行。

(三) 劳动合同解除的溯及力

一般民事合同解除以后，对于解除前的关系如何处理，这涉及解除是否具有溯及力的问题。劳动合同解除之后，是否具有溯及力呢？

我们知道，劳动合同的重要内容是劳动者劳动力的给付。劳动力具有强烈的人身性，不可储存，不能返还，这使得劳动合同的履行内容在客观上无法恢复到履行前的状态。因此，出于保护劳动者的考虑，劳动合同解除后不存在溯及力的问题。同时，为了保证劳动者自身及其抚养人的生活水平，劳动合同解除后，用人单位应当给付劳动者一定的经济补偿。

1.《劳动合同法》施行前已依法订立且在《劳动合同法》施行之日存续的劳动合同，继续履行。

【案例1】

小王于2006年6月入职北京某软件公司，软件公司与小王签订了2年期限的劳动合同，合同约定月薪为人民币3000元，合同期限自2006年6月1日起，至2008年5月31日止，劳动合同中约定了违约条款："劳动者在合同期内提前解除劳动合同的，需向用人单位支付违约金20000元。"工作了一段时间后，小王觉得该公司不适合自己发展，想解除劳动合同，但又担心要支付违约金，所以一直未向公司提出。2007年6月29日，《劳动合同法》正式颁布，明确规定只有在违反服务期约定及竞业限制义务两种情况下劳动者才承担支付违约金的责任。小王看到《劳动合同法》的规定后，认为自己与公司约定的违约条款不符合《劳动合同法》的规定，《劳动合同法》施行后，违约条款应该自动失效，并认为自己如果在2008年1月之后5月31日之前提前解除劳动合同，即使公司不同意，也无需支付公司20000元违约金。

请问：小王的理解对吗？

【案例评析】

《劳动合同法》规定，该法施行前已依法订立且在该法施行之日存续的劳动合同，继续履行。《劳动合同法》于2008年1月1日施行，按照法律一般不溯及既往的原则，《劳动合同法》施行前已依法订立且在施行之日存续的劳动合同，只要不违反合同订立时的法律、法规，在《劳动合同法》施行后，即使部分条款不符合《劳动合同法》的规定，也应当视为有效，继续履行。这样可以避免劳动关系发生大的波动。

本案中，小王与公司之间的劳动合同于2006年5月31日签订，按照合同签订时的有关规定，劳动合同中约定违约金并不违反法律规定。劳动部《关于企业职工流动若干问题的通知》规定，"用人单位与职工可以在劳动合同中约定违约金"；《北京市劳动合同规定》第十九条规定，"订立劳动合同可以约定劳动者提前解除劳动合同的违约责任，劳动者向用人单位支付的违约金最多不得超过本人解除劳动合同前12个月的工资总额。但劳动者与用人单位协商一致解除劳动合同的除外"。小王月薪3000元，劳动合同中约定违约金20000元未超过小王解除劳动合同前12个月的工资总额，因此根据北京市的地方性规定，该约定属于有效约定。而《劳动合同法》规定，该法施行前已依法订立且在该法施行之日存续的劳动合同，继续履行，所以小王与公司的劳动合同在2008年1月1日后继续有效，应当继续履行，合同双方仍受劳动合同条款的约束，小王如果未与公司协商一致在2008年1月提前解除劳动合同，应当按照劳动合同的约定承担违约责任，向公司支付违约金20000元。

2.《劳动合同法》第十四条第二款第三项规定连续订立固定期限劳动合同的次数，自本法施行后续订固定期限劳动合同时开始计算。

【案例2】

高原（化名）是某公司工程师，2007年6月1日与公司签订了一年期限劳动合同，合同期限为2007年6月1日至2008年5月31日。《劳动合同法》颁布后，高原看到《劳动合同法》中规定"连续订立二次固定期限劳动合同后可签订无固定期限劳动合同"，他非常高兴，认为，2008年5月31日合同到期后，如果再与公司续签一年期的劳动合同，就符合连续订立二次固定期限劳动合同的条件，下次续签合同时就可签订无固定期限劳动合同了。

请问：高原的理解对吗？

【案例评析】

根据《劳动合同法》第十四条第二款第三项的规定，连续订立二次固定期限劳动合同且劳动者没有本法第三十九条规定的情形续订劳动合同的，劳动者提出或者同意续订劳动合同的，应当订立无固定期限劳动合同。那么，《劳动合同法》施行后，连续订立二次固定期限劳动合同是从哪一次开始计算呢？根据第九十七条之规定，"本法第十四条第二款第三项规定连续订立固定期限劳动合同的次数，自本法施行后再次续订固定期限劳动合同时开始计算"。也就是说，劳动合同在《劳动合同法》施行前订立、《劳动合同法》施行后仍在履行的，不计算在连续订立的固定期限劳动合同的次数内，次数的计算应当以《劳动合同法》施行后新订立的劳动合同作为第一次。

本案中，高原与公司签订的劳动合同期限为2007年6月1日至2008年5月31日，该劳动合同订立的时间是2007年6月1日，虽然在《劳动合同法》施行后仍在履行，但不是《劳动合同法》施行后新订立的劳动合同，因此，该劳动合同不计入连续订立二次固定期限劳动合同的次数之内。如果该劳动合同期限届满后公司再与高原续签劳动合同，则续签的劳动合同才能作为连续订立二次固定期限劳动合同的第一次。高原与公司的劳动合同在2008年5月31日到期后，如果公司与高原再续签一年期的劳动合同，尚不适用于"连续订立二次固定期限劳动合同应当签订无固定期限劳动合同"这一规定，所以，高原的理解不对。

3.《劳动合同法》施行前已建立劳动关系，尚未订立书面劳动合同的，应当自该法施行之日起一个月内订立。

【案例3】

2007年5月1日，夏露（化名）开始在某公司做业务员，至今已经有好几个年头了，虽然每月能按时拿到2500元，但公司一直未与其签订劳动合同，因此夏露心中始终不踏实。

请问：夏露该怎么办？

【案例评析】

《劳动合同法》施行前，实践中对事实劳动关系的存在一直是默许的，但一旦发生纠纷，劳动者往往举证困难，维权艰难。《劳动合同法》施行后，规定：(1)建立劳动关系，应当订立书面劳动合同。(2)已建立劳动关系，未同时订立书面劳动合同的，应当自用工之日起一个月内订立书面劳动合同。(3)用人单位自用工之日起超过一个月不满一年未与劳动者订立书面劳动合同的，应当向劳动者每月支付两倍的工资。(4)用人单位自用工之日起满一年不与劳动者订立书面劳动合同的，视为用人单位与劳动者已订立无固定期限劳动合同。(5)用人单位违反本法规定不与劳动者订立无固定期限劳动合同的，自应当订立无固定期限劳动合同之日起向劳动者每月支付两倍的工资。(6)本法施行前已建立劳动关系，尚未订立书面劳动合同的，应当自本法施行之日起一个月内订立。

本案中，公司未与夏露签订劳动合同，而夏露工作至今已有好几个年头，夏露可以要求公司支付2008年2月1日至2008年12月31日的双倍工资，并自2009年1月1日起视为自己与公司已订立无固定期限劳动合同。夏露还可以依据"用人单位违反本法规定不与劳动者订立无固定期限劳动合同的，自应当订立无固定期限劳动合同之日起向劳动者每月支付两倍的工资"主张两倍工资的要求。根据法不溯及既往的原则，夏露不能要求2007年6月1日至2007年12月31日的双倍工资。

4.《劳动合同法》施行之日存续的劳动合同在该法施行后解除或者终止，依照该法第四十六条规定应当支付经济补偿的，经济补偿年限自该法施行之日起计算；该法施行前按照当时有关规定，用人单位应当向劳动者支付经济补偿的，按照当时有关规定执行。

【案例4】

2006年6月15日，小赵与某公司签订了一年期劳动合同，月薪为4000元。2007年6月15日，小赵又与公司签订了一年期限的劳动合同。2008年6月14日，劳动合同期满，公司决定不再续订劳动合同，终止了与小王的劳动合同。

请问：公司如何支付经济补偿？如果公司于2008年5月15日强行

解除劳动合同，公司应该如何赔偿？

【案例评析】

　　劳动部 1995 年 8 月 4 日发布的《关于贯彻执行〈中华人民共和国劳动法〉若干问题的意见》第三十八条规定：劳动合同期满或者当事人约定的劳动合同终止条件出现，劳动合同即行终止，用人单位可不支付劳动者经济补偿金。《劳动合同法》第四十六条规定，终止固定期限劳动合同的，除用人单位维持或者提高劳动合同约定条件续订劳动合同，劳动者不同意续订的情形外，用人单位应当向劳动者支付经济补偿，经济补偿按劳动者在本单位工作的年限，每满一年支付一个月工资的标准向劳动者支付。六个月以上不满一年的，按一年计算；不满六个月的，向劳动者支付半个月工资的经济补偿。

　　根据法不溯及既往的原则，《劳动合同法》施行之日存续的劳动合同在该法施行后解除或者终止，依照该法第四十六条规定应当支付经济补偿的，经济补偿年限自该法施行之日起计算。本案中，公司与小赵的劳动合同于 2008 年 6 月 14 日终止，公司支付经济补偿的年限从 2008 年 1 月 1 日开始计算，工作年限六个月以上不满一年的，按一年计算，因此公司应向小赵支付经济补偿月薪 4000 元，2006 年 6 月 15 日至 2008 年 1 月 1 日前的工作年限，公司可不支付经济补偿金。

　　如果公司于 2008 年 5 月 15 日强行解除劳动合同，按照《劳动法》和《劳动合同法》都应当支付经济补偿，但对用人单位违法解除合同，小赵要求继续履行劳动合同的，用人单位应当继续履行；小赵不要求继续履行劳动合同或者劳动合同已经不能继续履行的，用人单位应当依照《劳动合同法》第八十七条的规定支付赔偿金，即经济补偿标准的两倍向劳动者支付赔偿金，为 4000 元/月×0.5 个月×2＝4000 元。而 2006 年 6 月 15 日至 2007 年 12 月 31 日的工作年限（1 年零 6 个半月），公司应当支付解除劳动合同的经济补偿金为 3 个月×4000 元/月＝12000 元。

【案例 5】

　　郝帅（化名）是某国有企业劳动合同制员工，1999 年 1 月参加工作，在该国有企业担任技术员，月薪 3500 元。2008 年 11 月，双方劳动合同到期，公司决定终止劳动合同，不再续签。

请问：公司该如何支付经济补偿？

【案例评析】

《劳动合同法》规定："本法施行之日存续的劳动合同在本法施行后解除或者终止，依照本法第四十六条规定应当支付经济补偿的，经济补偿年限自本法施行之日起计算；本法施行前按照当时有关规定，用人单位应当向劳动者支付经济补偿的，按照当时有关规定执行。"郝帅系国有企业合同制员工，根据劳动和社会保障部办公厅《关于〈国营企业实行劳动合同制度暂行规定〉废止后有关终止劳动合同支付生活补助费问题的复函》的规定，"《国营企业实行劳动合同制度暂行规定》（国发[1986]77 号）（以下简称《规定》）废止后，国有企业职工劳动合同期满与企业终止劳动关系后有关生活补助费的支付问题，地方有规定的，可以按地方规定执行。地方没有规定的，以《规定》废止时间为准，对在《规定》废止前企业录用的职工，劳动合同期满后与企业终止劳动关系时，应计发劳动者至《规定》废止前工作年限的生活补助费，最多不超过 12 个月；对在《规定》废止后企业录用的职工，劳动合同期满终止劳动关系时，可以不支付生活补助费"。《国营企业实行劳动合同制暂行规定》于 2001 年 10 月 6 日被废止，公司应当计发 1999 年 1 月至 2001 年 10 月工作年限的生活补助费，即 3500 元/月×3 个月 = 10500 元，支付 2008 年 1 月 1 日至 11 月工作年限的经济补偿 3500 元，2001 年 10 月 6 日至 2007 年 12 月 31 日的工作年限无需支付经济补偿。

【案例 6】

老王系广州某大型企业的原固定工，1985 年参加工作，2008 年 12 月，老王与公司的劳动合同到期，公司决定终止劳动合同，而老王也不想再辛苦工作了，表示同意终止劳动合同。

请问：公司应当如何支付经济补偿？

【案例评析】

《劳动合同法》施行之日存续的劳动合同在该法施行后解除或者终止，经济补偿年限自《劳动合同法》施行之日起计算；《劳动合同法》施行前按照当时有关规定，用人单位应当向劳动者支付经济补偿的，按照当时有关规定执行。《广东省劳动合同管理规定》第二十九条规定：对在本单位转为合同制职工的1986年9月30日（含本日）以前参加工作的原固定工（含干部，下同），其劳动合同期满时，用人单位不愿以原劳动合同约定的劳动报酬和劳动条件作为最低标准续签劳动合同的，应按其在本单位的工作年限一次性发给生活补助费。第三十条规定，生活补助费标准为原固定工在本单位工作年限每满一年补助一个月的工资。月工资标准按本人原劳动合同期满前12个月的月平均工资计算，但本人月工资超过所在市上年度职工月平均工资300%的，按所在市上年度职工月平均工资300%计算。

本案中，老王属于1986年9月30日以前参加工作的原固定工，合同终止时公司应当向老王支付从参加工作之日起至2008年1月1日前的生活补助费，支付老王2008年1月1日后至合同终止时工作年限的经济补偿金。生活补助费的计发标准按照《广东省劳动合同管理规定》的有关规定执行，经济补偿金的计发标准按照《劳动合同法》的有关规定执行，两部分费用再予以合并计算。

【法条链接】

《劳动合同法》第九十七条 本法施行前已依法订立且在本法施行之日存续的劳动合同，继续履行；本法第十四条第二款第三项规定连续订立固定期限劳动合同的次数，自本法施行后续订固定期限劳动合同时开始计算。

本法施行前已建立劳动关系，尚未订立书面劳动合同的，应当自本法施行之日起一个月内订立。

本法施行之日存续的劳动合同在本法施行后解除或者终止，依照本法第四十六条规定应当支付经济补偿金的，经济补偿年限自本法施行之日起计算；本法施行前按照当时有关规定，用人单位应当向劳动者支付经济补偿的，按照当时有关规定执行。

【知识拓展】

法律的溯及力

法律的溯及力，也称法律溯及既往的效力，是指法律对其生效以前的事件和行为是否适用。如果适用就具有溯及力，如果不适用，该法就不具有溯及力。比如：

1. 刑法(公法)的溯及力

我国1997年刑法第十二条规定："中华人民共和国成立以后本法施行以前的行为，如果当时的法律不认为是犯罪的，适用当时的法律；如果当时的法律认为是犯罪的，依照本法总则第四章第八节应当追诉的，按照当时法律追究刑事责任，但是本法不认为是犯罪的或处刑较轻的，适用本法。本法施行以前，依照当时的法律已经作出的生效判决，继续有效。"此法条告诉我们，我国刑法采用的是"从旧兼从轻"的原则，即新法原则上不溯及既往，但是新法不认为犯罪或者处刑较轻的，适用新法。具体而言，它包括以下三种情况：

第一，没有溯及力，即行为时法律不认为是犯罪，而裁判时法律认为是犯罪的，则适用行为时法律。也就是说，1997年刑法认为是犯罪，可是实施行为是在1997年以前，而当时法律不认为是犯罪，就不适用1997年刑法，而适用行为时法律，也即法律没有溯及力。例如，我国1997年刑法规定了证券犯罪，而在刑法施行前该行为只作行政处理，不认为是犯罪，因此对过去的此类危害行为，按照上述原则不能以犯罪论处，也就是说不能因为裁判时法律规定为犯罪而追究行为人的刑事责任。

第二，有溯及力，即行为时法律认为是犯罪，但裁判时刑法不认为是犯罪的，只要这种危害行为未经审判或者尚未确定，就应适用裁判时刑法。也就是说，1997年以前未对危害行为进行审判或者尚未确定，即使行为时法律认为是犯罪，但按照1997年刑法裁判时不认为是犯罪，就应适用裁判时的刑法，即法律有溯及力。

第三，如果行为时刑法和裁判时刑法都认为犯罪，并且按照1997年刑法规定应当追诉的，按行为时法律追究刑事责任，裁判时刑法此时无溯及力；但如果行为时刑法处刑比裁判时刑法重，则适用裁判时刑法，裁判时刑法有溯及力。这是从量刑的角度来看刑法的溯及力，假设在罪状不变的情况下，新的法律是较轻的，新法具有溯及力，也就是说适用新法。在认定行为时刑法与裁判时刑法处刑何为重、何为轻的时候，可以考虑以下几种情况：

①新法律用一个较轻的刑种代替另一个较重的刑种，例如用拘役代替有期徒刑；

②刑种相同，但新法律降低了最高刑，例如新旧刑法都规定了有期徒刑，但新的法律在同一种情节下将最高刑期由15年降到10年；

③新旧法律规定的法定刑罚最高刑相同，但新的法律降低了法定最低刑，例如新的法律在同一种情节下将最低刑期由5年降到3年；

④新的法律所规定的主刑未变，但新法律取消了附加刑，或者使必须判处的附加刑具有随意的性质，或者减轻必须的或随意的附加刑(刑种和分量)；

⑤新法律用选择的、规定较轻的刑罚代替了比较确定的法定刑。

此外，在改变了法定刑，而且也改变了刑事法律罪状的时候，要解决其溯及力的问题，应当首先确定行为人实施了什么行为，得到什么样的刑法评价的问题。

总之，新法与旧法的轻重比较是以对行为人有利与否为标准。

对行为人有利者为轻；反之，对行为人不利者为重。新法与旧法谁更有利于行为人，主要比较可罚性的范围以及刑罚的轻重。行为人所实施的犯罪行为应根据实施犯罪时生效的法律，或者根据作出判断时生效的法律，从中确定一个较轻的法律追究刑事责任。

2. 民事法律（私法）的溯及力

民事法律在原则上没有溯及力。法律只有公布于世，才能要求社会成员共同遵守并产生约束力。经旧法确立的法律关系如果要用新法加以改变，难免影响社会秩序的安定，所以民事法律一般只适用于其生效后发生的事实和关系，也就是说，民法规范一般没有溯及力。但是，并不排除国家根据客观需要，在一定的情况下作出某种溯及既往的规定。民法溯及既往，必须由国家的法律作出明确规定，或者由有权解释法律的机关作出解释，这种法律规定或解释，是不溯及既往原则下的例外规定。

总之，就现代法而言，法律一般只能适用于生效后发生的事件和行为，不适用于生效前的事件和行为，即采取法律不溯及既往的原则。

二、劳动合同解除的种类

《劳动合同法》第三十六条至第四十三条规定的解除条款具体包括协商（合意）解除和单方解除。单方解除又分为劳动者单方解除和用人单位单方解除。

（一）协商（合意）解除

协商（合意）解除，是指劳动合同依法成立后尚未全部履行前，用人单位与劳动者在完全自愿的情况下，当事人双方相互协商一致达成协议，提前终止劳动合同的效力，使原劳动合同归于消灭。协商（合意）解除劳动合同，是双方当事人的共同意愿导致的结果，体现了双方当事人的意思自治。因为这种解除方式是双方共同决定的，所以解除以后很少发生纠纷。

协商解除劳动合同没有规定实体、程序上的限定条件，只要双方就解除劳动合同的各种事项达成一致的意见，内容、形式、程序不违反法律禁止性、强制性规定即可。无论是用人单位提出解除劳动合同的动意，还是劳动者提出解除劳动合同的动意，解除劳动合同的当事人双方都是出于自愿就解除劳动合同协商一致，不得采取欺诈、威胁的手段，更不得以限制人身自由等方式逼迫对方解除劳动合同。从用人单位的角度来讲，用人单位必须征得员工的同意，才可以解除合同；从劳动者的角度来讲，劳动者可以向用人单位提出解除劳动合同，用人单位同意以后，合同解除。

【案例7】

2009年12月，刘敏（化名）应聘到武汉市一家外企做市场销售，虽然挣钱不算少，可是没有什么前途，加上长期出差在外无法照顾妻儿，所以刘敏左思右想之后决定辞职。恰巧此时公司也因其销售业绩一直不好提议与他解除劳动合同，刘敏于是同意与公司解除劳动合同。办完离职手续并领取了解除劳动合同经济补偿金后，刘敏离开了公司。

然而，一个月过去了，刘敏连续跑了十几家职业介绍所，也没找到一个合适的新工作。于是，他又回到了原公司，说自己当初跟公司签的劳动合同还没到期，还想继续履行。刘敏的请求遭到了公司的拒绝。

请问：公司是否有权拒绝刘敏要求继续履行劳动合同的请求？

【案例评析】

《劳动合同法》第三十六条规定：用人单位与劳动者协商一致，可以解除劳动合同。双方当事人一旦就劳动合同的解除协商达成一致，并签订书面解除合同协议，就产生了双方劳动合同关系完结的法律效力。本案例中，公司与刘敏的劳动合同协商解除后，公司已经跟他没有劳动合同关系了。刘敏主张劳动合同还没到期，要求继续履行的请求是没有法律依据的。

(二)劳动者单方解除劳动合同

具备法律规定的条件时,劳动者享有单方解除权,无须双方协商达成一致意见,也无须征得用人单位的同意。劳动者单方解除劳动合同具体又可以分为预告解除和即时解除。

1. 预告解除劳动合同

预告解除劳动合同是指劳动者履行预告程序后单方解除劳动合同。

《劳动合同法》第三十七条规定:劳动者提前三十日以书面形式通知用人单位,可以解除劳动合同;劳动者在试用期内提前三日通知用人单位,可以解除劳动合同。这一条款是劳动者解除劳动合同的一般情形,是关于劳动者辞职权的规定,是劳动者解除劳动合同的一项权利,除需要履行提前三十日以书面形式(在试用期内提前三日)通知用人单位的程序外,对劳动者行使辞职权不附加任何限制。但劳动者违反《劳动合同法》的规定解除劳动合同,或者违反劳动合同中约定的保密义务或者竞业限制,给用人单位造成损失的,应当承担赔偿责任。

【案例8】

毕业于某铁路职业技术学院的周某,与广州地铁局签订了为期5年的劳动合同。工作了一年之后,周某感觉没有发展前途,遂向地铁局递交了辞职申请。地铁局要求其继续工作一个月,以便安排人员接手周某的工作。

请问:地铁局要求周某再工作满一个月是否合法?

【案例评析】

根据《劳动法》的一般原理,劳动力的给付具有高度的人格意义,劳动者何时参加劳动,为谁劳动是劳动者的基本权利,均不得强求。劳动合同既然是劳动者自愿签订的,劳动者当然也有权自愿解除。特别是在市场经济条件下，劳动力的合理与自由流动本身符合经济发展的规律。因此，劳动者有权根据实际情况来选择职业，扬长避短，充分发挥自己的独特优势。如果法律对择业限制过多，不但不利于人力资源的有效利用，压制劳动者的积极性，也会给企业的效益带来负面的影响。为了提高劳动者的积极性，法律赋予了劳动者经过一定程序解除劳动合同的权利。

但是，劳动者依据单方意思表示解除劳动合同，具有直接的破坏性效果：一经解除，劳动合同立刻遭到破坏，不能再继续下去，将来的劳动关系需重新建立才能恢复到原来的状态。因此，为了防止权利滥用，避免劳动者不受限制地随意解除劳动合同而破坏用人单位的利益，尤其是破坏用人单位和劳动者之间的信赖关系，有必要对劳动者的辞职权加以一定的限制，即劳动者在行使解除劳动合同权利的同时必须遵守法定的程序。

一是遵守解除预告期。劳动者在享有解除劳动合同自主权的同时，也应当遵守解除合同预告期，即提前三十天（在试用期内三天）通知用人单位，也就是说劳动者在书面通知用人单位后还应继续工作至少三十天。提前通知，可以使用人单位事先知晓劳动者的意图，便于用人单位及时安排人员接替其工作，保持劳动过程的连续性，确保正常的工作秩序，避免因解除劳动合同影响企业的生产经营活动，给用人单位造成不必要的损失。同时，也使劳动者解除劳动合同合法化，避免因构成违法解除劳动合同而可能承担赔偿责任。除此之外，《劳动合同法》对劳动者的预告解除没有其他的程序性限制，也就是说三十天（在试用期内三天）的预告解除权是法定解除权，劳动者行使该权利无需得到用人单位的接受即产生效力，也无需给出理由，要求离开用人单位本身就是理由。

二是书面形式通知用人单位（在试用期内没有形式要求）。《劳动合同法》第三十七条规定，劳动者提前三十日以书面形式通知用人单位，可以解除劳动合同；劳动者在试用期内提前三日通知用人单位，可以解除劳动合同。"三十日"这一时间的确定，直接关系到解除预告期的起算时间，也关系到劳动者的工资等利益，所以必须采用慎重的方式来表达。

本案中，周某递交辞职报告即以书面形式通知了用人单位其欲解除劳动合同的用意，用人单位并无异议，但为了保持劳动过程的连续性，确保正常的工作秩序，避免因解除劳动合同影响企业的生产经营活动而造成不必要的损失，用人单位要求周某继续工作一个月以便及时安排人员接替其工作，不仅合情合理，也符合《劳动合同法》的规定。

【案例9】

张某是某合资企业销售员，工作经验丰富，与公司签订有无固定期限劳动合同。虽待遇不错，但始终不能提升至领导层，对业务开展不具有决策权，影响了其期望值的实现，张某遂萌生跳槽念头。

不久，张某就联系了另一家公司，该公司许诺张某较高的职位和待遇，希望张某尽快到公司工作。张某也比较满意，承诺十天内到该公司上班。于是，张某向合资公司书面提出辞职，并要求尽快办理移交及退工手续。合资公司对张某的辞职并无异议，但要求张某工作一个月后再离开，以便公司物色接替人员。张某认为合资公司已经同意辞职，又要求工作一个月不合理，在协商不成的情况下，张某为兑现与另一家公司的承诺，在向合资公司提出辞呈的第五天自行到新公司上班。合资公司发现后，要求张某回公司继续工作，张某未予理睬，经过几次通知无效后，合资公司以张某旷工为由作出了违纪辞退决定。张某不服，双方发生争议。

张某认为，自己依据《劳动合同法》的规定向公司提出辞职要求，公司也同意了，这表示双方的劳动关系已经结束。此时，公司要求自己继续上班没有依据。另外，自己是提出辞职并经公司同意后才离开的，公司以旷工为由作出辞退处理也没有依据。而公司认为，《劳动合同法》规定，劳动者提前三十日以书面形式通知用人单位，可以解除劳动合同。但劳动者须遵守30天的预告期，在这期间公司好安排其他人员接替其岗位。可是张某在递交辞职报告5天后，在未办理请假手续的情况下擅自离职，根据公司规章制度，张某的行为已经构成旷工，公司可以按照有关规定对其作出辞退处理。

请问：张某和公司，谁说得对？

【案例评析】

辞职是劳动者的法定权利，不可剥夺。《劳动合同法》规定：劳动者提前三十日以书面形式通知用人单位，可以解除劳动合同。但是劳动者违反本法规定解除劳动合同，或者违反劳动合同中约定的保密义务或者竞业限制，给用人单位造成损失的，应当承担赔偿责任。也就是说，法律一方面赋予劳动者单方解除权，在解除劳动关系的问题上使劳动者居于强势地位而置用人单位于不确定状态；另一方面，为了平衡双方利益，法律赋予用人单位享有程序上提前知晓的权利，劳动者应当本着诚实信用原则履行通知义务。如果劳动者违反法律规定的条件解除劳动合同，给用人单位造成经济损失的，应当承担赔偿责任。劳动者提出解除劳动合同的，用人单位可以不给付经济补偿金。

本案中，张某以书面形式通知用人单位，虽然符合法律的"以书面形式通知"这个条件，但张某提出辞职五天后离职，不符合"提前三十日"这个条件，其合同解除未成立。张某在合同尚未解除的情况下离职，不再承担合同义务，违反了法律规定以及用人单位的规章制度，用人单位根据法律相关规定以及用人单位的规章制度，可以对其作出相应的处理。

【案例10】

某集团年薪30万元的副总李某，因某种原因跳槽离开该企业。跳槽以后，企业相关人员找他追讨违约金，说："劳动合同里面约定有违约金，你现在提前离开，就要支付违约金500万元。"李某说："我不支付，我也支付不起。"于是，企业申请仲裁，并提出若李某支付不起500万元，就打个五折，给250万元。经过审理，仲裁庭支持了企业的请求，裁定李某向企业支付250万元的违约金。李某不服，到法院起诉，最终结果还是要支付250万元的违约金。

请问：你怎样看？

【案例评析】

《劳动法》第三十一条规定，劳动者解除劳动合同，应当提前三十日以书面形式通知用人单位。这里，将"提前三十日以书面形式通知用人单位"作为劳动者必须履行的解除劳动合同的程序义务，至于这种解除合同的行为是不是违约，则应另当别论。《劳动法》第一百零二条规定："劳动者违反本法规定的条件解除劳动合同或者违反劳动合同中约定的保密事项，对用人单位造成经济损失的，应当依法承担赔偿责任。"为了进一步明确劳动者违约赔偿责任的范围，劳动部1995年颁发的《违反〈劳动法〉有关劳动合同规定的赔偿办法》第四条对此作了具体规定，劳动者违反规定或劳动合同的约定解除劳动合同，对用人单位造成损失的，应赔偿用人单位下列损失：(1)用人单位招收录用其所支付的费用；(2)用人单位为其支付的培训费用，双方另有约定的按约定办理；(3)对生产、经营和工作造成的直接经济损失；(4)劳动合同约定的其他赔偿费用。

因此，《劳动合同法》出台之前，很多用人单位与员工在劳动合同中约定了员工提前解除合同的违约金事项，很少与员工约定在什么情况下可以解除合同。我国大部分的省、市、自治区，允许企业在劳动合同中与员工约定违约金，并且约定的违约金数额高低不一，有些地区为了对劳动者公平一些，就给违约金设了一个上限，比如北京，规定用人单位在劳动合同中与员工约定的违约金不能超过员工离职前的十二个月工资的总和，即一年的工资。也就是说，如果这个案例发生在北京，企业只能得到违约金30万元；如果发生在上海，那企业就一分钱也得不到，因为上海的地方法规规定不许给员工设定违约金。

《劳动合同法》出台以后，除以下两种情形外，用人单位不得与劳动者约定由劳动者承担违约金：一是单位出资培训，并且与接受培训的员工约定了服务期，员工在服务期内违约提前离开的；二是劳动者违反竞业限制约定的。《劳动合同法》第三十七条规定，劳动者提前三十日以书面形式通知用人单位，可以解除劳动合同。这里的"提前三十日以书面形式通知用人单位"是一个程序而非义务，劳动者是依法行使解除劳动合同的权利，不能算违约，也就没有违约金的说法。

现实中，有的用人单位会担心，如果不设违约金的话就更留不住人才了。其实要想留住员工，不能靠高额违约金来牵制。试想，如果员工不想留下，用人单位用高额违约金制约他，他不敢走，只好"人在曹营心在汉"，出工不出力，而用人单位还得给他发工资，倒不如好聚好散。

【案例11】

李某毕业后想自己创业，因没有工作经验和社会阅历，于是就先到铁路单位上班，并签订了五年期的劳动合同，试用期六个月。工作了两三个月，李某觉得特没意思，每天就是沿着铁路线跑。于是向公司辞职。

请问：李某的做法对吗？

【案例评析】

劳动者在试用期内解除劳动合同是劳动者依法享有的选择权，用人单位无权单方面就此作出任何限制性规定。在试用期内，劳动者与用人单位的劳动关系处于一种不确定状态，劳动者对是否与用人单位建立正式的劳动关系仍有选择的权利。2008年1月1日以前，劳动者在试用期期间，可以不讲任何理由，随时通知用人单位解除劳动合同。因为《劳动法》规定，在试用期期间，劳动者可以随时通知用人单位解除劳动合同。但是，2008年1月1日《劳动合同法》实施以后，劳动者提前三日通知用人单位，可以解除劳动合同。规定劳动者提前三日通知用人单位，是为了避免劳动者在离开之日通知用人单位，使用人单位措手不及,在一定程度上影响用人单位生产经营的连续性。虽然三天时间不足以让用人单位再重新招一个继任者,但可以让用人单位有一个准备时间。当然,提前的时间不能过长,否则与劳动者工作到试用期满就没什么区别了,试用期也就失去了意义。

本案如果是发生在 2008 年 1 月 1 日以前,李某的做法没什么不对;但是若发生在 2008 年 1 月 1 日以后,他的做法就不符合法律的规定,如果因此给单位造成了损失,李某可能要承担赔偿的责任。

2. 即时解除劳动合同

即时解除劳动合同,是指在出现了法定事由的情况下,劳动者无需向用人单位预告就可以通知用人单位解除劳动合同。即时解除劳动合同是劳动者行使的特别解除权,是劳动者无条件单方解除劳动合同的权利。

【法条链接】

《劳动合同法》第三十八条 用人单位有下列情形之一的,劳动者可以解除劳动合同:

(一)未按照劳动合同约定提供劳动保护或者劳动条件的;

(二)未及时足额支付劳动报酬的;

(三)未依法为劳动者缴纳社会保险费的;

(四)用人单位的规章制度违反法律、法规的规定,损害劳动者权益的;

(五)因本法第二十六条第一款规定的情形致使劳动合同无效的;

(六)法律、行政法规规定劳动者可以解除劳动合同的其他情形。

用人单位以暴力、威胁或者非法限制人身自由的手段强迫劳动者劳动的,或者用人单位违章指挥、强令冒险作业危及劳动者人身安全的,劳动者可以立即解除劳动合同,不需事先告知用人单位。

(1) 未按照劳动合同约定提供劳动保护或者劳动条件的

劳动保护，就是依靠技术进步和科学管理，采取技术和组织措施，消除劳动过程中危及人身安全和健康的不良条件与行为，防止伤亡事故和职业病，保障劳动者在劳动过程中的安全和健康。具体内容有：①工作时间的限制和休息时间、休假制度的规定；②各项劳动安全与卫生的措施；③对女职工的劳动保护；④对未成年工的劳动保护。

劳动条件，是指劳动者在劳动过程中所必需的物资设备条件，如有一定空间和阳光的厂房、通风和除尘装置、安全和调温设备以及卫生设施等。

保护劳动者在劳动过程中的生命健康安全是用人单位的基本责任和义务。用人单位为劳动者提供相应的劳动保护是对劳动者基本利益的维护。根据《劳动合同法》第十七条的规定，劳动保护和劳动条件是劳动合同的必备条款，即提供劳动保护和劳动条件是用人单位应尽的义务，如果用人单位未按照国家规定的标准或劳动合同的规定提供劳动条件，致使劳动安全、劳动卫生条件恶劣，严重危害职工的身体健康的，劳动者可以与用人单位解除劳动合同。

【案例12】

刘某从某矿冶学校毕业后，与某有色金属矿山企业签订了5年期的劳动合同。劳动合同中约定，刘某负责指导一线开采工作，企业提供必要的劳动保护条件，工资待遇与企业管理人员相同。按劳动合同约定，刘某被安排到一线工作，但企业一直没有提供相应的劳动保护设备。刘某找到企业负责人讨说法，负责人说刘某是按管理人员对待的，不是真正的一线工人，不能像一线工人那样领取劳动保护设备，由于工作需要，也无法享受企业机关科室人员的工作环境。刘某认为企业的这种做法违反了劳动合同中关于劳动条件的约定，于是提出解除劳动合同。

请问：刘某可以解除劳动合同吗？

【案例评析】

在劳动合同的几项主要内容中，人们对合同期限、工作内容、劳动报酬等"硬件"比较注意，往往忽视劳动条件等"软件"。但实际上，必要的劳动条件不但是劳动者身体健康的保障，也是劳动者顺利履行义务的保障。《劳动合同法》第十七条明确将劳动者的劳动条件规定为劳动合同的必备内容之一。《劳动合同法》第三十八条规定，用人单位未按照劳动合同约定提供劳动保护或者劳动条件的，劳动者可以随时通知用人单位解除劳动合同。

本案中，当事人双方已经在劳动合同中约定了劳动条件，企业却以刘某的工作性质比较特殊为由不予提供，不仅违反了劳动合同的约定，也违反了《劳动合同法》关于劳动条件的规定，使得劳动者的身体健康和义务履行都失去了保障。因此，刘某根据《劳动合同法》的规定，依法提出解除劳动合同是合法的。

【案例13】

某温度计厂在改建厂房的过程中，有汞作业车间墙壁均未加涂防汞保护层，职工没有专门的洗澡和更衣设备，车间的通风设备也已经报废，长期在不安全不卫生的工作场所从事劳动，造成有的职工汞中毒。蔡某因不能忍受这样的工作环境，于是提出辞职，之后立即离开了工厂，工厂根据其未经同意即离开工厂的行为追究其造成的损失，蔡某觉得自己没错，所以没有理会。

请问：蔡某提出辞职即离开工厂的行为合法吗？

【案例评析】

劳动保护，包括提供各项劳动安全与卫生设施。《劳动法》规定，劳动安全卫生设施必须符合国家规定的标准，用人单位必须为劳动者提供符合国家规定的劳动安全卫生条件和必要的劳动防护用品，劳动者对危害生命安全和身体健康的行为，有权提出批评、检举和控告。

汞温度计生产是一种有毒有害的作业，为了消除和减轻生产劳动过程中汞毒的危害，预防职业病的发生，保障职工的安全监控，《汞温度计生产防毒规定》第六条、第七条、第十五条规定，有汞作业车间一般应以多层单排的形式、采用整体现浇楼板修建，其室内的墙壁、顶棚、地面和其他内部结构均应采用不吸附汞的密实材料，并在其外表面加涂环氧树脂或过氯乙烯保护层；地面应由中央向两边倾斜1%~1.5%的坡度，并在墙侧设置明沟及与其相通的污水管道和集汞池（槽）。汞作业车间应根据汞作业各工序的设备特点和操作要求，采取有效的密闭和机械通风与自然通风，并应配置完善的含汞气、水、渣净化处理设施。汞作业车间（场所）下班后要进行全面的清扫和地面冲洗工作，工厂应设置职工（淋）浴室、更衣室和衣帽箱；职工上班前应穿戴好专用的工作服和鞋帽，下班后应进行淋浴并把工作服和鞋帽存放在厂内，不得穿戴回家。

对于上述规定，该厂未能完全遵循，违反了国家关于劳动安全卫生的规定，给职工身体健康带来了危害，应当予以纠正和进行相应的处罚。作为劳动者，在生产劳动中应该具有较强的自我保护意识，能够采取正确的方式和途径，对危害自身健康的违法行为提出批评、检举和控告，监督企业生产设施、设备和执行劳动安全卫生法规的情况，及时纠正企业违反劳动安全卫生法规问题，做到群管群防，切实保障职工的身体健康。

当然，劳动者也有辞职的权利，可以自由选择自己的职业。根据《劳动合同法》的规定，劳动者的劳动条件为劳动合同的必备内容之一，用人单位未按照劳动合同约定提供劳动保护或者劳动条件的，劳动者可以随时通知用人单位解除劳动合同。因此，蔡某因不能忍受这样的工作环境选择离开，其做法没有什么不对，也就不存在给工厂赔偿损失这一说法。而如果蔡某经医院检查确诊其汞中毒，工厂还应给予治疗费用和相应的赔偿。

(2) 未及时足额支付劳动报酬的

劳动报酬，是指用人单位依据国家有关规定或劳动合同约定，根据劳动者的劳动岗位、技能及工作数量、质量，直接支付给劳动者的劳动收入。在劳动者已履行劳动义务的情况下，用人单位应按劳动合同约定或国家法律法规规定的数额、日期及时足额支付劳动报酬，禁止克扣和无故拖欠劳动者劳动收入。支付劳动报酬，也是劳动合同所规定的必备条款，用人单位未按照劳动合同约定及时足额支付劳动报酬，既违反了劳动合同，也是对劳动者合法权益的侵犯，劳动者有权随时告知用人单位解除劳动合同。

那么，什么情况下用人单位可以不按时支付工资呢？按照法律规定只有一种情形，即用人单位因为资金周转不灵或者经营发生困难，不能按时支付工资。这种情况下用人单位要履行程序，提前向劳动者说明情况，征得劳动者同意后，可以延长支付。延长期最多不超过一个工资结算周期，也就是一个月，比如10月10日应该发9月份工资，因为特殊情况，在征得劳动者同意之后可以延期，但不能超过11月10日。

按照法律规定，用人单位只可以在三种情况下扣减劳动者工资：第一，代扣代缴个人所得税、社会保险、公积金中个人负担的部分；第二，给用人单位造成的损失赔偿部分；第三，生效法律文书、人民法院判决书确认的劳动者应该承担的抚养费、孩子的赡养费。除此之外均不可以扣减。

(3) 未依法为劳动者缴纳社会保险费的

社会保险是国家建立的给予劳动者物质帮助和补偿的制度，使劳动者在年老、患病、工伤、失业、生育等情况下获得帮助和补偿，包括养老保险、医疗保险、工伤保险、失业保险和生育保险。用人单位应依法参加社会保险，为劳动者缴纳社会保险费，否则是对劳动者基本权利的侵害，劳动者可以就此与用人单位解除劳动合同。

【法条链接】

《劳动法》第七十三条　劳动者在下列情形下，依法享受社会保险待遇：

(一) 退休；

(二)患病、负伤;

(三)因工伤残或者患职业病;

(四)失业;

(五)生育。

劳动者死亡后,其遗属依法享受遗属津贴。

劳动者享受社会保险待遇的条件和标准由法律、法规规定。

劳动者享受的社会保险金必须按时足额支付。

(4)用人单位的规章制度违反法律、法规的规定,损害劳动者权益的

规章制度是由用人单位制定的旨在保证劳动者履行劳动义务和享有劳动权利的规则和制度。首先,规章制度的内容要合法,即内容不得违反国家《宪法》《劳动法》《劳动合同法》及其他法律、法规的规定,也不得与劳动合同以及集体合同的内容相冲突。因为劳动合同、集体合同和规章制度往往都会涉及劳动条件和劳动待遇的规定,劳动合同和集体合同是劳动者与用人单位双方合意的结果,而规章制度是由用人单位单方面制定的,这就要求规章制度有关劳动条件和劳动待遇的规定不得低于合同的约定。其次,规章制度的制定和公布的程序要合法:①要经过一定的民主程序。规章制度的制定权虽然属于用人单位,但规章制度的内容涉及的是劳动者的劳动权利和劳动义务,因此,法律上要求用人单位在制定规章制度时,要经过一定的民主程序。②应当公示。职工作为规章制度的遵守者,有权了解规章制度的内容,法律不要求职工遵守一个自己不知晓或无法知晓的规章制度。《劳动合同法》第四条第四款规定,直接涉及劳动者切身利益的规章制度应当公示或者告知劳动者。因此,公示是规章制度产生效力的必要条件之一。

因用人单位的规章制度违反法律、法规的规定,给劳动者的权益带来损害的,劳动者可以解除劳动合同。这里,规章制度违反法律、法规的规定是前因,造成劳动者权益受损是后果,在二者同时具备的情况下,劳动者可以解除劳动合同。例如,用人单位的加班费计算方式、节

假日规定与法律规定不符，用人单位依据该违法的方法计算并支付加班费，使得劳动者只得到了较少的加班费，那么，该单位劳动者就可以依据上述条款要求解除劳动合同，并要求单位支付经济补偿。

【案例14】

某公司规章制度规定：凡本公司员工之间结婚的，不能享受婚假。王某（男）与李某（女）同在公司采购部工作，日久生情，最终恋爱并决定结婚。2008年5月，王某与李某向公司提出请婚假时，公司不予批准。于是，王某与李某将请假条放在人事经理办公桌上就回家结婚了。回公司时，却被告知两人因旷工被公司解雇了，并且公司也不支付王某与李某婚假工资。在协商未果后，王某与李某申请劳动仲裁，要求公司支付婚假工资和违法解除劳动合同的赔偿金。

请问：劳动仲裁委员会会支持王某与李某的仲裁请求吗？

【案例评析】

用人单位的规章制度是单位内部的"法律"。《劳动合同法》第四条第一款规定，用人单位的规章制度，必须内容合法才对劳动者有约束力。用人单位制定的规章制度，违反法律、法规规定的，用人单位将会受到法律的制裁。《劳动合同法》第八十条规定，用人单位直接涉及劳动者切身利益的规章制度违反法律、法规规定的，由劳动行政部门责令改正，给予警告；给劳动者造成损害的，应当承担赔偿责任。根据《劳动合同法》第三十八条的规定，用人单位的规章制度违反法律、法规的规定，损害劳动者权益的，劳动者可以解除劳动合同，并要求经济补偿。

案例中，公司规章制度规定，"凡本公司员工之间结婚的，不能享受婚假"，其内容不合法，侵犯了劳动者依法享受婚假的权利。王某与李某依法休婚假，却被公司以旷工为由予以辞退，严重损害了劳动者的合法权益，故劳动仲裁委员会支持王某与李某的仲裁请求。

(5)因《劳动合同法》第二十六条第一款规定的情形致使劳动合同无效的

《劳动合同法》第二十六条第一款规定了劳动合同无效或者部分无效的几种情况。无效的劳动合同从订立的时候起就没有法律约束力，劳动者可以不予履行，对已经履行的，给劳动者造成损害的，用人单位还应承担赔偿责任。

【法条链接】

《劳动合同法》第二十六条　下列劳动合同无效或者部分无效：

（一）以欺诈、胁迫的手段或者乘人之危，使对方在违背真实意思的情况下订立或者变更劳动合同的；

（二）用人单位免除自己的法定责任、排除劳动者权利的；

（三）违反法律、行政法规强制性规定的。

(6)法律、行政法规规定劳动者可以解除劳动合同的其他情形

本项是一条兜底条款，以避免遗漏现行法律、法规规定的其他情况，使该法和其他法律以及以后颁行的新法相衔接。

(7)用人单位以暴力、威胁或者非法限制人身自由的手段强迫劳动者劳动的

暴力，是指对劳动者实施捆绑、殴打、伤害等行为。威胁，是指对劳动者施以暴力或者其他强迫行为。非法限制人身自由，是指采用拘留、禁闭或其他强制方法非法剥夺或限制他人按照自己的意志支配自己身体活动的行为。人身自由是公民各种自由权利当中的一项基本权利，我国公民的人身自由受宪法和法律保护。企业强迫劳动者劳动，是严重侵犯劳动者人身权利的行为，是非法的，劳动者有权随时解除劳动合同，而无需事先告知用人单位。

(8)用人单位违章指挥、强令冒险作业危及劳动者人身安全的

在劳动生产过程中，存在着各种不安全、不卫生因素，如不采取措施对劳动者加以保护，就会危害劳动者的生命安全和身体健康，妨碍生

产的正常进行。因此，我国法律严格保护劳动者在履行劳动合同、进行生产劳动过程中的劳动安全卫生权利。《劳动合同法》规定，对于用人单位不顾及劳动者的人身安全，对从事危险作业的劳动者，如采矿工人、高空作业人员等，在没有安全防护的情况下，强令劳动者进行作业的行为，劳动者有权拒绝并撤离作业场所，可以立即解除劳动合同。劳动者拒绝用人单位管理人员违章指挥、强令冒险作业的，不视为违反劳动合同；对危害生命安全和身体健康的劳动条件，有权提出批评、检举和控告。也就是说，当用人单位管理人员违章指挥劳动者冒险作业的时候，劳动者是有权拒绝的，而且这种拒绝不属于劳动者的过错，而是出于用人单位的过错。

【案例15】

某建筑公司的起重机出现故障，被送出去修理了，但因为工期紧张，公司就从别的单位借来一台起重机交给原来的操作员操作。操作员一看，发现这台起重机已经停用两年了，很多地方锈迹斑斑，连钢丝绳也有轻微的损坏。于是，他跟部门经理提出，起重机必须先进行全面的检验，合格之后才能操作。部门经理急了："现在工期那么紧，你操作的机器坏了，给你借了一个，就是为了赶工期，你还要找有关部门检验，这不是耽误工作吗？"但是，操作员坚持，如果起重机不经过检验的话就拒绝操作。部门经理更火了："你不操作我就找别人，你不用来了，解除你的劳动合同，因为你不履行合同义务，分配你的工作你不做。"

请问：该部门经理的行为是否合法？

【案例评析】

根据相关规定，起重机停用一年以上再启用的，必须经过有关部门的检验。本案中，建筑公司经理强迫操作员冒险作业，属于"违章指挥、强令冒险作业"，操作员当然有权拒绝，公司不能以此为由解除操作员的劳动合同。相反，劳动者可以即时解除劳动合同，且用人单位应当支付经济补偿。

总之，劳动者的即时解除权，本质上是一种出于用人单位的过错，侵害了劳动者的合法权益，劳动者为维护自身利益不用经过提前通知程序即可解除劳动合同。劳动者即时解除合同的情况，传统大陆法系称之为被迫辞职，英美法系称之为推定解除。

劳动者行使特别解除权时，也会给用人单位的正常生产经营带来很大的影响，所以立法在平衡保护劳动者与用人单位合法利益的基础上对此类情形作了具体的规定，只限于在用人单位有过错行为的情况下允许劳动者行使特别解除权。

(三) 用人单位单方解除劳动合同

具备法律规定的条件时，用人单位享有单方解除权，无须双方协商达成一致意见，主要包括过错性解除权、非过错性解除权、经济性裁员三种情形。

1. 过错性解除权

过错性解除权是指用人单位享有的，在劳动者存在一定过错的情形下，用人单位无须事先通知劳动者就可以单方解除劳动合同的权利。

过错性解除劳动合同在程序上没有严格限制，用人单位无须支付劳动者解除劳动合同的经济补偿金。若约定了符合法律规定的违约金条款的，劳动者须支付违约金。

过错性解除劳动合同是《劳动合同法》赋予用人单位对劳动合同的单方解除权，以保障用人单位的用工自主权。但是过错性解除权一方面不需要提前通知劳动者，另一方面，用人单位也无须给予劳动者任何经济补偿，因此极易出现用人单位滥用该权利的现象。为了保护劳动者的劳动权，防止用人单位滥用解除权，随意与劳动者解除劳动合同，立法上严格限定用人单位与劳动者解除劳动合同的条件，禁止用人单位随意或武断地与劳动者解除劳动合同。过错性解除劳动合同适用情形如下：

(1) 在试用期间被证明不符合录用条件的

实践中，有一些用人单位，为了廉价使用劳动力，经常大量招收新员工，然后约定试用期，在试用期即将届满的时候，为了防止新员工通过试用期而增加人力成本，就整批地裁掉处于试用期的劳动者，然后再招新人，故伎重演。为了防止用人单位滥用试用期，保护劳动者的合法权益，《劳动合同法》规定，用人单位在试用期解除劳动合同的，应当向劳动者说明理由。也就是说，在试用期中，用人单位要解除劳动合同，必须有证据证明劳动者不符合录用条件。

第一，劳动者不符合录用条件，是用人单位在试用期间单方与劳动者解除劳动合同的前提条件。如果没有这个前提条件，用人单位无权在试用期内单方解除劳动合同。

所谓录用条件，顾名思义，就是录用时劳动者应当达到的要求。一般指用人单位在招用劳动者时，依据法律、法规规定的基本录用条件以及依据岗位要求所提出的具体标准。前者指的是职业道德、敬业精神、团队精神、劳动者的个人品行和文明素养等综合指标及劳动者所在岗位要求的最基本的工作技能，是用人单位对录用的劳动者提出的应具备的共性基本条件。比如诚实守信，在应聘的时候如实告知与工作相关的信息，包括自己的教育背景、身体状况、工作经历等；比如对用人单位的忠诚度，具有合作和团队精神，团结同事，而不是经常在背后说同事的坏话，挑拨同事之间的关系，思想端正及工作积极，等等。后者指的是用人单位针对不同的工作岗位或者职位向劳动者提出的要求和标准，比如学历、资质、技能等要求以及符合企业招聘时对岗位职责的描述等。

【案例16】

陈某系某高校硕士毕业生，被某公司高薪聘任后，安排在公司的行政部工作，负责外市业务，双方订立了一年期的劳动合同，约定了两个月的试用期。陈某每一次被安排外出联系工作时，都会向公司的老员工请教，同事们也都会热情相告。然而，陈某有一个习惯，就是每一次同事们告诉他如何去做这些工作时，他在表示已经明白的同时，都会加上一句"你说的噢"，给同事们的感觉似乎是：

"如果这样做有什么问题，那可都是你们教我这样做的！"为此，同事们再也不愿意向其提供任何建议。

试用期将要期满时，公司的人力资源部门向行政部发出了《关于是否留用陈某的征询意见表》，行政部同事无一例外地表达了不愿再与陈某共事的意见，理由如上。于是，公司以"其在与同事们共事过程中的表现令同事反感，导致公司倡导的团队精神面临被破坏的危险，经过综合评估和整体考虑，不符合公司录用条件的范畴"为依据，解除了与陈某的劳动合同。

请问：公司关于陈某不符合录用条件的评价是否合理？

【案例评析】

劳动合同试用期制度是在充分考虑用人单位在与劳动者建立劳动关系之前难以对劳动者作出全面、准确评估这一困境的前提下，给予用人单位在劳动合同履行过程中对劳动者继续进行考察、评估的机会，一旦用人单位在此期间发现劳动者不符合要求，允许用人单位在无须提前通知并且无须支付经济补偿金的前提下解除劳动合同，结束劳动关系，从而可以避免强行继续履行劳动合同给用人单位带来的不利后果，降低用人单位用人的风险。

因此，对于劳动者"在试用期间被证明不符合录用条件"应当作宽泛的理解。因为一名劳动者在劳动合同试用期内所表现出来的综合能力和素质是否符合用人单位的综合要求，不应由第三人加以评判，只能由想要通过劳动者合格甚至出色的劳动获取最大效益的用人单位来加以评判。而且，用人单位对劳动者的要求，绝不只是工作能力、工作态度等简单指标，而是包含了劳动者对用人单位的忠诚度、劳动者的合作和团队精神、劳动者的个人品行和文化素养等综合指标。基于对法律的这样一种理解，该公司关于陈某不符合其公司录用条件的评价，是应当被肯定的评价。

实践中，工作时间、工作经历、学历、证书以及岗位职责等可以直接量化的标准，一般都不会出现问题，而怎样考察思想品质、道德观念以及团队精神、思维逻辑等软性录用条件，则是用人单位面临的最大问题。对于用人单位来说，能力再强，如果思想品质不好，就不会考虑录用这名劳动者，但是如何评价劳动者的思想品质，由谁来评价，评价的标准是什么，法律并没有给予明确的规定。因此，必须由用人单位举证证明劳动者不符合录用条件。

用人单位设定录用条件时要注意两点：一是录用条件要明确化、具体化、具备可操作性；二是要告知或公示其录用条件。

明确化、具体化、具备可操作性，即明确什么情况属于不符合录用条件，具体描绘清楚录用条件，如劳动者在该职位的岗位职责，并且具备可操作性，比如，用人单位给销售人员约定在工作中每月销售一定产品的任务，但产品还没有研发出来，此录用条件就不具备可操作性。这样可以确保职工明确自己的录用条件，明确自己的岗位职责及岗位要求，为员工的努力指明方向；用人单位也可以获得明确的证据和理由，认定是否符合录用条件，为合法解除劳动合同奠定基础。

用人单位告知或公示其录用条件的方式有以下几种：

①书面告知用人单位的录用条件，让劳动者予以签字确认，比如签订岗位职责或岗位说明书；

②公示录用条件并保证劳动者能够看到；

③通过入职培训的方式，告知劳动者需要符合的录用条件，用人单位保留劳动者签字后的培训记录等材料；

④可以通过发放试卷考试的办法，达到劳动者知悉的目的；

⑤可以通过向劳动者发放用人单位规章制度或劳动者手册的方式，在规章制度与劳动者手册中明确约定用人单位的岗位用工条件，让劳动者阅读签收，从而使劳动者知悉录用条件；

⑥在劳动者应聘或入职时需要填写的登记表中列明录用条件，在劳动者签字后，用人单位予以保留；

⑦通过邮寄的方式，将录用条件邮寄到劳动者填写的通讯地址，作为劳动者知悉录用条件的证据；

⑧通过招聘广告告知劳动者用人单位需要求职者具备的条件。

除此之外，还要看该劳动者本身素质以及具体完成某种工作的能力，将具体的岗位要求以书面形式呈现给劳动者，并让劳动者签字认可。

【案例 17】

张某中专毕业后寻找工作屡屡受挫，又不愿意委屈自己，于是办了一张本科毕业证书，成功应聘到某一单位做部门经理。试用期间，单位经过核实，证明其所提供的本科毕业证是假的，单位以"在试用期间被证明不符合录用条件"为由，并以有其签字的学历复印件为证，辞掉了张某。张某不服，认为单位不能以学历的高低来识人，学历虽然是假的，但自己有能力做好经理一职；单位认为，招录条件中明确说明学历条件要求本科以上，而张某提供虚假学历，违背了《劳动合同法》之诚实守信的基本原则。

请问：单位辞退张某是否合理合法？

【案例评析】

试用期是一个考核期，用人单位为确定劳动者是否符合录用条件，一般就品德修养、专业技能、身体状况、工作能力、文化素质等方面对劳动者进行考核。《劳动合同法》第三十九条规定，劳动者有下列情形之一的，用人单位可以解除劳动合同：(一)在试用期间被证明不符合录用条件的；(二)……用人单位能够提供相关的考核证明，证明劳动者不符合录用条件的，可以解除劳动合同。

本案中，张某违背了《劳动合同法》的基本原则，不符合录用条件中的品德修养要求，单位有其签字的虚假的学历复印件为证，因此单位辞退张某合理合法。

【案例 18】

王某通过公开招聘进入某公司财务部工作，签订了5年期的劳动合同，试用期6个月。试用期间，公司发现王某对财务方面的知识一知半解，根本不能独立工作，并且还由于其过失差点造成公司的经济损失。于是，公司立即解除了与王某的劳动合同。

请问：公司解除与王某的劳动合同是否合理？

【案例评析】

试用期是劳动合同当事人双方的一个考察期，其目的在于考察劳动者是否符合录用条件，单位介绍的劳动条件是否符合实际情况，然后双方根据具体情况作出是否继续履行或解除劳动合同的决定。用人单位可以在试用期内考察劳动者所具备的基本素质和品行，看其能否胜任工作。

本案中，公司招聘王某的目的是为了管理公司财务，但"王某对财务知识一知半解，不能独立承担工作，并且还由于其过失差点造成公司的经济损失"，明显不能胜任工作。公司完全有理由根据《劳动合同法》第三十九条的规定解除与王某的劳动合同。

第二，对于劳动者在试用期间不符合录用条件的，用人单位必须提供有效的证明。如果用人单位没有证据证明劳动者在试用期间不符合录用条件，用人单位就不能解除劳动合同，否则，需承担因违法解除劳动合同所带来的一切法律后果。实践中，证据主要看两方面：一是用人单位对某一岗位的工作职能及要求有没有作出描述，也就是说，对岗位有没有一个详细的职位说明书，而且保证职位说明书里规定的内容都是可测量的；二是用人单位对员工在试用期内的表现有没有客观的记录和评价。

【案例19】

周某入职某培训学校，试用期三个月，试用期即将结束时，学校以表现不是很满意为由，解除了与周某的劳动合同。

请问：学校的做法对吗？

【案例评析】

司法实践中，通常结合以下因素判断劳动者"被证明不符合录用条件"是否合理合法：录用条件、岗位职责、考核标准是否公示；考核过程是否公开公正；劳动者工作不合格是否有明确的事实证据。

而本案中，学校没有具体规定不合格的情形和标准，也无法证明考核的公开公正，无法明确不合格的事实并提供证据，只简单归结于"表现不是很满意"并不能证明不符合录用条件。因此，培训学校的做法是不对的。

为了避免举证不利，在实践中，用人单位通常通过以下几个途径来证明劳动者是否符合录用条件：

①在发布的招聘简章、招聘信息中明确录用条件和标准。用人单位在广告上发布招聘信息时，除了注明对职位的一些基本要求(如年龄、职业技术、学历等)外，还对所聘职位的具体录用条件、岗位职责进行详细描述，并在与劳动者订立劳动合同时再次以书面形式明确告知。

②对劳动者进行一定的背景调查。核查劳动者是否提供了虚假个人信息，是否违背诚实信用原则，隐瞒应当告知用人单位的重要信息，如被证实劳动者有此类不正当行为，用人单位可视其为不符合录用条件。

③建立试用期的绩效评估制度，明确考核标准、考核方式及考核方法。用人单位制定的考核内容、评分原则及决定劳动者是否最终被录用的客观依据应事先告知劳动者，并让其签字同意。

第三，要考察用人单位所规定的试用期期间是否符合法律规定。《劳动合同法》第十七条规定："劳动合同期限三个月以上不满一年的，试用期不得超过一个月；劳动合同期限一年以上三年以下的，试用期不得超过二个月；三年以上固定期限和无固定期限的劳动合同试用期不得超过六个月。"用人单位只能在此范围内约定试用期。

第四，是否在试用期间。试用期间的确定应当以劳动合同的约定为准；若劳动合同约定的试用期超出法定最长时间，则以法定最长时间为准；若试用期满后仍未办理劳动者转正手续，则不能认为还处在试用期间，用人单位不能以试用期不符合录用条件为由解除劳动合同。

【案例20】

　　1987年3月，李某因摔伤被摘除右肾。1993年8月，某银行招工，李某报名后经目测合格，后经医院进行体检，体检结果为"健康"。但体检时，李某未向医生说明自己右肾被摘除，医生也没有检查出来。9月1日，李某与某银行签订了一份五年期的劳动合同，试用期六个月。12月中旬，某银行知悉李某右肾摘除，经医院做B超检查属实。某银行以李某右肾摘除，存在严重身体缺陷，不符合该银行有关身体方面的录用条件为由，作出了解除李某劳动合同的决定。李某不服，向县劳动争议仲裁委员会申请仲裁。

　　请问：仲裁委员会应该如何裁定？

【案例评析】

　　根据《劳动合同法》的规定，劳动者在试用期内被证明不符合录用条件的，用人单位可以解除劳动合同。因此，试用期不符合录用条件成为用人单位"依法解雇"劳动者的主要情形之一。

　　但是，"在试用期间被证明不符合录用条件的"包含了"试用期"、"证明"和"不符合录用条件"三个要件，也就是说，缺乏其中任何一个要件，用人单位对劳动者的解雇都是违法的，要承担相应的违法责任。(1)"试用期"要符合法律规定，同时是在试用期间。《劳动合同法》第十九条规定，劳动合同期限三个月以上不满一年的，试用期不得超过一个月；劳动合同期限一年以上不满三年的，试用期不得超过二个月；三年以上固定期限和无固定期限的劳动合同，试用期不得超过六个月。用人单位只能在此范围内约定试用期。试用期间的确定应当以劳动合同的约定为准；若劳动合同约定的试用期超出法定最长时间，则以法定最长时间为准；若试用期满后仍未办理劳动者转正手续，则不能认为还处在试用期间，用人单位不能以试用期不符合录用条件为由与其解除劳动合同。(2)"证明",主要指用人单位对某一岗位的工作职能及要求作出描述,以及用人单位对员工在试用期内的表现进行客观的记录和评价。(3)"录用条件",以法律、法规规定的基本录用条件和用人单位在招聘时规定的知识文化、技术水平、身体状况和思想品质等条件为准。

本案中,银行以李某右肾被摘除且已得到证明,不符合用人单位规章制度中规定录用的新职工在身体方面必须"无严重疾病和缺陷"的规定为由,作出了解除李某劳动合同的决定。李某不服,申请仲裁。所以,右肾被摘除是否就是"严重疾病和缺陷",是本案裁定的核心和焦点。

《人体重伤鉴定标准》中规定,伤害他人身体造成一肾摘除属重伤。这是认定伤害行为严重性的标准,而不是认定身体健康的标准,不能依此认定缺一肾即属于身体存在严重缺陷。而且,《普通高校招生体检标准》中规定,少一只肾但另一只肾功能正常者,可以报考金融类大专院校。而李某在体检时,检查结果是"健康"。据此,仲裁庭认为李某虽缺少右肾,但具有正常的生活能力、工作能力及社会活动能力,身体状况未达到严重缺陷的程度。因此,仲裁庭裁定对于具有正常工作能力,能够胜任正常工作的,应视为符合录用条件,支持李某的仲裁申请。

(2)严重违反用人单位的规章制度的

适用这一项要符合以下三个条件:

首先,规章制度的内容必须符合法律、法规的规定,而且是通过民主程序公之于众。

其次,劳动者的行为客观存在,并且是属于"严重"违反用人单位的规章制度。何为严重,一般应以劳动法规所规定的限度和用人单位依此限度所规定的内部规章制度的具体界限为准。如,违反操作规程,损坏生产、经营设备造成经济损失;不服从用人单位正常工作调动,不服从用人单位的劳动人事管理;无理取闹,打架斗殴,散布谣言损害企业声誉等给用人单位的正常生产经营秩序和管理秩序带来损害的行为。

最后,用人单位对劳动者的处理是按照本单位规章制度规定的程序办理的,并符合相关法律、法规规定。

【案例 21】

某电脑公司的规章制度规定,员工打卡要求如下:进门时打一下,回到工位登录电脑时再打一下电脑考勤卡;不得委托他人代打卡,不得设定自动登录系统,不得从外网登录考勤系统,等等;劳动者出现非正常打卡情况不能作出合理解释,或解释不能被证实的,单位可以与其解除劳动合同。

有一天,张某没有来单位,而他的电脑登录时间是9:04,进门打卡时间为10:50,零盲区的监控证明张某从8:50到11:00并没有在工位上。张某对此不能作出合理的解释,单位以违反规章制度为由和他解除了劳动合同。

请问:单位的行为是否合理合法?

【案例评析】

用人单位因劳动者严重违反用人单位规章制度而辞退劳动者的,在诉讼时,用人单位要承担的举证责任有两项:第一项是劳动者做了什么,即事实上的证据;第二项是规章制度有没有相应的规定。

本案中,用人单位的规章制度中规定了打卡要求以及出现非正常打卡情况时劳动者要作出合理解释或解释能被证实。张某打卡出现了异常,零盲区的监控又证明张某从8:50到11:00并没有在工位上,且张某对出现非正常打卡情况不能作出合理解释,故单位以违反规章制度为由和他解除劳动合同合理合法。

当然,用人单位如果可以证明在张某电脑里发现自动登录程序,找到给他代打卡的人,或者证实他从外网登录,违反劳动纪律,影响生产和工作秩序,这样在解除合同时可能会更具有说服力。

【案例 22】

王某是某证券公司总经理,其下属的一个员工非法与股民签订全权代理协议，替股民炒股，赔了十几万元。股民告到证监会，证监会经过调查发现合同是盖的公章，而公章在总经理手里，王某自然难辞其咎。

证券公司赔偿股民十几万元之后，给王某发了一个通知："因为监管不力，玩忽职守给公司造成重大损失，故对你作出开除处理。"该企业规章制度规定：劳动者给公司造成重大损失的，用人单位可以对其作出开除、除名、解雇、解除劳动合同等处理。

请问：证券公司开除王某是否合理？

【案例评析】

《劳动合同法》第三十九条第二款规定，严重违反用人单位的规章制度的，用人单位可以解除劳动合同。用人单位与劳动者解除劳动合同的时候，一是要取得有效的证据，二是要看规章制度有没有规定，即用人单位要承担两项举证责任。

本案中，证监会经调查发现公司员工和股民之间签订全权代理协议盖的是公章，而公章在总经理手里，因此经理有监管不力之责，且因玩忽职守给公司造成重大损失，严重违反用人单位的规章制度，用人单位根据法律和规章制度作出开除王某的决定合法合理。

【案例 23】

某 4S 汽车店，因为夏天没有给店里的修理工发防暑降温费，其中 3 名工人挑头罢工，造成恶劣影响，最后店方无奈之下妥协了，发了防暑降温费，之后把这 3 名工人开除了。开除之后，3 人到仲裁机构申诉。开庭时这 3 名工人不承认自己煽动组织罢工，用人单位找出当时参与罢工的同事作证，之后又找到当时来修车的客户作证，仲裁庭因员工与用人单位之间存在利害关系，未采信同事的证言；又因客户与单位之间也存在利害关系，客户能证明有罢工这样的行为，但是不能证明是谁组织的。所以，裁定用人单位败诉。

请问：用人单位为什么败诉？

【案例评析】

首先，宪法里没有规定罢工的权利。其次，从证据规则上来说，无论是同事还是客户，都属于与一方有利害关系的人，他们的证言、证据不能单独被采信，必须附有其他证据。实践中，有单位采取录音、写检查等方式，解决证据搜集问题。用人单位员工罢工时必然提出条件，组织者与其谈判时将谈判过程录音以保留证据。甚至有用人单位在处理违纪员工的时候，让员工写检查，承诺检查写得深刻就不予处理，结果却是写得越深刻处理得越重。

（3）严重失职，营私舞弊，给用人单位的利益造成重大损害的

劳动者在履行劳动合同期间，没有按照岗位职责履行自己的义务，玩忽职守，有未尽职责的严重过失行为或者利用职务之便牟取私利的故意行为，使用人单位财产遭受重大损害，但不够刑罚处罚的程度。

严重失职，即严重的渎职行为，表现为劳动者主观上的过失。比如，擅离职守，引起火灾或爆炸等事故；因粗心大意、玩忽职守而造成事故；因工作不负责而经常产生废品，损坏工具设备，浪费原材料或能源，等等。

营私舞弊，是指劳动者利用职务之便，为自己或他人牟取私利，损害用人单位利益的行为。营私舞弊一般表现为主观故意甚至是恶意。

（4）劳动者同时与其他用人单位建立劳动关系，对完成本单位的工作任务造成严重影响，或者经用人单位提出，拒不改正的

劳动者同时与其他用人单位建立劳动关系，即我们通常所说的兼职。我国有关劳动方面的法律、法规虽然没有对兼职作禁止性的规定，但对于劳动者而言，完成本职工作是其应尽的义务，从事兼职工作，在时间上、精力上必然会影响到本职工作。作为用人单位，对一个不能全心全意为本单位工作，并因从事兼职工作严重影响到工作任务完成的员工，有权与其解除劳动合同。

何谓"严重影响"，法律并没有明确说明。用人单位在具体操作中，

一般都会在劳动纪律中注明员工如果与其他单位建立劳动关系给本企业的工作任务造成怎样的影响就是严重的。如果确定造成了严重影响，就可以解除劳动合同；如果员工建立双重的劳动合同关系给用人单位的生产经营或者工作造成的影响不严重，用人单位虽不能立即解除劳动合同，但可以要求员工改正，如果员工坚持不改的话，用人单位也可以解除合同。所以，这个条款中有两点需要注意：一是对用人单位的工作任务造成严重影响；二是经用人单位提出拒不改正的。二者居其一，用人单位可以解除劳动合同。

【案例24】

高某为德赛公司会计，后经人介绍在另一公司任兼职主管会计，月薪1000元。今年3月，德赛公司知晓后通知高某不能与本单位以外的用人单位建立劳动关系，否则解除合同。高某未听从公司意见，被解除合同。高某不服，以兼职未影响本单位工作为由，向当地劳动仲裁委员会申请仲裁。高某认为，他的兼职行为并未影响本职工作，也未给公司造成任何损失，公司无权限制他的私人行为，解除劳动合同违法。而公司认为，根据《劳动合同法》第三十九条第四款的规定，劳动者同时与其他用人单位建立劳动关系，对完成本单位工作任务造成严重影响或者经用人单位提出，拒不改正的，用人单位可以解除劳动合同。公司已经对高某提出了警告，但高某拒不听从，公司的解除行为完全合法。

请问：仲裁庭会支持谁的主张？

【案例评析】

我国有关劳动方面的法律、法规没有对兼职作禁止性规定，但作为劳动者，完成本职工作是其应尽的义务。从事兼职工作，在时间上、精力上必然影响到本职工作，对一个不能全心全意为本单位工作，严重影响工作任务完成的员工，用人单位有权与其解除劳动合同。

根据《劳动合同法》第三十九条第四款规定，劳动者同时与其他用人单位建立劳动关系，对完成本单位的工作任务造成严重影响或者经用人单位提出，拒不改正的，用人单位可以解除劳动合同。根据该条规定，符合下列情形之一的，用人单位可以单方解除劳动合同：（1）劳动者同时与其他用人单位建立劳动关系，对完成本单位工作任务造成严重影响的；（2）劳动者同时与其他用人单位建立劳动关系，经用人单位提出，拒不改正的。这种情况下，即使未影响本职工作，只要用人单位要求改正，劳动者拒绝的，用人单位无须事先通知即可解除劳动合同。

本案中，高某属于第二种情况。

（5）因《劳动合同法》第二十六条第一款第一项规定的情形致使劳动合同无效的

《劳动合同法》第二十六条第一款第一项规定，以欺诈、胁迫的手段或者乘人之危，使对方在违背其真实意思的情况下订立或者变更的劳动合同属于无效或部分无效劳动合同。

"欺诈"是指一方当事人故意告知对方当事人虚假的情况，或者故意隐瞒真实的情况，诱使对方当事人作出错误的意思表示，并基于这种错误的认识而签订了劳动合同。

"胁迫"是指以给公民及其亲友的生命健康、荣誉、名誉、财产等造成损害为要挟，迫使对方作出违背真实意思表示的行为，并签订了劳动合同。

"乘人之危"是指行为人利用他人的危难处境或紧迫需要，为牟取不正当利益，迫使对方违背自己的真实意愿而订立的合同。

任何一方利用任何一种行为手段而使对方在违背真实意思的情况下订立或者变更劳动合同，均违反了意思自治的基本原则，是法律所禁止的，因此自然允许利益受损者解除当事人之间的合同关系。从法理上讲，这种解除权根本就不需要，因为这种合同本来就是无效的劳动合同，自始至终就没有法律效力，所以就不存在解除。这可以理解为，当劳动合同无效的时候，用人单位可以解除劳动合同。如果员工采用了欺诈或胁迫的手段，或者是乘人之危，与用人单位签订合同，用人单位可以随时解除合同，而且不需要支付任何补偿金。

【案例 25】

2009 年 6 月，徐燕（化名）填写了某广告公司《应聘人员登记表》，并通过了笔试、面试，7 月被公司录用，与公司签订了 2 年期的劳动合同。徐燕报到当天填写了《员工登记表》后被分到了市场部工作。9 月的某一天，公司举办推广活动时，徐燕当场晕倒，后被送到医院，经医生诊断，确认徐燕怀孕两个月。人力资源部很快找到徐燕谈话，说公司规定不允许未婚先孕，希望徐燕辞职。第二天一早，徐燕拿着结婚证书递给主管，说是在来公司的前一天领证的，并准备在"十一"办酒席，希望公司不要为此要求她辞职。人事部主管拿出徐燕填写的《员工登记表》说："你当时已经拿了结婚证却谎称'未婚'，这是欺骗。"徐燕解释说，自己填写《应聘人员登记表》时未婚，所以在《员工登记表》中填写"已婚"感觉不好意思，没有欺骗的意思。但公司坚持认为是欺骗，向徐燕发出了解除劳动合同的通知。

请问：徐燕未如实填写婚姻状况信息是否构成以欺诈手段与公司订立劳动合同？公司能否据此解除双方的劳动合同？

【案例评析】

现实中，我们知道，如果劳动者伪造学历、工作经历等与用人单位签订劳动合同，都会被认为是欺诈，由此签订的劳动合同会被认为无效。但对于提供婚姻状况方面的错误信息是否构成欺诈，是否必然导致劳动合同的无效或者被解雇呢？应该说两种行为是有区别的。根据《劳动合同法》，劳动者和用人单位在建立劳动关系过程中均有知情权，但知情权的范围仅限于对劳动关系建立的对方有影响的重要信息的知悉。违反上述披露告知义务、提供虚假信息将导致劳动合同无效，责任方承担不利后果。在建立劳动关系时，用人单位有权了解与劳动合同直接相关的劳动者的基本情况。

何为"与劳动合同直接相关"？一般来说，文化程度、工作技能、工作经历、健康状况、职业准入资格等都与劳动合同直接相关，如果劳动者不如实告知，就可能构成重大误解甚至是欺诈，对用人单位构成知情权的侵害。但婚姻状况一般情况下与劳动合同并没有直接联系，未如实填写婚姻状况信息的行为，难以与采用欺诈手段与公司订立劳动合同的行为画等号。

因此，徐燕填写错误婚姻状况信息存在不当之处，但据此认定其采用欺诈手段与公司订立劳动合同显然难以成立，公司不能据此解除双方的劳动关系。

（6）被依法追究刑事责任的

根据劳动部《关于贯彻执行〈中华人民共和国劳动法〉若干意见》第二十九条的规定，"被依法追究刑事责任"是指：被人民检察院免予起诉的、被人民法院判处刑罚的、被人民法院依据《刑法》第三十七条免予刑事处分的。劳动者被人民法院判处拘役、三年以下有期徒刑缓刑的，用人单位可以解除劳动合同。

【法条链接】

《刑法》第三十七条规定："对于犯罪情节轻微不需要判处刑罚的，可以免予刑事处罚，但是可以根据案件的不同情况，予以训诫或者责令具结悔过、赔礼道歉、赔偿损失，或者由主管部门予以行政处罚或者行政处分。"

2. 非过错性解除权

非过错性解除权是指劳动者本人无过错，但由于客观原因致使劳动合同无法履行，用人单位在符合法律规定的情形下，履行法律规定的程序后有权单方解除劳动合同的权利。

客观原因既包括用人单位的原因，也包括劳动者自身的原因。前者可能是由于经营上的原因发生业务困难、亏损或紧缩，也可能因为市场条件、业务竞争、技术革新等造成工作条件的改变而导致使用劳动者数量下降；后者则是由于劳动者原本胜任的工作在用人单位采取自动化或新生产技术后不能胜任，或者是因为身体原因不能胜任。

用人单位因客观情况变化而解除劳动合同，主要包括以下几种情况：

（1）劳动者患病或者非因工负伤，在规定的医疗期满后不能从事原工作，也不能从事由用人单位另行安排的工作的

根据劳动部颁发的《企业职工患病或非因工负伤医疗期规定》第二条的规定："医疗期是指企业职工因患病或非因工负伤停止工作治病休息不得解除劳动合同的时限。"这里的医疗期，是指劳动者根据其工龄等条件，依法可以享受的停工医疗并发给病假工资的期间，而不是劳动者病伤治愈实际需要的医疗期。

根据劳动者本人实际参加工作年限和在本单位的工作年限，医疗期为3个月到24个月：（1）实际工作年限10年以下的，在本单位工作年限5年以下的为3个月；5年以上的为6个月。（2）实际工作年限10年以上的，在本单位工作年限5年以下的为6个月；5年以上10年以下的为9个月；10年以上15年以下的为12个月；15年以上20年以下的为18个月；20年以上的为24个月。对于患某些特殊疾病（如癌症、精神病、瘫痪等）的职工，在24个月内尚不能痊愈的，经企业和当地劳动部门批准，可以适当延长医疗期。

劳动者患病或者非因工负伤，有权在医疗期内进行治疗和休息，不从事劳动。但在医疗期满后，劳动者有义务进行劳动。如果劳动者由于身体健康原因不能胜任工作，用人单位有义务为其调动岗位，选择他力所能及的岗位工作；如果劳动者对用人单位重新安排的工作也无法完成，说明劳动者履行合同不能，用人单位需提前三十日以书面形式通知其本人或额外支付劳动者一个月工资后，解除劳动合同，以使劳动者在心理上和时间上为重新就业做准备。

【案例 26】

李某为某运输公司司机，因见义勇为身负重伤，右腿被截肢。医疗期满后回公司上班，公司因其不能再开车了，便提出解除劳动合同。

请问：公司的做法合法吗？

【案例评析】

《劳动合同法》规定，劳动者患病或者非因工负伤，在规定的医疗期满后不能从事原工作也不能从事由用人单位另行安排的工作的，用人单位提前三十日以书面形式通知劳动者本人或者额外支付劳动者一个月工资后，可以解除劳动合同。

本案中，李某因见义勇为身负重伤，右腿被截肢，非因工负伤，且在规定的医疗期满后不能从事原工作，用人单位应另行安排工作。如果李某也不能胜任的话，用人单位才可以根据《劳动合同法》第四十条的规定，解除与李某的劳动合同。

【案例 27】

王某为某出版社排字员，因患眼疾，视力严重下降，便入院治疗。医疗期满后，王某回单位上班，工作中屡屡出错，排字差错率超过单位规定，严重影响工作质量，单位另行安排他从事其他工作，王某不同意。于是，出版社希望与其解除劳动合同。

请问：出版社的做法合适吗？

【案例评析】

《劳动合同法》规定，劳动者患病或者非因工负伤，在规定的医疗期满后不能从事原工作也不能从事由用人单位另行安排的工作的，用人单位提前三十日以书面形式通知劳动者本人或者额外支付劳动者一个月工资后，可以解除劳动合同。

本案中，王某为某出版社排字员，其工作性质要求排字差错率不能超过单位规定，不能影响工作质量。因患眼疾，其视力严重下降，医疗期满后，从事原工作已经严重影响了工作质量，单位安排他从事其他工作，王某又不同意。因此，出版社提前三十日以书面形式通知王某本人或者额外支付王某一个月工资后，可以解除劳动合同。

【案例28】

某单位一名女员工，与公司签订了无固定期限劳动合同。自2008年2月开始，该员工开始断断续续请病假。2008年12月，该员工被当地医院确诊为抑郁症患者。之后，该员工持续向公司请病假。如今，该员工的医疗期已经超了，公司希望与其解除劳动合同。

请问：公司在解除其劳动合同前是否必须对其进行劳动能力鉴定？

【案例评析】

实践中，对于劳动能力鉴定是否属于解除劳动合同的必经程序，存在一定的争议。

《劳动合同法》没有明确劳动能力鉴定的程序，这导致实践中劳动能力鉴定是否是必经程序主要由各地劳动保障行政部门来确定。在当地劳动保障行政部门没有明确规定的情形下，医疗期满不能继续工作的，用人单位可以直接解除劳动合同，也可以告知员工有权利进行劳动能力鉴定，是否进行劳动能力鉴定由员工来决定。若员工认为自己的病情影响到其劳动能力，那么员工可以申请劳动能力鉴定，并根据鉴定结果向用人单位主张医疗补助费；若员工不申请劳动能力鉴定，那么可以视为其病情不影响其劳动能力或劳动者放弃了获取医疗补助费的权利。

（2）劳动者不能胜任工作，经过培训或者调整工作岗位，仍不能胜任工作的

"不能胜任工作"是指劳动者不能按劳动合同中约定的要求完成工

作任务，或者不能达到同工种、同岗位人员的质量水平，无法满足用人单位的需求。"不能胜任工作"的原因可能是劳动者的自身能力欠缺，也可能是工作态度懒散，消极怠工，不够勤勉，等等。

《劳动合同法》没有就"不能胜任工作"的评判标准作出规定，实践中从以下几个方面把握：合同双方当事人有约定的从其约定；没有约定或约定不明的，由双方自行协商；协商不能确定的，可以以同工种、同岗位一般劳动者的工作能力、完成该工作所需要的基本技能、单位需要的质量和数量水平作为参照。但用人单位不得故意提高定额标准，使劳动者无法完成，也不能将其他原因造成的业绩下滑归结为劳动者不能胜任工作。

劳动者不具备从事某项工作的能力，不能完成某一岗位的工作任务，用人单位可以对其进行职业培训，提高其职业技能，也可以把其调换到能够胜任的工作岗位上，这是用人单位负有的协助劳动者适应岗位的义务。如果单位尽了这些义务，劳动者仍然不能胜任工作，说明劳动者不具备在该单位工作的职业能力，单位可以提前三十日以书面形式通知劳动者本人或者额外支付劳动者一个月工资后，解除与该劳动者的劳动合同。

需要注意的是，用人单位不能将"不能胜任本职工作，经过培训或者调整工作岗位，仍然不能胜任"变相为末位淘汰，这是违法的。末位淘汰和不能胜任本职工作不是等同的，末位是动态的，不能胜任是静态的。比如一个销售人员的销售任务是100万元，他去年完成了105万元，在销售小组里排名最后；今年完成了103万元，在销售小组里排名第三。解除劳动合同被证明是违法的，劳动者可以要求双倍补偿。

【案例29】

40多岁的兰某是一家公司的会计，不久前，单位开展了一次业务考试，考试成绩不合格者将被辞退。由于兰某年纪大，记忆力不好，考试失利，不幸成为成绩不合格者。单位书面通知兰某被辞退了。兰某不服，向劳动仲裁委员会申诉。

请问：劳动仲裁委员会如何处理？

【案例评析】

劳动仲裁委员会认为，单位组织员工参加考试，对于考试不合格的员工，单位有义务给这些员工进行技能培训，争取让其获得胜任岗位的能力，或者给考试失利的员工安排单位内其他可以胜任的岗位，简单地以考试不合格为由将员工开除，不符合《劳动合同法》相关规定，属于违法行为。

(3) 劳动合同订立时所依据的客观情况发生重大变化，致使劳动合同无法履行，经用人单位与劳动者协商，未能就变更劳动合同内容达成协议的

"客观情况发生重大变化"，一般是指因不可抗力（如自然灾害）或企业条件发生变化（如企业迁移，被兼并，企业因市场变化调整经营策略或者产品结构而发生转产、调整生产任务或者生产经营项目）等无法避免的情况以及订立劳动合同所依据的法律、法规已经修改或者废止时，所依据的客观情况发生变化，其结果是原劳动合同全部或者部分条款无法履行。

客观情况发生变化，与原劳动合同不得继续履行之间存在法律上的因与果的关系。客观情况发生重大变化以后，用人单位无法按照原劳动合同给劳动者安排原有工作或者需要变更劳动合同主体时，均需要经过依法与劳动者协商来进行变更。比如用人单位提供了一个新的岗位，员工接受，那么就在变更劳动合同里的工作岗位条款以后，继续履行合同；如果劳动者不同意变更劳动合同，协商不能达成一致，原劳动合同所确立的劳动关系就没有存续的必要，在这种情况下，用人单位可以单方解除劳动合同。但用人单位还需经过"提前三十日以书面形式通知劳动者本人或者额外支付劳动者一个月工资"的程序，这是法律对用人单位以此款规定解除合同的程序性要求。当然，用人单位可以选择"提前三十日以书面形式通知劳动者本人"或"额外支付劳动者一个月工资"，便于用人单位灵活处理。因为在现实中，有可能发生这种情况：用人单

位提前三十日通知员工后，员工很可能会不好好干活，甚至有个别员工记恨用人单位，做出破坏行为，给用人单位造成一些不必要的损失。因此，法律允许用人单位运用灵活的办法，对于那些没有问题的员工，可以提前三十天通知；对于那些通知以后可能会做出破坏行为的员工，可以当时通知，只要多付一个月的工资就可以了。

【法条链接】

《劳动合同法》第四十条 有下列情形之一的，用人单位提前三十日以书面形式通知劳动者本人或者额外支付劳动者一个月工资后，可以解除劳动合同：

（一）劳动者患病或者非因工负伤，在规定的医疗期满后不能从事原工作，也不能从事由用人单位另行安排工作的；

（二）劳动者被证明不能胜任工作，经过培训或者调整工作岗位，仍不能胜任工作的；

（三）劳动合同订立时所依据的客观情况发生重大变化，致使劳动合同无法履行，经用人单位与劳动者协商，未能就变更劳动合同内容达成协议的。

3. 经济性裁员

经济性裁员，是指用人单位因经济、技术等原因，一次性辞退部分劳动者，以此作为改善生产经营状况的一种手段，其目的是保护自己在市场经济中的竞争和生存能力，渡过暂时的难关。

【法条链接】

《劳动合同法》第四十一条 有下列情形之一，需要裁减人员二十人以上或者裁减不足二十人但占企业职工总数百分之十以上的，用人单位提前三十日向工会或者全体职工说明情况，听取工会或者职工的意见后，裁减人员方案经向劳动行政部门报告，可以裁减人员：

(一)依照企业破产法规定进行重整的;

(二)生产经营发生严重困难的;

(三)企业转产、重大技术革新或者经营方式调整,经变更劳动合同后,仍需裁减人员的;

(四)其他因劳动合同订立时所依据的客观经济情况发生重大变化,致使劳动合同无法履行的。

(1)实体性条件

①依照《企业破产法》规定进行重整的

根据《中华人民共和国企业破产法》(以下简称《企业破产法》)第二条,在以下三种情形下,债务人或者债权人可以向人民法院申请对债务人进行重整:(一)企业法人不能清偿到期债务,并且资产不足以清偿全部债务的;(二)企业法人不能清偿到期债务,并且明显缺乏清偿能力的;(三)企业法人不能清偿到期债务,并且有明显丧失清偿能力可能的。

根据《企业破产法》第七十条第二款的规定,债权人申请对债务人进行破产清算的,在人民法院受理破产申请后、宣告债务人破产前,债务人或者出资额占债务人注册资本十分之一以上的出资人,可以向人民法院申请重整。《企业破产法》设置重整制度,主要目的就是使用人单位根据企业重整的经营方案、债权的调整和清偿方案以及其他有利于企业重整的方案在内的重整计划,继续经营并清偿债务,避免用人单位进入破产清算程序,使经营失败的企业有可能通过重整而得到复苏、振兴的机会。在重整过程中,用人单位可根据实际经营情况,进行经济性裁员。

②生产经营发生严重困难的

市场经济中的企业无时无刻不面临着激烈竞争,一旦对市场需求判断失误或者决策偏差等,企业的生产经营可能就会发生困难。在用人单位的生产经营发生严重困难时,应允许用人单位通过各种方式进行自救,而不是进一步陷入破产、关闭的绝境。在用人单位的生产经营发生严重困难时，裁减人员、缩减员工规模是一项较为有效的缓解措施，从全局看，对用人单位的劳动者群体是有利的，但涉及特定劳动者的权益时，应慎重处理。因此，《劳动合同法》允许用人单位在生产经营发生困难时采取经济性裁员的措施，但同时要求用人单位要慎用该手段，故"困难"两字前加了"严重"作为限制。

③企业转产、重大技术革新或者经营方式调整，经变更劳动合同后，仍需裁减人员的

在企业生产经营过程中，企业为了寻求生存和更大的发展，必然要进行结构调整和整体功能优化，这些方式包括企业转产、重大技术革新和经营方式调整。

转产，通常是指企业本来生产一种产品，现在转而生产另外一种产品，或者说本来是服务型企业，现在要转变为生产经营型企业。转产往往产生富余员工，因为与原来产品相关的岗位都没有了，随之而来的是配合生产新产品的新岗位。由于生产原来产品的员工不一定适合新产品的生产工作，于是就出现了一些富余人员。对于这些富余人员，企业不可以直接裁员，首先要看转产后有没有新的岗位可以提供给他们，如果他们适合做而且他们本人又同意的话，就不能裁员；如果没有办法提供新的岗位，或者提供了新岗位以后员工不同意，这时就符合变更劳动合同后仍需要裁减人员的条件，企业可以裁员。

重大技术革新。技术进步后，自动化程度提高了，使用的劳动力数量就变少了，企业也会出现富余人员，这时企业的做法与转产中出现的情况相同。

同理，经营方式调整后，企业的做法也和上述两种情况相同。

但是，企业转产、重大技术革新或者经营方式调整并不必然导致用人单位进行经济性裁员，如企业转产的，从事原工作岗位的劳动者可以转到转产后的工作岗位。为了更好地保护劳动者的合法权益，同时引导用人单位尽量不使用经济性裁员，《劳动合同法》要求企业转产、重大技术革新或者经营方式调整，只有在变更劳动合同后仍需要裁减人员时，才可进行经济性裁员。

④其他因劳动合同订立时所依据的客观经济情况发生重大变化，致使劳动合同无法履行的

此为兜底条款。实践中，除了以上三类情形外，还有一些客观经济情况发生变化需要进行经济性裁员的情形，如有些企业为了防治污染进行搬迁需要经济性裁员的，应允许用人单位进行经济性裁员。

(2) 程序性条件

为了尽量缓减经济性裁员对劳动者和整个社会的安定团结造成的冲击，用人单位进行经济性裁员必须履行一套法定程序：

①裁减人数有严格限定：裁减人员二十人以上或者裁减不足二十人但占企业职工总数百分之十以上的。

②提前三十日向工会或者全体职工说明情况，并听取工会或者职工的意见。

企业裁减人员既非职工的过错也非职工本身的原因，且裁员总会在某种程度上给职工造成生活等方面的副作用，为此，裁员前应听取工会或职工的意见。

③向劳动行政部门报告裁减人员方案。

按照1994年劳动部发布的《企业经济性裁减人员规定》（劳部发［1994］447号）第四条的规定，裁减人员方案的内容包括：被裁减人员名单，裁减时间及实施步骤，符合法律、法规规定和集体合同约定的被裁减人员经济补偿办法。

用人单位向工会或者全体职工说明情况，听取工会或者职工的意见，对原裁减人员方案进行必要修改后，形成正式的裁减人员方案，向劳动行政部门报告裁减人员方案，以便劳动行政部门了解裁减情况，必要时采取相应措施，防止出现意外情况，监督经济性裁员合法进行。

这里的报告，性质上属于事后告知，不是事前许可或者审批。当然，有的企业出于各种考虑，自愿提前与劳动行政部门报告协商，法律对此并不禁止。

(3) 对经济性裁员的理解

第一，经济性裁员属于用人单位解除劳动合同的一种情形。

在市场经济中，用人单位直接面对的是市场竞争，为了更好地适应市场需求，使企业保持一定的活力，用人单位必须在用人方面形成"能上能下"、"能进能出"的体制。为此，《劳动合同法》规定，在满足一定条件的情况下，用人单位可以单方解除还未到期的固定期限劳动合同和无固定期限劳动合同。经济性裁员是用人单位出于经营方面的考虑单方解除劳动合同的方式。尽管名为经济性裁员，其实质是用人单位单方解除劳动合同的一种方式。在经济性裁员中，由于是用人单位单方解除劳动合同，且劳动者并没有过错，因此用人单位应当依法向劳动者支付经济补偿。

第二，进行经济性裁员的主要原因是经济性原因，而不是劳动者个人原因。

为保障劳动者的合法权益，平衡用人单位与劳动者的权利义务，促使劳动合同的正常履行，《劳动合同法》不允许用人单位随意单方解除劳动合同，规定只有在四种情况下用人单位才可以解除劳动合同：一是在劳动合同双方协商一致的情况下，用人单位解除劳动合同；二是劳动者有法定过错的，如不符合录用条件的，严重违反规章制度的，严重失职的，营私舞弊给用人单位造成重大损失的，兼职的，欺诈、胁迫或者乘人之危致使劳动合同无效的，犯罪的，等等；三是劳动者不能适应工作的，如患病或者非因工负伤的，不能胜任工作的，客观情况发生重大变化劳动合同无法履行的；四是劳动者没有任何过错或者不适应工作岗位的情形，由于经济性原因而经济性裁员的。在上述用人单位单方解除劳动合同的四种方式中，经济性裁员有着特殊的解除原因，这些经济性原因大致可以分为三大类：一是企业因为经营发生严重困难或者依照《企业破产法》规定进行重整的；二是企业为了寻求生存和更大的发展，进行转产、重大技术革新、经营方式调整的；三是其他因劳动合同订立时所依据的客观经济情况发生重大变化，致使劳动合同无法履行的。

第三，经济性裁员只发生在企业中。

《劳动合同法》第二条规定了该法的适用范围，用人单位的范围比较广，包括各类企业、个体经济组织、民办非企业单位等组织。经济性裁员只能发生在企业中，只有企业才有可能进行经济性裁员。

在有的国家中，经济性裁员只发生在中型或者大型企业中，微型和小型企业不受经济性裁员规定的约束，其主要原因是微型或者小型企业一次性解除劳动合同的数量较少，其社会影响比较小，不需要纳入经济性裁员的范围进行规范。同时，国外的经济性裁员需要企业与工会进行谈判，而微型或者小型企业缺乏谈判的能力。在《劳动合同法》制定过程中，考虑到整部《劳动合同法》中都没有区分企业的规模，且我国经济性裁员并没有国外的谈判机制，主要是履行一些法定程序，微型或者小型企业都容易做到，因此本条中并没有区分企业的规模。

第四，构成经济性裁员必须要一次性解除法定数量的劳动合同。

在《劳动合同法》的制定过程中，经济性裁员究竟要一次性裁减多少人才是合适的一直是讨论的热点。《劳动合同法（草案）》曾规定，裁减人员五十人以上的构成经济性裁员。对此，在全文公开征求社会意见的过程中，批评意见几乎呈一边倒的趋势，绝大部分意见认为五十人的标准太高，有的主张人数越少越好，甚至认为只要裁减两人以上就构成经济性裁员，以保护劳动者的合法权益。考虑到对于劳动者而言，经济性裁员是"双刃剑"，经济性裁员的人数标准太低，用人单位容易利用解除条件较为宽泛的经济性裁员进行解除劳动合同，反倒对劳动者不利；同时也考虑到社会的承受力，如果一次性解雇较多劳动者但不履行说明情况、听取意见、报告等程序，将会给社会带来不稳定因素。因此，《劳动合同法》规定一次性裁减人员二十人或者裁减不足二十人但占企业职工总人数百分之十以上的，才是经济性裁员。

第五，经济性裁员作为用人单位单方解除劳动合同的一种方式，必须满足法定条件。

企业享有经营自主权。我国《宪法》第十六条、第十七条规定了国有企业、集体经济组织在法律规定的范围内有权自主经营。企业的经营自主权不仅包括生产自主权，也包括用人自主权。用人自主权是企业经营自主权的重要内容，企业可以根据自身的实际需要招用人员，也可以裁减人员。如果企业在生产经营困难等情况下不能裁减人员，那么企业的经营自主权就没有办法落实,也会使企业背上冗员的包袱,无法适应社会主义市场经济的要求,不利于进行公平竞争。但是,经济性裁员作为用人单位单方解除劳动合同的一种方式,必须满足法定条件。这些法定条件包括实体性条件和程序性条件,只有同时具备了实体性条件之一和全部的程序性条件,才是合法有效的经济性裁员。

【案例30】

张强(化名)等20名职工与某商场签订了劳动合同,在劳动合同履行中,该商场以经营亏损为由,辞退了张强等人。张强等人遂向劳动保障监察机构举报,劳动保障监察机构经多次深入调查取证,查明该商场不具备企业经济性裁减人员的法定条件,又违反了企业经济性裁减人员的法定程序,在此前提下,单方解除张强等20名职工的劳动合同,属违约行为。劳动保障监察机构责令该商场限期改正。

请问:此案应如何理解?

【案例评析】

《劳动合同法》规定经济性裁员作为用人单位单方解除劳动合同的一种方式,必须满足法定条件,否则,经济性裁员不仅无效,还容易引发群体性的劳动争议事件,影响用人单位的正常生产经营活动。在程序上,需同时具备以下三点:(一)裁减人员二十人以上或者裁减不足二十人但占企业职工总数百分之十以上;(二)提前三十日向工会或者全体职工说明情况,听取工会或者职工的意见;(三)将裁减人员方案报劳动行政部门。在实体上,要具备以下情形之一:(一)依照《企业破产法》规定进行重整的;(二)生产经营发生严重困难的;(三)企业转产、重大技术革新或者经营方式调整,经变更劳动合同后,仍需裁减人员的;(四)其他因劳动合同订立时所依据的客观经济情况发生重大变化,致使劳动合同无法履行的。

本案中,商场以亏损为由辞退劳动者,但亏损并未造成其生产经营发生严重困难，因此未达到《劳动合同法》规定的实体条件；而企业裁员二十人，没有提前三十日向工会或者全体职工说明情况，听取工会或者职工的意见，并将裁减人员方案报劳动行政部门，也不符合程序要求。因此，商场辞退员工张强等二十人，不合乎经济性裁员的法定条件，是不合法的行为，应继续履行原劳动合同。

裁员是具有很大风险的行为，因为一部分员工离开，另一部员工会产生兔死狐悲的感觉，从而影响工作积极性；而且，企业裁员以后，余下员工的工作量就会增加；再加上企业的经济效益本来就不好，也不可能说裁员以后就能给余下的员工涨工资，甚至还有可能降工资。这种不利的局面，若得不到员工的理解，企业以后的工作是很难开展的，因此，企业要慎重，一旦实施一定要遵循合法的条件和程序。

(4) 经济性裁员的例外

《劳动合同法》第四十二条规定，劳动者有下列情形之一的，用人单位不得依照本法第四十条、第四十一条的规定解除劳动合同：

(一) 从事接触职业病危害作业的劳动者未进行离岗前职业健康检查，或者疑似职业病病人在诊断或者医学观察期间的；

(二) 在本单位患职业病或者因工负伤并被确认丧失或者部分丧失劳动能力的；

(三) 患病或者非因工负伤，在规定的医疗期内的；

(四) 女职工在孕期、产期、哺乳期的；

(五) 在本单位连续工作满十五年，且距法定退休年龄不足五年的；

(六) 法律、行政法规规定的其他情形。

根据上述规定，用人单位裁员时，"老""弱""病""残"不得裁减。在本单位连续工作满十五年，且距法定退休年龄不足五年的为"老"；女职工在孕期、产期、哺乳期的为"弱"；疑似职业病病人在诊断或者医学观察期间，患病或者非因工负伤，在规定的医疗期内的为"病"；患职业病或者因工负伤并被确认丧失或者部分丧失劳动能力的为"残"。

【案例 31】

　　胡婷(化名)为某一家国有企业职工，年过30岁，于2008年3月20日生下一个儿子。按照国家关于女职工劳动保护的有关规定，胡婷享受了120天的产假，后因不放心将孩子交给保姆照看，便向单位递交了哺乳假请假申请，单位同意她休3个月的哺乳假。哺乳假期满，单位因工作调整急需人手，两次通知胡婷上班，但胡婷接到通知后，未到单位上班，也未办理请假手续。一个月后，单位根据《员工守则》的规定，记胡婷无故旷工3天以上，属严重过失，予以辞退。胡婷以哺乳期内单位不能解除劳动合同为由向单位提出申请撤销辞退通知，恢复其工作，单位未予同意。

　　请问：单位能否解除与胡婷的劳动合同？

【案例评析】

　　关于女职工劳动保护的有关规定，正常生育产假为98天，年满24周岁的初产妇晚育产假为120天，保胎休息和病假超过6个月的生育时按正常生育产假算。产假期满后，若有困难且工作上许可，经本人申请、单位领导批准可请哺乳假6个半月。

　　本案中，胡婷虽尚处于哺乳期内，但这不能成为其违反规章制度的理由，用人单位可以依据《劳动合同法》第三十九条的规定，"劳动者有下列情形之一的，用人单位可以解除劳动合同：（一）……（二）严重违反用人单位的规章制度的……"解除与胡婷的劳动合同。

　　孕期、产期、哺乳期并不是女职工的护身符，国家虽对女职工进行特别保护，但保护也是有限度的，因此，女职工仍负有遵纪守法的义务，在符合法定条件的情形下，用人单位仍可解除劳动合同。

(5) 裁员时应优先留用的人员

　　从劳动合同期限和保护社会弱势群体角度出发，《劳动合同法》规定经济性裁员时优先留用三类人员：

　　①与本单位订立较长期限的固定期限劳动合同的人员

优先留用与本单位订立较长期限的固定期限劳动合同和订立无固定期限劳动合同的人员，主要是考虑劳动者对劳动合同有较长期限的预期，法律应对这种预期予以相应的保护。

②与本单位订立无固定期限劳动合同的人员

③家庭无其他就业人员，有需要扶养的老人或者未成年人的人员

通俗地讲，《劳动合同法》规定经济性裁员时优先留用的三类人员就是离婚、丧偶、上有老下有小的人员。规定优先留用家庭无其他就业人员、有需要扶养的老人或者未成年人的劳动者，主要是考虑这类劳动者对工作的依赖性非常强，而一份工作关系到一个家庭的基本生活保障，故不能将其随意推向社会，对这类社会弱势群体，法律应给予相应保护。

三类优先留用的劳动者之间并没有优先顺序，用人单位可以根据实际需要予以留用。

(6) 用人单位裁员后重新招录的限制

用人单位依法裁减人员时，在六个月内重新招用人员的，应当通知被裁减的人员，并在同等条件下优先招用被裁减的人员。

《劳动合同法》规定，用人单位重新招用人员的，被裁减人员具有优先就业权。之所以赋予被裁减人员优先就业权，主要出于三方面的考虑：一是被裁减人员并不是因为个人有违法、违纪、违规的行为而被解除劳动合同的，而是因为用人单位经营出现严重困难等情况服从大局而被解除劳动合同的；二是被裁减人员对用人单位比较熟悉，技术也熟练，对用人单位而言并不完全是负担；三是可以有效防止用人单位以经济性裁员为借口，随意裁减劳动者。因此，在用人单位生产经营恢复正常后，重新招用人员时，应优先照顾被裁减的劳动者。同时，为更好地保护被裁减人员的合法权益，《劳动合同法》另外规定，用人单位有通知被裁减人员的义务，以便被裁减人员慎重考虑，及时行使优先就业权。

(7) 用人单位单方解除劳动合同的程序性注意事项

无论是劳动者的过错还是非过错或是经济性裁员，用人单位单方解

除劳动合同，是对原有的劳动关系的阻断，可能引起纠纷。因此，用人单位在解除劳动合同的时候，还需要注意法定程序。《劳动合同法》第四十三条规定：用人单位单方解除劳动合同，应当事先将理由通知工会。用人单位违反法律、行政法规规定或者劳动合同约定的，工会有权要求用人单位纠正。用人单位应当研究工会的意见，并将处理结果书面通知工会。

【案例32】

某公司因小韩严重违纪，与其解除了劳动合同。小韩很不服气，到仲裁庭申请仲裁。公司律师出示了小韩严重违纪的证据，又出示了规章制度证明小韩的行为正好符合制度中关于严重违纪的规定。然而小韩的律师出示了一个证据，即与公司工会主席的一个谈话笔录，小韩的律师问了工会主席两个问题，第一个问题："请问您知道小韩被公司解除合同这件事吗？"工会主席回答说："知道。"第二个问题："请问您是在哪一天，什么情况下知道这个消息的？"工会主席想了想，说："在一天中午，我去食堂打饭时，看到食堂门口贴了一个布告，内容是小韩因违纪被公司解除劳动合同，于是我就知道了。"结果，公司败诉。

请问：公司为什么会败诉？

【案例评析】

《劳动合同法》规定，用人单位单方解除劳动合同，应当事前将理由通知工会。小韩律师出示的谈话笔录证明该公司在解除小韩的劳动合同前，没有将解除的理由告诉工会。因此，用人单位违反了法律规定的解除程序。

用人单位违反法律、行政法规规定，或者劳动合同约定的，工会有权要求用人单位纠正，用人单位应该研究工会的意见，并将处理结果再一次以书面形式通知工会。工会有知情权和修改建议权。当然，所谓知情权或者修改建议权只是程序上的规定，企业可以修改也可以不修改，工会没有否决权。工会也没有同企业一起研究并作出决定的权利，即参加的决定权。工会的修改建议权和知情权只是程序上的权利，不一定影响到实体，但是如果用人单位没有这样去做，就违反了法定程序的规定。所以，本案中公司因处理程序不合法而败诉。

另外，用人单位违反《劳动合同法》的规定，解除或终止劳动合同，劳动者要求继续履行劳动合同的，用人单位应当继续履行；劳动者不要求继续履行劳动合同，或者劳动合同已经不能履行的，用人单位应当按照解除劳动合同经济补偿金的两倍向劳动者支付赔偿金。

第二节　劳动合同的终止

劳动合同的终止，是指劳动合同期满或当事人双方约定的劳动合同终止条件出现，劳动合同即行终止，双方不再履行。

一、劳动合同终止的法定事由

（一）劳动合同期满

劳动合同期限届满，合同即告终止，这里主要是针对有固定期限的劳动合同和以完成一定工作为期限的劳动合同。

（二）劳动者开始依法享受基本养老保险待遇

基本养老保险制度是国家和社会根据一定的法律法规，为解决劳动者在达到国家规定的解除劳动义务的劳动年龄界限或因年老丧失劳动能力退出劳动岗位后的基本生活而建立的一种社会保险制度。

1. 劳动者达到法定退休年龄的，劳动合同终止。

劳动者达到法定退休年龄，办理退休手续，开始依法享受基本养老保险待遇的，劳动合同终止。

2. 劳动者未达到法定退休年龄，但开始依法享受基本养老保险待遇的，劳动合同终止。

（三）劳动者死亡，或者被人民法院宣告死亡或者宣告失踪

劳动者死亡，或者被人民法院宣告死亡或者宣告失踪的，劳动合同

主体之一的劳动者灭失或失踪,劳动合同无法履行,因此劳动合同终止。

【知识链接】

1. 自然死亡

自然死亡,又称生理死亡,是指自然人生命的终结。

关于死亡的问题,有不同的学说,如呼吸停止说、脉搏停止说、心脏搏动停止说、脑死亡说等。

2. 宣告死亡

宣告死亡是指自然人离开住所,下落不明达到法定期限,经利害关系人申请,由人民法院宣告其死亡的法律制度。

(1) 须经利害关系人申请

申请人包括:(一)配偶;(二)父母、子女;(三)兄弟姐妹、祖父母、外祖父母、孙子女、外孙子女;(四)其他有民事权利义务关系的人。必须按此顺序申请,顺序在先的申请人有排他效力,在先顺序的排除在后顺序,同顺序的权利平等。

(2) 须被申请人下落不明满一定期间

下落不明满4年;意外事故下落不明,从事故发生之日起满2年;意外失踪且取得死亡证明的。

(3) 须由人民法院宣告

人民法院受理宣告死亡案件后,必须发出寻找下落不明人的公告。被申请宣告死亡的公民下落不明满4年或者因意外事故下落不明满2年的,公告期间为1年;被申请宣告死亡的公民因意外事故下落不明,经有关机关证明其不可能生存的,公告期间为3个月。

宣告死亡与自然死亡法律后果相同。被宣告死亡时间和自然死亡时间不一致的,被宣告死亡所引起的法律后果仍然有效,但自然死亡之前实施的民事法律行为与被宣告死亡引起的法律后果相抵触的,则以其实施的民事法律行为为准。有民事行为能力的人在被宣告死亡期间实施的民事法律行为有效。

被宣告死亡人重新出现或者确知他没有死亡，经本人或利害关系人申请，法院应撤销对他的死亡宣告。宣告死亡的判决一经撤销将发生以下法律后果：

①被撤销死亡宣告的人民事主体资格不消灭，其仍可享有各种人身权利和财产权利。

②被撤销死亡宣告的人有权请求返还财产。

③被撤销死亡宣告的人的配偶在其宣告死亡后尚未再婚的，夫妻关系从撤销死亡宣告之日起自行恢复，如果配偶再婚后又离婚或者再婚后配偶死亡的，则不认定夫妻关系自行恢复。

④被撤销死亡宣告的人的子女在被宣告死亡期间被他人依法收养的，该收养关系有效，被撤销死亡宣告的人仅以未经本人同意而主张收养关系无效的，一般不应准许，但收养人和被收养人同意的除外。

3. 宣告失踪

宣告失踪，是指经利害关系人申请，由人民法院对下落不明满一定期间的人宣告为失踪人的制度。宣告失踪是一种不确定的自然事实状态的法律确认，目的在于结束失踪人财产关系的不确定状态，保护失踪人的利益兼利害关系人的利益。

宣告失踪必须具备以下三个条件：

(1) 主体条件。宣告失踪必须由利害关系人向人民法院申请。利害关系人包括配偶、父母、成年子女、祖父母、外祖父母、兄弟姐妹以及与被宣告人失踪的人有民事权利义务关系的公民和法人。

(2) 客体条件。①必须有下落不明的事实，如发生洪水、地震、战争等情况。如果知道某人在某地，即使很久没有回来，也不能认为失踪。②下落不明必须满两年。其中战争期间下落不明的，下落不明的时间从战争结束之日起算。

(3) 形式条件。申请必须采用书面形式，不得口头申请。必须经人民法院依照法定程序宣告失踪，人民法院之外的任何单位与个人没有这个权利。人民法院受理宣告失踪案件后，应当发出寻找下落不明人的公告,宣告失踪的公告期间为三个月。

被宣告失踪的人重新出现或者确知他的下落,经本人或者利害关系人申请,人民法院应当撤销对他的失踪宣告。撤销后,财产代管关系终止,代管人停止代管行为,将代管财产交给被撤销宣告人。

法律设立宣告失踪制度,是为了消除因自然人长期下落不明所造成的不利影响,通过宣告下落不明人为失踪人,并为其设立财产代管人,由代管人管理失踪人财产,从而保护失踪人与相对人的财产权益。

失踪人的财产由他的配偶、父母、成年子女或者关系密切的其他亲属、朋友代管,没有以上人选或有争议的由法院指定代管。代管人负有管理失踪人财产的职责,代管人不履行代管职责或者侵犯失踪人财产的,失踪人的利害关系人可以向法院请求代管人承担民事责任,也可申请变更代管人。

(四)用人单位被依法宣告破产

破产宣告是法院依据当事人的申请或法定职权裁定宣布债务人破产以清偿债务的活动。

根据我国《企业破产法》第二十三条的规定,以下三种情况,人民法院应当以书面裁定宣告债务人企业破产:(1)企业不能清偿到期债务,又不具备法律规定的不予宣告破产条件的;(2)企业被依法终结整顿的;(3)整顿期满,不能按照和解协议清偿债务的。

用人单位被依法宣告破产,使得劳动合同履行不能,劳动合同终止。

(五)用人单位被吊销营业执照、责令关闭、撤销或者用人单位决定提前解散

(六)法律、行政法规规定的其他情形

1. 劳动合同当事人双方约定的终止条件发生时,劳动合同终止。例如,双方约定,因劳动者本人原因丧失某种专业资格的或劳动者部分

丧失劳动能力的，劳动合同终止。比如从事饮食类产品生产的用人单位将劳动者患慢性传染病约定为劳动合同终止条件。又如劳动者的工作职能是开车，用人单位将劳动者被吊销驾驶执照约定为劳动合同终止条件。部分丧失劳动能力劳动者的劳动合同的终止，按照国家有关工伤保险的规定执行。

但需要注意，劳动合同不能将具有很高的主观因素的条件约定为劳动合同终止的条件，比如用人单位以考核结果的某种等级（层次）作为劳动合同终止的条件就具有很高的主观因素。同样，用人单位不能将企业并购、机构外包等主观制造的重大变化约定为终止劳动合同的情形。

2. 劳动者丧失劳动能力的，劳动合同终止。但丧失劳动能力劳动者的劳动合同的终止，按照国家有关工伤保险的规定执行。

3. 法律、行政法规规定的其他情形。

二、劳动合同期限届满的续延情形

(一)法定续延情形

《劳动合同法》第四十五条规定，劳动合同期满，有本法第四十二条规定情形之一的，劳动合同应当续延至相应的情形消失时终止。但是，该法第四十二条第二项规定丧失或者部分丧失劳动能力劳动者的劳动合同的终止，按照国家有关工伤保险的规定执行。

最高人民法院《关于审理劳动争议案件适用法律若干问题的解释》第十六条规定："劳动合同期满后，劳动者仍在原用人单位工作，原用人单位未表示异议的，视为双方同意以原条件继续履行劳动合同。一方提出终止劳动关系的，人民法院应当支持。"

【法条链接】

《劳动合同法》第四十二条　劳动者有下列情形之一的，用人单位不得依照本法第四十条、第四十一条的规定解除劳动合同：

（一）从事接触职业病危害作业的劳动者未进行离岗前职业健康检查，或者疑似职业病病人在诊断或者医学观察期间的；

（二）在本单位患职业病或者因工负伤并被确认丧失或者部分丧失劳动能力的；

（三）患病或者非因工负伤，在规定的医疗期内的；

（四）女职工在孕期、产期、哺乳期的；

（五）在本单位连续工作满十五年，且距法定退休年龄不足五年的；

（六）法律、行政法规规定的其他情形。

《工伤保险条例》第三十六条　职工因工致残被鉴定为五级、六级伤残的，享受以下待遇：

（一）从工伤保险基金按伤残等级支付一次性伤残补助金，标准为：五级伤残为18个月的本人工资，六级伤残为16个月的本人工资；

（二）保留与用人单位的劳动关系，由用人单位安排适当工作。难以安排工作的，由用人单位按月发给伤残津贴，标准为：五级伤残为本人工资的70%，六级伤残为本人工资的60%，并由用人单位按照规定为其缴纳应缴纳的各项社会保险费。伤残津贴实际金额低于当地最低工资标准的，由用人单位补足差额。

经工伤职工本人提出，该职工可以与用人单位解除或者终止劳动关系，由工伤保险基金支付一次性工伤医疗补助金，由用人单位支付一次性伤残就业补助金。一次性工伤医疗补助金和一次性伤残就业补助金的具体标准由省、自治区、直辖市人民政府规定。

《工伤保险条例》第三十七条　职工因工致残被鉴定为七级至十级伤残的，享受以下待遇：

（一）从工伤保险基金按伤残等级支付一次性伤残补助金，标准为：七级伤残为13个月的本人工资，八级伤残为11个月的本人工资，九级伤残为9个月的本人工资，十级伤残为7个月的本人工资；

（二）劳动、聘用合同期满终止，或者职工本人提出解除劳动、聘用合同的，由工伤保险基金支付一次性工伤医疗补助金，由用人单位支付一次性伤残就业补助金。一次性工伤医疗补助金和一次性伤残就业补助金的具体标准由省、自治区、直辖市人民政府规定。

(二)约定续延情形

约定续延情形，即劳动合同的续订，是指合同当事人依法达成协议，使原来的劳动合同延长有效期限的法律行为。它是原来合同当事人续延劳动关系，继续享有和承担原有效期届满前一样的权利和义务，不再实行试用期。

劳动合同的续订，应当具有法定的必备条件：(1)须由当事人双方同意。(2)续订的劳动合同只限于除临时工劳动合同、已满八年的农民定期轮换工劳动合同、已满五年的外国人劳动合同和以完成一定工作(工程)为期限的劳动合同之外的其他定期劳动合同。(3)续订劳动合同不能超过一定的次数或期限，如农民定期轮换工劳动合同的续订不能超过八年，外国人劳动合同的续订不能超过五年。(4)特定条件下劳动合同的当然续订。劳动部《关于实行劳动合同制度若干问题的通知》(劳部发[1996]354号)规定，有固定期限的劳动合同期满后，因用人单位方面的原因未办理终止或续订手续而形成事实劳动关系的，视为双方同意续订劳动合同，用人单位应及时办理续订手续。(5)特定条件下续订为无固定期限的劳动合同。

【法条链接】

《劳动合同法》第十四条第二款 用人单位与劳动者协商一致，可以订立无固定期限劳动合同。

有下列情形之一，劳动者提出或者同意续订、订立劳动合同的，除劳动者提出订立固定期限劳动合同外，应当订立无固定期限劳动合同：

(一)劳动者在该用人单位连续工作满十年的；

(二)用人单位初次实行劳动合同制度或者国有企业改制重新

订立劳动合同时,劳动者在该用人单位连续工作满十年且距法定退休年龄不足十年的;

(三)连续订立二次固定期限劳动合同,且劳动者没有本法第三十九条和第四十条第一项、第二项规定的情形,续订劳动合同的。

三、劳动合同的终止与解除的区别

劳动合同的解除是指劳动合同订立后,尚未全部履行前,因某种原因导致劳动一方或双方当事人提前消灭劳动关系的法律行为。劳动合同的解除,只对未履行的部分发生效力,不涉及已履行的部分。《劳动合同法》及其有关规定规定了劳动合同解除时用人单位支付经济补偿金的种种情况。

劳动合同的终止则是因劳动合同约定的期限届满或约定终止的条件出现时,双方消灭劳动关系的法律行为。劳动合同依法终止的,劳动部《关于贯彻执行〈中华人民共和国劳动法〉若干问题的意见》第三十八条规定:"劳动合同期满或当事人约定的劳动合同终止条件出现,劳动合同即行终止,用人单位可以不支付劳动者经济补偿金。"

【案例33】

杨某与某公司签订劳动合同时约定合同期限自2002年8月25日起,至2003年8月24日止。2003年10月20日,公司以合同期已满为由,决定不再与杨某续约。杨某不服,向区劳动争议仲裁委员会提出劳动争议申诉,请求公司赔偿中途解聘给杨某造成的损失。

请问:仲裁委员会会支持杨某的请求吗?

【案例评析】

本案争议的焦点是劳动合同的解除与终止的区别及其法律后果。

本案中，杨某与公司签订的劳动合同期限至 2003 年 8 月 24 日止，该劳动合同期限届满后，双方未再签订劳动合同。最高人民法院《关于审理劳动争议案件适用法律若干问题的解释》第十六条规定："劳动合同期满后，劳动者仍在原用人单位工作，原用人单位未表示异议的，视为双方同意以原条件继续履行劳动合同。一方提出终止劳动关系的，人民法院应当支持。"可见，双方劳动合同期满后存在事实劳动关系，但双方均可随时提出终止劳动关系。劳动合同依法终止的，劳动部《关于贯彻执行〈中华人民共和国劳动法〉若干问题的意见》第三十八条规定："劳动合同期满或当事人约定的劳动合同终止条件出现，劳动合同即行终止，用人单位可以不支付劳动者经济补偿金。"杨某和公司没有特殊约定和法律特别规定，故杨某的请求于法无据。因此，杨某的请求不能得到支持。

第三节　劳动合同解除或终止后的附随义务

劳动合同一经依法解除、终止，劳动者与用人单位之间的权利义务关系即告消灭。但是，劳动关系作为社会法的调整对象，其所独具的人身性与隶属性之特征决定了劳动者与用人单位在双方的权利义务关系消灭后，基于诚实信用原则，还必须履行各自的附随义务。即双方劳动权利义务关系消灭的同时，又附随产生新的权利义务关系。

一、用人单位对劳动者的附随义务

（一）出具证明、办理档案和社会保险关系转移手续

《劳动合同法》第五十条第一款规定："用人单位应当在解除或者终止劳动合同时出具解除或者终止劳动合同的证明，并在十五日内为劳动者办理档案和社会保险关系转移手续。"

用人单位为劳动者转出人事档案，办理社会保险关系转移手续，向劳动者开具解除或终止劳动合同的证明，是用人单位在劳动合同终止或者解除后应该履行的义务。用人单位对劳动者出具双方劳动合同已经解

除或终止的证明义务，一方面使劳动者易于获得工作，以谋生计，另一方面使第三人（未来的雇主）决定是否雇用时，可以获得劳动者的相关信息资料。同时，用人单位给劳动者出具双方劳动合同解除或终止证明，也是一种照顾义务。用人单位不履行此项义务，给劳动者造成损害的，应承担赔偿责任。

（二）文本保存

《劳动合同法》第五十条第三款规定："用人单位对已经解除或者终止劳动合同的文本，至少保存二年备查。"用人单位对解除或终止劳动合同的劳动者的文本，应该至少保存二年，以备劳动行政部门或其他有关部门查询。

（三）优先录用

用人单位依据《劳动合同法》的规定裁减人员，在6个月内录用人员的，在同等条件下应当优先录用被裁减人员。

（四）支付经济补偿金

用人单位依照《劳动合同法》有关规定应当向劳动者支付经济补偿的，在办结工作交接时支付。

【知识链接】

经济补偿金

经济补偿金是在劳动合同解除或终止后，用人单位依法一次性支付给劳动者的经济上的补助。

一、支付经济补偿的情形

根据《劳动合同法》第四十六条的规定，有下列情形之一的，用人单位应当向劳动者支付经济补偿：

（一）劳动者依照本法第三十八条规定解除劳动合同的

《劳动合同法》第三十八条规定的因用人单位的过错，劳动者单方解除劳动合同的情形：

1. 用人单位未按照劳动合同约定提供劳动保护或者劳动条件的；

2. 用人单位未及时足额支付劳动报酬的；

3. 用人单位低于当地最低工资标准支付劳动者工资的；

4. 用人单位未依法为劳动者缴纳社会保险费的；

5. 用人单位的规章制度违反法律、法规的规定，损害劳动者权益的；

6. 用人单位以欺诈、胁迫的手段或者乘人之危，使劳动者在违背真实意思的情况下订立或者变更劳动合同的；

7. 用人单位以暴力、威胁或者非法限制人身自由的手段强迫劳动的；

8. 用人单位违章指挥、强令冒险作业危及劳动者人身安全，劳动者解除劳动合同的；

9. 法律、行政法规规定的其他情形。

【案例34】

王某是某合资公司职员，因公司没有为其按工资总额足额缴纳社会保险费，便提出辞职并要求公司支付经济补偿金。公司同意王某辞职但拒绝支付经济补偿金。王某向劳动争议仲裁机构提起劳动争议仲裁，请求公司补交差额部分的保险金。

请问：王某的请求能否得到支持？

【案例评析】

《劳动合同法》规定，用人单位未依法足额、按时为劳动者缴纳社会保险费，劳动者解除劳动合同的，用人单位应当补交差额部分的保险金并支付经济补偿金。因此，王某的请求可以得到支持。

【案例35】

某集团下属 A、B、C 子公司均为独立法人。唐某在 2009 年 6

月毕业后，先与该集团 A 子公司签订了期限为自 2009 年 8 月 1 日至 2010 年 7 月 31 日的劳动合同。2010 年 5 月因工作需要，唐某被派往 B 子公司，双方未签任何合同或协议。2011 年 1 月，该集团发现与唐某签订的合同已经过期，要求他与 A 子公司补签了期限自 2010 年 8 月 1 日到 2011 年 7 月 31 日的劳动合同。2011 年 6 月，唐某回 A 公司工作，又续签了五年合同。2012 年 3 月，A 公司被该集团撤销，所有员工的劳动关系均转到 C 子公司。唐某不同意到 C 公司工作，提出解除劳动关系并支付经济补偿金的要求。

请问：补偿金由谁支付？

【案例评析】

这是关联企业间典型的劳动纠纷，涉及解除劳动合同时经济补偿金的支付问题。

A、B、C 子公司均为独立法人，唐某与该集团 A 子公司签订了劳动合同，故其与集团之间不存在事实劳动关系，只是管理与被管理的关系。而唐某工作的流动都是由集团安排的，不是员工本人的意愿导致的流动，因此工龄应该在该集团内连续计算。A 公司被该集团撤销有两种可能：一种是法律上的注销，这种情况下终止合同的，A 公司应该支付补偿金；一种是合并，把 A 公司并到 C 公司，员工的劳动关系就自然转到 C 公司去了。那么唐某离职就无权要求经济补偿金，因为是劳动者提出的辞职。

（二）用人单位依照本法第三十六条规定向劳动者提出解除劳动合同，并与劳动者协商一致解除劳动合同的

《劳动合同法》第三十六条规定，用人单位与劳动者协商一致，可以解除劳动合同。由用人单位提出解除劳动合同的，应当支付经济补偿金。

【案例36】
　　单位提出解除与小刘的劳动合同，小刘同意了，但要求支付补偿金。

　　请问：小刘的要求合理吗？

【案例评析】
《劳动合同法》规定，用人单位与劳动者协商一致，可以解除劳动合同。劳动者提出解除劳动合同的动议，此时劳动者一般对失业早有准备或有新的打算，如果要求用人单位支付经济补偿金不太合理。但是，由用人单位首先提出解除动议的，作为弱势群体的劳动者可能面临失业的困境，为了保护劳动者的权益，法律要求用人单位支付经济补偿金。

　　案例中，用人单位与小刘协商一致，可以解除劳动合同。提出解除劳动合同动议的是用人单位，因此应当给小刘经济补偿金。

　　(三) 用人单位依照本法第四十条规定解除劳动合同的
　　《劳动合同法》第四十条规定的是劳动者的无过失解除，因此对于劳动者应给予应有的保护，在符合法律规定的情形下，用人单位提前三十日以书面形式通知劳动者本人或者额外支付劳动者一个月工资后，可以解除劳动合同并支付经济补偿金。

　　1. 劳动者患病或者非因工负伤，在规定的医疗期满后不能从事原工作，也不能从事由用人单位另行安排的工作的，用人单位解除劳动合同应按其在本单位的工作年限，每满一年发给相当于一个月工资的经济补偿金，同时还应发给不低于六个月工资的医疗补助费。

　　2. 劳动者不能胜任工作，经过培训或者调整工作岗位，仍不能胜任工作的，由用人单位解除劳动合同的，用人单位应按其在本单位工作的年限，工作时间每满一年，发给相当于一个月工资的经济补偿金，最多不超过十二个月。

　　3. 劳动合同订立时所依据的客观情况发生重大变化，致使劳动合同无法履行，经用人单位与劳动者协商，未能就变更劳动合同内容达成协议的，由用人单位解除劳动合同的，用人单位按劳动者在本单位工作的年限，工作时间每满一年发给相当于一个月工资的经济补偿金。

（四）用人单位依照本法第四十一条第一款规定解除劳动合同的

《劳动合同法》第四十一条第一款规定的是依照《企业破产法》规定进行重整的情形下，必须裁减人员的，用人单位按被裁减人员在本单位工作的年限支付经济补偿金。在本单位工作的时间每满一年，发给相当于一个月工资的经济补偿金。

（五）除用人单位维持或者提高劳动合同约定条件续订劳动合同，劳动者不同意续订的情形外，依照本法第四十四条第一项规定终止固定期限劳动合同的

1. 劳动合同期满时，用人单位同意续订劳动合同，且维持或者提高劳动合同约定条件，劳动者不同意续订的，劳动合同终止，用人单位不支付经济补偿。

2. 如果用人单位同意续订劳动合同，但降低劳动合同约定条件，劳动者不同意续订的，劳动合同终止，用人单位应当支付经济补偿。

3. 如果用人单位不同意续订，无论劳动者是否同意续订，劳动合同终止，用人单位应当支付经济补偿。需注意的是，这里仅限于固定期限劳动合同的终止，《劳动合同法》没有规定以完成一定工作任务为期限的劳动合同终止需支付经济补偿。

【案例37】

叶某是某汽车公司的司机，与单位签订了五年期的劳动合同，劳动合同期满后，单位终止劳动合同，叶某要求单位支付经济补偿金，单位不同意。叶某遂向仲裁机构提起劳动争议仲裁。

请问：叶某的请求能得到支持吗？

【案例评析】

《劳动合同法》第四十六条明确规定：除用人单位维持或者提高劳动合同约定条件续订劳动合同，劳动者不同意续订的情形外，依照本法第四十四条第一项规定终止固定期限劳动合同的，用人单位应当向劳动者支付经济补偿。简单来说，可以作如下理解：除劳动者不愿意续签的情形之外，固定期限劳动合同终止，用人单位得支付经济补偿。

本案中，用人单位没有维持或者提高劳动合同约定条件与叶某续订劳动合同，属单方终止劳动合同，应该支付经济补偿金。

(六) 依照本法第四十四条第四项、第五项规定终止劳动合同的

《劳动合同法》第四十四条第四项规定，用人单位被依法宣告破产的，劳动合同终止；第五项规定，用人单位被吊销营业执照、责令关闭、撤销或者用人单位决定提前解散的，劳动合同终止。

《企业破产法》第一百一十三条规定，破产清偿顺序中第一项为破产人所欠职工的工资和医疗、伤残补助、抚恤费用，所欠的应当划入职工个人账户的基本养老保险、基本医疗保险费用，以及法律、行政法规规定应当支付给职工的补偿金。

用人单位因为有违法行为而被吊销营业执照、责令关闭、撤销时，劳动者是无辜的，其权益应该受到保护。劳动合同终止时，用人单位应该支付经济补偿。

(七) 法律、行政法规规定的其他情形

有些法律、行政法规中有关于用人单位支付经济补偿的规定。如《国营企业实行劳动合同制度暂行规定》规定，国营企业的老职工在劳动合同期满与企业终止劳动关系后可以领取相当于经济补偿的有关生活补助费。尽管《国营企业实行劳动合同制度暂行规定》于2001年被废止，但2001年之前参加工作的劳动者，在劳动合同终止后，仍可以领取工作之日起至2001年的生活补助费。

二、经济补偿金的计算标准

《劳动合同法》第四十七条规定：经济补偿按劳动者在本单位工作的年限，每满一年支付一个月工资的标准向劳动者支付。六个月以上不满一年的，按一年计算；不满六个月的，向劳动者支付半个月工资的经济补偿。劳动者月工资高于用人单位所在直辖市、设区的市级人民政府公布的本地区上年度职工月平均工资三倍的，向其支付经济补偿的标准按职工月平均工资三倍的数额支付，向其支付经济补偿的年限最高不超过十二年。本条所称月工资是指劳动者在劳动合同解除或者终止前十二个月的平均工资。

按照劳动部《违反和解除劳动合同的经济补偿办法》（劳部发[1994]481号）第十条的规定，用人单位解除劳动合同后，未按规定给予劳动者经济补偿的，除全额发给经济补偿金外，还须按该经济补偿金数额的50%支付额外经济补偿金。

什么是工资？工资是指用人单位依据国家有关规定或劳动合同的约定，以货币形式直接支付给本单位劳动者的劳动报酬。劳动部《关于贯彻执行〈中华人民共和国劳动法〉若干问题的意见》（劳部发[1995]309号）第五十三条、国家统计局《关于工资总额组成的规定》第四条明确规定，工资包括计时工资、计件工资、奖金、津贴和补贴、加班加点工资、特殊情况下支付的工资。国家统计局《〈关于工资总额组成的规定〉若干具体范围的解释》第三条第二项明确规定，补贴包括生活补贴和住房补贴。但是，劳动者的以下劳动收入不列入经济补偿金基数的范围：(1)社会保险福利费用，如丧葬抚恤救济费、生活困难补助费、计划生育补贴等；(2)劳动保护费用，如工作服、解毒剂、清凉饮料费用等；(3)按规定未列入工资总额的各种劳动报酬及其他劳动收入，如创造发明奖、国家星火奖、自然科学奖、科学技术进步奖、合理化建议和技术改进奖、中华技能大奖等，以及稿费、讲课费、翻译费等。

计发经济补偿金的工作年限有没有上限呢？计发经济补偿金的工作年限有十二个月的上限的只有两种情况，即经劳动合同当事人协商一致，由用人单位解除劳动合同的；或劳动者不能胜任工作，经过培训或者调整工作岗位仍不能胜任工作，由用人单位解除劳动合同的。其他情况下，计发经济补偿金的工作年限没有限制，按照劳动者在本单位工作的年限，每满一年发给相当于一个月工资的经济补偿金。六个月以上不满一年的，按一年计算；不满六个月的，向劳动者支付半个月工资的经济补偿。

计发经济补偿金的平均工资有何下限？根据《劳动合同法》第四十条的规定，即劳动者患病或者非因工负伤，经劳动鉴定委员会确认不能从事原工作，也不能从事用人单位另行安排的工作而解除劳动合同的；劳动者不能胜任工作，经过培训或者调整工作岗位，仍不能胜任工作而解除劳动合同的；用人单位濒临破产进行法定整顿期间或者生产经营状况发生严重困难，确需裁减人员而解除劳动合同的，这三种情况下如果劳动者本人的月平均工资低于用人单位月平均工资的，须按照用人单位月平均工资的标准支付。其他情况按正常生产情况下本人解除劳动合同前十二个月的月平均工资计算。

组织调动、企业分立或合并后经济补偿金的工作年限如何计算？劳动部办公厅《对〈关于终止或解除劳动合同计发经济补偿金有关问题的请示〉的复函》（劳办发[1996]33号）第四条明确规定："因用人单位的合并、兼并、合资、单位改变性质、法人改变名称等原因而改变工作单位的，其改变前的工作时间可以计算为'在本单位的工作时间'。由于成建制调动、组织调动等原因而改变工作单位的，是否计算为'在本单位的工作时间'，在行业直属企业间成建制调动或组织调动等，由行业主管部门作出规定，其他调动，由各省、自治区、直辖市作出规定。"对企业改制改组中已经向职工支付经济补偿金的，职工被改制改组后企业重新录用的，在解除劳动合同支付经济补偿金时，职工在改制前单位的工作年限可以不计算为改制后单位的工作年限。

退伍、复员、转业军人的军龄是否作为计发经济补偿金的工作年限？按照《中华人民共和国兵役法》和中共中央、国务院、中央军委《军队转业干部安置暂行办法》（中发〔2001〕3号）第三十七条以及国务院、中央军委《关于退伍义务兵安置工作随用工单位改革实行劳动合同制意见的通知》（国发〔1993〕54号）第五条的规定，军队退伍、复员、转业军人的军龄，计算为接收安置单位的连续工龄。

劳动者因私出境定居而解除劳动合同是否支付经济补偿金？对于获批准出境定居的职工，享受的一次性离职费不属于《劳动法》及其配套规章规定的经济补偿金。在全面实行劳动合同制度以后，职工获批准出境定居而终止劳动合同的，用人单位不支付经济补偿金。

国有企业职工因解除劳动合同取得经济补偿金如何征缴个人所得税？对国有企业职工，因企业依照《企业破产法（试行）》宣告破产，从破产企业取得的一次性安置费收入，免予征收个人所得税。除上述情况外，国有企业职工与企业解除劳动合同取得的一次性补偿收入，在当地上年企业职工年平均工资的三倍数额内，可免征个人所得税。具体免征标准由各省、自治区、直辖市和计划单列市地方税务局规定。超过该标准的一次性补偿收入，应按照国家税务总局《关于个人因解除劳动合同取得经济补偿金征收个人所得税问题的通知》的有关规定，全额计算征收个人所得税。

三、经济补偿金的性质

（一）用人单位单方法定义务

1. 从经济补偿金的给付、收受主体的恒定性及资金从用人单位向劳动者方向的流动等方面看，经济补偿金的给付具有单方性。

2. 经济补偿金的给付并不是依据劳动关系双方当事人的约定，而是根据法律、法规及其他相关规范性文件的规定直接适用的。其在主体的适用上具有平等性和强制性，只要双方确立了劳动关系，经济补偿金的给付就存在潜在的可能性。

3. 经济补偿金给付是用人单位的法定附随义务而非责任。

有学者将用人单位支付经济补偿金的行为性质定位于违反劳动合同的责任显属不当。法律义务是行为主体依照法律规则而必为或不为的带有应当性的行为，法律责任则是行为主体因违反法律义务而必须承担的带有应当性的不利后果。法律规定用人单位支付经济补偿金，是对用人单位行使预告解除权时附加设定的一种法律义务，不存在承担法律责任的问题。

(二) 劳动者预期利益损失的补偿

劳动者在与用人单位确立劳动关系，接受用人单位的人事、规章制度等方面管理的同时，有权在约定的期限内获得确定数额的工资及福利。若期限届满前劳动关系终止，会使劳动者失去工作和基于此产生的预期利益，对于并无主观过错的劳动者来说，是利益的受损。通过经济补偿金的给付可减少劳动者的损失，使劳动者在失去原有工作和找到新工作之间有一个良好的经济过渡。在劳动者重新就业的合理时间内，经济补偿金就相当于原有工作待遇支付的一部分，起到接续生计的作用。

(三) 非社会保障制度

经济补偿金制度不是社会保障体系的组成部分。根据《违反和解除劳动合同的经济补偿办法》第十二条有关"经济补偿金在企业成本中列支，不得占用企业按规定比例应提取的福利费用"的规定可知，经济补偿金给付的资金来源于用人单位的资产，而不包括国家、劳动者个人出资的部分。同时，依照《关于贯彻执行〈中华人民共和国劳动法〉若干问题的意见》第四十三条关于"劳动合同解除后，用人单位对符合规定的劳动者应支付经济补偿金。不能因劳动者领取了失业救济金而拒付或克扣经济补偿金，失业保险机构也不得以劳动者领取了经济补偿金为由，停发或减发失业救济金"的规定可知，经济补偿金与失业保险并行不悖，并区别于包括社会保险在内的整个社会保障制度。

(四) 非违约金规定

对于经济补偿金与劳动合同中的违约金这"两金"，其实仅从经济补偿金的给付是一种附随性义务这一点，就可将经济补偿金与作为劳动合同违约责任形式之一的违约金区别开来。违约金应当是双向责任约定，但由于劳动双方当事人的力量失衡，处于弱势的劳动者手中"讨价还价"的筹码并不多。这时指望用人单位加重己方责任的可能性并不大，有关违约金的规定在一般情况下也就变成约束劳动者的单方责任条款，这就与作为用人单位法定义务的经济补偿金形成一种对比，且二者几乎没有交集。现行劳动法律、法规等规范性文件对关于违约金的规定不置可否，这一立法态度不但没有解决问题，而且使问题趋于严重。为防止用人单位利用其优势地位迫使劳动者承担不当的违约金责任，《劳动合同法》对劳动者违约金责任的承担进行了限制性规定，我国《劳动合同法》第二十五条规定："除本法第二十二条和第二十三条规定的情形外，用人单位不得与劳动者约定由劳动者承担违约金。"根据该规定，违约金约定仅在劳动合同中约定服务期以及竞业限制条款时适用。

四、经济补偿金缴税

财政部、国家税务总局《关于个人与用人单位解除劳动关系取得的一次性补偿收入免征个人所得税问题的通知》规定：个人因与用人单位解除劳动关系而取得的一次性补偿收入（包括用人单位发放的经济补偿金、生活补助费和其他补助费用），其收入在当地上年职工平均工资三倍数额以内的部分，免征个人所得税；超过的部分按照《国家税务总局关于个人因解除劳动合同取得经济补偿金征收个人所得税问题的通知》（国税发[1999]178号）的相关规定，计算征收个人所得税。

二、劳动者对用人单位的附随义务

《劳动合同法》第五十条第二款规定：劳动者应当按照双方约定，办理工作交接。劳动合同解除、终止后，劳动者对其负责的事务或归其保管的物品应办理移交手续。

据此，劳动者对用人单位的附随义务有：(一)办理工作交接；(二)按照诚实信用原则，遵守其他法律、法规的有关规定。

☞ 学习思考

1. 什么是劳动合同的解除？劳动合同的解除种类有哪些？
2. 劳动者单方解除劳动合同的情形有哪些？
3. 用人单位单方解除劳动合同的情形有哪些？
4. 什么是劳动合同的终止？劳动合同终止的情形有哪些？
5. 劳动合同的解除和终止有什么区别？
6. 劳动合同解除和终止后，用人单位和劳动者还有没有相应的义务？有哪些？

第八章

劳动争议

劳动合同的履行过程中,因双方权利义务的分歧,产生纠纷。争议类型不同,解决的途径也不一致。法律为当事人提供了几种权利救济方式,根据具体情况,选择正确的救济方式能够更有效地解决争议。劳动调解、劳动仲裁和法律诉讼是目前主要的三种劳动争议解决途径,几种方式处理的机构和程序都各不相同。

第一节 劳动争议概述

一、劳动争议的概念和种类

劳动争议,又称劳动纠纷,是指劳动关系双方当事人,因实现或履行劳动权利义务产生分歧而发生的纠纷。劳动争议按照不同的标准,可划分为不同的种类:

（一）按照劳动争议当事人人数的多少

1. 个人劳动争议是劳动者个人与用人单位发生的劳动争议；
2. 集体劳动争议是指劳动者一方当事人在三人以上，有共同理由的劳动争议。

（二）按照劳动争议的内容

1. 因确认劳动关系发生的争议；
2. 因订立、履行、变更、解除和终止劳动合同发生的争议；
3. 因除名、辞退和辞职、离职发生的争议；
4. 因工作时间、休息休假、社会保险、福利、培训以及劳动保护发生的争议；
5. 因劳动报酬、工伤医疗费、经济补偿或者赔偿金等发生的争议；
6. 法律、法规规定的其他劳动争议。

（三）按照当事人的国籍

1. 国内劳动争议是指中国的用人单位与具有中国国籍的劳动者之间发生的劳动争议；
2. 涉外劳动争议是指具有涉外因素的劳动争议，包括中国在国（境）外设立的机构与中国派往该机构工作的人员之间发生的劳动争议、外商投资企业的用人单位与劳动者之间发生的劳动争议。

二、劳动争议的处理原则

解决劳动争议，应当根据事实，遵循合法、公正、及时、着重调解的原则，依法保护当事人的合法权益。

（一）以事实为根据、以法律为准绳的原则

以事实为根据、以法律为准绳的原则，处于劳动争议处理基本原则中的核心地位，对于贯彻落实其他各项劳动争议处理的基本原则，保障客观公正地处理案件，以及真正树立起法制的权威等均具有重要意义。

以事实为根据，就是以查对属实的证据和凭借这些证据认定的案件事实为根据。事实，就是事情的本来面目，是事情的真实情况，那么如何证明所认定的事实本来就是那个样子？这就需要用证据来证实。不能用证据证明的事实，就不是法律上的事实。也就是说，没有相关的证据证明，即使事情本来是那个样子，在法律上也是不能够认定的。因此，法律事实和真实事实不一定是完全一致的。事实要用证据来证明，不能举证，就要承担不利的法律后果。因此，事实问题，其实就是一个证据的问题；以事实为依据，其实就是以证据为依据。在处理劳动争议时，要求调解委员会、仲裁委员会及人民法院都必须对争议的事实进行深入、细致、客观地调查、分析，查明事实真相，这是准确适用法律、公正处理争议的基础。

以法律为准绳，就是在查清事实的基础上，以《劳动法》《劳动合同法》等劳动法律的规定为标准的衡量尺度，依照法律规定依法进行调解、仲裁和审判。不能主观臆断，更不能徇私枉法。

以事实为根据和以法律为准绳，两者联系紧密，缺一不可。证明事实是关键，正确适用法律是结果。不以事实为根据就不可能正确适用法律；不以法律为准绳，即使以真实可靠的案件事实为根据，也不可能正确处理案件。

(二)合法、公正、平等的原则

合法，就是处理劳动争议、判断是非责任要以劳动法律法规为依据，处理争议的程序要依法，处理的结果要合法，不得侵犯社会公共利益和他人的利益。

公正，主要是指维护正义，防止徇私舞弊。公平强调实质正义和实体正义，核心是平等；公正强调形式正义和程序正义，核心是无私和中立。

平等，就是劳动争议双方当事人在适用法律上一律平等。这要求调解委员会、仲裁委员会、人民法院在处理劳动争议案件时，对劳动争议的任何一方当事人都应同等对待，其法律地位完全平等，法律赋予当事人的权利义务由双方当事人平等地享有和承担，不应因身份、地位的不同而采取不同的标准对待。用人单位与劳动者在申请调解、仲裁和诉讼时，在参加调解、仲裁、诉讼活动时都享有同等的权利，如时效一样、陈述事实、进行辩论和举证、申请回避、达成调解协议、不服仲裁裁决时可以向法院起诉，等等，承担的义务也是同等的。

(三) 着重调解的原则

调解是指劳动合同双方当事人就争议的实体权利义务，在有关机构的主持下，自愿进行协商，通过教育疏导，促成各方达成协议，找到解决纠纷的办法。通过调解方式解决劳动争议有利于构建和谐的劳动关系。

1. 调解解决劳动争议可以不伤和气，通过民主协商化解矛盾，以自愿协商的方式消除对立，促进团结合作。由有关机构主持调解，宣传法律知识，使劳动关系双方消除对抗情绪，增强劳动法制观念，依法保护当事人的合法权益。

2. 劳动争议的双方在自愿的基础上进行民主协商，有利于建立平等的、互相尊重的合作关系，推动社会安定团结。在劳动争议中，如果对簿公堂，即便职工一方胜诉，随之而来的往往也是劳动关系的终止。如果更多地采用调解方式解决劳动争议，将更有利于继续双方的劳动关系。

3. 调解解决劳动争议可以防止矛盾激化，避免产生突发事件和恶性案件。由有关机构主持调解，可以使矛盾的双方各抒己见，消除误解，在互让互谅的基础上达成一致意见，不至于扩大矛盾和激化矛盾。

因此，为了构建和谐社会与和谐劳动关系，应深入贯彻以调解为主的解决劳动争议的基本原则，以减少并及时地解决劳动争议。当事人在发生争议后应当先向企业劳动争议调解委员会申请调解，在互谅互让的基础上达成协议，并认真遵守和履行，只有在调解无效时，才由仲裁机构和法院来解决。调解委员会应认真负责地做好调解工作，使争议通过调解解决。做好调解工作要求建立、健全用人单位的调解组织及制度，充分发挥调解委员会的作用。除了调解委员会之外，仲裁委员会和人民法院也可以进行调解。调解在仲裁程序上表现为，仲裁委员会受理争议案件后可以先进行调解，在调解不成的情况下应尽快进行裁决，而在裁决作出前的任何阶段都可以进行调解。仲裁程序上的调解与裁决具有同等的法律效力。调解在诉讼程序上表现为，人民法院在不同的审判阶段可以先进行调解，在调解不成的情况下，应尽快作出判决。人民法院主持下达成的调解协议，与判决具有同等的法律效力。调解的原则并不意味着强制调解，而是要求在自愿的前提下，尽量调解解决劳动争议。

调解与自愿原则是密不可分的，当事人是否申请调解委员会调解，当事人是否接受调解建议，是否达成调解协议完全出于自愿，不得强迫。调解协议的内容必须符合有关法律、法规的规定，否则自愿达成的协议也无效。在调解中要注意防止久调不决的现象，即能够调解的就调解，不能够调解的就尽快进入裁决或者判决。

(四)及时处理的原则

及时处理原则要求劳动争议发生后，当事人应当及时向当地劳动争议处理机构进行申诉，劳动争议调解委员会、劳动争议仲裁委员会及人民法院对于申请处理的劳动争议案件，应当依据法律、法规所规定的时限受理，抓紧审查和作出处理决定，按时结案。

当事人超过法定时间申请调解或仲裁，将不予受理。当事人应及时参加调解、仲裁活动，否则调解无法进行，仲裁则可能被视为撤诉或被缺席仲裁。处理争议案件过程中当事人不履行决定的和对处理结果当事人不履行的要及时进行处理，以保证争议案件的顺利处理和处理结果的最终落实。当事人不服仲裁的要及时起诉，不服一审判决的也要及时上诉，否则失去起诉权、上诉权，合法权益将得不到保障，调解委员会调解争议要及时，不能超过30日；仲裁委员会受理争议案件要及时，不应超过7日，仲裁要及时，不能超过60日；人民法院审判要及时，审判不应超过6个月，否则应承担相应的法律责任。

及时处理的原则有助于及时地维护双方当事人的合法权益，及时稳定劳动关系，使劳动者与用人单位的生活、生产秩序正常化，使社会有序、稳定运转。

(五)保护当事人合法权益的原则

依法维护当事人双方的合法权益，就是在劳动争议处理过程中，承担争议处理职责的劳动争议处理机构必须坚持以事实为依据、以法律为准绳，对争议案件进行审查和处理。

第二节　劳动争议处理的机构和程序

一、劳动争议处理机构

目前，中国处理劳动争议的机构有劳动争议调解组织、地方劳动争议仲裁委员会和地方人民法院。

（一）劳动争议调解组织

劳动争议调解组织包括：企业劳动争议调解委员会；依法设立的基层人民调解组织；在乡镇、街道设立的具有劳动争议调解职能的组织。

企业劳动争议调解委员会，是在职工代表大会领导下，负责调解本企业内劳动争议，协调劳动关系的群众性组织。

调解委员会由职工代表、企业行政代表和企业工会代表组成。职工代表由职工代表大会选举产生，企业行政代表由企业方指定，工会代表由企业工会指定。各方推举或指定的代表只能代表一方参加调解委员会。调解委员会组成人员的具体人数由职工代表大会提出并与企业法定代表人协商确定。企业代表的人数不得超过调解委员会成员总数的1/3。没有成立工会组织的企业，调解委员会的设立及其组成由职工代表与企业代表协商决定。

调解委员会主任由企业工会代表担任；调解委员会的办事机构设在企业工会；劳动争议调解组织的调解员应当由公道正派、联系群众、热心调解工作，并具有一定法律知识、政策水平和文化水平的成年公民担任；调解委员会委员调离该企业或需要调整时，应由原推选单位或组织按规定另行推举或指定；调解委员会委员名单应报送地方总工会和地方仲裁委员会备案。

调解委员会履行以下职责：调解该企业内发生的劳动争议；检查、督促争议双方当事人履行调解协议；对职工进行劳动法律、法规的宣传教育，做好劳动争议的预防工作。

(二)地方劳动争议仲裁委员会

劳动争议仲裁委员会，是指裁处用人单位与劳动者之间发生的劳动争议的组织机构。

劳动争议仲裁委员会按照统筹规划、合理布局和适应实际需要的原则设立。省、自治区人民政府可以决定在市、县设立；直辖市人民政府可以决定在区、县设立。直辖市、设区的市也可以设立一个或者若干个劳动争议仲裁委员会。劳动争议仲裁委员会不按行政区划层层设立。劳动争议仲裁委员会下设办事机构，负责办理劳动争议仲裁委员会的日常工作。

国务院劳动行政部门依照《中华人民共和国劳动争议调解仲裁法》(以下简称《劳动争议调解仲裁法》)有关规定制定仲裁规则；省、自治区、直辖市人民政府劳动行政部门对本行政区域的劳动争议仲裁工作进行指导。

劳动争议仲裁委员会由劳动行政部门代表、工会代表和企业方面代表组成；劳动争议仲裁委员会组成人员应当是单数；劳动争议仲裁委员会应当设仲裁员名册。

仲裁员应当公道正派并符合下列条件之一：

1. 曾任审判员的；
2. 从事法律研究、教学工作并具有中级以上职称的；
3. 具有法律知识、从事人力资源管理或者工会等专业工作满五年的；
4. 律师执业满三年的。

劳动争议仲裁委员会依法履行以下职责：聘任、解聘专职或者兼职仲裁员；受理劳动争议案件；讨论重大或者疑难的劳动争议案件；对仲裁活动进行监督。

(三)地方人民法院

地方各级人民法院包括高级人民法院、中级人民法院、基层人民法院。

高级人民法院是设在省、自治区、直辖市一级的法院，位于地方各级人民法院的最高层次，负责审理法律、法令规定由它管辖的第一审案件、下级人民法院移送审判的第一审案件、对下级人民法院判决和裁定的上诉案件和抗诉案件、人民检察院按照审判监督程序提出的抗诉案件。

中级人民法院设立在省、自治区内的地区和自治州，设区的市以及直辖市内，负责审理法律、法令规定由它管辖的第一审案件、基层人民法院移送审判的第一审案件、对基层人民法院判决和裁定的上诉案件和抗诉案件、人民检察院按照审判监督程序提出的抗诉案件。

基层人民法院设立在县和市、自治县、旗、市辖区，负责审理第一审民事、刑事和行政案件，但是法律另有规定的案件除外。

二、劳动争议处理程序

(一)劳动争议协商

协商，是指劳动争议发生后，当事人就争议事项进行商量，协调双方的关系，消除矛盾，解决争议。

劳动争议为人民内部矛盾，可以也应当协商解决，但协商不是解决劳动争议的必经程序，只是国家对当事人自行协商解决劳动争议这种方式予以法律的认可。不愿协商或者协商不成的，当事人有权申请调解或者仲裁。

(二)劳动争议调解

劳动争议调解，是指劳动双方当事人发生争议时，由第三方(例如专业性的人才机构、争议调解中心，企业劳动争议调解委员会，依法设立的基层人民调解组织，在乡镇、街道设立的具有劳动争议调解职能的组织等)进行的和解性咨询，通过劳动争议调解达到法律咨询、和解方式等的说明。

企业劳动争议调解委员会调解劳动争议的步骤如下：

1. 申请

当事人申请调解，应当自知道或应当知道其权利被侵害之日起三十日内，以口头或书面形式向调解委员会提出申请，并填写《劳动争议调解申请书》。口头申请的,调解组织应当当场记录申请人基本情况、申请调解的争议事项、理由和时间。

2. 受理

调解委员会接到调解申请后,应对调解申请书进行审查,看其是否符合受理条件和范围。经审查决定受理的,应征询对方当事人的意见,对方当事人愿意调解的,应将调解的地点、要求等以口头或书面形式通知双方当事人;对方当事人不愿调解的,应做好记录,在三日内以书面形式通知申请人。对不予受理的,应向申请人说明理由。调解委员会应在接到《劳动争议调解申请书》四日内作出受理或不受理的决定,对调解委员会无法决定是否受理的案件,由调解委员会主任决定是否受理。

3. 调查核实

调解委员会对决定受理的案件,应及时指派调解员对争议事项进行全面调查核实,调查应做笔录,并由调查人签名或盖章。

调查工作一般包括:

(1)查清案件的基本事实:双方发生争议的原因、经过、焦点及有关的人和情况。

(2)掌握与争议问题有关的劳动法律、法规的规定和劳动合同的约定,分清双方当事人应承担的责任,拟定调解方案和调解意见。

4. 调解

较复杂的案件,由调解委员会主任主持召开有争议双方当事人参加的调解会议(发生争议的职工一方在三人以上,并有共同申诉理由的,应当推举代表参加调解活动),有关单位和个人可以参加调解会议协助调解;简单的争议,可由调解委员会指定一至二名调解委员进行调解。

通常情况下,调解会议的议程是:

(1)会议记录员向会议主持人报告到会人员情况。

(2)会议主持人宣布会议开始。接着,会议主持人宣布申请调解的争议事项,会议纪律,当事人应持的态度。

(3)听取双方当事人对争议的陈述和意见,进一步核准事实。

(4)调查人员公布核实的情况和调解意见,征求双方当事人的意见。

（5）依据事实和法律及劳动合同的约定促使双方当事人协商达成协议。不管是否达成协议，都要记录在案，当事人核对后签字。

调解委员会成员有下列情形之一者，当事人有权以口头或书面形式申请，要求其回避：

（1）是劳动争议当事人或者当事人近亲属的；

（2）与劳动争议有利害关系的；

（3）与劳动争议当事人有其他关系，可能影响公正调解的。

调解委员会对回避申请应及时作出决定，并以口头或书面形式通知当事人。调解委员的回避由调解委员会主任决定；调解委员会主任的回避，由调解委员会集体研究决定。

5. 制作调解协议书或调解意见书

（1）经调解达成协议的，制作调解协议书，双方当事人应自觉履行。协议书应写明争议双方当事人的姓名（单位、法定代表人）、职务、争议事项、调解结果及其他应说明的事项，由调解委员会主任（简单争议由调解委员）以及双方当事人签名或盖章，并加盖调解委员会印章。调解协议书一式三份（争议双方当事人、调解委员会各一份）。

因支付拖欠劳动报酬、工伤医疗费、经济补偿或者赔偿金事项达成调解协议，用人单位在协议约定期限内不履行的，劳动者可以持调解协议书依法向人民法院申请支付令。人民法院应当依法发出支付令。

（2）调解不成的，应做好记录，并在调解意见书上说明情况。调解意见书要写明当事人的姓名（单位、法定代表）、年龄、性别、职务、争议的事实、调解不成的原因、调解委员会的意见；调解意见书由调解委员会主任签名、盖章，并加盖调解委员会印章。调解意见书一式三份（争议双方当事人、调解委员会各一份），及时送达当事人，告知当事人在规定的期限内向当地劳动争议仲裁委员会申请仲裁。

调解委员会调解不成有三种情况：

①经调解委员会调解双方当事人没有达成调解协议

劳动争议调解不是劳动争议处理的必经程序，但它却担负着大量的劳动争议化解工作，起着劳动争议处理中第一道防线的作用，是我国劳动争议处理制度中不可缺少的重要组成部分。

②经调解达成协议，当事人又反悔的

调解委员会制作的调解协议书不具有法律约束力。劳动争议调解委员会既不是司法、仲裁机构，也不是行政机关，而是在职工代表大会领导下，专门处理用人单位内部劳动争议的职工群众组织。因此，劳动争议调解与审判、仲裁活动不同，调解活动参加人不具有诉讼活动中的权利和义务，调解委员会没有对劳动争议的强制处理权，对经调解达成的协议也没有法律强制力保证。

调解协议书主要依靠当事人之间的承诺、信任以及道德规范的约束，依靠双方当事人自觉履行。当事人任何一方反悔，不履行协议时，无论是另一方当事人还是调解委员会都不能强迫履行协议。

③调解没有在法律规定的期间内结案的

调解委员会调解劳动争议，应当自当事人申请调解之日起十五日内结束；到期未结束的，视为调解不成。自劳动争议调解组织收到调解申请之日起十五日内未达成调解协议的，当事人可以依法申请仲裁。

调解委员会对受理的劳动争议调解不成，以及达成协议后一方或者双方反悔的，当事人可以自知道或应当知道劳动争议发生之日起一年内（不含企业调解委员会在规定期限内的调解时间）向劳动争议仲裁委员会申请仲裁。

(三) 劳动争议仲裁

1. 概念

仲裁也称公断，是指一个公正的第三者对当事人之间的争议作出评断。

劳动争议仲裁，是指劳动争议仲裁委员会根据当事人的申请，依法对劳动争议在事实上作出判断、在权利义务上作出裁决的一种法律制度。

劳动争议仲裁应当根据事实，遵循合法、公正、及时、着重调解的原则，从而公正及时地解决劳动争议，保护当事人的合法权益，促进劳动关系和谐稳定。

2. 劳动争议仲裁适用范围

（1）因确认劳动关系发生的争议；

（2）因订立、履行、变更、解除和终止劳动合同发生的争议；

（3）因除名、辞退和辞职、离职发生的争议；

（4）因工作时间、休息休假、社会保险、福利、培训以及劳动保护发生的争议；

（5）因劳动报酬、工伤医疗费、经济补偿或者赔偿金等发生的争议；

（6）法律、行政法规规定的其他劳动争议。

3. 劳动争议仲裁案件的管辖

（1）劳动争议由劳动合同履行地或者用人单位所在地的劳动争议仲裁委员会管辖；

（2）双方当事人分别向劳动合同履行地和用人单位所在地的劳动争议仲裁委员会申请仲裁的，由劳动合同履行地的劳动争议仲裁委员会管辖。

4. 劳动争议仲裁案件的当事人

发生劳动争议的劳动者和用人单位为劳动争议仲裁案件的双方当事人。劳务派遣单位或者用工单位与劳动者发生劳动争议的，劳务派遣单位和用工单位为共同当事人。

与劳动争议案件的处理结果有利害关系的第三人，可以申请参加仲裁活动或者由劳动争议仲裁委员会通知其参加仲裁活动。

当事人可以委托代理人参加仲裁活动。委托他人参加仲裁活动，应当向劳动争议仲裁委员会提交有委托人签名或者盖章的委托书，委托书应当载明委托事项和权限。

丧失或者部分丧失民事行为能力的劳动者，由其法定代理人代为参加仲裁活动；无法定代理人的，由劳动争议仲裁委员会为其指定代理人。劳动者死亡的，由其近亲属或者代理人参加仲裁活动。

5. 劳动争议仲裁形式

劳动争议仲裁应公开进行，但当事人协议不公开进行或者涉及国家秘密、商业秘密和个人隐私的除外。

6. 劳动争议仲裁步骤

（1）申请和受理

① 仲裁时效

劳动争议申请仲裁的时效为一年，仲裁时效期间从当事人知道或者应当知道其权利被侵害之日起计算。劳动关系存续期间因拖欠劳动报酬发生争议的，劳动者申请仲裁不受仲裁时效期间的限制；但是，劳动关系终止的，应当自劳动关系终止之日起一年内提出。

仲裁时效可中止、中断。仲裁时效的中止，是指在仲裁时效进行中的某一阶段，因不可抗力或其他正当理由致使当事人不能在规定的仲裁时效期间申请仲裁的，暂停计算仲裁时效，待阻碍时效进行的事由消除之日起，继续进行仲裁时效期间的计算。仲裁时效的中断，是指在仲裁时效进行期间，因当事人一方向对方当事人主张权利，或者向有关部门请求权利救济，或者对方当事人同意履行义务，仲裁时效中断，重新开始计算仲裁时效期间。

② 申请

当事人在规定的时效内向劳动争议仲裁委员会提交请求仲裁的书面申请，并按照被申请人人数提交副本。《劳动争议仲裁申请书》内容包括：劳动者的姓名、性别、出生年月、民族、职业、工作单位、住址、联系电话；用人单位的名称、单位地址、法定代表人或者主要负责人的姓名、职务；仲裁请求和所根据的事实、理由；证据和证据来源、证人姓名和住所；致送单位名称。

递交《劳动争议仲裁申请书》的同时，向劳动仲裁委员会递交下列材料：身份证复印件一份；劳动关系相关证明和其他证明材料；申请人系用人单位的，交企业法人营业执照复印件和法定代表人身份证明；有委托代理人的，提交授权委托书。委托代理人是律师的，提交律师事务所公函；代理人是公民的，提交代理人身份证复印件。

【仲裁申请书范本】

仲裁申请书

申请人：姓名、性别、出生年月、民族、文化程度、工作单位、职业、住址。（申请人如为单位，应写明单位名称、法定代表人姓名及职务、单位地址）

被申请人：姓名、性别、出生年月、民族、文化程度、工作单位、职业、住址。（被申请人如为单位，应写明单位名称、法定代表人姓名及职务、单位地址）

请求事项：（写明申请仲裁所要达到的目的）

事实和理由：（写明申请仲裁或提出主张的事实依据和法律依据，包括证据情况和证人姓名及联系地址。特别要注意写明申请仲裁所依据的仲裁协议）

此致
××仲裁委员会

申请人：（签名或盖章）

××××年××月××日

附：
一、申请书副本×份（按被申请人人数确定份数）；
二、证据××份；
三、其他材料××份。

【仲裁申请书书写提要】

一、申请人在书写申请书时，应使用钢笔、毛笔或者打印。申请书由正本和副本组成，副本份数应按被申请人人数提交，由仲裁委员会送达被申请人。

二、"请求事项"是申请人请求仲裁委员会解决劳动争议的具体事项，即申请人所要达到的目的和要求。申请人应明确地向仲委员会提出仲裁的目的和具体要求事项,如要求履行劳动合同,要求撤销处理决定,等等。并要写明申请人对解决劳动争议所提出的具体主张,如责令被申请人补发工资××元,责令被诉人赔偿经济损失××元,等等。请求事项应当写得明确、具体、合法、相对固定,即应当"四要四不要":一要明确,不要含糊;二要具体,不要笼统;三要合理、合法,不要提无理要求;四要相对固定,不要任意变换。对请求事项,在申请时要慎重,周密考虑,力求周到,没有遗漏。在立案后,若请求事项确有不实、不全、不确切之处,可以在规定期限内变更或者提出新的请求。

此外,如有必要申请部分裁决(即先行给付)的,应作为独立的一项请求提出来;如在立案后才提部分裁决,则应另写申请书。

三、"事实与理由"是申诉书的主体部分,是内容的重点,也是向仲裁委员会提出请求事项的根据。

(一)事实

事实是指双方争议的事实或者被诉人侵权的事实及其证据。案情事实的具体内容包括:(1)当事人之间的法律关系;(2)争议的发生、发展过程;(3)争执的焦点和具体内容;(4)被诉人应承担的责任。如果申诉人自己也有一定责任,亦应提及,不能把过错完全推给被诉人。

叙述事实应当"六要六不要":一要和请求事项一致,不要相互矛盾;二要写得具体清楚,不要抽象空洞;三要实事求是,不要夸大缩小;四要把关键情节交代清楚,不要含糊其辞;五要有理有据,不要捕风捉影;六要心平气和地摆事实,不要刻薄挖苦。

事实必须有证据来证实。所谓证据,就是证明所叙述事实的真实性、可靠性的依据,它决定着仲裁的胜负。对证据的要求是:(1)要列举证据名称和内容,证明何事;(2)要说明证据的来源和可靠程度;(3)要写明证人的姓名、职业、住所,请予调查;(4)要提交证据原件或者复印件。一般是先提交复印件或者抄件,到开庭时才提交原件。对证据的书写一般是在叙述事实时就随之列举证据。可在叙述事实中，用括号加以注明，这样节省笔墨；也可在叙述事实之后，单列一段来交代证据。

(二) 理由

理由是指在讲清楚事实之后，应概括地分析争议的性质、危害、结果及责任，同时提出请求事项所依据的法律条款，以论证请求事项的合理、合法。理由包括两方面：一是认定案件事实的理由；二是提出法律根据的理由。引用法律条文要全面、具体，应引到条、款、项，不能只引到条。书写理由应做到"三要三不要"：一要讲道理，不要强词夺理；二要提供证据，不要空口无凭；三要有针对性地引用法律条款，不要没有法律根据。

理由的书写，例如：综上所述(分析说明争议的性质、过错及危害后果)，根据××法第×条第×款的规定(说明被申请人应负的责任)，请求仲裁委员会依法裁决，以实现请求事项。

如果案情比较简单，事实和理由可以合写，不用分段处理。

四、书写申请书应注意的问题

1. 实事求是，分清是非。应坚持实事求是，严格忠于事实真相，不编造，不夸大，不缩小，不得将道听途说、查无实据的材料写进申请书。在实事求是地叙述案情事实的基础上，还要阐明道理，分清是非，明确责任，分析被诉人的行为是否侵权违法，有何过错，根据事实和法律，被诉人应负什么责任，应负多大的责任，等等。

2. 有法可依，以理服人。要坚持摆事实，讲道理，坚持以理服人，不能谩骂攻击，以势压人。特别要注意以法律为依据，注意准确恰当地援引法律条文进行论证，阐明自己主张的合法性，以求得仲裁庭的认同。在引用法律上要注意避免牵强附会，乱引错引，更不能断章取义。

3. 层次分明，详略得当。应高度重视表述的条理性、层次性以及内容详略的安排。全篇的结构要按照固定的格式，有次序地展开，不得前后颠倒或者相互混淆。陈述案情事实要线条清晰，或是按争议发生、发展的顺序，按时间先后来写；或是先交代争议当事人之间的关系，争议标的的情况，再写争议的原因与焦点，等等。在内容安排上还要做到突出重点，详略得当。关键性的问题要说清说透，枝节问题、次要问题则可写得概略一些。切忌关键性问题没有说清楚，与案件无关或者关系不大的内容又说得过多。

③受理

劳动争议仲裁委员会收到仲裁申请之日起五日内，认为符合受理条件的，应当受理，并通知申请人；认为不符合受理条件的，应当书面通知申请人不予受理，并说明理由。对劳动争议仲裁委员会不予受理或者逾期未作出决定的，申请人可以就该劳动争议事项向人民法院提起诉讼。

劳动争议仲裁委员会受理仲裁申请后，应当在五日内将仲裁申请书副本送达被申请人。被申请人收到仲裁申请书副本后，应当在十日内向劳动争议仲裁委员会提交答辩书。例如，被申请人于2009年1月1日收到的通知书及仲裁申请书，应从1月2日开始计算十日，提交答辩书的最后一天应是1月11日。但如果最后一天为节假日，则答辩时间顺延。

劳动争议仲裁委员会收到答辩书后，应当在五日内将答辩书副本送达申请人。被申请人未提交答辩书的，不影响仲裁程序的进行，即仲裁委员会可以依照仲裁规则组成仲裁庭并确定仲裁庭首次开庭的日期。

④撤回仲裁申请

当事人申请劳动争议仲裁后，可以自行和解。达成和解协议的，可以撤回仲裁申请。

(2) 开庭和裁决

①仲裁庭组成

劳动争议仲裁委员会裁决劳动争议案件实行仲裁庭制。仲裁庭由三名仲裁员组成，设首席仲裁员。简单劳动争议案件可以由一名仲裁员独任仲裁。劳动争议仲裁委员会应当在受理仲裁申请之日起五日内将仲裁庭的组成情况书面通知当事人。

仲裁员有下列情形之一的,应当回避,当事人也有权以口头或者书面方式提出回避申请:

(一)是本案当事人或者当事人、代理人的近亲属的;

(二)与本案有利害关系的;

(三)与本案当事人、代理人有其他关系,可能影响公正裁决的;

(四)私自会见当事人、代理人,或者接受当事人、代理人的请客送礼的。

劳动争议仲裁委员会对回避申请应当及时作出决定,并以口头或者书面方式通知当事人。

仲裁员私自会见当事人、代理人,或者接受当事人、代理人的请客送礼的,或者有索贿受贿、徇私舞弊、枉法裁决行为的,应当依法承担法律责任。劳动争议仲裁委员会应当将其解聘。

②通知与开庭

仲裁庭应当在开庭五日前,将开庭日期、地点书面通知双方当事人。当事人有正当理由的,可以在开庭三日前请求延期开庭。是否延期,由劳动争议仲裁委员会决定。

申请人收到书面通知,无正当理由拒不到庭或者未经仲裁庭同意中途退庭的,可以视为撤回仲裁申请。

被申请人收到书面通知,无正当理由拒不到庭或者未经仲裁庭同意中途退庭的,可以缺席裁决。

仲裁庭对专门性问题认为需要鉴定的,可以交由当事人约定的鉴定机构鉴定;当事人没有约定或者无法达成约定的,由仲裁庭指定的鉴定机构鉴定。

根据当事人的请求或者仲裁庭的要求,鉴定机构应当派鉴定人参加开庭。当事人经仲裁庭许可,可以向鉴定人提问。

③质证和辩论

当事人在仲裁过程中有权进行质证和辩论。质证和辩论终结时,首席仲裁员或者独任仲裁员应当征询当事人的最后意见。

当事人提供的证据经查证属实的，仲裁庭应当将其作为认定事实的根据。劳动者无法提供由用人单位掌握管理的与仲裁请求有关的证据，仲裁庭可以要求用人单位在指定期限内提供。用人单位在指定期限内不提供的，应当承担不利后果。

仲裁庭应当将开庭情况记入笔录。当事人和其他仲裁参加人认为对自己陈述的记录有遗漏或者有差错的，有权申请补正。如果不予补正，应当记录该申请。笔录由仲裁员、记录人员、当事人和其他仲裁参加人签名或者盖章。

④调解与裁决

仲裁庭在作出裁决前，应当先行调解。调解达成协议的，仲裁庭应当制作调解书。调解书应当写明仲裁请求和当事人协议的结果。调解书由仲裁员签名，加盖劳动争议仲裁委员会印章，送达双方当事人。调解书经双方当事人签收后，产生法律效力。调解不成或者调解书送达前，一方当事人反悔的，仲裁庭应当及时作出裁决。

仲裁庭裁决劳动争议案件，应当自劳动争议仲裁委员会受理仲裁申请之日起四十五日内结束。案情复杂需要延期的，经劳动争议仲裁委员会主任批准，可以延期并书面通知当事人，但是延长期限不得超过十五日。逾期未作出仲裁裁决的，当事人可以就该劳动争议事项向人民法院提起诉讼。

仲裁庭裁决劳动争议案件时，其中一部分事实已经清楚，可以就该部分先行裁决。仲裁庭对追索劳动报酬、工伤医疗费、经济补偿或者赔偿金的案件，根据当事人的申请，可以裁决先予执行，移送人民法院执行。仲裁庭裁决先予执行的，应当符合下列条件：（一）当事人之间权利义务关系明确；（二）不先予执行将严重影响申请人的生活。劳动者申请先予执行的，可以不提供担保。

裁决应当按照多数仲裁员的意见作出，少数仲裁员的不同意见应当记入笔录。仲裁庭不能形成多数意见时，裁决应当按照首席仲裁员的意见作出。

裁决书应当载明仲裁请求、争议事实、裁决理由、裁决结果和裁决日期。裁决书由仲裁员签名，加盖劳动争议仲裁委员会印章。对裁决持不同意见的仲裁员，可以签名，也可以不签名。

仲裁裁决分为终局裁决和普通裁决。

下列劳动争议，除《劳动争议调解仲裁法》另有规定的除外，仲裁裁决为终局裁决，裁决书自作出之日起发生法律效力：（一）追索劳动报酬、工伤医疗费、经济补偿或者赔偿金，不超过当地月最低工资标准十二个月金额的争议；（二）因执行国家的劳动标准在工作时间、休息休假、社会保险等方面发生的争议。

劳动者对有关上述的仲裁裁决不服的，可以自收到仲裁裁决书之日起十五日内向人民法院提起诉讼。用人单位有证据证明有关上述的仲裁裁决有下列情形之一，可以自收到仲裁裁决书之日起三十日内向劳动争议仲裁委员会所在地的中级人民法院申请撤销裁决：（一）适用法律、法规确有错误的；（二）劳动争议仲裁委员会无管辖权的；（三）违反法定程序的；（四）裁决所根据的证据是伪造的；（五）对方当事人隐瞒了足以影响公正裁决的证据的；（六）仲裁员在仲裁该案时有索贿受贿、徇私舞弊、枉法裁决行为的。人民法院经组成合议庭审查核实裁决有前款规定情形之一的，应当裁定撤销。仲裁裁决被人民法院裁定撤销的，当事人可以自收到裁定书之日起十五日内就该劳动争议事项向人民法院提起诉讼。

当事人对有关上述的以外的其他劳动争议案件的仲裁裁决即普通裁决不服的，可以自收到仲裁裁决书之日起十五日内向人民法院提起诉讼；期满不起诉的，裁决书发生法律效力。

⑤执行

当事人对发生法律效力的调解书、裁决书，应当依照规定的期限履行。一方当事人逾期不履行的，另一方当事人可以依照《民事诉讼法》的有关规定向人民法院申请执行。受理申请的人民法院应当依法执行。

⑥仲裁费

劳动争议仲裁不收费。劳动争议仲裁委员会的经费由财政予以保障。

(四)劳动争议诉讼

劳动争议诉讼，是人民法院按照民事诉讼法规的程序，以劳动法规为依据，按照劳动争议案件进行审理的活动。其程序如下：

1. 起诉

劳动争议当事人要向法院起诉，应当注意法律对起诉条件的基本要求，主要条件是：原告是与本案有直接利害关系的公民、法人和其他组织；有明确的被告；有具体的诉讼请求、事实与理由；属于人民法院受理和管辖的范围。此外，还必须符合起诉时效的规定，也就是当事人必须在收到劳动仲裁裁决书之日起十五日内起诉。因此，当事人起诉时应同时提交仲裁裁决书，一方面说明劳动争议已经过了仲裁程序，另一方面也能证明是否符合起诉时效的规定。这里需要说明的是，当事人对仲裁裁决不服，不能把仲裁委员会作为被告，因仲裁委员会不是民事主体，而是公断机构。劳动争议案件诉至法院后，诉讼当事人仍是劳动争议原来的当事人。

当事人向法院提起诉讼，应当递交起诉状，并按照被告人数提交副本。书写起诉状确实存在困难的，可以口头起诉，由人民法院记入笔录，并告知对方当事人。

起诉状应当记明如下事项：

（1）当事人的姓名、性别、年龄、民族、职业、工作单位和住所，法人或者其他组织的名称、地址和法定代表人或者主要负责人的姓名、职务；

（2）诉讼请求和所根据的事实与理由；

（3）证据和证据来源，证人姓名和住所。

人民法院收到起诉状或者口头起诉后，进行审查认为符合起诉条件的，应当在七日内立案，并通知当事人；认为不符合起诉条件的，应当在七日内裁定不予受理；原告对裁定不服的，可以提起上诉。

2. 法院审理

法院审理劳动争议案件和审理一般民事纠纷一样，适用《民事诉讼法》的规定。其主要程序有一审程序、二审程序、审判监督程序等。一审程序比较复杂。审理之前，人民法院将进行向被告发送起诉状副本、组成合议庭、开展调查或委托调查、通知当事人参加诉讼等事宜。法庭调查时，按当事人陈述、证人作证、出示书证等证据、宣读鉴定结论和勘验笔录这样的顺序进行。进入法庭辩论后，先由原告及其诉讼代理人发言，然后由被告及其诉讼代理人答辩，再由各方互相辩论。辩论之后由审判长按照原告、被告、第三人的先后顺序征询各方最后意见。判决前能够调解的，还可以进行调解；调解不成的，应当及时判决。判决书中应当写明案由、诉讼请求、争议的事实和理由，判决认定的事实、理由和适用的法律依据，判决结果和诉讼费用的负担，上诉期间和上诉的法院。

当事人不服一审判决的，可依法提起二审程序。当事人须在一审判决书送达之日起15日内向上一级法院提起上诉。上诉状应当写明当事人的姓名、法人名称及其法定代表人姓名，原审人民法院名称、案件编号和案由，上诉的请求和理由。上诉状应当通过原审法院提出，并按照对方当事人或者代表人的人数提出副本。二审法院应对上诉请求的有关事实和适用法律进行审查，并应组成合议庭进行开庭审理。合议庭认为不需要开庭审理的，也可径行判决。二审法院审理上诉案件，可以进行调解。二审法院作出的判决是终审判决。

审判监督程序是当法院对已经发生法律效力的判决和裁定发现确有错误而需要再审时所进行的程序。当事人也可以申请再审，但须在判决发生法律效力后2年内提出。

3. 强制执行

一般情况下，有关法律文书（如判决书、仲裁裁决书、仲裁调解书）可以由当事人自觉履行。但如果当事人不执行，则可以通过法院执行程序予以强制执行。

执行程序是指法院依法对生效的法律文书，通过强制措施迫使当事人履行法律文书规定义务的诉讼活动。强制执行措施主要包括：

（1）向银行查询被执行人的存款情况，有权冻结、划拨被执行人的存款；

（2）扣留、提取被执行人应当履行义务部分的收入；

（3）查封、扣押、冻结、拍卖、变卖被执行人应当履行义务部分的财产；

（4）法院有权发出搜查令，对被执行人及其住所或者财产隐匿地进行搜查；

（5）强制迁出房屋或者强制退出土地。

向法院申请强制执行，应当提交申请执行书和有关法律文书（判决书、裁决书等）。当申请执行法院判决时，当事人应请求第一审人民法院执行；当申请执行仲裁裁决书或仲裁调解书时，应请求被执行人住所地或者被执行的财产所在地法院执行。申请执行劳动争议法律文书的期限为一年，从法律文书规定履行期间的最后一日起计算。

执行工作由法院执行员进行。执行员接到申请执行书后应向被执行人发出执行通知，责令其在指定的期间履行，逾期不履行的，强制执行。《最高人民法院对劳动部〈关于人民法院审理劳动争议案件几个问题的函〉的答复》（法经函［1988］53号）中规定，人民法院可将用人单位拒绝给职工安排工作一类的行为标的转化为经济标的，强制用人单位执行。

4. 诉讼风险告知

为了增强当事人的诉讼风险意识，提高对案件审理、执行过程中可能出现不利后果的预见能力，促使当事人谨慎地选择诉讼手段解决纠纷，正确维护自己的合法权益，有些法院根据我国相关诉讼法律以及最高人民法院《关于民事诉讼证据的若干规定》，将诉讼中可能出现的风险及风险责任的承担原则告知诉讼当事人。诉讼风险一般有以下几种：

（1）诉讼请求不当的风险。当事人的诉讼请求不完全，未请求部分将被视为弃权，法院不予审理未请求部分。原告增加、变更诉讼请求或被告提出反诉，必须在法定期限内进行，否则，被法院视为当事人放弃该项权利。

（2）不按时交纳诉讼费用的风险。原告起诉、增加诉讼请求、被告反诉、当事人申请保全措施，必须按时交纳费用（有特殊经济困难，提交相关材料证明符合减、免、缓交情况的除外），否则，法院将不予受理。

（3）不能充分提供证据的风险。原告起诉或被告反诉，对自己提出诉讼请求所依据的事实或者反驳对方诉讼请求所依据的事实，有责任提供证据加以证明。没有证据或证据不足的，负有举证责任的当事人将承担不利甚至败诉的后果。

（4）超时提供证据的风险。证据必须在规定期限内提出。超过规定期限提供证据的，该证据不得在法庭上出示，也不得在法庭上质证（对方当事人同意质证的除外），不能作为定案证据。超时举证方将承担所主张事实不予认定的不利后果。

（5）不能提供原始证据的风险。向法庭提供证据应当提供原件或原物。若证据系在域外形成的，还应履行相应的证明手续，否则将导致该项证据无效的后果。提供证人证言的，非因特殊情况，证人需亲自出庭作证，否则法院将不予采信该项证人证言。

（6）申请评估、鉴定中的风险。当事人申请评估、鉴定，必须按照举证通知书的要求，在规定期限内提出申请并预交评估、鉴定费用、提供相关材料，否则将承担不利甚至败诉的后果。

（7）申请法院调查收集证据中的风险。当事人申请法院调查收集证据，必须按照举证通知书的要求在规定期限内提出，否则将承担不利甚至败诉的后果。

（8）不按时出庭的风险。各方当事人必须按照规定时间参加庭审。不按规定时间参加庭审或者迟到三十分钟以上的，原告方承担自动撤诉的后果，被告方承担缺席审理的后果。

（9）一方当事人下落不明的风险。一方当事人下落不明，会导致审理时间过长、无财产可供执行及虽交纳诉讼费用却达不到预期目的的不利后果。

（10）一方当事人没有财产或无足够财产可以提供的风险。一方当事人没有财产或不能提供足够财产，会导致财产保全不能实现或不能完全实现和申请保全费用不予退还的风险，还会导致无财产可供执行的风险。被执行人财产不足以抵偿全部欠款,会导致剩余欠款执行拖延甚至不能履行的后果。

(11)不认真阅读判决书、裁定书的风险。判决书、裁定书送达当事人以后,当事人提出上诉的,必须在判决书、裁定书明确的法定上诉期限内提出;申请执行的,必须在生效法律文书法定期限内提出,超过法定期限提出将被视为放弃该项权利,导致判决、裁定无法上诉或无法执行的后果。

☞ 学习思考
1. 什么是劳动争议?劳动争议的种类有哪些?
2. 劳动争议的处理原则有哪些?
3. 劳动争议的处理机构有哪些?请分别简述。
4. 什么是劳动争议调解?
5. 劳动争议仲裁的程序有哪些?
6. 什么是劳动诉讼?如何进行?

第九章

违反《劳动合同法》的责任

法律责任是指因违反了法定义务或契约义务，或不当行使法律权利、权力所产生的，由行为人承担的不利后果。就其性质而言，法律关系可以分为法律上的功利关系和法律上的道义关系，与此相适应，法律责任方式也可以分为补偿性方式和制裁性方式。《劳动合同法》明确规定了用人单位、劳动者和其他责任主体的法律责任。

第一节 《劳动合同法》的法律责任概述

一、《劳动合同法》法律责任的内涵

《劳动合同法》的法律责任，是指《劳动合同法》中规定的主体，违反了《劳动法》和《劳动合同法》的有关规定，构成了承担责任要件时，依法承担的法律后果。

依据我国相关法律的规定，劳动合同违约责任是指"劳动合同中的

双方当事人因一方或者双方过错，而不履行或者不完全履行劳动合同中约定的合同义务，因此而承担的法律责任"。应当明确，劳动合同的违约责任是以劳动合同有效为前提，如果劳动合同根本不存在，那么违约责任也就不存在。如果劳动合同因为无效、解除等原因，而引发的责任不是我们所提及的劳动合同的违约责任，而应当以缔约过失责任或其他赔偿责任论处。

二、《劳动合同法》法律责任设置的特点

（一）主要的责任主体是用人单位

《劳动合同法》中设置了大量的强制性规定，而且绝大部分是针对用人单位设定的。用人单位违反相关规定，也基本上配置了法律责任，且基本上是行政制裁的规定。

少数未配置法律责任的情况主要包括在《劳动合同法》第四、七、二十一、二十九、三十五、四十三条：

1. 第四条规定，用人单位在决定直接涉及劳动者切身利益的规章制度或者重大事项时，应当经职工代表大会或者全体职工讨论，提出方案和意见，与工会或者职工代表平等协商确定。用人单位应当将直接涉及劳动者切身利益的规章制度和重大事项决定公示，或者告知劳动者。

2. 第七条规定，用人单位应当建立职工名册。

3. 第二十一条规定，用人单位在试用期解除劳动合同的，应当向劳动者说明理由。

4. 第二十九条规定，用人单位与劳动者应当按照劳动合同的约定，全面履行各自的义务。

5. 第三十五条规定，变更劳动合同，应当采用书面形式。用人单位违反未配置法律责任的主要涉及程序性规定，包括两种情况：一是与工会有关；二是由于劳动合同具有人身性、继续性，有些程序的欠缺已经在实践中通过实际履行得以纠正，没有必要再设置法律责任。

6. 第四十三条规定，用人单位单方解除劳动合同时，应当事先将理由通知工会；用人单位应当研究工会的意见。

(二)《劳动合同法》设定的责任类型主要为侵权责任

与《合同法》关于法律责任的设置不同,《劳动合同法》关于责任主体的民事责任性质,主要规定的不是违约责任,而是侵权责任;这与《劳动合同法》的违法行为性质一致。

基于劳动合同的双方当事人地位的实质差异,现代劳动法对劳动合同双方当事人协议进行大量的干预,包括通过劳动基准确定双方协议的最低标准;通过确定集体谈判的合法性,确立双方当事人协商的行业标准、地区标准以及企业标准。违反劳动合同的规定,可能涉及违反法律基准和集体合同确定,而且这些规定往往涉及基本的劳动条件和重要的劳动条件。在当事人违反这些规定时,其法律责任往往涉及侵权责任和违约责任的竞合,我国《劳动合同法》强调违法行为的法定性,要求责任人特别是用人单位,首先承担侵权责任,而不是遵循责任竞合的规则。

(三)《劳动合同法》设定的责任形式主要为赔偿责任

在民事责任的形式中,赔偿责任由于其补充性和通用性,适用范围最广,在《劳动合同法》设定的民事责任中,占有举足轻重的地位。该赔偿责任的主体,主要是用人单位,劳动者只有在符合《劳动合同法》第九十条规定的情形时,即违反本法的规定,或者违反劳动合同中保密义务或者竞业限制,给用人单位造成损失的,应当承担赔偿责任;第八十六条关于无效合同责任主体,规定是有过错的一方当事人。

用人单位承担赔偿责任的条件,部分情形下要求违法行为给劳动者造成损害,部分情形下只要实施了违反《劳动合同法》的行为,即需要向劳动者支付赔偿金。这些情形包括第八十五条的规定和第八十七条的规定。

《劳动合同法》更多地体现了公法的特征,反映国家对劳动合同的干预和规范。作为当事人,合同的订立、履行、变更、解除等法律行为,其法律责任的承担以违约责任为主。但《劳动合同法》不仅在权利义务规范中强调强制性义务,特别是以用人单位的强制性义务为主,而且在责任的设置上排除当事人之间的任意约定,明确承担责任的条件和范围，要求责任人必须依法承担责任。这使得《劳动合同法》的基准属性大大增强。

《刑法修正案（九）》在《刑法》第三十七条后增加一条，作为第三十七条之一："因利用职业便利实施犯罪，或者实施违背职业要求的特定义务的犯罪被判处刑罚的，人民法院可以根据犯罪情况和预防再犯罪的需要，禁止其自刑罚执行完毕之日或者假释之日起从事相关职业，期限为三年至五年。被禁止从事相关职业的人违反人民法院依照前款规定作出的决定的，由公安机关依法给予处罚；情节严重的，依照本法第三百一十三条的规定定罪处罚。其他法律、行政法规对其从事相关职业另有禁止或者限制性规定的，从其规定。"

第二节 用人单位的法律责任

一、用人单位的法律责任概述

用人单位的法律责任是指用人单位违反劳动合同法律规定或者劳动合同约定应承担的法律责任。其特征主要表现在：

（一）用人单位违反劳动合同承担的民事责任既有违约责任又有侵权责任

基于用人单位的强势地位，以及他们享有的管理指挥劳动者的权利，使用人单位比较容易侵犯劳动者的人身权利和其他合法权利。因此，《劳动合同法》规定了用人单位较多侵权责任的同时，作为劳动合同的一方当事人，用人单位违约时还应承担违约责任。与劳动者违反劳动合同的法律责任相比，用人单位违反劳动合同的法律责任既有违约责任，又有侵权责任。

（二）用人单位承担的法律责任具有惩罚性

依照《劳动合同法》的规定，用人单位侵犯劳动者合法权益的，不仅要承担民事责任，还可能承担行政责任或者刑事责任。而且，用人单位违反《劳动合同法》的规定，侵犯劳动者财产权的，所承担的民事责任具有惩罚性，即不是仅赔偿劳动者所造成的损失，而是赔偿的数额要超过造成的损失，这体现了用人单位的损害赔偿责任不仅要弥补劳动者所造成的损失，还要以此来惩罚和教育用人单位，预防用人单位的侵权行为。

(三) 用人单位违反劳动合同的实行无过错责任原则

违约责任的归责原则是指劳动合同的当事人不履行或者不适当履行劳动合同义务时，应依何种根据使其承担法律责任。

归责原则是劳动合同法律责任制度的核心内容，它决定了劳动合同法律责任的构成要件、举证责任、免责事由、损害赔偿的范围和承担责任的方式等。因此，归责原则设计的合理与否关系到劳动者和用人单位的切身利益。

二、用人单位违反《劳动合同法》的民事责任

依照《劳动合同法》的规定，用人单位承担的民事责任包括继续履行和损害赔偿责任。

(一) 继续履行

继续履行是指当事人一方不履行合同或者履行不符合合同约定时，另一方当事人有权请求人民法院或者劳动争议仲裁机构强制违约者按合同约定履行义务，而不得以支付违约金或者损害赔偿金的方式代替履行。继续履行是合同实际履行原则在违约责任中的体现。

劳动关系的属性决定继续履行对劳动者具有重要意义。对劳动者来讲，劳动不仅是劳动者获取劳动报酬、维持本人及其抚养的家人生活的物质保证，而且，劳动过程本身是劳动者习得技能、提升劳动能力以及实现本人社会价值的需要。工作的中断不仅意味着维系劳动者本人及其家庭生活的物质保障丧失，而且劳动者的技能甚至人格提升均会受到影响，特别是在我国现行的劳动力市场条件下，劳动者获得适当的工作机会，困难重重。《劳动合同法》的一个重要目标是维护劳动关系的稳定性。

(二) 损害赔偿

损害赔偿是违约方因不履行合同义务或履行不符合合同约定或者法律规定而给另一方当事人造成损失，依法或依合同约定所承担的法律责任。一般来说分为两种：一是补偿性的损害赔偿责任；二是惩罚性的损害赔偿责任。

1. 补偿性赔偿责任

补偿性损害赔偿是指通过违约方的赔偿使另一方当事人所遭受的损害得到完全恢复。在一般情况下，补偿性损害赔偿要求赔偿额与实际损害相符合。因此，我国《合同法》第一百一十二条规定："当事人一方不履行合同义务或者履行合同义务不符合约定的，在履行义务或者采取补救措施后，对方还有其他损失的，应当赔偿损失。"第一百一十三条规定："当事人一方不履行合同义务或者履行合同义务不符合约定，给对方造成损失的，损失赔偿额应当相当于因违约所造成的损失，包括合同履行后可以获得的利益，但不得超过违反合同一方订立合同时预见到或者应当预见到的因违反合同可能造成的损失。"

2. 惩罚性赔偿责任

惩罚性赔偿，又称惩戒性赔偿，指的是对受害方实际损失以补偿性赔偿之外的赔偿，通常是因为侵权方的一些特殊的不当行为所致。惩罚性赔偿适用于用人单位严重违约或者违反法定义务的情况。例如，用人单位故意不签订书面合同，故意不与劳动者订立无固定期限劳动合同等违法行为，对此，规定了惩罚性的赔偿制度，用于惩罚用人单位的违法行为。

三、用人单位违反《劳动合同法》的行政责任

行政责任是行政法律关系的主体因违反行政法律义务，而由专门国家机关依法追究或者主动承担的否定性法律后果。《劳动合同法》规定的用人单位承担的行政责任形式主要有：

（一）责令改正

责令改正是劳动行政部门命令违反劳动保障法律、法规的用人单位

立即或者在一定期限内纠正其违法行为；是对违法者消除违法状态、恢复合法状态的要求的体现；是劳动行政部门在执法过程中采取的一种补救性的行政管理措施，属于行政命令。

在我国现行的法律、法规中，在行政处罚手段上一般有这样的规定，如责令改正违法行为，或者责令限期消除违法行为的后果，等等。考虑到对任何一种违法行为，均应当予以改正，责令改正不应当是一种处罚，而是实施每一种行政处罚的一个前置过程，即实施每一种行政处罚之前，都应当首先责令当事人改正违法行为，消除违法行为后果，然后才是实施行政处罚。这是因为实施行政处罚的目的绝不是为罚而罚，而是为了纠正违法行为，保障法律法规的贯彻实施，维护公共利益和正常的社会秩序，保护公民、法人或者其他组织的合法权益，教育公民和法人自觉守法。行政处罚作为一种执法手段，也要服从这一目的。因此，不管对违法行为是否给予行政处罚，也无论给予何种行政处罚，只要违法行为应当改正而未改正，执法部门就必须首先责令违法行为人纠正违法行为，不能"只罚不管"或者"以罚代管"。

《中华人民共和国行政处罚法》（以下简称《行政处罚法》）第二十三条规定："行政机关实施行政处罚时，应当责令当事人改正或者限期改正违法行为。"责令改正包括口头责令改正和书面责令改正。劳动和社会保障部办公厅转发《最高人民法院办公厅关于对〈关于请解决劳动监察决定强制执行问题的函〉的答复》中规定，在劳动和社会保障行政执法中，发现用人单位有违法行为，对违法行为轻微并能及时改正的，应口头责令改正，对立即改正确有困难的，应下达"劳动监察限期改正指令书"，责令其限期整改。

（二）罚款

罚款是对违反法律、法规，不履行法定义务的当事人的一种经济上的处罚，是指行政机关强制违法者承担一定的金钱给付义务的处罚方式。

罚款这种处罚种类，由于既不影响被处罚人的人身自由及其合法的活动，又能起到对违法行为的惩戒作用，因此成为行政处罚中应用最广泛的一种。当用人单位违反法律规定，侵害了劳动者的合法权益时，劳动行政主管部门及其他有关部门就要依法给予行政处罚，包括罚款。

(三)吊销营业执照

吊销营业执照被认为是一种资格罚。资格罚又称能力罚，是指行政主体限制、暂定或剥夺作出违法行为的行政相对人某种行为能力或资格的处罚措施。

根据《行政处罚法》第八条第四项、第五项的规定，能力罚主要包括责令停产停业、吊销许可证或者执照。吊销营业执照是指剥夺行政相对人的经营资格或者行为能力，行政相对人因此失去合法经营的资格，丧失相应的行为能力。我国以营业执照为企业成立要件之一，即营业执照的取得是企业成立必不可少的条件，故营业执照与企业的存续密切相关。企业的成立不仅应当依法向登记机关申请设立登记，还要获得相应的营业执照，否则，就不能视为合法成立，不具有作为一个企业从事正常生产经营的行为能力。因此，吊销营业执照也就成为对企业实施监督管理最常用、最严厉和最有效的手段。

《劳动合同法》第九十二条规定，劳务派遣单位违反本法规定的，情节严重的，由工商行政管理部门吊销营业执照。

(四)警告

警告在学理上称为申诫罚，有告诫的意思，就是当公民、法人或者其他组织有违反行政管理秩序的行为时，行政机关可以责令其立即改正违法行为，告诫其应当遵守法律、法规的有关规定，不能违法。对用人单位制定的直接涉及劳动者切身利益的规章制度违反法律、法规规定的，劳动行政部门除了责令用人单位改正违法行为外，还可以给予用人单位警告的行政处罚，让用人单位能够对自己的违法行为有所警醒，避免下次再出现违法行为。因此，《劳动合同法》第八十条规定："用人单位直接涉及劳动者切身利益的规章制度违反法律、法规规定的，由劳动行政部门责令改正，给予警告；给劳动者造成损害的，应当承担赔偿责任。"

四、用人单位违反《劳动合同法》的刑事责任

刑事责任是指行为人因违反劳动法律、法规的行为情节严重，已构成犯罪，依照《劳动法》、《劳动合同法》和《刑法》的有关规定而应承担的法律责任。

刑事责任具有强制性和严厉性的特征。刑事责任通常与刑罚联系在一起，而刑罚是国家最严厉的制裁方法，它不仅可以剥夺犯罪人的财产权和政治权，还可以限制、剥夺犯罪人的人身自由，甚至生命。

我国《劳动合同法》第八十八条规定："用人单位有下列情形之一，依法给予行政处罚；构成犯罪的，依法追究刑事责任；给劳动者造成损害的，应当承担赔偿责任：（一）以暴力、威胁或者非法限制人身自由的手段强迫劳动的；（二）违章指挥或者强令冒险作业危及劳动者人身安全的；（三）侮辱、体罚、殴打、非法搜查或者拘禁劳动者的；（四）劳动条件恶劣、环境污染严重，给劳动者身心健康造成严重损害的。"根据本条的规定和《刑法》的规定，用人单位可能因违反《刑法》的下列条款而构成犯罪，被依法追究相应的刑事责任。《刑法》第一百三十四条规定："在生产、作业中违反有关安全管理的规定，因而发生重大伤亡事故或者造成其他严重后果的，处三年以下有期徒刑或者拘役；情节特别恶劣的，处三年以上七年以下有期徒刑。强令他人违章冒险作业，因而发生重大伤亡事故或者造成其他严重后果的，处五年以下有期徒刑或者拘役；情节特别恶劣的，处五年以上有期徒刑。"第一百三十五条规定："安全生产设施或者安全生产条件不符合国家规定，因而发生重大伤亡事故或者造成其他严重后果的，对直接负责的主管人员和其他直接责任人员，处三年以下有期徒刑或者拘役；情节特别恶劣的，处三年以上七年以下有期徒刑。"第二百三十二条规定："故意杀人的，处死刑、无期徒刑或者十年以上有期徒刑；情节较轻的，处三年以上十年以下有期徒刑。"第二百三十三条规定："过失致人死亡的，处三年以上七年以下有期徒刑；情节较轻的，处三年以下有期徒刑。本法另有规定的，依照规定。"第二百三十四条规定："故意伤害他人身体的，处三年

以下有期徒刑、拘役或者管制。犯前款罪，致人重伤的，处三年以上十年以下有期徒刑；致人死亡或者以特别残忍手段致人重伤造成严重残疾的，处十年以上有期徒刑、无期徒刑或者死刑。本法另有规定的，依照规定。"第二百三十五条规定："过失伤害他人致人重伤的，处三年以下有期徒刑或者拘役。本法另有规定的，依照规定。"第二百三十八条规定："非法拘禁他人或者以其他方法非法剥夺他人人身自由的，处三年以下有期徒刑、拘役、管制或者剥夺政治权利。具有殴打、侮辱情节的，从重处罚。犯前款罪，致人重伤的，处三年以上十年以下有期徒刑；致人死亡的，处十年以上有期徒刑。使用暴力致人伤残、死亡的，依照本法第二百三十二条、第二百三十四条的规定定罪处罚。"第二百四十四条规定："违反劳动管理法规，雇用未满十六周岁的未成年人从事超强度体力劳动的，或者从事高空、井下作业的，或者在爆炸性、易燃性、放射性、毒害性等危险环境下从事劳动，情节严重的，对直接责任人员，处三年以下有期徒刑或者拘役，并处罚金；情节特别严重的，处三年以上七年以下有期徒刑，并处罚金。有前款行为，造成事故，又构成其他犯罪的，依照数罪并罚的规定处罚。"第二百四十五条规定："非法搜查他人身体、住宅，或者非法侵入他人住宅的，处三年以下有期徒刑或者拘役。"第二百四十六条规定："以暴力或者其他方法公然侮辱他人或者捏造事实诽谤他人，情节严重的，处三年以下有期徒刑、拘役、管制或者剥夺政治权利。前款罪，告诉的才处理，但是严重危害社会秩序和国家利益的除外。"

第三节　劳动者的法律责任

一、劳动者的法律责任及其特征

劳动者法律责任是指劳动者违反劳动合同法律规定或者劳动合同约定应向用人单位承担的法律责任。其特征主要表现如下：

(一)劳动者承担的法律责任是违约责任

根据《劳动合同法》的规定,劳动者所要承担的法律责任有违约金和损害赔偿责任,且只在特定的情况下承担责任,属于违约责任。

(二)劳动者承担的法律责任是补偿责任

根据《劳动合同法》的规定,劳动者所要承担的违约责任包括违约金责任和损害赔偿责任。

违约金责任是只有劳动者在违反服务期和竞业限制义务时才承担。劳动者违反服务期约定的,应当按照约定向用人单位支付违约金,违约金的数额不得超过用人单位提供的培训费用。用人单位要求劳动者支付的违约金不得超过服务期尚未履行部分所应分摊的培训费用。劳动者违反竞业限制约定的,应当按照约定向用人单位支付违约金。尽管《劳动合同法》没有对违反竞业限制约定的违约金数额予以限制,但由于劳动关系的从属性和附和性导致的劳动者和用人单位双方地位上的不平等性以及劳动者承担责任能力上的有限性,此种违约金责任也应是补偿性的责任,也就是说,劳动者承担违约金责任的目的是为了补偿用人单位因劳动者违反竞业限制义务给用人单位造成的损失。这可以有效地限制违约金的数额,消除违约金的惩罚色彩,并与劳动者给用人单位造成的损失相联系,使得劳动者对违约责任的承担更为合理。

我国《劳动合同法》规定了劳动者对损害赔偿责任的承担限于四种情况:劳动者违反本法规定解除劳动合同,违反劳动合同中约定的保密义务、竞业限制和因劳动者的过错造成劳动合同无效的。

尽管没有对赔偿的数额和应予赔偿的项目作出规定,但依照原劳动部《违反〈劳动法〉有关劳动合同规定的赔偿办法》的规定,劳动者违反规定或劳动合同的约定解除劳动合同,对用人单位造成损失的,劳动者应赔偿用人单位下列损失:(1)用人单位招收录用其所支付的费用;(2)用人单位为其支付的培训费用,双方另有约定的按约定办理;(3)对生产、经营和工作造成的直接经济损失;(4)劳动合同约定的其他赔偿费用。劳动者违反劳动合同中约定的保密事项,对用人单位造成经济损失的,依照《反不正当竞争法》第二十条的规定支付用人单位赔偿费用。《反不正当竞争法》第二十条规定："经营者违反本法规定，给被侵害的经营者造成损害的，应当承担损害赔偿责任，被侵害的经营者的损失难以计算的，赔偿额为侵权人在侵权期间因侵权所获得的利润；并应当承担被侵害的经营者因调查该经营者侵害其合法权益的不正当竞争行为所支付的合理费用。"可见，劳动者承担损害赔偿责任的主要目的是为了弥补劳动者的违约行为给用人单位造成的损失，属于补偿责任。这主要是因为，劳动者违约往往会给用人单位造成较大的经济损失，要求全额赔偿也远远超过了劳动者的经济承受能力，更不要说惩罚性赔偿了；且劳动者以工资收入来维持其生存，为保护基本的生存权利，劳动者所承担的损害赔偿责任应限于合理的补偿。因此，劳动者违约给用人单位造成的损失，应当考虑用人单位的实际损失、劳动者违约情节的轻重以及劳动者的经济承受能力等因素，酌情给用人单位适当的赔偿。

3. 劳动者法律责任的承担实行过错推定责任原则

《合同法》中确定的是无过错责任和过错（推定）责任的归责原则。根据《合同法》第一百零七条的规定，违约责任采取的是无过错责任原则。而过错责任原则是以过错作为归责的最终构成要件，并且也以过错作为确定行为人责任范围的重要依据。

首先，以过错作为归责的构成要件，有过错才有责任，无过错则无责任。即使违法行为和损害后果之间存在着因果关系，如果加害人无过错就不必承担责任，如不可抗力、紧急避险等。

其次，依过错来确定行为人应当承担的责任。当在加害人和受害人都有过错的情况下，应当依据双方的过错来进行损害的分担；在数人共同违法的情况下，不同加害人之间的责任也必须以其过错为依据。

过错推定是指受害人所受之损害与加害人之行为有所关联，而在加害人不能提出反证以证明其没有过错的情况下，即推定加害人存在过错，并应承担责任的制度。过错推定原则要求由被告举证据证明其是否存在过错，举证责任实际转移至被告方面，即举证责任倒置。

《合同法》第一百八十九条规定："因赠与人故意或者重大过失致使赠与的财产毁损、灭失的，赠与人应当承担损害赔偿责任。"还有《合同法》第三百零三、三百七十四条等规定的情形。根据《合同法》分则的这些规定来看，采取的是过错原则或者过错推定原则。

二、劳动者的违约金责任

对于劳动者违反劳动合同的行为，应当追究其法律责任。按照《合同法》的理论，当事人承担的违约责任类型包括继续履行、损害赔偿、违约金和采取补救措施等。

继续履行作为一种承担违约责任的方式，对合同当事人双方都是平等适用的。从法理上分析，如果违约的劳动者能够继续履行合同，用人单位就可以要求劳动者继续履行。但在劳动合同中，对于劳动者违约，特别是劳动者不愿在原用人单位劳动，行使单方解除权提前终止劳动合同的，用人单位一般不得要求劳动者继续履行。这是因为劳动力与劳动者的人身不可分离，使劳动合同具有很强的人身从属性，如果强制劳动者继续履行劳动给付义务，势必会限制劳动者的人身自由。因此，我国《劳动合同法》规定，用人单位非法强迫劳动者劳动的，劳动者可以立即解除劳动合同。同时，根据1957年的《废除强迫劳动公约》（第105号公约）的精神，任何人和任何组织不得以任何形式强迫他人劳动。在劳动者违约解除劳动合同的情况下，用人单位要求劳动者继续履行合同，也就违反了不得强迫劳动的国际原则。此外，劳动者以一种不舒畅、甚至压抑的心态工作，难以充分发挥其劳动的主动性、积极性和创造性，不利于合同双方当事人利益的最大化。因此，继续履行这一违约责任承担方式，在劳动合同中只能适用于用人单位，而不能适用于劳动者。我国的《劳动法》《劳动合同法》以及其他有关法律、法规也都没有明确规定继续履行为劳动者承担违反劳动合同的法律责任形式，只规定了违约金责任和损害赔偿责任。

违约金是《合同法》规定的违约救济的重要方式之一。违约金，亦称违约罚款，是指合同当事人双方约定，在一方不履行合同时应向另一方支付一定数额的货币。这种民事责任形式只有在合同当事人有约定或法律有直接规定时才能适用，当事人一方不能自行规定所谓的违约金。

一般认为,违约金具有补偿性和赔偿性的双重功能,违约金也就分为赔偿性违约金和惩罚性违约金。赔偿性违约金是为了弥补一方违约后给另一方造成的损失;而惩罚性违约金是对违约方的违约行为进行惩罚,以确保合同的履行。

三、劳动者的损害赔偿责任

劳动者的损害赔偿责任是劳动者违反合同的约定,给用人单位造成损失时应承担的法律责任。

劳动者对其违约给用人单位造成的损害,不能要求劳动者赔偿全部的实际损失,而是应当考虑用人单位的实际损失、劳动者违约情节的轻重、经济承受能力等因素,酌情要求给用人单位适当的赔偿。在责令有过错的劳动者赔偿经济损失的同时,还要注重对其进行思想教育,使其真正认识到自己行为的有害性。这不仅有利于提高劳动者守法的自觉性,而且能增强劳动者赔偿经济损失的主动性。

我国《劳动合同法》对劳动者承担赔偿责任的情形作出了规定。其中,第九十条规定:"劳动者违反本法规定解除劳动合同,或者违反劳动合同中约定的保密义务或者竞业限制,给用人单位造成损失的,应当承担赔偿责任。"第八十六条规定:"劳动合同依照本法第二十六条规定被确认无效,给对方造成损害的,有过错的一方应当承担赔偿责任。"

第四节 其他责任主体的法律责任

一、违法招用未解除劳动关系劳动者的用人单位的法律责任

现实生活中,企业间恶性竞争的现象层出不穷,恶意挖人成为一些企业提升竞争力的一种捷径。这不仅会造成企业人力资本的流失,影响企业在市场上的竞争力,而且会造成恶劣的社会影响。现行有关劳动的法律、法规没有对劳动者的兼职作出规定,一个劳动者就可能存在多重劳动关系,劳动者的此种行为就可能会侵犯原用人单位的合法权益,给

其造成巨大的经济损失，但劳动者本人由于经济能力有限，往往没有赔偿能力。而雇佣这种与其他用人单位尚未解除劳动合同的劳动者的用人单位是劳动者违法行为实际利益的获得者，应当对此承担赔偿责任。因此，《劳动合同法》第九十一条规定："用人单位招用与其他用人单位尚未解除或者终止劳动合同的劳动者，给其他用人单位造成损失的，应当承担连带赔偿责任。"

二、不具备合法经营资格的用人单位的法律责任

无营业执照经营的单位不属于《劳动合同法》规定的用人单位，其与劳动者订立的劳动合同因主体违反法律规定，应属于无效劳动合同。但由于劳动者已经付出劳动，就应获得相应的劳动报酬。当无营业执照经营单位被工商行政管理部门依法处理，特别是无营业执照经营单位被依法取缔后，劳动者的劳动报酬就会无人支付。因此，《劳动合同法》第九十三条明确规定："对不具备合法经营资格的用人单位的违法犯罪行为，依法追究法律责任；劳动者已经付出劳动的，该单位或者其出资人应当依照本法有关规定向劳动者支付劳动报酬、经济补偿、赔偿金；给劳动者造成损害的，应当承担赔偿责任。"

三、个人承包经营者的法律责任

个人承包经营是指企业与个人承包经营者通过订立承包经营合同，将企业的全部或者部分经营管理权在一定期限内交给个人承包者，由个人承包者对企业进行经营管理。劳动者是由个人承包经营者招用的，当个人承包经营者违反法律规定对劳动者造成损害的，就应对劳动者承担赔偿责任。但在实践中，个人承包经营者侵害劳动者权益给劳动者造成损失的，却没有足够的能力对此进行赔偿，或者其逃避承担赔偿责任，劳动者得不到赔偿。为有效保护劳动者的合法权益，《劳动合同法》第九十四条规定："个人承包经营违反本法规定招用劳动者，给劳动者造成损害的，发包的组织与个人承包经营者承担连带赔偿责任。"

四、劳动行政部门和其他有关主管部门及其工作人员的法律责任

劳动行政部门负责劳动合同实施的监督管理工作，保障劳动合同制度的贯彻实施。长期以来，劳动行政部门监管不到位，尤其是在一些偏远地区，如小作坊、小煤矿等，劳动用工基本上处于失察和失控的状态，使得一些用人单位得以非法用工，劳动者的人身权利和其他权利受到严重的侵害。《劳动合同法》专门规定劳动行政部门的监督检查义务，第九十五条明确规定行政机关及其工作人员玩忽职守、不履行法定职责，或者违法行使职权所应当承担的法律责任。《劳动合同法》第九十五条规定："劳动行政部门和其他有关主管部门及其工作人员玩忽职守、不履行法定职责，或者违法行使职权，给劳动者或者用人单位造成损害的应当承担赔偿责任；对直接负责的主管人员和其他直接责任人员，依法给予行政处分；构成犯罪的，依法追究刑事责任。"

(一) 行政赔偿

劳动行政部门和其他有关主管部门及其工作人员的上述违法行为，侵犯用人单位或者劳动者合法权益造成损害的，应承担赔偿责任。这里的赔偿责任是由国家承担的一种赔偿责任，应依据《国家赔偿法》的规定予以赔偿。对相对人合法权益造成的损害仅指物质损害与直接损害，而不包括精神损害与间接损害。

(二) 行政处分

劳动行政部门和其他有关主管部门及其工作人员的上述违法行为尚未构成犯罪的，除侵犯用人单位或者劳动者合法权益造成损害的，应承担赔偿责任外，对直接负责的主管人员及其他直接责任人员应依法给予行政处分。依照《行政机关公务员处分条例》的规定，行政机关工作人员的处分种类有警告、记过、记大过、降级、撤职、开除。

(三) 刑事责任

劳动行政部门和其他有关主管部门及其工作人员的上述违法行为严重违法，触犯刑法的，应追究其刑事责任。《刑法》第三百九十七条是

对国家机关工作人员滥用职权罪、玩忽职守罪及其处罚的规定。根据该条的规定，劳动行政部门和其他有关主管部门及其工作人员不履行法定职责或者违法行使职权，"致使公共财产、国家和人民利益遭受重大损失的，处三年以下有期徒刑或者拘役；情节特别严重的，处三年以上七年以下有期徒刑。本法另有规定的，依照规定。国家机关工作人员徇私舞弊，犯前款罪的，处五年以下有期徒刑或者拘役；情节特别严重的，处五年以上十年以下有期徒刑。本法另有规定的，依照规定"。

☞ 学习思考

1. 我国《劳动合同法》中法律责任的特点是什么？
2. 用人单位有哪些法律责任？
3. 劳动者有什么法律责任？
4. 其他责任主体的法律责任如何规制？

第十章
实　习

实习是大学生适应劳动岗位的一个重要活动。实习中，大学生与实习单位形成的法律关系具有特殊性，实习期和试用期在法律规制上也有明显的区别，特别是高职院校中"订单式"人才培养模式，需要重点去理解与把握。实习期间也会有劳动者权益受到损害的情况，要根据不同情况，积极维护自己的权益。

第一节　实习的界定

一、实习的定义

实习，是指高等学校按照专业培养目标和教学计划，组织学生到国家机关、企事业单位、社会团体及其他社会组织进行与专业相关的实践性教学活动。即在经过一段时间的学习之后，或者说当学习告一段落的时候，学生需要了解自己的所学，需要或应当如何应用到实践中。

二、实习的目的

任何知识都源于实践，归于实践，很多新知识不是从知识分化中产生出来的，也不是在学习、思辨、推导的过程中获得的，而是直接来源于社会实践的需要，是在解决社会实际问题时产生的，所以我们要付诸实践以检验所学。对学生群体而言，实习的目的有：

(1)接触社会，了解社会实践的需要，分析解决社会的实际问题，开阔视野，增加社会阅历，实践其在书本上学到的理论知识；磨炼意志、发展个性、锻炼能力，勇于承担社会责任；培养、锻炼自己的动手能力与实际操作能力，提高综合素质和工作适应能力，成为"学历、素质、技能"一体化的适应型人才。

(2)了解实际工作的特点、过程，积累工作经验，客观、理性地认识所学专业知识以实现融会贯通。

(3)提前了解毕业后可能从事的行业和工作的情况，验证自己的职业抉择；了解目标工作内容，学习企业工作标准，找到自身能力与职业要求的差距；树立市场意识，端正就业态度，培养创业能力，树立正确的立业观、择业观、创业观，认知自我，准确定位。

学生在实习中明确自己与岗位的差距以及自己与职业理想的差距，并在实习结束时制订详细可行的补短计划，完善自己的知识结构，为走向社会并成为业内的一流人才增加竞争的筹码。

对实习单位来讲，安排学生实习为企业提供了观察一位潜在的长期员工工作情况的极好方法，有利于企业争夺人才和长远发展，为未来发展培养骨干技术力量与领导人。

三、实习的性质

实习属于教学过程的一部分，是学生学习期间的一种延续，具体来说就是学习场所从课堂这一特定的环境转移到了课堂之外的场所。因此，实习生从本质上讲，其学生身份并没有改变，接收实习生的实习单位，其行为实质上就是接受学校的委托，为在校学生提供一个参与社会实践的平台，对学生进行理论与实践相结合的教育,培养学生的社会实践能力,使学生在课堂学到的理论知识通过实习这一过程转化为实际工作能力。学生在实习期间,同时受学校和实习单位的双重管理、教育,但其学籍档案等关系都在学校,实习生与实习单位之间未建立劳动关系。

四、实习的种类和期限

实习一般分为专业实习、社会实习、定岗实习、订单培养式学生的实习、就业实习等。实习的期限,简称实习期,一般为 90~180 天,特殊行业为半年,有时会超过一年半时间,比如医疗行业。

五、实习适用的范围

实习只适用于在校学生,一些用人单位为了逃避保险或最低工资的限制,故意与符合劳动者资格的非在校学生签订实习协议,这是违法的,也是无效的。即便签订实习协议,用人单位和非在校学生也存在事实劳动关系,依然受《劳动合同法》的约束。

第二节 实习期与试用期的区别

一、当事人的身份不同

试用期是用人单位和劳动者在劳动合同中约定的,所以处于试用期中的自然人一方只能是劳动者。而实习是指学生通过学校安排介绍、本人寻找或由其他途径进入实习单位工作,通过完成一定任务来熟悉工作,巩固、深化所学理论知识,提升实践能力,为尽快适应并参与实际工作打基础。实习主要由学校根据教学和技能训练的需要,与实习者、实习单位进行约定,故实习期间的自然人一方是在校学生。

二、权利义务关系不同

试用期的当事人双方存在着劳动关系,用人单位对劳动者承担无过错责任，与劳动者共同履行缴纳社会保险费用的义务，向劳动者支付的工资报酬不得低于当地最低工资标准。而实习学生与用人单位签订的不是劳动合同，实习学生并不是严格意义上的劳动者，用人单位不承担无过错责任，无须执行最低工资标准。

三、主体间的关系依据不同

用人单位与劳动者之间的关系，包括在试用期的权利义务关系，由《劳动合同法》及其相关规定进行规范。而在实习期间，学生与所在的实习单位之间没有建立事实或法律上的劳动关系，其所受损害一般按民事侵权纠纷处理。

四、当事人的目的不同

试用期主要是用人单位和劳动者之间进行相互了解、相互选择的考察期，是二者的磨合期。

在实习期间，学生实习活动所要实现的目的，就学校与学生而言，是提高实习学生的自身素质，完成学业并提升学生的实践能力；对实习学生所在的单位来讲，学生的实习活动和劳动者的生产经营活动有相同或相似之处，但在目的上有本质的不同，不同的是"教"而非"用"，即实习学生所在的单位是接受学校的委托，为在校学生提供一个参与社会实践的平台，对学生进行理论与实践相结合的教育，培养学生的社会实践能力，使学生将在课堂学到的理论知识通过实习这一过程转化为实际工作能力。

第三节 "订单式"人才培养模式

一、"订单式"人才培养模式的内涵

"订单式"人才培养模式源于国外的"Cooperative Education"，即合作教育。早在20世纪初，美国一所拥有博士学位授予权的综合性州立

大学——辛辛那提大学，就开始了这种教育模式的尝试，并很快在美国其他高校普及开来。在此后的一些年中，美国的高等教育机构中超过三分之一的学校采取了合作教育模式。现在美国几乎所有中学后教育都采用了 Cooperative Education 方式。

所谓"订单式"人才培养模式，就是企业根据其对未来不同规格人才需求的情况，与有关院校签订培养协议（订单），然后由学校按照学校的教学计划和用人单位提出的人才规格和数量要求进行培养，并在师资、技术、办学条件等方面合作，通过工学交替的方式分别在学校和用人单位进行教学，学生毕业后直接到用人单位就业的一种人才培养模式。其实质就是校企双方通过签订合作订单这种形式，密切学校与用人单位之间的联系，实现生产、教学、科研三者的有机结合，从根本上解决学生在校学习的职业针对性问题、技术应用性问题以及就业问题，直接为经济建设服务。

二、"订单式"人才培养模式的特点

"订单式"人才培养模式以市场需求为导向，与就业、学生实践能力的提高和教学适应现实需求等因素紧密相关。"订单式"人才培养模式主要有以下几个特点：

（一）校企双方共同签订协议，共同制订人才培养计划

学校和企业必须根据市场变化、企业及学生的需求，结合当地经济和社会发展的实际，遵循高等教育教学规律，就需求结构（包括专业要求和数量规模）、岗位技能训练计划（包括订单企业为学生提供实习实训基地）、相关待遇（如奖/助学金、就业）等共同制订一个符合三方（培养方、委托方、受教育者）利益的人才培养计划，作为对"订单"的具体化和细化。这种人才培养计划有很强的岗位针对性，能大大缩短学生就业后的岗位适应时间，甚至做到"无缝衔接"。

（二）利用校企双方教育资源，共同培养人才

根据"订单"的约定，校企双方在人才培养过程中是一种合作互利的关系。为使培养出来的人才真正符合"订单"及职业岗位的要求，保

证企业用人的质量,企业应全方位、深层次地参与人才培养过程,即不仅参与培养计划的制订,而且参与人才培养计划实施的全过程。为此,校企双方都会充分利用现有的一切有利条件,投入相应的人力、财力、物力,提供相应的教育教学设备。因此,这种人才培养模式更能充分整合社会教育资源,提高教育质量。

(三)依据科学规律,灵活安排教学时间与教学内容

由于企业参与到人才培养的全过程,学校或企业可以根据教学规律和学生认知的规律,灵活地安排学生的学习和实践,使学生在有限的学习时间里既能学习到必要的基础知识,又能熟练掌握岗位所需要的技能,真正把"学"和"做"、理论和实践有机地结合起来。

三、"订单式"人才培养协议书范本

(一)样本一

"订单式"人才培养协议书

甲方:××集团公司
乙方:××职业技术学院

"订单式"人才培养模式,是指乙方针对甲方的人力资源规划的需求,双方共同制订或修订专业人才培养方案,在师资、技术、设备等办学条件方面进行合作,利用协议双方的资源优势,采取多种形式组织教学,学生毕业后直接到乙方就业的一种产学结合、工学一体的人才培养模式。

本着"面向市场、适应需要"、"平等协商、互惠互利"、"优势互补、共同发展"的原则,现就双方合作开展"订单式"人才培养方式达成以下协议。

一、甲方义务与责任

1. 根据企业的发展和经营状况提出人力资源中长期规划,制订出企业未来3—5年的专业需求计划。

2. 负责提出所需专业的用人标准和要求(含专业选修课程、职业技能课程的设置、外语水平以及岗位所要求的特殊技能)。

3. 参与乙方制订相关专业的专业选修课程、职业技能课程的设置以及教材的编写；提供专业选修课、职业技能课的师资(课酬由乙方按照学院规定支付)。

4. 负责对"订单式"人才培养学生的实习岗位的落实；参与学生实习、实训课程的教学指导工作；负责"订单式"人才培养学生的面试、笔试工作。

5. 负责学生在企业实习(训)期间的考核工作。

6. 学生毕业后，根据企业的人力资源规划，按照专业对口的原则负责推荐学生就业；为乙方有特殊要求的岗位和学生就业提供便利。

7. 学生实习期间，由甲方安排学生在公司主要对应岗位进行轮训，确保学生综合能力和素质的提高；学生顶岗实训期间，甲方按××元/天作为生活补助，甲方负责办理学生在甲方工作和实训期间的各种保险，其余事项由学生本人负责。

8. 实习期间表现优异的学生可直接进入试用期，学生实习期加试用期的时间最多不超过半年，试用期合格的学生，甲方应如期予以转正。

9. 为做好订单班级的实训演练，根据乙方教学计划需要，甲方可把废旧的生产设备中适合教学的捐给乙方。

10. 甲方高层领导保证每学期给学生授课一次，时间、内容由双方协商后确定。

11. 为乙方教师到甲方单位研修提供方便。

二、乙方责任

1. 结合甲方的具体情况和市场的需求，负责向省教育行政主管部门申报专业，制订专业教学计划和招生计划。

2. 根据教育部《关于加强高职高专教育人才培养工作的意见》，结合甲方所提出的用人标准及要求，调整订单专业的教学计划，按甲方需要设置专业方向，科学地制订课程教材及教学进度计划并组织实施,以适应"订单式"人才培养的需要。

3. 负责组织好该专业学生到甲方实习(训)场所进行实训以及毕业环节指导工作;参与学生在企业实习期间的管理和政治思想教育工作。

4. 协助甲方做好毕业生的就业手续办理等一系列工作。

5. 跟踪甲方使用毕业生的情况,反馈、调整并及时修正专业培养计划。

6. 为了不影响甲方的正常生产与工作秩序,同时也为了方便学生,在学生毕业实习结束后,由乙方派教师到甲方公司集中办理学生的毕业答辩和离校手续。

7. 响应公司提议的校企合作交流活动。

三、其他事项

1. 甲方应在每年毕业生就业稳定后,以实际到"订单式"人才培养企业就业的人数(生产制造业单位除外)按照××元/人的标准支付乙方作为乙方的"订单式"人才培养的综合管理费用,乙方收款后须及时开具正式发票给甲方;乙方应协助办理毕业生到用人企业就业的相关手续。

2. 本协议经双方签字盖章后,甲方应在乙方建立"××集团公司'订单式'人才培养基地",乙方可利用基地培养××专业各种技能型应用人才。

四、本协议未尽事宜,由双方协商解决,协商一致后可签订补充协议,补充协议是本协议的附件,与本协议具有同等的法律效力。

五、本协议一式两份,双方各执一份,经双方法人签字盖章后生效;协议有效期自双方签字之日起×年(从××××年××月××日至××××年××月××日止)。

甲方代表(签章):   乙方代表(签章):
法人代表(签章):   法人代表(签章):
  年 月 日   年 月 日

附：学生名单(需学生本人签字)

××集团公司与××职业技术学院××系××级××专业订单协议名单

序号	姓名	性别	年龄	身份证号	专业	签名

(二)样本二

××轨道交通发展有限公司
订单培养协议书

甲方(委托方)：××

乙方(受托方)：××

为满足××轨道交通运营发展需要，加强人才培养的针对性，××(以下称甲方)与××(以下称乙方)，经协商一致达成如下订单培养协议：

一、适用范围

本协议书适用于甲、乙双方订单培养的考核与管理。

二、定义

1. 订单培养：由乙方按甲方要求招录学生，和学生签订定向到甲方就业而组成的班级(以下称"订单班")，并由乙方根据甲方提出的培养目标和要求，有针对性地完成订单班的在校培训。在乙方完成订单班在校学习任务后，由甲方对订单学生进行考核验收，录用验收合格和体检合格者为甲方员工，原则上录用比例不低于培养期满参加验收人数的90%。

2. 订单培养期：自本协议签订起，到订单培养学生如期获得毕业证书之日止。

3. 订单培养阶段：订单培养期主要分为相应专业基础理论培养、地铁专业知识培养和实习三个阶段。

三、培养目标

根据××轨道交通运营的需要，甲乙双方以培养电客车司机、车辆检修岗位对口专业所需熟练操作型人才为依据，以订单班学员具备职业素养、公共知识、专业知识与技能达到企业要求为目标。

四、培养专业及人数

对口专业	委培岗位	毕业时间	人数	学制学历	男女比例
城市轨道交通运营管理等	车站站务	2020.7	40	三年制大专	2∶1

五、生源要求

城市轨道交通运营管理专业考生要求身体健康，无缺陷，男性身高168cm以上，女性身高160cm以上，体重BMI指数需为18.5~25，双眼无斜视，无高度近视，矫正视力不低于1.0(5.0)，无色盲、色弱，普通话标准，无传染性疾病和先天性疾病。

招录学生为2017年高考应届毕业生，须在1998年8月31日至2000年8月31日之间出生，原则上录取××省生源。

六、招生宣传及招生

1. 乙方负责招生计划行政报批工作，制作招生简章并进行招生宣传，招生简章需经过甲方审核同意并书面备案后方可进行宣传，招生宣传中可包含"订单培养协议"中的相关内容。

2. 甲方有义务协助乙方进行招生宣传，并为乙方招生工作给予支持和方便。

3. 乙方负责招生、录取等全过程。

4. 乙方负责所招学生的学籍管理和在校期间的日常管理工作。

七、甲方的权利和义务

1. 甲方向乙方明确订单班的选录条件、培养目标及要求。

2. 与乙方协商明确订单培养周期内各阶段的培养时间、教学计划和要求，有权对乙方教学与管理情况进行抽查与综合评估，乙方应当及时对甲方提出的针对性教学修改意见进行调整。

3. 在培养过程中，及时与乙方共同协商，解决培养过程中的问题，以切实提高培养质量，增强培养的针对性。

4. 在培养和验收过程中，乙方学员出现下列情况之一者，甲方有权通知乙方学员退出订单班，不予接收：

（1）订单培养期内期末考试不及格科目超过3门；单门课连续补考超过2次(含2门)；

（2）甲方明确的专业核心课程有任何一门不及格或重修；

（3）验收考核或体检有作弊行为；毕业体检不合格，有重大疾病、传染病和精神病史的或身体有缺陷不符合甲方录用条件；学生操行不合格，有隐瞒品行、健康等真实情况；

（4）严重违反学校考勤制度及学习纪律，在社会上违反法律、法规及社会公德等情况；

（5）其他不符合甲方录用条件。

5. 订单班学生在生产实习阶段应遵章守纪，实习期各阶段考试须合格，不合格学生的自然淘汰出××地铁订单班。

6. 订单培养学生生产实习阶段的实习计划由甲乙双方协商确定。

7. 甲方在签订本协议前，应将《××地铁订单班管理制度》告知乙方。

八、乙方的权利和义务

1. 乙方的招生(就业)部门应当按甲方提出的选录条件录取品学兼优的学生，组织学生参加报名、面试、体检、考核及实习等工作；乙方订单班学员必须符合甲方的《录用体检标准及要求》(附件1)。

2. 组班结束后 15 日内，乙方负责将"××地铁订单班"学生名单表的电子文档和书面文档(加盖公章)报给甲方。(附件2：《订单班学员名单表》)

3. 乙方应当根据专业设置选拔优秀的教师，按双方协商的教学计划，认真完成教学和管理任务，甲方对此有更换或者调整的建议权，乙方应当尊重甲方的建议。

4. 根据甲乙双方确定的培养目标，乙方需在组班结束后1个月内完成订单班课程配置及相关教学文件的编制工作，并将培养方案(含教学计划、课程教学大纲)、选用教材目录，发至甲方审查并存档，甲乙双方共同明确专业核心课程范围。

5. 根据甲方地铁工程建设进程和设施设备情况，对人才规格要求，反馈、调整、及时修正"订单"培养计划和教学内容。

6. 乙方根据教学要求可申请甲方派人到乙方讲课或进行学术交流，甲方所派人员相关费用由乙方负责承担。

7. 乙方须指定专人，负责订单培养有关日常事务与甲方的联系工作，建立双方交流的渠道或平台，以便甲、乙双方及时传达、交换有关培训的各种信息，乙方在联系人变动后，须及时通知甲方。

8. 乙方需在组班结束 15 日内，将该订单协议方式及条款如实告知订单班学员，且有义务定期向甲方如实反映订单班学员在校期间的真实表现情况，内容包括：

(1)及时反馈学业动态，定期向甲方通报一次教学及学生学习情况；

(2)每学期结束后，将订单班各科考试成绩、奖惩、教师评语等电子文档和书面文档(加盖公章)报甲方备案；

(3)在有必要的情况下，甲方可派人参与每学期末的考试工作，并复核试卷。

9. 乙方应对订单培养学生进行严格管理，提升综合素质，重点强化学员良好的体格、个人行为习惯、语言沟通、时间观念、工作责任心和心理承受能力，以适应甲方岗位需求。

10. 订单学生毕业前6个月为生产实习阶段，乙方负责牵头生产实习阶段的组织协调工作。

11. 订单培养学生在未毕业期间的学校生活及安全等工作由乙方负责。

12. 乙方承担各阶段淘汰退出学生的安置责任。

13. 乙方应认同并积极响应《××地铁订单班管理制度》条款内容。

九、双方责任

1. 在订单培养期间，乙方须对培养中途欲退出订单班的学生制定约束机制，无特殊情况不得让订单学生随意退出订单班。

2. 乙方学员确因特殊原因中途提出退出订单班的，经甲、乙双方批准后方可退出(附件3：《订单学员退出订单班审批表》)。

3. 订单培养学生在生产实习期间如发生伤亡事故，由责任方负责承担相关法律责任，甲方配合乙方做好事故处理协调工作。

十、验收考核

1. 乙方完成第二阶段教学计划中有关课程的教学任务后，由甲方组织进行一次验收考试，考试内容为相应教学计划相关内容。

2. 订单班验收考试安排在乙方进行，考试工作的组织等安排由乙方负责；组卷、监考及阅卷由甲方负责。

3. 订单验收时间由甲方结合生产实际安排，并提前15日通知乙方。

4. 甲方根据订单培养学生验收成绩、平时成绩、实操成绩和在校表现等进行综合鉴定，确定参加生产实习的订单学生名单，并在验收考试后通知乙方。

十一、毕业录用条件

1. 订单培养学习期满，各科成绩合格，表现良好，由乙方按学籍管理规定颁发毕业证书。另外，运营管理专业还需取得对口或相近工种的职业资格证书和不低于普通话二级乙等等级证。

2. 所有学习结束后，甲方通过对订单学生的考核验收和体检结果，确定甲方"拟录用员工"名单，"拟录用员工"和甲、乙双方签订三方就业协议，约定各自的权利和义务。

3. 拟录用毕业生的派遣工作由乙方负责，接收由甲方负责。

4. 甲方不承担各阶段淘汰及未录用学生的安置工作。

十二、订单培养费用

甲方不负责订单培养学生的学费、实习费及其他任何费用。

十三、协议有效期

本协议书从协议签订之日起，至2020年7月(以学生取得毕业证时间为准)。

十四、其他

1. 本协议书未尽事宜由甲、乙双方协商后补充。

2. 甲、乙双方在履行本协议发生争议时，应友好协商解决，若协商不成，双方共同提交××仲裁委员会仲裁。

3. 本协议一式四份，甲、乙各持两份，一经双方签字立即生效。

十五、附件

1.《录用体检标准及要求》(略)

2.《订单班学员名单表》(略)

3.《订单班学员退出订单班审批表》(略)

甲方：(盖章)　　　　　　　乙方：(盖章)

法定代表人或委托代理人签字：　法定代表人或委托代理人签字：

　　　年　月　日　　　　　　　　年　月　日

第四节　实习期维权

一、案例解析

实践中,"实习生成为免费顶岗者","实习生受工伤,单位置之不理"等字眼不断冲击我们的视野,关于实习生权益保护的问题日益受到社会的关注。

【案例1】

2013年1月开始,李奕(化名)在深圳某公司实习,未签订实习协议。除了实习指导人员每日分配给他一些工作之外,部门里的员工也不管他忙不忙,经常指挥他做这做那,李奕完全成了一个免费的劳动力。李奕非常郁闷:"整个实习没有一分钱的报酬,还要不停地被使唤,这是什么事啊?"

武汉某学院学生李武(化名)自大二下学期开始到单位顶岗实习,整日埋头苦干,却什么报酬都没有,还得自己承担食宿费、住宿费。另一位学生朱晓龙(化名)稍微幸运点,实习单位免费提供住的地方,每个月还有300元的生活补助,但是要到实习结束时才给,餐费、交通费自己出,没有工资,也没有保险和福利。韩涵(化名)最幸运,实习单位包吃包住,其他待遇与朱晓龙相同。

请问:实习学生如何主张自己的合法权益?

【案例评析】

学生实习的目的就是接触社会,实践自己在书本上学到的理论知识,提高自身综合素质和工作适应能力。因此,多观察、多学习、多做事才是实习的目的,但实习生的劳动也应该得到尊重。那么,实习生的利益如何获得保护呢?

经过三年多的讨论,2012年3月1日广东省出台了《广东省高等学校学生实习与毕业生就业见习条例》,规定学校组织学生在实习基地实习,学校、实习基地和实习学生应当签订三方实习协议,明确各方的权利、义务和责任。

实习协议应当包括以下主要内容:(一)学校和实习单位的名称、地址、法定代表人或者主要负责人,实习学生的姓名、住址和注册学号;(二)符合教学大纲要求的实习期限;(三)实习方式、内容和岗位;(四)实习终止条件;(五)违约责任;(六)争议的解决方式。实习协议可以根据实习的性质和需要,约定意外伤害保险的投保人、投保额度、损害赔偿、实习报酬、保密义务等其他事项。

学生应当根据学校和实习单位的要求实习,接受学校和实习单位的管理和考核评定;应当尊重实习指导教师和实习指导人员,遵守实习单位的规章制度和劳动纪律,保守实习单位的秘密。

学生顶岗实习期间,实习单位应当按照同岗位职工工资的一定比例向学生支付实习报酬,具体比例由地级以上市人民政府根据本地实际情况予以确定。非顶岗实习的学生,学校、实习单位和学生可以在实习协议中约定给予实习补助。实习单位、学校应当按照规定或者约定,按时足额向学生支付实习报酬、实习补助,不得拖欠、克扣。

《广东省高等学校学生实习与毕业生就业见习条例》的出台,使广东省行政区域内的高等学校学生实习或省外学校学生在广东省行政区域内实习有了法律依据,实习学生的权益有了法律保障。

那么,应该如何保护学生在实习期的合法权益呢?在国家统招统分的年代,大学生实习都是由学校统一组织安排,国家规定给予每一个实习学生一定的实习补助。但随着毕业生就业市场化配置进程的加速和高校招生的不断扩大,高校学生的实习形式已经从原来单一的高校集中统一组织逐步向高校组织与学生个体选择实习单位相结合的方式转变,因此实习规范化显得更加重要。所以,我们更应该有维权意识,要求学校与实习单位签订一份三方实习协议是很有必要的。这样可以明确各方的权利、义务和责任,明确实习期限、实习方式、内容和岗位、实习终止条件、违约责任、争议的解决方式,约定意外伤害保险的投保人。

【案例2】

2012年3月，大三学生张某根据学校安排到一家机械公司实习，在一次安装设备时砸伤了脚，住院花费2万元，劳动能力鉴定委员会鉴定为八级伤残。

请问：张某应该怎样维护自己的权益？能不能按照《工伤保险条例》的要求赔偿？

【案例评析】

一旦出现案例中的情形，实习学生可以依据实习协议的约定主张自己的权利。当然，如果张某等是广东省行政区域内的高等学校学生或在广东省行政区域内实习的学生，可以依照《广东省高等学校学生实习与毕业生就业见习条例》主张自己的权益。实习生从本质上讲，其学生身份并没有改变，还不是劳动法意义上的劳动者。2003年4月16日通过、2004年1月1日起施行的《工伤保险条例》也未就实习生伤亡事故认定及处理作出明确规定。因此，实习生和实习单位之间没有建立起事实或者法律上的劳动关系，双方的权利义务不受劳动法调整，实习生在劳动中受到伤害，很难按照《劳动法》或者《工伤保险条例》有关规定向用人单位提出工伤损害赔偿要求。那么实习生这一特殊群体在实习过程中受到意外伤害，该由谁来负责？广大实习学生应该怎样维护自己的合法权益呢？

广东省行政区域内的高等学校学生或在广东省行政区域内实习的学生当然可以依照《广东省高等学校学生实习与毕业生就业见习条例》主张自己的权益。

但需要提醒的是，制度的健全是由有规则意识、法律意识的公民推动的，作为当代大学生更应有规则意识，有法律意识。因此，实习的大学生应当事先签订实习协议，约定意外伤害赔偿事宜，一旦出了问题就可以根据实习协议的约定主张自己的权利。如果协议没有约定或者约定不明，实习学生可以以人身损害赔偿提起诉讼，要求学校和实习单位承担损害赔偿责任。所谓人身损害赔偿，是指民事主体的生命权、健康权、身体权受到不法侵害，造成伤、残、死亡及其他损害，要求侵权人以财产赔偿等方法进行救济和保护的侵权法律制度。

本案中，张某可以以人身损害赔偿提起诉讼，要求学校和实习单位承担损害赔偿责任。损害赔偿包括：（1）因就医治疗支出的各项费用，如医疗费、护理费、交通费、住宿费、住院伙食费、必要的营养费；（2）因增加生活上需要所支出的必要费用以及因丧失劳动能力导致的收入损失，包括残疾赔偿金、残疾辅助器具费、被扶养人生活费以及因康复护理、继续治疗实际发生的必要的康复费、护理费、后续治疗费；（3）精神损害费。

【案例3】

赵某是武汉某职业学院2015级学生，年满18岁。2015年寒假，学校组织学生实习时，推荐赵某到某车站窗口售票。赵某独立承担售票任务，车站只负责食宿费，其他一概不管，但车站要求赵某的母亲出具一份担保书，内容为："赵某在车站售票窗口实习期间，因主观失误所造成的损失由赵某本人负责。"实习期间，赵某因工作失误短少票款800余元。赵某也向车站出具了一份欠条，确认了自己工作失误造成票款短缺800余元的事实。车站要求赵某和其母亲共同赔偿短少的票款。

请问：短少的票款由赵某和其母亲共同赔偿是否合理？

【案例评析】

本案的关键在于弄清短少的票款到底如何赔偿以及由谁来赔偿。

第一，应明确赵某是否属于我国劳动法意义上的劳动者范畴。赵某是武汉某职业学院的实习学生，车站为接收学生实习的单位，赵某在车站实习工作期间，其学生身份是没有改变的。学生这一特定身份决定了她并不具备我国《劳动法》所规定的劳动者条件，因为其劳动力资源在此期间是不能完全由其本人自由支配的,车站对其进行管理时,也须在一定程度上受制于学校教学活动的安排,而不能完全按其单位职工的标准进行管理。并且,车站也只是将赵某视为实习生,并没有像对待员工一样承担赵某的工资、福利以及社会保险义务。因此,赵某并不属于我国《劳动法》意义上的劳动者范畴。

第二,实习工作实际上仍然是学生学习期间的一种延续,只不过是学习场所从课堂这一特定的环境转移到了课堂之外的场所。从某种意义上讲,实习单位接收实习生的行为实质上就是接受学校的委托,为在校学生提供一个参与社会实践的平台,对学生进行理论与实践相结合的教育,培养学生的社会实践能力,使学生在课堂上学到的理论知识通过实习这一过程转化为实际工作能力。因此,实习生与实习单位之间是不能形成劳动合同关系的。

第三,单位接收学生实习的目的,首先应在于培养学生的实际工作能力,其次才能考虑适当分配给实习生一些力所能及的工作,也就是说,接收学生实习的目的重在"教"而不在"用"。而在本案中,车站明知赵某等实习生没有任何实际工作经验,应当预见实习生与熟练员工之间可能存在的工作能力差距,但车站仍将售票任务交给一名没有任何实际工作经验的实习生单独完成,不仅在劳动管理上有失恰当,也没有尽到辅导、教育学生的责任,有违接收实习生的宗旨,由此造成票款短少,车站应自行承担主要责任。另外,作为赵某所在的学校,在将学生推荐参加实习后,对于仍在其学制期内的学生放弃管理、教育,听之任之,没有及时沟通实习学生与实习单位之间的联系,采取有效措施保护实习生的合法权益,因此,赵某所在学校应承担一定的损失。而赵某作为年满18岁的完全民事行为人,对其主观上的工作失误也应承担一定的责任。赵某的母亲虽然应车站要求出具了保证书,但该保证书的出具显然非出于其自愿,非其真实意思表示。况且,赵某参加实习,学校和车站应共同承担对赵某的教育、管理之责,学校和车站将管理之责转嫁于实习生家长,不仅与教育宗旨不符,也与我国《民法总则》所规定的民事行为应遵循的等价有偿、诚实信用原则相违背。据此,赵某的母亲不应共同承担赔偿责任。综上所述，对于本案中的票款短少，车站承担主要责任，赵某所在学校应承担一定的损失，赵某承担一定的责任。

【案例4】

2016年7月28日，姜某检查显示其怀孕。8月3日，姜某前往某教学医院做人流手术，姜某不知是实习生蔡某为其做的人流手术。手术一周后，姜某感到肚子胀痛，并伴有强烈恶心呕吐感；半个月后，姜某到医院检查人流手术残留。事后，姜某才发现该手术全程是由实习生操作的，遂请求法院判决医院因存在医疗过错，赔偿其各种损失共计12万元。

请问：医院是否应当承担责任？

【案例评析】

本案是特殊行业实习生引起的一起典型的医疗侵权纠纷。

《医学教育临床实践管理暂行规定》中明确规定，实习医生不得独自从事相关的医疗工作，包括单独进行手术，但可以在临床带教医生的监督、指导下，接触、观察患者，询问患者病史，检查患者体征，填写各类检查、医嘱和处方，对患者实施有关诊疗操作，等等。但在安排和指导临床实践活动之前，医生应尽到告知义务并事先征得患者同意，以保证教学实践活动中患者的合法权益。也就是说，实习医生参与临床实践应事先取得患者同意。

人流手术是高风险手术，若手术失败，可能引起大出血、术后胎盘残留、术后感染发炎、子宫穿孔等，严重的可造成不孕及死亡。《医疗事故处理条例》第十一条和《中华人民共和国侵权责任法》（以下简称《侵权责任法》）第五十五条对患者的知情权和医院的告知义务都有明确的规定，根据这些规定，医院在做人流手术前应当充分告知患者手术可能出现的风险，包括在流产手术过程中可能存在的人流不完全等问题，医务人员对患者所采取的医疗措施都应向患者和亲属详细告知。在履行告知义务时，医务人员应尽可能用通俗易懂的方式向患者说明情况，让患者知道治疗措施的不足和副作用、危险性，医疗并发症等情况，由患者在知情的情况下作出承诺，并签字同意。这也为发生医疗纠纷时免除医务人员相应的责任提供了法律依据。同时，医疗机构及其医务人员应当按照规定填写并妥善保管住院志、医嘱单、检验报告、手术及麻醉记录、病理资料、护理记录、医疗费用等病历资料。患者要求查阅、复制前款规定病历资料的，医疗机构应当提供。

本案中，医院没有征得患者同意就安排实习医生参与手术，且造成手术失败，侵犯了患者的知情权和生命健康权。同时，因本案涉及个人隐私，作为实习医生，在没有征得患者同意的情况下，参与手术，侵犯了患者的隐私权，违反了卫生部与教育部《医学教育临床实践管理暂行规定》《侵权责任法》及《民法总则》的有关规定。因此，医院主观上存在医疗过错，客观上造成了患者的伤害，应当承担医疗过错责任，赔偿患者的各种损失共计12万元。

另外，根据《医学教育临床实践管理暂行规定》，因临床带教教师和指导医师指导不当而导致的医疗事故或医疗纠纷，临床带教教师或指导医师承担相应责任；医学生和试用期医学毕业生在临床带教教师和指导医师指导下参与医学教育临床实践活动，不承担医疗事故或医疗纠纷责任；医学生和试用期医学毕业生未经临床带教教师或指导医师同意，擅自开展临床诊疗活动的，承担相应的责任。本案中，蔡某作为一名在医院实习的医学生，如果她属于擅自手术，就要承担相应的责任；如果是在临床带教教师和指导医师指导下的手术，则不需要承担责任。

【案例5】

某市公安局刑侦大队接到一名由当地某派出所移送的涉嫌盗窃的犯罪嫌疑人王某，值班民警接收该犯罪嫌疑人后，安排民警赵某和当时在此实习的某公安大学学生李某对王某进行审讯。李某和赵某将王某带至审讯室，并用手铐将其反铐在铁窗栏杆上后对其进行审讯。审讯过程中，赵某由于紧急情况出警，就叫李某先停止审讯并监视王某，但李某却单独继续审讯，为了让王某如实交代其所实施的全部盗窃行为，李某不仅一直将王某脚尖着地挂铐在栏杆上，还对王某进行殴打，甚至不让其吃饭。下午4时许，王某脸色发白，浑身瘫软，李某才发觉王某已经体力不支，遂将其手铐打开，并拿了杯水给他喝。但是王某最终还是支撑不住，在下午5时被送往医院急救。由于长时间挂铐，王某的双手血管遭到破坏，已经失去知觉。后经法医鉴定，王某伤情为轻伤。

请问：实习生李某是否构成刑讯逼供罪？

【案例评析】

同样，本案例也是特殊行业实习生侵权案。

刑讯逼供罪，是指司法工作人员对犯罪嫌疑人、被告人使用肉刑或者变相肉刑，逼取口供的行为。触犯本罪的，处三年以下有期徒刑或者拘役。致人伤残、死亡的，依照法律规定从重处罚。

要认定李某是否构成刑讯逼供罪，首先要确认作为实习生的李某是否属于刑讯逼供罪的主体范畴。2002年12月28日，九届全国人大常委会第三十一次会议通过了《关于〈中华人民共和国刑法〉第九章渎职罪主体适用问题的解释》（以下简称《解释》），其主要内容有："在依照法律、法规规定行使国家行政管理职权的组织中从事公务的人员，或者受国家机关委托代表国家机关行使职权的组织中从事公务的人员，或者虽未列入国家机关人员编制但在国家机关中从事公务的人员，在代表国家机关行使职权时，有渎职行为，构成犯罪的，依照刑法关于渎职罪的规定追究刑事责任。"该条款是对渎职罪主体的界定，但根据《刑法》和其他有关法律法规的规定，刑讯逼供的主体司法工作人员也属于国家机关工作人员，而且根据《人民检察院诉讼规则》，刑讯逼供案件也是人民检察院直接受理立案侦查的，从犯罪构成上看，刑讯逼供案件和渎职犯罪案件有相似之处。因此，刑讯逼供也是一种广义上的渎职。所以，其主体的界定也适用上述条款的解释。

《解释》中，对渎职罪的主体是以职责论而非以身份论进行界定的，即以主体从事的活动是否是公务活动，是否在履行国家机关的管理职能来界定，并以此作为评判其能否构成渎职罪的决定性因素，而不是以主体是否是国家机关的工作人员来评判其能否构成渎职罪的最主要依据。《解释》同样适用于非法拘禁、刑讯逼供等由人民检察院直接受理立案侦查的国家机关工作人员实施的侵犯公民人身权利和民主权利的犯罪。

就本案而言，李某虽是在校学生，只是在实习，并不是正式的司法工作人员，但属于"虽未列入国家机关人员编制但在国家机关中从事公务的人员"，其主观上有刑讯逼供的故意，客观上实施了刑讯逼供的行为，并且造成了犯罪嫌疑人轻度受伤，其社会危害性比普通的故意伤害更加严重。因此，本案中李某的身份虽不是正式的司法工作人员，但属于在国家机关中从事公务的人员，对其行使司法工作人员职权的刑讯逼供行为应认定为构成刑讯逼供罪。

【案例6】

武汉某职业学院与武汉某机电公司签订了"订单式"人才培养协议，按照协议要求，大二学生李某被安排在机电公司实习。在一次与公司指导师傅金某外出采购设备时，遇到交通事故，二人均受伤。车祸发生后，李某被送到交管部门指定的医院就诊。

请问：李某的赔偿责任应由谁承担？

【案例评析】

"订单式"人才培养模式，是指校方针对用人单位的人力资源规划的需求，双方共同制定或修订专业人才培养方案，在师资、技术、设备等办学条件方面进行合作，利用协议双方的资源优势，采取多种形式的组织教学，学生毕业后直接到用人单位就业的一种产学结合、工学一体的人才培养模式。实践中，用人单位和学校就"订单式"人才培养模式签订一份协议，以此明确各方的权利、义务和责任，包括意外伤害赔偿。

本案中，李某是按照学校与机电公司签订的相关协议到该公司实习，实习期间，校方负责每周沟通实习学生与实习单位之间的联系，采取有效措施保护实习生的合法权益；机电公司指派指导教师，进行现场监督管理。那么，对于李某的损害赔偿责任如何划分呢？

首先，机电公司的赔偿责任承担。按机电公司与该学校的协议，实习期间由机电公司指派指导教师，李某是在履行职务期间发生交通事故，因此给李某造成的损失，机电公司应承担赔偿责任。李某作为实习生，与机电公司之间不存在劳动关系，不能按照工伤损害要求赔偿，但可以以人身损害赔偿要求侵权人承担损害赔偿责任。

其次，学校的赔偿责任承担。学校与李某是教育服务关系，按协议，如果学校已经尽到了自己的职责，那么对于李某于实习过程中所受损害，在主观上无过错，加之李某已脱离该学校的管理范围，该学校无法进行现场监督管理，与李某的伤情更无因果关系，因此学校不应承担赔偿责任。如果学校未尽到自己的职责，对于仍在其学制期内的学生放弃管理、教育，听之任之，没有及时沟通实习学生与实习单位之间的联系，没有采取任何有效措施保护实习生的合法权益，那么，学校应分担一定的赔偿责任。

最后，司机的赔偿责任承担。根据交通事故认定书，可以确定司机赔偿责任的份额。

综上所述，李某可以以人身损害赔偿要求侵权人承担损害赔偿责任，赔偿：（1）因就医治疗支出的各项费用，如医疗费、护理费、交通费、住宿费、住院伙食费、必要的营养费；（2）因增加生活上需要所支出的必要费用以及因丧失劳动能力导致的收入损失，包括残疾赔偿金、残疾辅助器具费、被扶养人生活费以及因康复护理、继续治疗实际发生的必要的康复费、护理费、后续治疗费；（3）精神损害费。

二、实习建议

从本质上来讲，实习其实是一种社会实践，它对大学生的就业有很大的促进作用，是大学生成功就业的前提和基础。实习，也是从学生转变为职场人的一个重要阶段,实习期间的表现将决定能否与单位签约,关系到个人职业和岗位的确定。因此,实习应该从以下几个方面来考虑:

(一)结合未来职业选择、个人目前状况、外在机遇,衡量能力与赚钱的权重

实习要结合未来职业选择,所要实习的单位和岗位是和你的职业理想直接相关的,这个岗位的实习和这个单位的进入可以给你日后的职业发展加分;结合个人目前状况,在明确自己当下最需要补充的知识、技能时去有针对性地选择实习机会;结合外在机遇,在有些时候你所最欠缺的不一定能得到及时的补充,因为没有合适的机会,所以要结合有利于自己职业发展的外在机遇,及时抓住机会去为未来做准备,虽然可能不会立竿见影,但只要是着眼于长远的准备都是有用的;衡量能力与赚钱的权重,有些时候赚钱是个人的第一需要,有些时候积攒能力是第一需要。

(二)考察实习单位

实习单位的信誉是你实习安全的重要保障,因此实习最好选择有良好信誉的大公司,并深入地了解企业的实际情况和问题,结合理论,解决企业实际问题,在实习期间有一个具体的成果和总结,让企业真正感受到你的努力。

(三)重视实习鉴定

实习鉴定是由学生参加实习的单位所开具的加盖单位公章的证明文件,包括实习单位、实习时间、实习职位等内容,可作为今后求职时用人单位的参考。

(四)不因实习的繁忙工作而荒废了学业

大学毕业证书、学位证书、英语四六级证书以及一系列的职业等级证书等,往往是用人单位的基本要求,因此千万不要因为实习的繁忙工作而荒废了学业,这样只会得不偿失。

☞ **学习思考**

1. 什么是实习？你在实习过程中遇到过哪些法律问题？
2. 实习生与实习单位之间是什么关系？实习生是不是劳动法意义上的劳动者？
3. 实习生如何维权？
4. 你是如何规划你的实习的？你对实习有什么建议和想法？

第十一章
就业协议

就业协议是《全国普通高等学校毕业生就业协议书》的简称,是普通高等学校毕业生和用人单位在正式确立劳动人事关系前,经双向选择,在规定期限内确立就业关系、明确双方权利和义务而达成的书面协议,是用人单位确认毕业生相关信息真实可靠以及接收毕业生的重要凭据,也是高校进行毕业生就业管理,编制就业方案以及毕业生办理就业落户手续等有关事项的重要依据。协议在毕业生到单位报到、用人单位正式接收后自行终止。就业协议一般由国家教育部或各省、市、自治区就业主管部门统一制表。

第一节 就业协议概述

一、就业协议的内涵

就业协议是《全国普通高等学校毕业生就业协议书》的简称,又称三方协议。它是明确毕业生、用人单位、学校三方在毕业生就业工作中权利和义务的书面表现形式，能解决应届毕业生户籍、档案、保险、公积金等一系列相关问题。就业协议一般由国家教育部或各省、市、自治区就业主管部门统一制表。

二、就业协议书的主要内容

就业协议书主要由以下三部分组成：

(一)规定条款

1. 毕业生应按国家法规就业，向用人单位如实介绍自己的情况，了解用人单位的使用意图，表明自己的就业意见，在规定的时间内到用人单位报到，若遇到特殊情况不能按时报到，需征得用人单位同意。这一条款要求毕业生在签订就业协议书前，一定要了解国家对毕业生就业的方针和政策，在签订就业协议书时毕业生本人的情况应当符合就业政策，并遵守有关的程序规定，否则，将导致就业协议无效。同时，要求毕业生在双向选择过程中实事求是地向用人单位介绍自己德、智、体诸方面的实际表现和情况，不得弄虚作假。在签订就业协议书前，毕业生还应当了解用人单位对毕业生的使用意图和拟提供的工作岗位，并结合自己所学的专业和实际情况综合考虑是否适合自己，不要只考虑单位好坏。对于与用人单位已签订就业协议书的，必须在《报到证》规定的时间内到用人单位报到，若遇到特殊情况不能按时报到，需征得用人单位的同意。

2. 用人单位要如实介绍本单位的情况，明确对毕业生的要求及用人意图，做好各项接收工作。凡取得毕业资格的毕业生，用人单位不得以学习成绩为由提出违约，未取得毕业资格的结业生，就业协议无效。这一条款是对用人单位提出的要求。要求用人单位与毕业生洽谈时，应当将用人单位的地点、单位的性质、生产规模、生产的产品、生活条件和待遇以及对毕业生所学专业的要求、具体的工作岗位等实事求是地向毕业生介绍，不得做虚假介绍。毕业生持《报到证》到用人单位时，用人单位要做好接收毕业生的工作。接收工作包括多方面的内容，如为毕业生办理人事关系、户籍关系、档案关系的转入手续，工作的具体安排，生活饮食住宿以及介绍厂规、厂纪等方面的情况。对于已取得学校颁发毕业证的毕业生，用人单位不得以学习中有重修成绩为由提出违约或拒收毕业生并将其退回学校。

3. 学校要如实向用人单位介绍毕业生的情况，做好推荐工作，用人单位同意录用后，经学校审核列入建议就业计划，报毕业生就业主管部门批准，学校负责办理派遣手续。上述条款主要包含两层意思：第一层意思是要求学校作为签约的一方要实事求是地向用人单位介绍毕业生的情况，做好推荐工作；第二层意思是关于学校的管理职能，学校要对毕业生与用人单位签订的就业协议书进行审核。审核主要是依据国家的政策和学校的规定，符合政策规定的学校将列入建议性就业方案。建议性就业方案形成以后，必须报省(市、区)级毕业生就业主管部门审核批准后作为正式的就业方案下达给学校，由学校正式为毕业生办理就业手续并颁发《报到证》。

4. 学校应在学生毕业前安排体检，体检不合格者不派遣，就业协议自行取消，由学校通知用人单位。如用人单位对毕业生身体条件有特殊要求，原则上应在签订就业协议书前进行单独体检，否则，以学校体检为准。该条款是对毕业生的身体情况提出的要求。毕业生在离校前夕，学校应当为毕业生安排一次身体检查，并作出结论性意见。体检合格的，学校颁发《报到证》；体检不合格的，学校不颁发《报到证》，同时，就业协议书自行失效，由学校致函告知用人单位。这样做的原因是对用人单位负责，也是对毕业生负责。对于身体不合格的毕业生，学校将要求其回家休养治病，待身体痊愈后，第二年重新派遣。

5. 毕业生、用人单位、学校三方如有其他约定，应在备注中注明，并视为就业协议书的一部分。这一条款强调，毕业生、用人单位、学校三方在签订就业协议书时，如有一些其他的事项或特殊的约定，应当在就业协议书的备注栏中写明。特别需要注意的是，对于这些其他的约定，一定要在备注栏中签字、盖章，否则，有可能导致这些约定发生争议。

6. 就业协议经各方签字、盖章后生效，三方都应严格履行协议，若有一方提出变更协议，须征得另两方同意，由违约方承担违约责任，并在备注栏中注明。上述条款是对就业协议书的生效所作的原则规定。因为就业协议书在签订过程中的情况是复杂的，有的用人单位来学校参加招聘会，有的用人单位单独来学校进行招聘，对毕业生来说，有的毕业生是到用人单位签约，也有的毕业生是在省、自治区或直辖市举办的人才市场上签约。而且有的用人单位不可能将单位的公章带出，这就使就业协议书的生效出现许多复杂的情况，也不方便毕业生和用人单位签订协议。为了解决上述问题，各学校对就业协议书的生效以附加条款的方式作了规定。所以，毕业生对就业协议书的生效应注意学校的规定或就业协议书上的附加条款。该条款的另一层意思是对违约的规定。应该说，违约是一种权利，签约的一方因特殊情况确需违约的，经另两方同意后，违约方应向另两方承担相应的违约责任。承担违约责任有多种方式，如赔礼道歉、赔偿损失、支付违约金等，但是不管采取哪种承担违约责任的方式，都应当在签订就业协议书时约定。

7. 就业协议一式三份，毕业生、用人单位、学校各执一份，复印无效。此项条款对就业协议书的数量和持有人作了规定。同时规定，就业协议书是不准复印的，否则将造成就业协议书无效。

（二）签署意见与签字盖章

这一部分包括了三个方面的内容：

1. 毕业生的情况及意见。这部分内容由毕业生本人填写，毕业生的情况包括姓名、性别、年龄、民族、政治面貌、培养方式、健康状况、专业、学制学历和家庭地址。在上述各栏中，特别注意在"培养方式"一栏中，对属于国家计划招收的毕业生要填写"统招统分生"。在"毕业生意见"一栏中，由毕业生填写自己的应聘意见，要求毕业生对是否愿意到用人单位就业表明自己的意见，同时也应将与用人单位在洽谈中达成的基本条件写明，以避免日后发生争议。

2. 用人单位的情况及意见。这部分内容由用人单位填写，用人单位的情况包括单位名称、单位隶属、联系人、联系电话、所有制性质、单位性质和毕业生档案转寄详细地址。在"用人单位意见"一栏内包括两方面的内容：用人单位的意见和用人单位上级主管部门的意见。

3. 学校意见。学校意见主要包括两级意见：学院意见和学校意见。学院意见是毕业生所在单位的基层意见，学院在签署意见时除了进行初步审核外，还要了解毕业生具体的就业去向。学校签署意见是代表学校一方在就业协议书上签字盖章。学校对就业协议书进行实质性审核，表明了学校对毕业生与用人单位所签就业协议书的态度。

（三）备注

备注是为毕业生、用人单位、学校三方共同约定的其他条款所设计的。在备注中毕业生与用人单位约定的条款如果不涉及学校的有关规定，不违反政策，并只在毕业生与用人单位之间约定，学校是不予干涉的。

就业协议关系到毕业生的档案、户口的转递。应届毕业生与用人单位达成就业意向后，应该签订由学校发放的就业协议书。该协议书是转递毕业生档案和户口关系的主要依据，学校凭毕业生已经签订的就业协议派遣毕业生的档案、户口等关系。如果不签订就业协议，毕业生毕业后的人事档案、户口等关系就可能会被派回到生源地。因此，毕业生在找到合适的单位后就应当与单位签订就业协议书。

需要注意的是，很多毕业生，特别是前往民营企业、三资企业、乡镇企业等单位工作的毕业生都会碰到一个问题，那就是这些企业没有自己的上级人事主管部门，因此毕业生需要到人才交流中心办理人事代理手续。

三、就业协议书范本

全国普通高等学校毕业生就业协议书

毕业生：_____

用人单位：_____

学校名称：_____

按《普通高等学校毕业生就业工作暂行规定》的要求，为维护国家就业计划的严肃性，明确毕业生、用人单位、学校三方在毕业生就业工作中的权利和义务，经协商，毕业生、用人单位、学校三方签订如下协议：

一、毕业生应按国家有关规定就业，向用人单位如实介绍自己的情况，了解用人单位的使用意图，表明自己的就业意见，在规定的时间内到用人单位报到，若遇到特殊情况不能按时报到，需征得用人单位的同意。

二、用人单位要如实介绍本单位的情况，明确对毕业生的要求及使用意图，做好各项接收工作。凡取得毕业生资格的毕业生，用人单位不得以学习成绩为由提出违约；未取得毕业资格的结业生，本协议无效。

三、学校要如实向用人单位介绍毕业生的情况，做好推荐工作，用人单位同意录用后，经学校审核列入建议就业计划，报教育厅批准，学校负责办理派遣手续。

四、学校应在学生毕业前安排体检，不合格者不派遣。如果用人单位对毕业生身体条件有特殊要求，原则上在签订协议前进行单独体检，否则，以学校体检为准。

五、毕业生、用人单位、学校三方如有其他约定，应在备注栏注明，并视为本协议的一部分。

六、本协议经毕业生和用人单位签字或盖章后生效。经学校鉴证登记后作为签发报到证的依据。

七、本协议一式三份，毕业生、用人单位、学校各执一份，复印无效。

	姓名		性别		出生年月		民族	
毕业生情况及意见	政治面貌		培养方式			健康状况		
	专业			学制			学历	
	联系电话				电子信箱			
	家庭地址							
	应聘意见： 毕业生签名： 年 月 日							
用人单位情况及意见	单位名称				单位隶属			
	联系人			联系电话			邮政编码	
	通讯地址				联系部门			
	单位性质							
	档案转递详细地址							
	户口迁入地址							
	用人单位意见： 签章 年 月 日				用人单位上级主管部门意见：（有用人自主权的单位此栏可略） 签章 年 月 日			
学校意见	学校毕业生就业主管部门意见： 签章 年 月 日							
	学校通讯地址							

续表

注意事项
一、就业协议书的签订程序：
1. 毕业生填写本人基本情况，签署应聘意见并签名；
2. 用人单位签署接收意见，由人事部门负责人签字并加盖单位公章；
3. 学校毕业生就业办公室签署意见后列入就业方案。
二、毕业生必须在协议书上说明是否报考研究生、专升本或公务员，并将有关情况告知用人单位，双方协商达成一致意见后，在备注栏内注明。
三、备注栏内，已写明的内容，双方可以协商填写，否则无效。

备注：
一、以下甲方为用人单位，乙方为毕业生。
二、(乙方填写)乙方(已/没有)报考研究生或专升本或国家公务员。
三、在甲方知情的情况下，乙方若被录取为研究生或专升本或被录用为国家公务员，学校视为本协议自行取消，并由乙方负责通知甲方。
四、(甲方填写)甲方录用乙方所从事的岗位工作、落户情况、服务期限、工作条件等情况：

五、(甲方填写)甲方录用乙方后，能为乙方提供的工资待遇、住房福利、培训发展情况：

六、甲方如有以下情形，属于甲方违约，应承担违约责任：
1. 在招聘过程中，甲方向乙方提供虚假的或严重失实的招聘信息的；
2. 甲方在与乙方签订就业协议后，未经乙方同意，擅自变更乙方工作地点的；
3. 甲方在与乙方签订就业协议后，除本协议另有规定之外，甲方无正当理由不接收乙方的。
七、乙方如有以下情形，属于乙方违约，应承担违约责任：
1. 乙方在应聘过程中向甲方提供虚假的、不真实的求职材料(包括学习成绩、外语等级证书、个人基本情况等)的；
2. 乙方未经甲方同意，毕业后未在《报到证》规定的时间内到甲方报到的。
八、违约方须征得另一方的同意，双方签字盖章后，方可结束本协议。
九、其他约定：

甲方：用人单位   乙方：毕业生
(签章)   (签字)

四、就业协议书的签订程序

（一）毕业生和用人单位达成协议，学生本人在协议书上以文字形式，注明基本情况，签署同意到选定单位工作的意见，同时签署本人姓名。

（二）用人单位在协议书上签署同意接收该毕业生的文字意见，并签名盖章。用人单位应在协议书上注明可以接收毕业生档案的名称和详细地址。如果用人单位没有人事决定权，则需报用人单位上级主管部门批准盖章（如当地的人事局，去上海、北京、深圳、广州则另有要求）。

（三）用人单位或学生本人将协议书送学校毕业生就业指导部门，对于考研、专升本的毕业生，在与用人单位签订协议时要说明情况，如用人单位在知情后同意签约，毕业生在录取研究生或升入本科后不承担违约责任。没有签约的考研、专升本的毕业生将就业协议书统一交到就业处。学校毕业生就业指导部门对协议书签署意见并签字盖章。

（四）学生及时无误地将就业协议书送达用人单位。

五、签订协议时应注意的问题

（一）查明用人单位的主体资格

签订就业协议的当事人必须具备合法的主体资格。一般而言，用人单位必须具有从事各项经营或管理活动的能力，应有录用指标和录用自主权。

签订协议前要全面了解用人单位的情况，如有可能可亲自赴用人单位考察、调研，通过各种途径如往届校友等多了解一些用人单位的情况，诸如用工制度、工作条件、工作地点、工作待遇、服务年限等，以免日后后悔当初的选择；如有可能还可到用人单位实习一段时间，待对单位各方面有了一定了解以后，再与用人单位签订就业协议。

（二）按规定的程序签订协议

严格按照规定程序签订协议，学校发放就业协议书，毕业生本人以及用人单位签字盖章，最后交由学校毕业生就业主管部门签字、盖章后生效。

(三)有关条款的内容必须明确

毕业生与用人单位在签约时,尽量采用示范条款,明确具体从事工作部门及工作岗位。经双方协商,如确有必要进行变更或增加,亦应在内容上明确,注意约定条款的合理性并由毕业生和用人单位同时在其旁边签字、盖章。如:工作地点、户口所在地、岗位、待遇、违约金数额、报到时间等方面。

毕业生要如实填写基本情况,并且向用人单位说明是否报考本科院校,协商解决办法。达成一致意见后,在协议书内予以注明,如"本人已报考本科院校,若被录取本协议书失效"字样。

就业协议上"用人单位名称"一栏必须完整填写单位全称(和公章一致),不要简写、误写或写别名。因为省人事厅是根据用人单位名称打印《报到证》,且根据单位全称下发计划到各地市和各有关单位的,各地市和各有关单位将根据《报到证》落实毕业生的户口、档案关系等。

档案转寄地址、部门及邮编的填写必须详细具体、工整准确,一旦有误将导致毕业生档案转寄过程中投递和接收的困难。有人事档案保管权的单位可写单位地址,无人事档案保管权的单位应填写其委托保管档案的单位名称与地址,如某人才市场或人才交流中心等。毕业生档案是通过机要局转寄的,递送各环节均需有人签字,故档案转寄地址不要写邮箱,档案转寄详细地址的格式是:××省××市××路××号,××单位××部门,邮编××。

(四)注意与劳动合同的衔接

签订就业协议应为今后签订劳动合同奠定基础。由于毕业生就业协议签订在先,为避免日后订立劳动合同时产生纠纷,应尽可能将劳动合同的主要内容体现在就业协议的约定条款中,并明确表示在今后订立劳动合同时应予以确认。

(五)对合同的解除条件作事先约定

毕业生就业协议一经订立就对当事人具有约束力,不得随意解除,否则应承担违约责任。

六、就业协议的解除

就业协议的解除分为单方解除和双方解除。

(一)单方解除,包括单方擅自解除和单方依法或依协议解除

1. 单方擅自解除属违约行为,解约方应对另两方承担违约责任。

就业协议书一经毕业生、用人单位、学校签署即具有法律效力,任何一方不得擅自解除,否则违约方应向权利受损方支付协议条款所规定的违约金,从实际情况来看,就业违约多为毕业生违约。

毕业生违约,除本人应承担违约责任,支付违约金外,往往还会造成其他不良的后果。主要表现在:

(1)就用人单位而言,用人单位往往为录用毕业生花费了大量的人力、物力、财力,做了大量的工作,有的甚至对毕业生将要从事的具体工作也有所安排。而毕业生就业工作时间相对比较集中,一旦毕业生因某种原因违约,势必使用人单位的录用工作付诸东流,用人单位若重新开始一轮录用工作,选择其他毕业生,在时间上也不允许,从而使用人单位十分被动。

(2)就学校而言,用人单位往往将毕业生违约行为归因于学校,是学校管理不严,从而影响学校和用人单位的长期合作关系。用人单位由于毕业生存在违约现象而对学校的推荐工作表示怀疑。从历年情况来看,一旦毕业生违约,用人单位在几年之内都不愿到学校来挑选毕业生。如此下去,必定影响今后学校在毕业生就业工作方面的整体利益和声誉。同时,也影响学校就业计划方案的制订和上报以及学校的正常派遣工作。

(3)就其他毕业生而言,用人单位到学校挑选毕业生,该毕业生不去,用人单位完全可录用别人;录用该毕业生,就不能录用其他毕业生。若日后该毕业生违约,一些当初希望到该用人单位工作的其他毕业生由于录用时间等原因也无法补缺,从而造成就业信息的浪费,影响其他毕业生就业。

一旦由于特殊原因需要违约，必须按以下程序严格办理：

（1）毕业生准备材料。材料包括：原签约单位（包括协议书上盖过章的上级主管部门）书面同意解除协议的函；新单位同意接收的函；毕业生本人要求违约的书面申请，由院系同意并签字盖章。

（2）毕业生本人将违约申请材料交学校就业指导服务中心，经就业指导服务中心审核。

（3）毕业生本人持就业指导服务中心开具的交费单到校有关部门缴纳违约金。

（4）到毕业生就业中心领取新协议书。

【案例1】

小高与某用人单位签订了就业协议，学校依据就业方案已开具《报到证》，但小高毕业后未去单位报到，他将面临什么后果？

【案例评析】

根据国家《普通高等学校毕业生就业工作暂行规定》，有下列情形之一的毕业生，由学校报地方主管毕业生调配部门批准，不再负责其就业。将其户口关系和档案转至家庭所在地，按社会待业人员处理：（1）自领取报到证之日起，无正当理由，超过三个月不去就业单位报到的；（2）报到落户后，未经批准擅自离开接收单位，经教育拒不改正的；（3）不顾国家需要，强调个人无理要求，扰乱毕业生就业秩序的；（4）无理要求用人单位将其退回学校的。（5）其他违反毕业生就业规定的。

2. 单方依法或依协议解除，是指一方解除就业协议有法律上或协议上的依据。如学生未取得毕业资格，用人单位有权单方解除就业协议；毕业生录取为研究生后，可解除就业协议；或依协议规定，毕业生未通过用人单位所在地组织的公务员考试，用人单位有权解除协议。此类单方解除，解除方无须对另一方承担法律责任。

【案例2】

小唐签了就业协议后,又被录取为研究生,他该怎么办?

【案例评析】

小唐可以向学校提供如下材料,学校不作违约处理:(1)原签约单位同意解除就业协议的书面证明;(2)研究生录取通知书;(3)本人申请报告,并附院系意见。毕业生将以上材料送就业指导服务中心,经审核同意后即可。

【知识拓展】

毕业生申请出国(出境)应该怎么办?

毕业生要求办理出国(出境)不参加就业的,向学院提出申请,交回就业协议书,经学院确认后,学校开具有关证明,将户口、档案转回生源所在地。若学生联系其他地方落实接收户口、档案的,可持学校的证明,到校有关部门办理户口转出手续,到院系办理档案转寄手续。户口、档案的转入手续由学生自己负责。

(二)双方解除是指毕业生、用人单位经协商一致,取消原订立的协议,使协议不发生法律效力,双方均不承担法律责任,但须征求学校同意。

双方解除应在就业计划上报主管部门之前进行,如就业派遣计划下达后双方解除,还须经主管部门批准办理调整改派。

七、就业协议与劳动合同的关系

就业协议书与劳动合同均为用人单位录用毕业生时所订立的书面协议,但两者分处两个相互联系的不同阶段,不能互相替代。就业协议与劳动合同的区别表现在:

(一)性质不同

就业协议书是毕业生在校时与用人单位协商签订的就业意向协议,也是学校编制毕业生就业计划和派遣方案的依据;劳动合同是毕业生与用人单位依法确立劳动关系、明确双方权利和义务的协议,是明确毕业生就业后从事何种岗位、享受何种待遇等权利和义务的依据。

(二)主体不同

就业协议书的主体是在校毕业生、用人单位以及学校,学校是就业协议的主体,也是就业协议的鉴证方,就业协议对用人单位的性质没有规定,适用于任何单位;劳动合同的主体是劳动者(含应届毕业生)与用人单位(不含公务员单位和比照实行公务员制度的组织和社会团体以及军队系统),与学校无关,学校不是劳动合同的主体,也不是劳动合同的鉴证方。

(三)内容不同

就业协议书的内容主要是毕业生如实介绍自身情况,并表示愿意到用人单位就业,用人单位表示愿意接收毕业生,学校同意推荐毕业生并列入就业计划进行派遣,而不涉及毕业生到用人单位报到后所享有的权利义务。简而言之,就是用人单位和毕业生就同意录用和接收聘用达成一致意见,并初步约定将来就业的基础条款,如服务期限、试用期限及试用期待遇等。

劳动合同的内容涉及劳动报酬、劳动保护、工作内容、劳动纪律等方方面面,对劳动权利与义务的规定更为明确和具体。

(四)效力不同

就业协议是毕业生和用人单位关于将来就业意向的初步约定,对于双方的基本条件以及即将签订劳动合同的部分基本内容的大体认可,并经用人单位的上级主管部门和高校就业部门同意和鉴证,一经毕业生、用人单位、高校、用人单位主管部门签字、盖章,即具有一定的法律效力,在毕业生到用人单位报到时自动终止其效力。劳动合同是双方当事人签字、盖章即生效,劳动合同期限届满或劳动合同约定的终止条件出现时终止。

(五)争议解决的主要方式及法律适用不同

就业协议是毕业生、用人单位双方在平等互利的基础上设立各自权利义务的民事法律行为,毕业生愿意到用人单位工作,用人单位愿意接收安排毕业生工作,二者真实意思表示一致。毕业生在签订就业协议书时,其身份多为学生,并非完全意义上的劳动者,因此就业协议书发生争议,主要是按照现有的毕业生就业政策,由学校或上级就业主管部门出面协调解决,在协议期的实习维权主要依据民事相关法律;而劳动合同发生争议,主要是依据《劳动法》《劳动合同法》和《劳动争议处理条例》等劳动法律的有关规定,采取调解、仲裁及诉讼的方式,通过严格的法律程序予以解决。

(六)签订时间不同

一般来说,就业协议书是在学生毕业离校前签订,劳动合同是大学生到用人单位报到后订立的;就业协议书签订在前,劳动合同订立在后。在某种意义上,劳动合同可以视为就业协议书的延伸。例如,毕业生与用人单位可以在就业协议书中约定试用期和试用期待遇,上岗后签订劳动合同时试用期条款按此约定执行;如果毕业生与用人单位就试用期满后的工资待遇、住房等有事先约定,亦可在就业协议备注条款中予以注明,日后订立劳动合同对此内容应予以认可和确定。

第二节 协议期维权

一、案例解析

协议期是指毕业生与用人单位从签订就业协议书开始,一直持续到签订劳动合同之后或者双方终止就业协议为止的期间。在协议期内,双方已经确定了工作意向,但未建立正式的劳动关系,用人单位可以不为毕业生缴纳社会保险。就业协议书是转递毕业生人事关系的主要依据。

【案例3】

2012年2月，24岁的小赵与某民营企业达成就业意向，但他对如何解决档案、户口以及党组织关系问题知之甚少。

【案例评析】

就业协议是《全国普通高等学校毕业生就业协议书》的简称，又称三方协议。它是明确毕业生、用人单位、学校三方在毕业生就业工作中权利和义务的书面表现形式，能解决应届毕业生户籍、档案、保险、公积金等一系列相关问题。就业协议一般由国家教育部或各省、市、自治区就业主管部门统一制表。

就业协议关系到毕业生的档案、户口的转递。应届毕业生与用人单位达成就业意向后，应该签订由学校发放的就业协议书。该协议书是转递毕业生档案和户口关系的主要依据，学校凭毕业生已经签订的就业协议派遣毕业生的档案、户口等关系。如果不签订就业协议，毕业生毕业后的人事档案、户口等关系就可能会被派回到生源地。因此，毕业生在找到合适的单位后就应当与单位签订就业协议书。

需要注意的是，很多毕业生，特别是前往民营企业、三资企业、乡镇企业等单位工作的毕业生会碰到一个问题，那就是这些企业没有自己的上级人事主管部门，因此毕业生需要到人才交流中心办理人事代理手续。

本案中，小赵签订就业协议时，除了请民营企业盖章外，还需到民营企业所在地的人才交流中心盖章，以便于毕业后的档案、户口和党组织关系的转递。

【案例4】

2012年2月，24岁的小赵与某民营企业达成就业意向之后就安心做毕业论文及论文答辩，没有再寻找其他就业机会。毕业之后，小赵到企业报到，企业却说职位已经满了，请小赵另寻出路。

由于事先并未签订就业协议，小赵非常苦恼，眼看毕业的同学一个个都有了工作，自己却没有着落。

【案例5】

　　2012届毕业生小李看着周围的同学纷纷签订了就业协议，不免有些着急，于是在4月份找到一份工作之后，不假思索地就签订了就业协议。事后，他又找到一家新公司，觉得这个公司待遇比先前的要好，但新公司要求小李签订就业协议。小李左右为难：协议已经由三方签字盖章，如果违约就得缴纳违约金2000元；如果不缴纳违约金，就不能和新公司签约，可能失去一次更好的发展机会，怎么办呢？

【案例评析】

　　协议是指两个或两个以上实体为了开展某项活动，经过协商后双方达成的一致意见，对双方都具有约束力。就业协议除了作为学校转递人事关系的依据外，同时也对毕业生和用人单位具有一定的约束力。毕业生应慎重对待，在对单位有了一定了解，确定要留下来工作后最好与单位签订就业协议书。

　　毕业生小赵因为没有注意这个问题，只是和公司有口头约定，没有书面依据，以至于毕业后不能及时就业。而小李却没有经过慎重考虑，匆忙签约，若事后违约，可能影响单位的用人计划，尤其对于特殊人才，不能及时补充招聘，所以小李就可能面临违约金的赔偿问题。

　　毕业生如果与单位签订了就业协议书，后又觉得不适合这份工作，必须与原单位解除就业协议，并持证明回学校办理相关手续，找到新单位后可到其所在地的人才交流中心办理改派手续，把自己的档案、户口等人事关系改派到新的用人单位。

　　对于违约金，用人单位不能"漫天要价"。根据国家有关部门的规定，与用人单位签订就业协议书后，如毕业生出现违约情况，违约金被限定不超过毕业生一个月的工资。毕业生可以把协议期内工资的多少、违约时是否支付违约金等易产生纠纷的条款附加上去。同时毕业生需明确，与用人单位签订劳动合同后，就业协议书的使命才告完成。

【案例6】

大学生小张经熟人介绍与一家广告公司达成就业意向，并签订了就业协议。协议约定如果小张提前解约必须赔偿公司1万元，至于待遇、福利等条款暂为空白，人事部门让他先签名，具体条款过几天再补上。小张心想："找个工作不容易，不能要求太多。反正别人有啥咱有啥呗，差不了事儿。"于是，小张便在协议上签上了自己的名字。正式上班后，小张与用人单位签订了劳动合同。由于待遇与其他员工相差较大，小张在工作3个月后便向公司提出辞职。公司提出，必须按就业协议的规定赔偿1万元。

请问：小张如何通过法律手段维权？

【案例评析】

毕业生与用人单位确定就业意向后，可以签订就业协议。这份协议并非劳动合同，但充分保障了应届毕业生和用人单位的权益。根据《劳动合同法》的规定，用人单位与劳动者在用工前订立劳动合同的，劳动关系自用工之日起建立。这意味着，即将毕业的在校大学生毕业前与用人单位提前签订了劳动合同的，其劳动关系也只能从其正式上班之日起计算。

本案中，小张与用人单位签订了劳动合同后，劳动关系就以劳动合同为准，就业协议书自动失效。因此，该公司要求按就业协议的规定赔偿1万元的说法是没有依据的。同时，根据国家有关部门的规定，与用人单位签订就业协议书后，若毕业生出现违约情况，违约金被限定不超过毕业生一个月的工资。

因此，毕业生要签订就业协议，工作后要尽快与用人单位签订劳动合同，以保障自己的权益。在签订合同时，关注工作(劳动合同)期限、工作岗位和工作内容、劳动保护和工作条件、工资报酬和福利待遇、违反劳动合同的责任等重要条款,以防用人单位通过有意的"疏漏"侵犯毕业生的合法权益。

二、总结提示

就业协议是毕业生在校时由学校参与见证、与用人单位协商签订的,是编制毕业生就业计划方案和毕业生派遣的依据,是确保毕业生利益的重要保障。

就业协议的内容主要是毕业生如实介绍自身情况,并表示愿意到用人单位就业,用人单位表示愿意接收毕业生,学校同意推荐毕业生并列入就业计划,进行派遣。毕业生可以与用人单位就工资待遇、住房等进行事先约定,在就业协议备注条款中予以注明,日后订立劳动合同对此内容予以认可。因此,签订就业协议书要利用好备注栏,这样一来,出现问题时,毕业生就不会处于被动地位。

就业协议是毕业生和用人单位关于将来就业意向的初步约定,对于双方的基本条件以及即将签订劳动合同的部分基本内容的大体认可,并经用人单位的上级主管部门和高校就业部门同意和鉴证,一经毕业生、用人单位、高校、用人单位主管部门签字、盖章即具有一定的法律效力,是编制毕业生就业计划和将来可能发生违约情况时的判断依据。各方应严格履行协议,任何一方若违反协议,应承担违约责任。

☞ **学习思考**

1. 什么是就业协议?
2. 什么是协议期?在协议期大学生与用人单位之间是什么关系?
3. 谈谈在协议期大学生如何维权?

第十二章
见 习

　　见习是初到工作岗位的人在现场工作。职业见习计划是一项包括政府、见习单位、高校、人才中介机构以及毕业生在内五方受益的活动，职业见习岗位是为破解大学生就业难而设立的，未就业毕业生到企业参加不超过一年的职业见习，政府给予用人单位一定的补贴，参加职业见习的毕业生，每月还可获得生活补贴。见习期与试用期在法律性质上有明显区别，见习期劳动者的法律保护也具有特殊性。

第一节 见 习 期

一、见习期的基本概念

　　见习期一般专指行政、事业单位在人事制度的框架下对应届毕业生进行业务适应及考核的一种制度，目的是更好地考察了解毕业生以便对其进行合理的安排使用。

首先,见习期是对毕业生培养教育的继续,有利于毕业生全面成长。在见习期间,毕业生可以通过生产和工作实践了解所在单位的情况,熟悉和适应工作;可以有针对性地学习与业务有关的新知识,扩大知识面,以便更好地开展工作。同时,见习期为毕业生提供了广泛接触单位员工并向他们学习的机会,在与他们接触的过程中,可以建立感情,增进理解,得到他们的支持和帮助;可以熟悉环境,全面了解单位情况。

其次,对用人单位来说,在见习期可以更好地考察、了解毕业生,从而对其进行合理的安排使用。通过一定时间的见习,毕业生的政治觉悟、工作态度、业务能力和性格特征等都能比较充分地表现出来,用人单位可以进一步全面掌握毕业生的情况,作出公正的评价,并根据每个人的实际情况,合理地使用。

二、见习期的规定

(1)见习期一般为一年。对入学前已从事一年以上有关专业实际工作的,经所在单位批准,可免去见习期。某些特殊专业的毕业生,需要更长时间的锻炼,可在见习期满后由单位自行安排。毕业生在见习期间,发生疾病或因事不能坚持工作的,如病(事)假超过一个月者,见习期应顺延相应的时间。见习期满后,所在单位向当地人事部门办理转正手续,按期为其评定专业职称,聘任相应职务,确定工作岗位,《转正定级表》归入个人档案;如果见习期满,达不到见习要求的,经所在单位讨论,报主管部门批准,可延长见习期半年到一年,或者降低工资标准;延长期限结束时仍达不到要求的,不再延长见习期,另行安排工作,工资待遇按毕业生转正工资标准低一级来定。对表现特别不好的,经所在单位领导批准,报主管部门审核同意后,可予以辞退,由学校重新分配。

(2)见习期间,工作单位有计划地安排毕业生到基层单位或生产第一线锻炼。根据毕业生不同专业、不同工作的特点和今后的培养使用方向,可以分阶段安排不同的见习岗位,每个阶段均要有具体的计划和要求。用人单位一般要有专人负责毕业生的见习，并选派政治素质较好、专业水平较高的专业技术人员，对见习生进行指导和帮助，做到有计划、有要求、有检查地考核。

（3）毕业生在见习期间，不得报考研究生（包括出国留学或进修），原则上不得抽调毕业生从事与见习无关的其他工作。

（4）见习单位在毕业生见习结束时，对毕业生进行政治思想、组织纪律、群众关系、工作态度、业务水平和实际工作能力等方面的考核。毕业生见习期满后，本人写出总结，在自我鉴定的基础上，通过民主评议，由基层工作单位作出考核鉴定，合格者予以转正，并将鉴定材料载入档案。

（5）毕业生在见习期间，不得调动工作单位。根据人事部、公安部、国家粮食储备局《关于印发〈高等学校毕业生就业后调整办法〉的通知》（人发[1997]7号）第二条，属下列情况之一的，经毕业生主管调配部门批准，在一年内可作适当调整：确属专业不对口、学用不一致的；要求到基层单位或老、少、边、穷地区工作的；要求到国家重点建设工程、重大科研项目及国家重点加强部门工作的；主管部门规定的其他原因。调整前及调整后的见习期合并计算。见习期从到新接收单位报到之日算起。

（6）对见习期满，经考核合格的毕业生，可根据其学历，直接确定相应的专业技术职务，不受指标的限制。

中专毕业，见习期满，可聘任为"员"级专业技术职务；大专毕业，见习期满，再从事本专业技术工作两年，可聘任为"助师"级专业技术职务；大学本科毕业，见习期满，可聘任为"助师"级专业技术职务；硕士学位获得者，从事本专业技术工作三年，可聘任为中级专业技术职务；博士学位获得者，可聘任为中级专业技术职务。根据《关于攻读硕士、博士学位研究生毕业分配工作后工资待遇问题的通知》的规定，研究生不实行见习期制度。

第二节　见习期的性质

根据劳动部《关于贯彻执行〈中华人民共和国劳动法〉若干问题的意见》，"劳动者与用人单位形成或建立劳动关系后，试用、熟练、见习期间，在法定工作时间内提供了正常劳动，其所在的用人单位应当支付其不低于最低工资标准的工资"。所以，从性质上看，见习期也是一种试用期。然而，见习期不是劳动合同制度下的概念，而是人事制度下的做法。

高校毕业生见习期的制度是由原国家教委和原劳动人事部制定的，明确针对的是毕业后由国家或者政府分配工作的毕业生。劳动部《对〈关于劳动用工管理有关问题的请示〉的复函》（劳办发[1996]5号）也重申了见习期的问题，其针对的也是分配工作的高校毕业生。虽然国家有关部门并没有明文废止见习期制度，但随着市场经济的发展，我们国家已经取消了计划经济体制，所有企业也不再具有行政性质和享有行政级别。同时，劳动关系的建立形式也发生着变革，高校毕业生由国家分配工作的制度已经基本消亡，因此高校毕业生见习期制度也失去了立足的根基，已形同虚设。在我国现阶段，已经不实行高校毕业生分配工作的制度，因此原来的见习期制度已基本不适用。高校毕业生（劳动者）与企业通过市场招聘等双向选择而建立的劳动关系，则其行为受现行国家劳动法律法规保障政策调整，用人单位不应以见习期制度为由来设法规避劳动法（广义的）规定的法定义务和责任。自2008年1月1日起，凡在中国境内的企业与劳动者订立劳动合同，必须适用国家《劳动合同法》的法律条款。当前许多国有企业仍旧要求毕业生执行见习期制度，是由于这类企业一路从计划经济时期走来，受计划经济时期政策的束缚也较多。但是无论如何，根据国家教育部、人事部、劳动和社会保障部的相关规定（如《事业单位工作人员收入分配制度改革实施办法》（国人部发[2006]59号）），见习期仅针对事业单位和国家机关，因为他们没有劳动合同制度，而有劳动合同制度的企业单位不得再约定见习期，否则没有任何法律依据。企业如仍以实行见习期为名要求通过市场招聘形式而录用的毕业生实行长达一年的试用期，是混淆概念、变相延长试用期的违法行为。另外，国家对机关新聘用人员实行见习期时间也有明确规定，即见习期为六个月到一年，一年是上限。

第三节　见习期与试用期的区别

一、功能不同

设立见习期是用人单位为使劳动者熟悉业务，提高技能而进行的教育和培训，其主要功能是学习；而试用期强调的是相互了解、选择，认定彼此是否适应，其功能是评判。

二、适用对象不同

见习期仅适用于首次参加工作的劳动者（一般为毕业的学生）；而试用期对变更工作后的劳动者同样适用。

三、不利后果不同

对表现特别不好的见习生，用人单位会将其退回学校，由学校重新分配；而对试用工则是解除劳动合同。

【案例】

小石毕业之后，经过双向选择，应聘到某汽车制造企业工作，签订了为期五年的劳动合同，合同约定试用期六个月，并约定一年的见习期。小石感到困惑：网上说见习期是针对国家分配工作的毕业生的，现在没有分配的问题也就没有见习期了，为什么企业还要约定见习期呢？

【案例评析】

　　见习期一般专指行政、事业单位在人事制度的框架下对应届毕业生进行业务适应及考核的一种制度。行政、事业单位数十年来一直承袭见习制度。

　　随着市场经济的发展，原来计划经济时期的分配工作时代已经过去，1997年3月24日国家教委发布了新的《普通高等学校毕业生就业工作暂行规定》，规定毕业生就业实行"供需见面及双向选择"，不再实行分配制度。

　　那么见习期是不是就消失了呢？计划经济时代，主要实行的是国家分配制度，无论是企业还是行政、事业单位都有一定时间的见习期。2008年1月1日起，国家《劳动合同法》生效实施，自此，企业与劳动者要订立劳动合同，就必须按照现行国家法律来办事，否则是违法行为，其超越《劳动合同法》私自约定的事项也不受法律保护，劳动者也可以解除劳动合同。因此，网上所说的"现在没有分配的问题也就没有见习期了"对于企业来说是适用的，企业与劳动者之间不可以约定见习期，但可以约定试用期，试用期不能超过法定的最高期限。

　　本案中，小石签约的单位是企业，因此可以约定试用期，但不能约定见习期。

第四节　就业见习制度与学徒期

一、就业见习制度

　　就业见习制度与见习制度不同。根据2006年3月22日人事部、教育部等联合发出《关于建立高效毕业生就业见习制度的通知》的文件精神，就业见习制度是为了帮助回到原籍的、尚未就业的高校毕业生实现就业而推出的政策，类似实习制度。相关部门在认真考察用人单位的工作岗位、工作环境基础上，将条件合格并有积极性的企事业单位，确定为见习单位。对于有一定规模、各方面条件较好且能持续提供较多见习岗位的见习单位，将其确定为高校毕业生就业见习基地，并每年组织没有就业的高校毕业生到基地参加见习，同时为见习高校毕业生提供免费就业服务。在见习期间被见习单位正式录(聘)用的，在该单位的见习期可以作为工龄计算。

二、学徒期

学徒期实际上类似于见习期，只是针对的人群不一样，主要是对进入某些工作岗位的新招职工，为了让其熟悉业务、提高工作技能的一种培训学习期限。学徒期包含在劳动合同期内。在学徒期内，用人单位应当按照劳动合同的约定为学徒工安排岗位，并支付劳动报酬及缴纳社会保险金。学徒期制度是计划经济分配体制的产物，至今在一些技术岗位上仍然沿用，并按照技术等级标准规定的期限执行。

劳动合同中可以同时约定试用期和学徒期，但试用期不得超过《劳动合同法》规定的期限。

☞ 学习思考

1. 什么是见习期？
2. 见习期与试用期有什么不同？
3. 什么是就业见习制度？
4. 怎样理解学徒期？

第十三章
大学生兼职

大学生兼职是锻炼大学生的一种方式。作为大学生，走出校门接触社会，了解社会，积累社会经验是非常有必要的，做兼职是一个很好的途径。一来可以锻炼自己，提高自己的能力；二来也可以多多少少减轻家里的一些负担，更能体会到父母的辛苦与不易，对我们将来毕业找工作也是非常有帮助的。我国法律对大学生兼职作了法律保护，大学生应该善于运用法律的武器保护自己的合法权益。

第一节 大学生兼职的概念和特点

一、大学生兼职的概念

兼职，是和专职、全职相对应的概念，一般意义上的兼职是指在本职工作之外兼任其他工作职务。即本职工作是主要工作，是主职，非主要工作外的工作称兼职，如果只做一种工作则称专职或全职，就无所谓兼职。比如高校教师兼任某企业咨询顾问或兼任程式设计师或做兼职律师等，再如某公务员做业余模特、业余培训师等。

大学生兼职，是相对大学生的主要"职业"——学业而言的，是指大学生为了解决经济困难或提高自身能力和素质，利用课余时间在校内或校外进行的劳动工作。

二、大学生兼职的特点

(一)大学生兼职的无本职性

大学生兼职不具有相对应的本职工作，之所以称为兼职是因为其所对应的是学习。大学生以学为主，把学习比作学生的本职工作，课余时间进行的一定量的劳动工作看作兼职。然而，此本职非彼本职，通常所说的本职工作指的是劳动，这里的本职工作指的是学习，是受教育。由此决定了大学生的兼职和一般职工兼职的区别。也正是因为这种区别，理论界、立法界和司法实践中均认为，大学生兼职不具有劳动法律关系的性质。

1995年8月4日颁发的劳动部《关于贯彻执行〈中华人民共和国劳动法〉若干问题的意见》第十二条规定："在校生利用业余时间勤工俭学，不视为就业，未建立劳动关系，可以不签订劳动合同。"《上海市劳动合同条例》也规定，如果是在读学生勤工俭学的工作形式，只能依照企业约定的薪酬工时，企业不需要为打工的在读学生缴纳基本社会保险费。

还有学者认为，大学生的本职工作其实是学习，是受教育，不是劳动，因而大学生兼职建立的法律关系是教育法律关系。大学生作为受教育者还不是真正意义上的劳动者，充其量是未来的劳动者，还没有真正进入劳动市场。大学生本职的学习性、受教育性、非劳动性，使得大学生的兼职更具助学性，而少有劳动法意义上的规定性。因此，学生的本职是学习，在学习之外再去兼一份工作，这种兼职并不构成劳动法上的兼职，既不属于全日制工也不属于非全日制工，大学生兼职建立的法律关系更具教育法律关系的性质，顶多具有一定的民法性质，而不具有劳动法律关系的性质。

当然，上述法规是在较早以前订立的，学界的观点也明显带有计划经济的烙印和痕迹。近年来，为了适应用人单位灵活用工和劳动者自主择业等市场变化的需要，用工形式突破了传统的全日制用工模式，出现了非全日制用工和劳务派遣等新型劳动关系。2003年，劳动部颁布了《关于非全日制用工若干意见的规定》，这个规定并没有把打工的大学生排除在外，打工的大学生是适用于非全日制用工的概念的。2008年1月1日施行的《劳动合同法》已经设专章对这两种新的劳动关系进行了规定。因此，如果还固守劳动者必须加入用人单位才能建立劳动关系的观点而否认兼职者的劳动法律关系，显然是不符合时代要求的，也是违反现行法律规定的。

（二）大学生兼职法律关系性质的多样性

兼职形式的复杂性决定了大学生兼职法律关系性质的多样性。

1. 具有劳动法律关系的性质的兼职

比如有的大学生利用课余时间到用人单位去打零工，也就是做小时工，属于非全日制用工；有的大学生利用寒暑假，在用人单位全日制工作。这两种均构成劳动法律关系。

2. 具有民事法律关系的性质（即雇佣关系）的兼职

比如有的大学生利用课余和假期的时间进行电脑维修、程式设计，做家教、钟点家务助理、业余模特、业余培训师等构成的法律关系。

3. 具有商事法律关系的性质的兼职

比如有的大学生自己办公司即构成商事法律关系。

（三）大学生兼职调整的法律规范不同

不同的法律关系是不同法律规范调整的结果。例如由行政法调整的社会关系形成行政法律关系，由民法调整的社会关系构成民事法律关系，由经济法调整的社会关系构成经济法律关系，等等。那么同样的，大学生在课余假期时间的打零工、打全工而产生的社会关系是由劳动法来调整的；做家教、钟点工、业余培训师等构成的社会关系是由民法来调整的；而办公司产生的社会关系则是由商法来调整的。

(四)大学生兼职国家干预程度不同

大学生兼职因为由不同的法律规范来调整,形成了不同的法律关系,而对于不同的法律关系国家干预的程度是不同的。比较而言,劳动法的国家干预程度最强,商法次之,民法最弱。

(五)大学生兼职所适用的时效期间不同

劳动法律关系发生争议,当事人向劳动争议仲裁委员会申请劳动仲裁的时效期间是六个月,在法律性质上属于除斥期间,不存在中止、中断或延长的情况,期间届满当事人权利消灭,除非基于不可抗力或者正当理由,否则,超过时效期间,仲裁委员会不予受理。

雇佣关系发生争议,当事人向法院起诉的诉讼时效期间为两年,且存在中止、中断的延长情况。超过诉讼时效期间起诉的,法院应予受理。受理后查明无中止、中断、延长事由的,判决驳回其诉讼请求,当事人失去胜诉权。

(六)大学生兼职产生的法律责任不同

劳动关系产生的责任不仅有民事责任,还有行政责任,如劳动关系解除后用人单位还应当支付经济补偿金、社会保险金。雇佣关系产生的法律责任主要是民事责任,包括违约责任和侵权责任,它并不涉及行政责任。

三、大学生兼职的意义

2007年6月26日,教育部、财政部联合制定的《高等学校学生勤工助学管理办法》第一条规定:为规范管理高等学校学生勤工助学工作,促进勤工助学活动健康、有序开展,保障学生的合法权益,培养学生自立自强精神,增强学生社会实践能力,帮助学生顺利完成学业,特制定本办法。该办法第四条规定:本办法所称勤工助学活动是指学生在学校的组织下利用课余时间,通过劳动取得合法报酬,用于改善学习和生活条件的社会实践活动。勤工助学是学校学生资助工作的重要组成部分,是提高学生综合素质和资助家庭经济困难学生的有效途径。据此可

知,大学生兼职的意义在于助学,而这种助学有两种意义:

（一）兼职的经济助学意义

经济助学,也可以称为外因助学,是大学生兼职的最初意义并且现在仍然存在的意义之一,大学生利用课余时间,通过劳动取得合法报酬,用以改善学习和生活条件,对于家庭经济困难的学生而言无疑是一种有效的救济。即使是对于家庭经济条件一般甚至较好的学生,从提高学习条件和生活质量的角度看,无疑也是一种有效和有意义的学习生活调剂。

（二）兼职的实践助学意义

实践助学,也可以称为内因助学或学习型助学。学习型兼职的主要目的不是为了经济的救济,也不是为了生活的调剂,而是把兼职看作学习本身,看作学习的内容和应有之义。所谓"读万卷书行万里路","世事洞明皆学问,人情练达即文章",实践相较于理论知识的学习同样重要甚至更为重要。因此,兼职对于大学生积累社会经验,提高实践能力,培养综合素质,从而提高就业竞争力,无疑是非常有意义的。

第二节 大学生兼职的法律保护

一、西方国家关于大学生兼职的法律保护

西方国家在劳动立法方面比我国起步早,因此相对完善,大多肯定了打工大学生的劳动者资格,并且通过立法、执法、司法活动,对处于弱势地位的打工大学生给以倾斜性保护,确保劳动法律关系的公平。

《公平劳动标准法案》是美国的劳动法法律体系中应用较为广泛的立法,根据该法案,雇员(即劳动者)是指"被雇主雇用的任何人"。该法案将绝大多数行业以及行业内的雇员纳入了调整范围,在调整范围之内的雇员都可以享受最低工资标准。根据该规定,雇主可以以低于最低工资标准的工资雇佣以下人员:送信员、见习者、实习生和学徒,全日制学生,有残疾的工人。雇主主张对以上人员豁免适用法案规定的最低

工资标准需要通过特许，且符合法案规定的特定要求。接受全日制授课的学生受雇于零售或服务性商业机构、农业部门或需要更高专门知识的机构，可得到不少于现行最低工资标准85%的工资。

德国的学术界和司法界对打工大学生的劳动者身份都已经形成了一致意见。正如德国联邦劳动法院在一则判决中指出的那样，除高校条例规定的义务性实习属于学业组成部分不构成劳动关系之外，学生课余打工等情况，只要学生必须听从用人单位的指示在其组织体中提供非独立性劳动，就应当认定成立了具有从属性的劳动关系，打工大学生作为劳动者受法律保护。具有学生身份的劳动者在劳动法上的权利义务并没有特殊之处，相关劳动法律普遍适用，仅在社会保险方面，出于减轻学生经济负担等方面的考虑，德国社会保险法典有一些特殊安排。

而日本则规定得较为详尽，对打工的目的、工种、时间、手续都作了规定，而且对禁止打工的行业也有明确规定，如需要在深夜作业的工作不允许学生参与。对学生打工中的"时给"规定为700~800日元，并且日本各地方劳动基准局根据各地区经济情况和消费水平，每月都要出台本地区临时工"时给"的最低限额。在做临时工的过程中，遇到权益被侵害的情况，可以与地方劳动基准局联系，寻求直接的法律保护。

在法国勤工俭学，雇主和雇员首先必须签订工作合同。法国的工作合同主要有4类：短期合同、长期半工合同、季节工合同和待空缺职位合同。依据以上4种合同，雇主都会给雇员发工资单，即使只工作了一个月。学生打半工，有明确的时间限制，每周不得超过20个小时。而在假期，学生有权利打全工，但是每年最多只能打3个月的全工。工作期间，如果产生劳动纠纷，可以寻找劳动监察机构来解决问题，还可以去找工会。

二、我国关于大学生兼职的法律保护

中华人民共和国成立以后改革开放以前，大学生兼职现象就已经存在，但这一时期的兼职主要是为家庭经济困难的学生提供的一种勤工助学形式。随着改革开放和社会的发展，大学生兼职越来越成为一种普遍现象，并且其动机和目的已不仅仅局限在经济层面上，更多的是为了参与社会实践，积累社会经验，提高实践能力和工作能力等。大学生兼职的平台也从校内逐步延伸到社会，且大学生兼职的种类、内容、渠道等都发生了很大的变化。

然而，相对于大学生兼职的大量出现，我国的立法、执法和司法却呈现出了滞后和留白，由此导致大学生兼职的权益保护面临诸多的法律困境和窘境。纵观我国的立法，我国《宪法》规定，中华人民共和国公民有劳动的权利和义务；我国《劳动法》规定，年满16周岁的自然人赋有劳动能力。由此赋予了作为我国公民的大学生以劳动权，赋予了大学生以劳动权利能力和劳动行为能力。然而，从我国的相关劳动立法来看，不论是1995年1月1日起施行的《劳动法》、1995年《关于贯彻执行〈中华人民共和国劳动法〉若干问题的意见》，还是2003年劳动部颁布的《关于非全日制用工若干意见的规定》以及2008年1月1日开始施行的《劳动合同法》，都没有明确将大学生兼职纳入劳动法律的保护范围。

立法的滞后和空白，自然导致了大学生兼职在执法和司法方面的无法可依之困境和窘境。在执法和司法实践中，大学生兼职的案例，往往只能依照民法中的普通雇佣关系之规定来处理，导致大学生在兼职中的合法权益不能得到最大限度的维护和保护。毋庸置疑，对提供劳动的劳动者而言，劳动法意义上的保护比之民法意义上的保护更全面，更具体，更具国家干预性和强制性。如果仅仅把大学生兼职看作民法上的普通雇佣关系，大学生兼职就不能享受劳动法所规定的最低工资标准和劳动条件的保护，导致工资水平低，劳动条件恶劣；用人单位恶意规避与兼职学生签订劳动合同，甚至任意规定试用期，任意解除与兼职学生的劳动关系，只把兼职大学生当作廉价劳动力，逃避应该承担的法律责任等，这在很大程度上侵害了兼职大学生的利益。

大学生兼职的法律保护及其利益最大化的关键在于将大学生兼职纳入劳动法的调整和保护范围，焦点是大学生兼职所形成的社会关系是否具有劳动法律关系的性质。如前所述，比之民法，劳动法尤其是《劳动合同法》对劳动者权益的保护是倾斜性的，实现了从形式上的平等到内容上、事实上的平等的转化，并且劳动法部门的国家干预较之民法也更强大。因此，将大学生兼职纳入劳动相关法律的调整范围，能实现大学生利益的最大化。

目前大学生的兼职形式出现了多样化的趋势，但其最主要的形式是非全日制用工。2008年1月1日开始施行的《劳动合同法》，虽没有明确将大学生兼职列举为非全日制的用工形式，但其已经对全日制用工和非全日制用工的两种劳动关系进行了规定和界定，而且也不像以往的法律法规那样将大学生兼职排除在非全日制用工形式之外了，这就为将大学生兼职置于劳动法的保护之下提供了法律的依据。同时，根据我国宪法、劳动法相关法律的规定，大学生作为我国公民，只要达到法定劳动年龄、具有劳动能力、以从事劳动获取合法收入且符合劳动法规定的劳动关系要件的，就可以纳入劳动法的调整和保护范围之中。

三、案例解析

☞课堂练习

以下案例各属于什么性质的法律关系？适用什么法律调整？

【案例1】

学生刘荣(化名)，暑假期间应聘到一家酒店做服务员，合同约定工作时间为早上10点至下午2点，下午5点至晚上9点，一天工作8小时。然而，实际上刘荣工作往往超过了8小时，酒店却以行业性质为由不给加班费。

【案例2】

暑假期间，学生黄山(化名)应聘到一家小超市打工，双方口头约定每天工资为20元，按周计算，即每周140元。到了发工资当天，老板只给了100元，少给了40元。

【案例 3】

　　学生夏雪(化名)从商家领取了一些材料回学校做十字绣，和商家约定每绣一件 20 元。夏雪利用假期做了 20 件，结算时商家只给了 200 元。

【案例 4】

　　某校外语系学生李奇(化名)给某商家翻译书稿，约定每千字 20 元，共 10 万字。翻译好之后送至公司，公司留下了翻译资料并回复说翻译有些出入，让其改动一下再联系。等李奇改完之后再联系时，却被商家一推再推，一个月、两个月过去了，杳无音讯，最后李奇发现自己是做了"义务工"，白干了。

【案例评析】

　　实践中，大学生兼职的法律关系分为具有劳动法律关系的兼职、具有民事法律关系(即雇佣关系)的兼职以及具有商事法律关系的兼职等形式，以劳动法律关系和民事法律关系的兼职最为普遍。劳动关系和劳务关系(雇佣关系)二者的主要区分标准在于，合同双方当事人是平等主体的关系，还是隶属关系即管理被管理的关系。前者属于民事关系，后者属于劳动关系。据此，案例1、2属于劳动法律关系，适用劳动法调整；案例3、4属于民事法律关系，适用民法调整。

【知识链接】

劳动关系和劳务关系(雇佣关系)

　　劳动关系和劳务关系(雇佣关系)都源于一种劳动与报酬的交换关系，但二者是有区别的：

　　1. 劳动关系是基于用人单位与劳动者之间生产要素的结合而产生的关系，劳务关系产生的依据是双方的约定。

2. 劳动关系是一种不平等的关系，用人单位和劳动者之间是管理和被管理、支配和被支配的关系，是在用人单位与劳动者之间产生的一种劳动者提供劳动，劳动者要服从用人单位的指挥管理，用人单位支付报酬的稳定关系；劳务关系是平等主体之间的契约关系，不存在管理与被管理的情况，劳务方只要按照约定完成工作任务即可，另一方无权提出额外要求。

劳动关系双方主体地位不平等，劳动者在具体的劳动关系中相对于用人单位处于弱势地位。对于劳动者个人来说，需要外部力量的帮助对抗强势的劳动力使用者，即用人单位。因此，国家从法律制度构建的角度，在某些方面给予劳动者以事先的特殊保护，以尽量使用人单位与劳动者尽可能地在实质上向双方地位平等靠拢。劳动法除了允许雇主与劳动者以合同形式确立劳动关系和明确彼此的权利义务外，同时又对劳动关系作出了许多必须由雇主严格遵循而不容其自主选择或与劳动者协议变通的规定，如最低就业年龄、最高工时、最低工资、劳动安全卫生条件等劳动基准和为职工承担社会保险的义务。雇主在劳动关系运行过程中遵守劳动基准，不仅是对劳动者的义务，也是对国家的义务。雇主若不遵守劳动基准，有关劳动行政机关可以强制执行。而劳务关系当事人的权利义务完全靠双方的约定，劳务关系中的任何一方当事人都不需要承担这些法定义务。

【案例5】

大学生王茜(化名)利用晚上时间在武汉一家咖啡厅打工。双方口头约定：工作时间为 18:00—22:00，每天工作 4 小时，每天工资 80 元，按月结算。月底结算时，老板按每天 20 元、工作 30 天结算，只给了王茜 600 元，并扔下一句话："口说不算数，爱要不要。"

请问：王茜的兼职形成了什么法律关系？属于何种用工形式？怎样

实现她的工资权利？

【案例评析】

　　王茜的兼职所形成的法律关系应属于劳动法律关系，其用工形式应属于非全日制用工形式，即小时工。

　　老板应该支付王茜工资2400元工资。根据我国《劳动合同法》的规定，非全日制用工双方当事人可以订立口头协议。因此口头合同也是有效的，而非口说不算。值得注意的是，虽然法律规定非全日制用工双方当事人可以订立口头合同，但是口头合同在纠纷发生时往往举证困难，最后导致权利受害。因此，对于一两个小时就可以完工并即时清结工资的小时工，可以口头约定；对那些不能即时清结的非全日制用工，最好还是订立书面合同。

　　本案中王茜的工资，即使不能证明口头合同的约定，也不应该是600元，至少应该是1500元。非全日制的工资，如果不能证明约定，就应该按法定最低工资标准执行。目前武汉市非全日制就业劳动者的小时最低工资标准为10元。

　　另外，老板的结算时间也不合法。根据我国相关法律的规定，非全日制用工劳动报酬结算支付周期最长不得超过15日。

【知识拓展】

《劳动合同法》(节选)

　　第三节　非全日制用工

　　第六十八条　非全日制用工，是指以小时计酬为主，劳动者在同一用人单位一般平均每日工作时间不超过四小时，每周工作时间累计不超过二十四小时的用工形式。

　　第六十九条　非全日制用工双方当事人可以订立口头协议。

　　从事非全日制用工的劳动者可以与一个或者一个以上用人单位订立劳动合同；但是，后订立的劳动合同不得影响先订立的劳动合同的履行。

第七十二条 非全日制用工小时计酬标准不得低于用人单位所在地人民政府规定的最低小时工资标准。

非全日制用工劳动报酬结算支付周期最长不得超过十五日。

湖北省人民政府关于调整全省最低工资标准的通知

各市、州、县人民政府，省政府各部门：

为贯彻党的十八大和十八届三中全会关于深化收入分配制度改革的若干意见，逐步提高城乡居民特别是低收入群体收入水平，使广大人民群众共享改革发展成果，根据国家《最低工资规定》的要求，省政府决定从2017年11月1日起调整全省最低工资标准。现通知如下：

一、全省全日制就业劳动者月最低工资标准按区域划分为四档，依次为1750元、1500元、1380元、1250元，各档标准及适用区域详见附件。

二、非全日制就业劳动者的小时最低工资标准依次为18元、16元、14.5元、13元，各档标准及适用区域见附件。

三、本标准适用于我省境内的企业、个体经济组织、民办非企业单位等组织（以下称用人单位）和与其建立劳动关系的劳动者。国家机关、事业单位、社会团体和与其建立劳动关系的劳动者依照本标准执行。

四、用人单位应根据其经济效益和人力资源市场工资指导价位，与工会组织和劳动者积极开展工资集体协商，合理确定本单位的工资水平和工资标准，协商确定的工资标准不得低于当地最低工资标准。劳动者在法定工作时间或在依法签订的劳动合同约定的工作时间内提供了正常劳动的，其工资收入不得低于当地最低工资标准。

五、月最低工资标准不包含以下项目：

（一）延长法定工作时间工资；

（二）中班、夜班、高温、低温、井下、有毒有害等特殊工作环境、条件下的津贴；

（三）法律法规和国家规定的劳动者福利待遇等。

六、各级人力资源和社会保障部门要依法加强对最低工资标准执行情况的监督检查。对用人单位违反最低工资规定的行为，要及时进行纠正并依法予以处理。

本通知由省人力资源和社会保障厅负责解释。

附件：湖北省分区域最低工资标准

2017 年 9 月 21 日

附件

湖北省分区域最低工资标准

最低工资标准	适用范围
1750 元/月 18 元/小时	武汉市江岸区、江汉区、硚口区、汉阳区、武昌区、青山区、洪山区、汉南区、东西湖区、武汉经济技术开发区、武汉东湖高新技术开发区、武汉市东湖生态旅游风景区、武汉化学工业区、武汉临空港经济技术开发区
1500 元/月 16 元/小时	武汉市蔡甸区、江夏区、黄陂区、新洲区；襄阳市襄城区、樊城区；宜昌市西陵区、伍家岗区、点军区、猇亭区、夷陵区
1380 元/月 14.5 元/小时	黄石市黄石港区、西塞山区、下陆区、铁山区，大冶市；十堰市茅箭区、张湾区；襄阳市襄州区、枣阳市、老河口市；枝江市；荆州市荆州区、沙市区；荆门市东宝区、掇刀区，京山县、钟祥市；鄂州市鄂城区、华容区、梁子湖区；孝感市孝南区、汉川市、应城市；黄冈市黄州区；咸宁市咸安区，嘉鱼县、赤壁市；随州市曾都区；恩施市；仙桃市；天门市；潜江市

续表

最低工资标准	适 用 范 围
1250元/月 13元/小时	阳新县；十堰市郧阳区，丹江口市，郧西县，房县，竹山县，竹溪县；宜城市，南漳县，保康县，谷城县；宜都市，当阳市，远安县，兴山县，秭归县，长阳县，五峰县；江陵县，松滋市，公安县，石首市，监利县，洪湖市；沙洋县，屈家岭管理区；云梦县，安陆市，大悟县，孝昌县；团风县，红安县，麻城市，罗田县，英山县，浠水县，蕲春县，武穴市，黄梅县；通城县，崇阳县，通山县，随县，广水市，利川市，建始县，巴东县，宣恩县，咸丰县，来凤县，鹤峰县；神农架区。

【案例6】

2017年10月开始，学生马韩（化名）利用晚上时间在湖北省武汉市江夏区一家酒店做大堂招待，双方约定：每晚7时上岗，11时下班，每天工资60元，半月一结算；试用期一个月，试用期间每天工资10元；上岗前需向单位缴纳押金500元，服装费200元。马韩做了一个半月，觉得很辛苦，在领了半个月的正式工资后，提出了辞职，并要求酒店退还押金和服装费。酒店以马韩单方解除合同，没有提前三十日以书面形式通知用人单位，给单位造成不便和损失为由，拒不返还押金，又以服装折旧为由扣掉服装费100元。

【案例评析】

本案中，马韩每天工作4小时，15天一结算，符合非全日制用工。因此，马韩的兼职应属于非全日制用工，双方约定的工作时间、结算方式不违反法律的规定，是合法有效的约定。但该用工存在以下违法之处：

(1) 约定试用期违法。非全日制用工，一般来说技术含量不高，且劳动者与用人单位关系也不长久，故没有约定试用期的必要。一些用人单位在雇佣小时工时约定试用期,其动机和目的是变相压低工资,使用廉价劳动力。对此,我国《劳动合同法》第七十条作出了禁止性的规定:非全日制用工双方当事人不得约定试用期。

(2)约定工资违法。根据《劳动合同法》第七十二条规定:非全日制用工小时计酬标准不得低于用人单位所在地人民政府规定的最低小时工资标准。另据2017年9月21日《湖北省人民政府关于调整全省最低工资标准的通知》,最低日工资为16元/小时,而酒店约定的工资为每天工资60元,60÷4=15元,不符合最低工资标准。

(3)用人单位要求缴纳押金属违法。我国的《劳动合同法》规定,劳动合同的条款包括必要条款和约定条款。一些用人单位出于敛取钱财、转嫁风险或限制劳动者自由择业等目的,在约定条款中常常规定一些扣押证件、缴纳保证金、风险抵押金等内容。在劳动力的买方市场条件下,劳动者作为弱势群体,为了就业被迫接受这种霸王条款。对此,我国《劳动合同法》为了保护劳动者的合法权益,第九条作出专门禁止性规定:用人单位招用劳动者,不得扣押劳动者的居民身份证和其他证件,不得要求劳动者提供担保或者以其他名义向劳动者收取财物。

(4)用人单位要求缴纳服装费违法。劳动者上岗的服装应该是工作服,属于劳动保护和劳动条件的范畴,依法应由用人单位提供和承担。作为约定条款,把用人单位的责任和义务转变为劳动者的义务和责任是不符合我国劳动法的立法精神的,其实质是一种巧立名目向劳动者收取财物的行为,违反了《劳动合同法》第九条之规定。

(5)酒店以劳动者单方解除劳动合同,给用人单位造成不便和损失为由拒不返还押金的行为也是于法无据的,是违法的。我国《劳动合同法》确实规定,劳动者单方解除合同的,需提前三十日以书面形式通知用人单位。但此规定仅适用于全日制用工形式,而不适用非全日制用工形式。如前所述,非全日制用工形式,劳动者和用人单位的用工关系本来就是松散性的、暂时性的。这种关系下的劳动者辞职,不会给用人单位带来很大的不便和损失,也就没有提前书面通知的必要。所以,我国《劳动合同法》第七十一条规定:非全日制用工双方当事人任何一方都可以随时通知对方终止用工。用人单位单方终止用工的，不向劳动者支付经济补偿，也没有时间上的提前通知要求和通知形式上的书面要求。单位如此，劳动者亦然，不负有提前书面通知之义务和责任。

【法条链接】

《劳动合同法》（节选）

第九条　用人单位招用劳动者，不得扣押劳动者的居民身份证和其他证件，不得要求劳动者提供担保或者以其他名义向劳动者收取财物。

第三十七条　劳动者提前三十日以书面形式通知用人单位，可以解除劳动合同。劳动者在试用期内提前三日通知用人单位，可以解除劳动合同。

第七十条　非全日制用工双方当事人不得约定试用期。

第七十一条　非全日制用工双方当事人任何一方都可以随时通知对方终止用工。终止用工，用人单位不向劳动者支付经济补偿。

随着我国社会主义市场经济和教育事业的发展，大学生兼职越来越成为一种普遍的社会现象。由此，大学生兼职的权益保护成为法律面临的迫切任务。大学生兼职的法律保护及其利益最大化之关键在于将其纳入劳动法的调整和保护范围。

承认大学生兼职的劳动法律关系性质，将其纳入劳动法的调整和保护范围是世界劳动法发展的趋势。我国法律界对此虽然还有争议，但发展的态势和世界之趋势是一致的，是比较乐观的。

大学生的兼职，在内容上表现出丰富性，在法律关系的性质上具有多样性，在维权上呈现出复杂性。因此，大学生在兼职实践中要具体问题具体分析，依法定性，确认该兼职所构成的法律关系是民法性的、商法性的、还是劳动法性的，进而适用不同的法律，以实现权益和利益的最大化。

☞ **学习思考**

1. 什么是大学生兼职？
2. 大学生兼职的特点是什么？
3. 试述大学生兼职的意义。
4. 结合自身的实际谈谈大学生兼职可能遇到的陷阱？如何判定其构成的法律性质？怎样才能更好地维护自身的合法权益？

参 考 文 献

1. 常凯：《劳动保障与劳资双赢：〈劳动合同法〉论》，中国劳动社会保障出版社 2008 年版。
2. 董保华主编：《劳动争议处理法律制度研究》，中国劳动社会保障出版社 2008 年版。
3. 王伟杰：《劳动合同法原理与运用》，中国人民大学出版社 2009 年版。
4. 张华贵主编：《劳动合同法：理论与案例》，清华大学出版社、北京交通大学出版社 2015 年版。
5. 石峰等：《劳动合同法》，上海大学出版社 2016 年版。
6. 胡永霞：《劳动合同问题研究》，武汉大学出版社 2016 年版。
7. 祝明新编著：《劳动合同法理论与运用指南》，山东人民出版社 2016 年版。
8. 张焰：《劳动合同法适用法律问题研究》，中国政法大学出版社 2015 年版。

9. 马立云:《劳动合同法十讲——法条解释、实务问答与事例分析》,中山大学出版社2015年版。
10. 黎建飞主编:《〈中华人民共和国劳动合同法〉最新完全释义》,中国人民大学出版社2008年版。
11. 郑爱青主编:《劳动合同法十大热点评析》,中国劳动社会保障出版社2008年版。
12. 徐智华:《劳动合同法研究》,北京大学出版社2011年版。